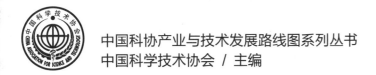

中国科协产业与技术发展路线图系列丛书

中国科学技术协会 / 主编

石墨烯产业与技术 发展路线图

中 国 化 学 会
北京石墨烯研究院 编著

中国科学技术出版社

·北 京·

图书在版编目（CIP）数据

石墨烯产业与技术发展路线图 / 中国科学技术协会
主编；中国化学会，北京石墨烯研究院编著 . –– 北京：
中国科学技术出版社，2022.11

（中国科协产业与技术发展路线图系列丛书）

ISBN 978-7-5046-9389-1

Ⅰ.①石… Ⅱ.①中… ②中… ③北… Ⅲ.①石墨—
纳米材料—高技术产业—研究—中国 Ⅳ.① F426.75

中国版本图书馆 CIP 数据核字（2022）第 000257 号

策　　划	秦德继
责任编辑	赵　佳
封面设计	中科星河
正文设计	中文天地
责任校对	吕传新
责任印制	李晓霖

出　　版	中国科学技术出版社
发　　行	中国科学技术出版社有限公司发行部
地　　址	北京市海淀区中关村南大街 16 号
邮　　编	100081
发行电话	010-62173865
传　　真	010-62173081
网　　址	http://www.cspbooks.com.cn

开　　本	787mm × 1092mm　1/16
字　　数	350 千字
印　　张	18.75
版　　次	2022 年 11 月第 1 版
印　　次	2022 年 11 月第 1 次印刷
印　　刷	河北鑫兆源印刷有限公司
书　　号	ISBN 978-7-5046-9389-1 / F・999
定　　价	98.00 元

《石墨烯产业与技术发展路线图》
编委会

组　　长：张　锦

成　　员（按姓氏笔画排序）

丁古巧　于庆凯　王立平　王路达　亓　月

卢咏来　史浩飞　毕恒昌　刘　力　刘兆平

刘忠范　孙立涛　孙禄钊　李　萌　李静文

杨　程　杨全红　陈成猛　孟艳芳　高　超

彭海琳　焦　琨　温世鹏　魏　迪

序

当今世界正经历百年未有之大变局，新一轮科技革命和产业变革重塑全球经济结构，全球范围内的产业转型调整不断加快，产业竞争已成为大国竞争的主战场。我国产业体系虽然规模庞大、门类众多，但仍然存在不少"断点"和"堵点"，关键核心技术受制于人等问题突出。科技是产业竞争力的关键。解决制约产业发展的关键核心技术，建设现代化产业体系，需要强大的科技支撑。

党的二十大开启了全面建成社会主义现代化强国、实现第二个百年奋斗目标，做出加快构建新发展格局，着力推动高质量发展的重大战略部署。习近平总书记在党的二十大报告中强调，必须坚持科技是第一生产力、人才是第一资源、创新是第一动力，深入实施科教兴国战略、人才强国战略、创新驱动发展战略，开辟发展新领域新赛道，不断塑造发展新动能新优势。这些重要部署为我国依靠科技创新引领和支撑经济社会高质量发展进一步指明了方向和路径。

中国科协作为国家推动科技创新的重要力量，积极探索新形势下促进科技与产业深度融合的工作新品牌和开放合作新机制，推动提升关键核心技术创新能力，助力打赢关键核心技术攻坚战。2020年，中国科协首次启动产业与技术发展路线图研究，发挥跨学科、跨领域、跨部门和联系广泛的组织和人才优势，依托全国学会组织动员领军企业、科研机构、高等院校等相关力量，汇聚产学研各领域高水平专家，围绕车联网、智能航运、北斗应用、航天、电源、石墨烯等重点产业，前瞻预见产业技术发展态势，提出全产业链和未来产业发展的关键技术路线，探索构建破解关键技术瓶颈的协同创新机制和开放创新网络，引导国内外科技工作者协同攻关，推动实现产业关键核心技术自主可控。

综观此次出版的这些产业与技术发展路线图，既有关于产业技术发展前沿与趋势的概观介绍，也有关于产业技术瓶颈问题的分析论述，兼顾了科研工作者和决策制定者的需要。从国家层面来说，可作为计划投入和资源配置的决策依据，能够在政府部门之间有效传达科技政策信息，识别现有的科技能力和瓶颈，为计划管理部门在公共项目选择中明确政府支持的投入导向。从产业层面来说，有助于产业认清所处的经济、社会、环境的变化，识别市场驱动因素，确定产业技术发展的优先顺序，突破产业共性技术的瓶颈，提高行业研究和应用新产业技术的能力。从企业层面来说，通过路线图可与企业战略和业务发展框架匹配，确定产业技术目标，识别达到市场需求所必需的产业技术，找到企业创新升级的发展方向。

在此次系列丛书付梓之际，衷心地感谢参与本期产业与技术发展路线图编写的全国学会以及有关科研、教学单位，感谢所有参与研究与编写出版的专家学者。同时，也真诚地希望有更多的科技工作者关注产业与技术发展研究，为路线图持续开展、不断提升质量和充分利用成果建言献策。

中国科协党组书记、分管日常工作副主席、书记处第一书记
中国科协学科发展引领工程学术指导委员会主任委员
张玉卓

前　言

　　石墨烯被认为是有望引领新一轮全球高科技革命和产业变革的战略新材料。欧盟、美国、韩国等国家和地区纷纷将石墨烯新材料研究提升至战略层面，出台了一系列支持政策和研究计划，并组建国家级石墨烯研发机构。2013 年，欧盟启动了其历史上最大的科研计划——"石墨烯旗舰计划"，围绕石墨烯在电子技术、光电器件、量子技术、医药、能源等诸多领域重点布局，面向石墨烯产业未来，积极开展着相关高技术研发工作。2015 年 3 月，英国政府牵头多所大学和研究机构创立成立国家石墨烯研究院（NGI），并进一步推动成立了石墨烯工程创新中心。国际知名企业如 IBM、英特尔、通用、波音、杜邦、诺基亚、东芝等都对石墨烯材料进行超前布局，力争抢占未来石墨烯科技与产业制高点。

　　我国在石墨烯新材料的研发与产业布局迅速，近年来石墨烯相关的论文发表和专利数量已跃居全球首位，发表论文数量占全球石墨烯论文总数的三分之一，石墨烯专利数量全球占比超过三分之二，处于绝对领先地位。在国家政策、企业与社会资本的共同推动下，产业规模迅速扩大，企业数量快速增长，产业链条不断完善，区域特色逐步显现。2010 年以来，中国石墨烯企业数量呈现快速增长态势，截至 2021 年 6 月，在我国工商、民政等部门注册的石墨烯相关企业数量已超过 30000 家。石墨烯新材料的规模化制备是中国石墨烯产业的主要优势。据不完全统计，截至 2021 年，中国石墨烯粉体年产能已超过 5000 t。石墨烯导电浆料、石墨烯电加热产品和石墨烯涂料是中国石墨烯产业应用的重点方向，绝大多数企业从事相关产品研发和市场化工作。

　　石墨烯新材料的产业化之路也面临诸多挑战。石墨烯新材料的制备技术尚未成熟，大多数的应用产品属于利用石墨烯与原有材料结合提升产品性能，技术门槛相对较低，同质化严重。石墨烯杀手锏级应用有待突破，大规模的应用市场仍然尚未打开。

参照高德纳（Gartner）技术成熟度曲线，石墨烯新材料产业目前仍处于"期望顶峰"阶段。对石墨烯新材料的研究已经从基础研究阶段为主，逐渐转向技术研发、应用转化为主，部分领域产业化推进很快。未来10年，高品质石墨烯大规模可控制备技术将日趋成熟，石墨烯产业之路也将实现稳定发展。

为深入把脉石墨烯产业发展脉络，优化未来石墨烯产业布局，在中国科协的指导下，继2007年、2009年、2011年、2013年、2015年、2017年、2019年先后7次出版《化学学科发展报告》之后，中国化学会联合北京石墨烯研究院，共同组织石墨烯领域院士、专家经过2年的调研，同时在北京石墨烯研究院前期研究成果的基础之上，撰写完成了《石墨烯产业与技术发展路线图》。

本书的编写由北京石墨烯研究院统筹组织完成，编委会成员承担部分章节的编写工作。本书共分为五章，第一章概述了中国石墨烯产业与技术发展情况；第二章总结了石墨烯粉体、薄膜和纤维材料发展现状与趋势；第三章为石墨烯在电子信息、热管理、复合增强、储能、节能环保、生物医用及特种应用技术发展现状与趋势；第四章分析了中国石墨烯产业与技术发展特点和存在的问题；第五章为发展与展望，提出了我国石墨烯产业技术重点发展方向、发展任务和政策建议。

本书的编写得到石墨烯及碳材料领域的多位专家的大力支持和积极响应，他们亲自参与了研讨、调研、编写和审稿工作。在此对他们所付出的辛勤劳动表示衷心的感谢。对于在编写过程中的疏漏与不足，还请同仁们批评指正。

中国化学会

北京石墨烯研究院

2021 年 12 月

目 录

第一章

中国石墨烯产业与技术发展概述

第一节 石墨烯简介

一、定义、性质及分类

（一）定义及性质

石墨烯是由 sp^2 杂化的碳原子构成的二维单层纯碳材料。石墨烯中面内碳碳键长为 0.142 nm，每个碳原子与其他三个碳原子通过一个 σ 键相连接，是石墨烯蜂窝状网络结构的基础；而剩下的一个 Pz 轨道与石墨烯平面垂直，互相以"肩并肩"的形式形成一个离域的大 π 键，这一离域大 π 键使得石墨烯具有优异的电子传导性质。石墨烯通过范德华作用力层层堆叠，最后形成人们所熟知的石墨。热力学稳定的 AB 堆垛双层石墨烯的层间距为 0.335 nm。

石墨烯是零带隙半金属材料。单层石墨烯的电子能量与准动量呈线性频散关系[1]，在狄拉克点附近，电子的静止有效质量为零，为典型的狄拉克费米子特征，因此也称为狄拉克材料[2]。石墨烯中电子的费米速度高达 10^6 m/s，是光速的 1/300。石墨烯独特的能带结构带来诸多神奇的性质，如室温量子霍尔效应、整数量子霍尔效应、分数量子霍尔效应、量子隧穿效应、双极性电场效应等[3, 4]。石墨烯是已知载流子迁移率最高的材料，其室温迁移率大于 15 万 $cm^2/(V \cdot s)$[5, 6]，远高于传统的硅材料（约 100 倍），其理论电导率达 10^8 S/cm，比铜和银还高。石墨烯也是导热性最好的材料，其热导率高达 5300 $W/(m \cdot K)$[7]。石墨烯的卓越特性还体现在其力学性质上，它是已知材料中兼具强度和硬度最高的超级材料[8]，其力学强度达 130 GPa，弹性模量达 1.1 TPa，平均断裂强度达 55 N/m，是相同厚度钢的 100 倍。此外，单层石墨烯在可见光全波段的吸光率仅为 2.3%[9]，高透光率使其有望成为理想的柔性透明导电材料，也为高灵敏度宽光谱光电探测提供了新的材料选项（表 1-1）。

表 1-1　石墨烯的主要性能

性　能	参　　数
结构特性	厚度：0.335 nm；比表面积：2630 m^2/g
电学性能	室温迁移率>15 万 cm^2/（V·s）（硅的 100 倍）； 理论电导率：10^8 S/cm（高于银）
力学性能	力学强度：130 GPa；弹性模量：1.1 TPa； 平均断裂强度：55 N/m（相同厚度钢的 100 倍）
光学特性	单层透光率：97.7 %
热学性能	热导率：5300 W/（m·K）

（二）分类

根据关注角度的不同，石墨烯的分类方式也有所不同。目前许多说法和名词共存，亟待权威专家和专业机构制定相关标准。

最基本的分类方式是按层数分类。严格意义上讲，只有单层石墨片才称为石墨烯材料。但在实际应用中，人们的基本共识是，10 层以下的少层石墨片可统称为石墨烯材料。一般有单层石墨烯、双层石墨烯以及少层石墨烯之分，依层间堆垛方式不同，又可细分为 AB 堆垛（双层）石墨烯、非 AB 堆垛（双层）石墨烯。

另一种常见的分类方式是根据使用的外在形态进行分类。其主要包括：石墨烯薄膜、石墨烯粉体、石墨烯纤维、泡沫石墨烯等。石墨烯薄膜一般特指从碳氢化合物前驱体出发，通过高温化学反应过程生长出来的薄膜状石墨烯材料，最常用的制备方法是化学气相沉积技术。石墨烯粉体是由大量的单层或少层石墨烯微片聚集而成的粉末状石墨烯材料，其制备方法很多，主要有氧化还原法、液相剥离法、电化学剥离法、化学气相沉积法等，微片大小分布很宽，从数十纳米到数十微米不等。石墨烯纤维是由石墨烯结构基元构成的宏观纤维状石墨烯材料，制备方法包括粉体石墨烯组装法、化学气相沉积生长法等，近几年来引起人们的广泛关注。泡沫石墨烯是石墨烯片层之间首尾相连形成的具有一定三维贯通结构的多孔状石墨烯材料。此外，还有石墨烯量子点和石墨烯纳米带之说，特指石墨烯微片的横向尺寸达到纳米级的一类石墨烯材料。严格意义上讲，量子点的尺寸必须小到呈现三维量子限域效应，通常在数纳米到数十纳米。

此外，还有一类化学修饰或掺杂的石墨烯材料或石墨烯衍生物，最常见的有氧化石墨烯（Graphene Oxide，简称 GO）和还原氧化石墨烯（reduced Graphene Oxide，简称 rGO）。从粉体石墨出发制备石墨烯粉体时，在强酸和强氧化剂作用下，生成氧化石墨或少层的氧化石墨烯，进一步化学还原即可得到 rGO，通常含有大量的羟基、羧基等化学官能团。人们还可以根据应用需求引入 F、H 等其他官能团，形成氟化石墨烯、石墨烷等石墨烯衍生物。在化学气相沉积生长过程中，引入 N、B 等杂原子，可以制备氮掺杂石墨烯和硼掺杂石墨烯等。

二、应用领域

石墨烯集众多优点于一身，被人们称为"新材料之王"，是主导未来高科技产业竞争的战略新兴材料。石墨烯所涉及的基础科学和产业应用领域非常广，尤其在电子信息、光通信、新能源、新材料、节能环保、医疗健康、航空航天以及国防等与国计民生和国家安全密切相关的领域有着广阔的应用前景。

在电子信息和光通信领域，石墨烯为下一代器件开发提供了材料支撑[10~12]。作为新一代柔性透明导电薄膜材料，有望替代传统的氧化铟锡（Indium Tin Oxide，简称 ITO）透明导电玻璃，推动柔性显示器、柔性触摸屏、柔性可穿戴器件、电子标签、柔性电子和光电子器件产业快速发展。在不远的将来，石墨烯甚至有可能替代半导体硅材料，成为下一代超快集成电路和信息产业的基石。在光电器件领域，人们正在研发基于石墨烯的光电探测器、传感器、电光调制器、锁模激光器、太赫兹发生器等。未来的石墨烯基电子和光电子器件将体现速度更快、功能更强大、重量更轻等无与伦比的特性。

在新能源领域，石墨烯已从实验室逐步走向市场[13~15]。最具代表性的应用是锂离子电池的导电添加剂和超级电容器材料，很好地体现了石墨烯超大比表面积和超高导电性能的优势。这种石墨烯改性电池可望大幅度缩短充电时间，同时提升功率密度。类似地，在太阳能电池和燃料电池领域也将发挥积极作用。

石墨烯在热管理和电加热领域显示了巨大的发展潜力，其优势来自超高热导率和电导率、机械柔性以及极高的化学稳定性[8]。在现代信息产业领域，散热问题常常成为其进一步发展的技术瓶颈，手机、电脑、通信基站的散热就是典型的例子。华为手机已经开始使用石墨烯散热膜，未来市场空间巨大。石墨烯材料也给传统的电加热行业带来了新的发展机遇，如石墨烯电暖器、石墨烯电暖画、石墨烯地板、石墨烯护腰、石墨烯电热服等已经逐渐走进市场。相对于传统的电热转换材料，石墨烯的电热转换效率高得多，加之其非常好的机械柔性[16]，因此具有很强的市场竞争力。

高性能复合材料是石墨烯的重要应用方向。利用石墨烯的轻质高强和导电导热特性，可与高分子聚合物、无机非金属材料以及金属材料复合，制备新一代轻质高强材料、复合增强材料、电磁屏蔽材料、柔性导电导热材料[17~19]。这些石墨烯基新型复合材料比碳纤维更强、更轻，兼具更高的导电导热性及机械柔性，在航空航天、国防以及交通运输领域有着巨大的发展潜力。

此外，石墨烯或氧化石墨烯薄膜还被用于海水淡化、污水处理以及放射性气体分离[20~22]。石墨烯涂料与传统的涂料相比，防腐性能更好，价格更低廉[23]。在健康医疗领域，石墨烯可用于基因测序、杀菌除臭、靶向给药、生物成像、脑机接口、远程健康诊断等诸多方面[24~26]。

参考文献

[1] Geim A K, Novoselov K S. The rise of graphene [J]. Nature Materials, 2007 (6): 183-191.

[2] Novoselov K S, Geim A K, Morozov S V, et al. Two-dimensional gas of massless dirac fermions in graphene [J]. Nature, 2005 (438): 197-200.

[3] Zhang Y, Tan Y W, Stormer H L, et al. Experimental observation of the quantum hall effect and berry's phase in graphene [J]. Nature, 2005 (438): 201-204.

[4] Novoselov K S, Jiang Z, Zhang Y, et al. Room-temperature quantum hall effect in graphene [J]. Science, 2007 (315): 1379.

[5] Bolotin K I, Sikes K J, Jiang Z, et al. Ultrahigh electron mobility in suspended graphene [J]. Solid State Communications, 2008 (146): 351-355.

[6] Du X, Skachko I, Barker A, et al. Approaching ballistic transport in suspended graphene [J]. Nat Nanotechnol, 2008 (3): 491-495.

[7] Balandin A A, Ghosh S, Bao W, et al. Superior thermal conductivity of single-layer graphene [J]. Nano Lett, 2008 (8): 902-907.

[8] Lee C, Wei X, Kysar J W, et al. Measurement of the elastic properties and intrinsic strength of monolayer graphene [J]. Science, 2008 (321): 385-388.

[9] Nair R R, Blake P, Grigorenko A N, et al. Fine structure constant defines visual transparency of graphene [J]. Science, 2008 (320): 1308.

[10] Yin Z, Zhu J, He Q, et al. Graphene-based materials for solar cell applications [J]. Advanced energy materials, 2014 (4): 1300574.

[11] Liu Z, Lau S P, Yan F. Functionalized graphene and other two-dimensional materials for photovoltaic devices: Device design and processing [J]. Chem Soc Rev, 2015 (44): 5638-5679.

[12] Du J, Pei S, Ma L, et al. 25th anniversary article: Carbon nanotube- and graphene-based

transparent conductive films for optoelectronic devices［J］. Advanced materials, 2014（26）: 1958-1991.

［13］Chen Y, Zhang X, Zhang D, et al. High performance supercapacitors based on reduced graphene oxide in aqueous and ionic liquid electrolytes［J］. Carbon, 2011（49）: 573-580.

［14］Zhang L, Shi G. Preparation of highly conductive graphene hydrogels for fabricating supercapacitors with high rate capability［J］. The Journal of Physical Chemistry C, 2011（115）: 17206-17212.

［15］Jin Y, Huang S, Zhang M, et al. A green and efficient method to produce graphene for electrochemical capacitors from graphene oxide using sodium carbonate as a reducing agent［J］. Applied Surface Science, 2013（268）: 541-546.

［16］Kong Q Q, Liu Z, Gao J G, et al. Hierarchical graphene-carbon fiber composite paper as a flexible lateral heat spreader［J］. Advanced Functional Materials, 2014（24）: 4222-4228.

［17］Luo B, Zhi L. Design and construction of three dimensional graphene-based composites for lithium ion battery applications［J］. Energy Environmental Science, 2015（8）: 456-477.

［18］Li Y, Chen J, Huang L, et al. Highly compressible macroporous graphene monoliths via an improved hydrothermal process［J］. Adv Mater, 2014（26）: 4789-4793.

［19］Li C, Shi G. Functional gels based on chemically modified graphenes［J］. Adv Mater, 2014（26）: 3992-4012.

［20］Mishra A K, Ramaprabhu S. Functionalized graphene sheets for arsenic removal and desalination of sea water［J］. Desalination, 2011（282）: 39-45.

［21］Kyzas G Z, Deliyanni E A, Matis K A. Graphene oxide and its application as an adsorbent for wastewater treatment［J］. Journal of Chemical Technology Biotechnology, 2014（89）: 196-205.

［22］Fatemi S M, Arabieh M, Sepehrian H. Nanoporous graphene oxide membrane and its application in molecular sieving［J］. Carbon letters, 2015（16）: 183-191.

［23］Dennis R V, Viyannalage L T, Gaikwad A V, et al. Graphene nanocomposite coatings for protecting low-alloy steels from corrosion［J］. American Ceramic Society Bulletin, 2013（92）: 18-24.

［24］Heerema S J, Dekker C. Graphene nanodevices for DNA sequencing［J］. Nat Nanotechnol, 2016（11）: 127-136.

［25］Jing Y, Zhu Y, Yang X, et al. Ultrasound-triggered smart drug release from multifunctional core-shell capsules one-step fabricated by coaxial electrospray method［J］. Langmuir, 2011（27）: 1175-1180.

［26］Zhao H X, Liu L Q, De Liu Z, et al. Highly selective detection of phosphate in very complicated matrixes with an off-on fluorescent probe of europium-adjusted carbon dots［J］. Chemical Communications, 2011（47）: 2604-2606.

第二节　石墨烯专利与论文分布

科技型产业的发展离不开知识产权体系的完善和标准建设。对于石墨烯产业的发展更是如此。2010 年以来，全球范围内围绕石墨烯新材料的专利申请呈现高速增长态势。中国目前成为全世界拥有石墨烯专利最多的国家，但是专利的分布仍然存在着一些问题。同时，随着石墨烯产业的快速发展，相关标准的建设十分迫切。石墨烯材料和相关产品的定义、性能和检测方法等一系列基本和核心问题亟待统一并形成标准规范。近些年，国内外各级标准化主管部门联合技术组织和行业社团等积极开展了各类标准化的讨论以及标准制定工作。

一、专利分布

我们从专利的类型、申请趋势、内容和区域分布几个角度分析石墨烯相关技术的侧重、相关经济领域发展、技术和区域竞争等。通过对比全球专利和中国专利的分布，分析中国知识产权结构的发展和努力方向。考虑到专利申请受理和公开时间，专利部分分析所采用的数据自 2000 年 1 月 1 日起，检索的日期截至 2018 年 12 月 31 日。由于 2018 年的专利申请存在未完全公开的情况，2018 年的数据不代表该年的全部申请。专利数据来源于国家知识产权运营公共服务平台。

专利按类型划分有发明专利、实用新型专利和外观专利三种。截至 2018 年 12 月 31 日，全球总计 69315 件石墨烯领域专利申请，其中发明专利 62065 件，占比约 91%；实用新型专利 6020 件，占比约 9%；外观设计专利 149 件，占比低于 1%（图 1-1）。通过对全球石墨烯领域 2000—2018 年专利申请及授权情况进行分析，可以了解到全球石墨烯专利技术发展趋势及变化情况。如图 1-2 所示，近 20 年来石墨烯专利技术发展历程可以大致分为三个阶段。第一阶段：专利萌芽期（2000—2008 年），这一时期石墨烯专利申请数量较少，随后慢慢增加，但总的专利申请量维持在一个较低的水平；第二阶段：专利快速增长期（2009—2016 年），石墨烯的专利申请数量开始急剧增长，2010 年后石墨烯专利数量进入快速发展活跃期，2016 年全球石墨烯相关专利数量为 12066 件，同比增长 40%，说明石墨烯的相关技术成为研究的热点；第三阶段：专利平稳期（2017 年至今），从专利申请量的发展趋势来看，全球石墨烯领域的专利申请量依然保持增长态势，但其增长速度整体低于第二阶段的迅猛态势。从

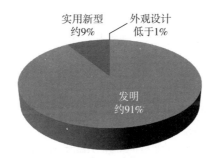

图 1-1　2000—2018 年全球石墨烯领域申请专利的类型分布

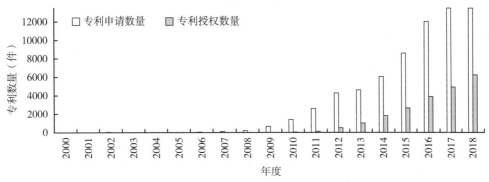

图 1-2　全球石墨烯领域专利申请和授权数量随年份的增长情况

全球石墨烯专利授权情况来看，从 2011 年起授权数量开始平稳提升，保持较为稳定的增长态势。

从全球石墨烯技术领域分布情况来看（图 1-3），石墨烯专利申请可粗分为制备和应用两大类。制备领域主要包括：石墨烯原材料、石墨烯高分子复合材料、石墨烯陶瓷 / 混凝土复合材料、石墨烯纤维及其复合材料纤维、石墨烯合金复合材料等。石墨烯原材料制备相关的专利占大半以上，其次是高分子复合材料居多，再次是陶瓷、混凝土复合材料。石墨烯应用专利涵盖面很宽，按专利数量从多到少的次序包括：能源电池、半导体器件、固体吸附剂 / 催化剂 / 气凝胶、涂料、传感器、电容器、导电薄膜、半透膜 / 过滤材料、发光材料和清洁材料等。其中新能源电池的专利数量居首位，紧随其后的是半导体器件相关的专利，固体吸附剂 / 催化剂 / 气溶胶和涂料相关的专利也比较多。专利的数量及份额都表明，石墨烯原材料和复合材料制备是科研开发和商业投资关注的重点，而能源和电子技术是石墨烯产业竞争较为激烈的领域。

通过全球石墨烯专利技术主要来源分布情况分析，可以了解到目前积极进行石墨烯专利布局的国家和地区。在检索到的全球 69315 件专利申请中，其中有 47397 件来自中国（不包含港澳台地区），占比 68.37%；其余 21918 件专利申请来自中国（不包

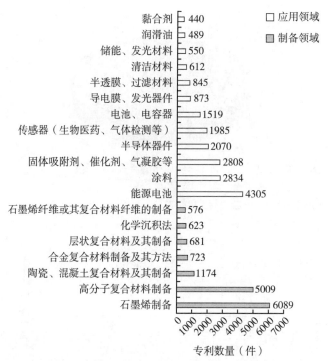

图 1-3　全球石墨烯领域申请专利的内容分布

含港澳台地区）以外的国家 / 地区，占比 31.63%，主要来源于韩国、美国、日本、英国、德国、印度、法国等国家或地区。显而易见，中国的石墨烯专利申请数量居遥遥领先地位；其次是韩国和美国，都超过 6000 件；而作为石墨烯材料发源地的英国专利占比并不高，不足 1000 件。由此可见，中国在专利布局方面的发展十分迅猛。

通过对中国石墨烯领域 2000—2018 年专利申请及授权情况进行分析，可以了解中国石墨烯专利技术发展趋势及变化情况。从中国石墨烯专利类型分布来看（图 1-4），所有石墨烯专利申请中，发明专利占比约 87%，实用新型专利占比约 12%，外观设计专利占比不到 1%，这与全球专利申请类型分布基本一致。而近 20 年的石墨烯专利技术发展历程大致可以分为两个阶段。第一阶段：专利萌芽期（2000—2009 年），这一时期石墨烯专利申请数量非常少；第二阶段：专利成长期（2010—2018 年），随着近年来政府对石墨烯产业的持续重视，石墨烯的申请数量开始逐年增加，石墨烯相关技术进入研究的热点领域。2015—2016 年以后专利申请增长速度进一步加快，至今仍然保持着高数量和迅猛增长势头。也就是说，从专利申请角度看，中国的"石墨烯热"仍在继续。从中国石墨烯专利授权情况看，从 2012 年起授权数量开始平稳提升，与专利申请大致保持同步增长态势（图 1-5）。基于专利授权有一定的滞后性，

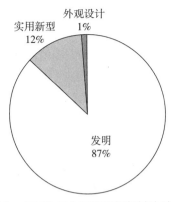

图1-4　2000—2018年中国石墨烯领域申请专利类型分布

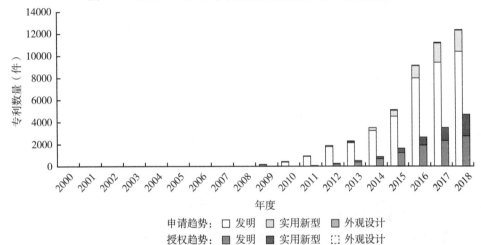

图1-5　中国石墨烯领域专利申请和授权数量随年份的增长情况

可以看出国内专利在石墨烯领域的申请授权率在收紧。

　　从国内石墨烯技术领域分布情况来看，如图1-6所示，制备技术和应用技术均受到高度重视。在制备技术方面，石墨烯原材料制备相关专利超过6000件，反映出国内石墨烯领域对原材料制备技术的重视程度非常高。事实上，原材料制备和规模化生产是中国石墨烯新材料领域的一大特色和优势，在全球占有举足轻重的位置，产能规模上甚至超过其他国家或地区的总和。石墨烯高分子复合材料在国内也受到广泛重视，专利超过5000件。在石墨烯应用技术方面，中国的关注重点与国外有显著差异。专利占比最高的是新能源电池、石墨烯涂料以及吸附剂、催化剂、气凝胶，总数将近1万件。而在高端半导体器件领域专利相对较少，总数2070件。另外，有关石墨烯润滑油和黏结剂的专利申请接近1000件。显然，从应用角度看，国外更重视未来型的高端半导体器件技术，而国内的石墨烯研发倾向于短期内投资可以快速见效的产业。

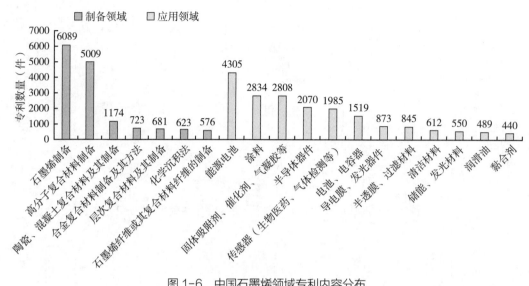

图 1-6　中国石墨烯领域专利内容分布

相对于半导体器件而言，能源电池、涂料以及吸附剂、催化剂等对于石墨烯原材料的品质要求略微低一些，产业化周期也相对较短。

分析中国石墨烯专利的区域分布，其主要申请地区中，江苏省、广东省、安徽省、浙江省及北京市居省、直辖市（自治区）排名前 5 位，其中江苏省的申请量显著领先，占中国石墨烯专利申请总量约 18%。江苏省是中国石墨烯产业的先行者，在专利申请方面也走在全国前列。广东省表现也很突出，代表着中国石墨烯产业的第一梯队。相比之下，内蒙古自治区、重庆市、黑龙江省等近几年对石墨烯产业关注很多的地区专利表现并不突出。安徽省似乎是个特例，石墨烯专利总量排名第三，但石墨烯相关企业和研究团队的影响力并不大，各级政府对石墨烯产业的重视程度也有限。

如表 1-2 所示，从专利申请反映出的各省市地区的关注热点不尽相同。江苏省在各领域都比较突出，从石墨烯原材料制备、高分子复合材料制备，到新能源电池、涂料以及各种器件技术，呈全面开花之势。广东省则以新能源电池应用和石墨烯制备技术为主。安徽省的高分子复合材料专利非常突出，其次是石墨烯涂料，而对原材料制备关注不多。浙江省的专利布局也较为集中在石墨烯原材料制备、高分子复合材料以及新能源电池领域。北京市以石墨烯原材料制备技术为主，其次是半导体器件技术，对新能源电池关注也相对较多。

表 1-2　中国石墨烯领域专利区域技术热点分布 （单位：件）

	IPC	江苏	广东	安徽	浙江	北京	山东	上海	四川	福建	河南
石墨烯制备	C01B	1001	590	196	386	585	341	509	366	221	130
高分子复合材料制备	C08L	786	415	1023	381	176	275	160	263	148	70
新能源电池	H01M	549	748	180	365	284	240	306	165	140	227
涂料	C09D	510	369	568	191	129	194	80	210	117	82
固体吸附剂、催化剂、气凝胶等	B01J	544	183	112	188	216	237	209	103	81	122
半导体器件	H01L	317	218	74	114	350	49	245	87	39	47
传感器（生物医药、气体检测等）	G01N	327	134	49	159	138	282	140	70	45	50
电容器	H01G	236	227	77	82	85	67	152	54	40	37
陶瓷、混凝土复合材料及其制备	C04B	239	92	177	93	47	94	43	57	41	19
导电膜、发光器件、黏合剂	H01B	227	91	56	53	60	31	45	47	24	26

应当指出的是，中国专利不仅有国内机构的申请，还有国外企业及研究单位的来华专利，主要以美国、日本和韩国为主，这三个国家的来华专利申请占总来华专利申请数量的 70%。来中国申请专利数量较多的有韩国三星电子株式会社、日本株式会社半导体能源研究所、美国国际商业机器公司（IBM）、纳米技术仪器公司和积水化学工业株式会社，他们主要看好的商业领域是电子、半导体和复合材料应用。通过这些国外来华专利的布局，我们也可以了解其他国家／地区对中国石墨烯市场的关注重点和竞争领域。

二、论文分布

（一）国内外论文分布

截至 2021 年 9 月，全球发表石墨烯相关论文数量为 282472 篇。从全球石墨烯论文发表数量的年度分布趋势来看，自 2010 年两位石墨烯发现者安德烈·海姆和康斯坦丁·诺尔肖洛夫荣获诺贝尔奖之后，论文数量开始呈指数增长，表明石墨烯新材料已经成为全球瞩目的热点。2010—2019 年，每年论文发表数量增长都在 50% 左右。2015 年以后虽然增长速度有所放缓，但绝对增长数量保持了较高水平，2020 年石墨烯相关发表论文有所下降，但仍然保持较高数量（图 1-7）。

　　从石墨烯论文产出的国家和地区分布上看（图 1-8），前五位分别是中国（不包含港澳台地区）、美国、印度、韩国、伊朗和日本，其中中国发表论文数量为 135546 篇，占全球石墨烯论文总数近 50%，为第二名美国发表论文数量（39847 篇）的 3.4 倍。中国发表石墨烯相关论文数量保持绝对领先优势。

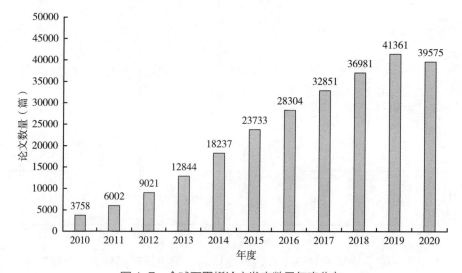

图 1-7　全球石墨烯论文发表数量年度分布

（数据来源：Web of Science 数据库；检索条件，主题：graphene；文献类型：论文，会议，综述；下同）

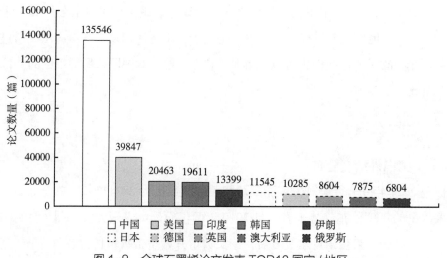

图 1-8　全球石墨烯论文发表 TOP10 国家 / 地区

通过分析中国石墨烯相关论文的发表情况（图 1-9），整体趋势同全球石墨烯相关论文发表趋势一致，2010 年迎来指数增长，到 2017 年增速有所放缓，2020 年较 2019 年有所下降，分析原因可能为疫情的影响，但仍然保持较高数量。同时，我们分析了中国论文数量在全球论文数量的占比随年度的变化趋势，从 2010 年的占比 22%，逐年增长，到 2017 年增加到全球论文数量的 50%，成为石墨烯相关论文发表大国，直至现在一直保持领先优势。

图 1-9　中国石墨烯论文发表情况

（二）高水平期刊论文分布

书中选取 *Science* 和 *Nature* 主刊作为石墨烯相关论文发表的高水平期刊。截至 2021 年 9 月，*Science* 和 *Nature* 主刊发表的石墨烯相关论文数量为 497 篇，年度分布如图 1-10 所示。从图中可以看出，论文数量从 2010—2015 年保持稳定为 25 篇左右，2016 年开始增长，到近三年每年发表的 *Science* 和 *Nature* 主刊论文数量维持在 55 篇左右，保持较高水平。

同时分析了 *Science* 和 *Nature* 主刊发表的石墨烯相关论文数量国家分布，如图 1-11 所示。其中美国发表论文数量为 310 篇，占据总数的 62%，为第二名日本的近 3 倍。而中国发表论文数量为 95 篇，仅占据总数的 19%。这说明，虽然中国在发表论文总数量处于领跑地位，但从高水平期刊论文的发表情况来看，中国的实力距美国相差较远，处于跟跑状态。

从近三年石墨烯相关论文发表情况看，目前石墨烯新材料依然是人们关注的热点领域，尽管有渐渐趋于平稳之势，但尚无衰退迹象，而中国处于全球领跑地位。这些研究论文涵盖面很宽，涉及制备和表征技术、电子和光电子、能源和节能环保、

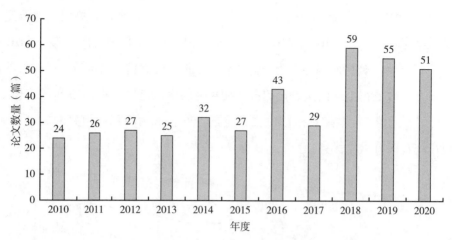

图 1-10　*Science* 和 *Nature* 主刊发表的石墨烯相关论文数量年度分布

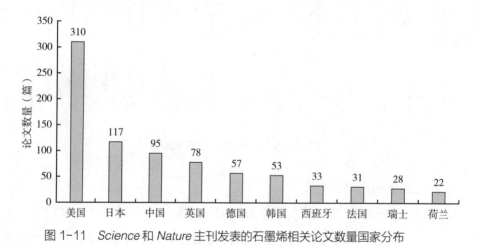

图 1-11　*Science* 和 *Nature* 主刊发表的石墨烯相关论文数量国家分布

热管理技术、先进复合材料以及航空航天和国防军工等几乎所有高科技领域。中国学者关注较多的是新能源、传感器件、材料制备技术、高性能复合材料等，美国更侧重于电子和光电子器件、半导体器件等，韩国则关注石墨烯薄膜材料制备及其高端应用领域。

第三节　标准建设

标准的建设和完善在产业的发展中至关重要，能从根本上抑制产业乱象、鱼龙混杂的局面，并促进石墨烯产业的健康发展。石墨烯相关制备、检测和应用属于纳米科技的范畴，这方面国际上最有影响力的官方标准化组织是 ISO/TC 229 纳米技术委员会以及 IEC/TC 113 纳米电工产品与系统技术委员会。ISO/TC 229 有 34 个成员国，IEC/TC 113 有 16 个成员国，中国均为其中之一，由 SAC/TC 279 全国纳米技术标准化技术委员会作为对口单位，统一管理协调中国参与 ISO/TC 229 和 IEC/TC 113 的各项标准化工作。

我国石墨烯标准化工作得到了国家有关部门的大力支持。石墨烯术语及定义属于该领域首批四项国家标准计划项目之一。2018 年 12 月，国家标准 GB/T 30544.13—2018《纳米科技术语第 13 部分：石墨烯及相关二维材料》正式发布。该标准是我国正式发布的第一个石墨烯国家标准，为石墨烯的生产、应用、检验、流通、科研等领域提供统一技术用语的基本依据，是开展石墨烯各种技术标准研究及制定工作的重要基础及前提。此标准规定的术语及定义与国际标准 ISO/TS 80004–13：2017 保持一致，与国际国内广泛共识完全吻合。

《纳米科技术语第 13 部分：石墨烯及相关二维材料》首次明确回答了石墨烯上下游相关产业共同关注的核心热点问题：什么是石墨烯，什么是石墨烯层，石墨烯最多可以有几层，双层/三层/少层石墨烯是不是石墨烯，氧化石墨烯最多可以有几层，还原氧化石墨烯最多可以有几层，什么是二维材料。其内容不仅充分考虑了国内各界的意见和建议，同时也和国际标准保持一致。我国现行以及即将实施的石墨烯相关国家标准计划有 6 个，详见表 1–3。

表 1–3　中国现行及即将实施的石墨烯相关国家标准（截至 2021 年 9 月）

序号	标准号	项目名称		项目状态
1	GB/T 40069—2021	纳米技术　石墨烯相关二维材料的层数测量	拉曼光谱法	即将实施
2	GB/T 40071—2021	纳米技术　石墨烯相关二维材料的层数测量	光学对比度法	即将实施
3	GB/T 40066—2021	纳米技术　氧化石墨烯厚度测量　原子力显微镜法		即将实施

续表

序号	标准号	项目名称	项目状态
4	GB/T 38114—2019	纳米技术　石墨烯材料表面含氧官能团的定量分析　化学滴定法	现行
5	GB/Z 38062—2019	纳米技术　石墨烯材料比表面积的测定　亚甲基蓝吸附法	现行
6	GB/T 30544.13—2018	纳米科技术语第 13 部分：石墨烯及相关二维材料	现行

注：上表由全国纳标委低维纳米结构与性能工作组（SAC/TC279/WG9）秘书处调研提供。

　　除国家标准外，各社会团体也在开展石墨烯团体标准的制修订工作。目前在全国团体标准信息平台备案的团体标准有 58 个。

第二章

石墨烯材料发展现状与趋势

第一节　石墨烯粉体

一、技术简介

（一）技术分类与进展

石墨烯粉体是单层或少层石墨烯微片聚集而成的粉末状石墨烯材料，常见厚度为 1～3 nm，横向尺寸范围约为 100 nm～100 μm，是主流商业化石墨烯产品之一。

石墨烯粉体主要有两大类制备方法，分别为"自上而下"（Top-down）法和"自下而上"（Bottom-up）法。自上而下法主要有机械剥离、液相剥离和氧化还原方法，其中机械剥离法和液相剥离法属于物理方法，氧化还原法则属于化学方法。自下而上法主要有化学气相沉积（Chemical Vapor Deposition，简称 CVD）法、电弧放电法、微波法[1]。

自上而下的物理剥离方法的基本原理是利用剪切、球磨等机械外力来克服石墨层间的范德华力相互作用，从石墨粉体出发获得石墨烯粉体。Geim 课题组最早使用的透明胶带法适用于实验室基础研究，但显然不适用于规模化制备[2]。液相剥离法是人们重点研究的实用规模化制备方法。该方法利用石墨为原料，借助溶剂插层、金属离子插层、剪切作用、超声等外力破坏石墨层间的范德华力，实现块体石墨的层层分离得到少层或单层石墨烯分散液。

氧化还原法（以 Hummers 法为主）是目前规模化制备石墨烯粉体最成熟的方法之一。其基本原理是在强酸、强氧化性环境中对石墨进行处理，造成石墨烯的表面和边缘产生大量含氧官能团，使得石墨层间距拉大，进而得到氧化石墨烯粉体，而后通过化学还原处理即得到还原氧化石墨烯粉体。实际上，Hummers 法已经有六十余年的历史，后期也有很多改进。Hummers 法制备的石墨烯质量较差，而且存在金属离子等杂质污染的问题，反应需要较长时间（几十至数百小时）并有爆炸的危险。2015 年，浙江大学高超课题组有了新的突破。他们用 K_2FeO_4 作氧化剂，实现了一小时内氧化石墨烯的快速制备[3]，有效减少了制备时间、制备成本，并解决了污染问题。

值得一提的是，最近中国科学院沈阳金属所成会明团队在粉体石墨烯制备方法探索方面也取得重要进展。他们发展了基于电解水剥离石墨制备氧化石墨烯的方法。该方法预先在石墨中插层硫酸分子，以抑制后续电解水过程中的氧气析出，之后在稀硫酸中进行快速电化学剥离，获得氧化石墨烯粉体。其优点是快速高效、绿色环保[4]。图 2-1 总结了目前商业化石墨烯粉体的自上而下制备方法[5]。

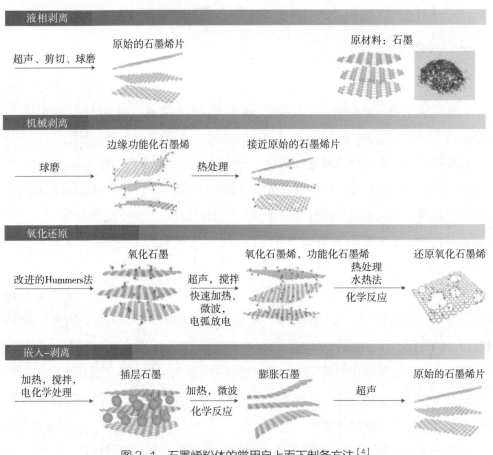

图 2-1　石墨烯粉体的常用自上而下制备方法[4]

近几年来，化学气相沉积方法也被用于制备高性能石墨烯粉体。这是一种自下而上的制备方法，已被广泛用于石墨烯薄膜的制备。在高温条件下，含碳前驱体在特殊模板上进行热裂解或者催化裂解形成石墨烯，然后刻蚀模板得到石墨烯粉体。北京大学刘忠范课题组在该领域做了大量的引领性工作，他们利用硅藻土、食盐、石英粉、墨鱼骨、海贝壳等各种天然矿物模板和生物模板，成功地制备出具有各种微观结构的石墨烯粉体材料。以最具代表性的硅藻土模板为例，所制得的石墨烯粉体完美地复制了硅藻细胞壳多级结构，比表面积高达 1137.2 m^2/g[6]，并具有超高溶液分散性和优良的导电性。

电弧放电法也被用来制备石墨烯粉体，早期曾被用于生长富勒烯、碳纳米管等其他纳米碳材料。其原理是在高真空环境下对碳棒进行大电流电弧放电。但是，此法一直无法摆脱其他杂质诸如碳纳米管等伴生问题。北京大学张锦团队发展了微波电晕放电方法[7]，利用电介质在微波中电晕放电来促进碳源的热裂解，从而实现在无催化剂、无衬底条件下的石墨烯粉体制备，获得的石墨烯具有小尺寸（100～200 nm）、少层（<10 层）、高品质和低氧含量等特点。尽管存在放量制备和成本等诸多问题，作为特种石墨烯粉体制备的新思路有一定的应用前景。

2020 年 1 月 28 日，美国莱斯大学 James M. Tour 课题组在 *Nature* 报道了一种全新的"闪蒸制备法"。该方法利用所谓的闪蒸焦耳加热技术，在导电性含碳原材料中通电使其温度瞬间上升到近 3000 K，即可在极短时间（10 ms）内获得石墨烯粉体[8]。这种"闪蒸石墨烯"的原料来源很广，食物垃圾、塑料、石焦油、木屑、煤炭、生物炭等均可，收率可达 80%～90%，碳纯度高达 99% 以上。尽管存在着放量制备、成本、质量可控性等诸多问题，闪蒸制备法仍值得引起重视。

（二）主要应用

石墨烯粉体在储能、热管理、防腐涂料、导电油墨、润滑油、复合增强等领域展现非常广阔的应用前景[1]。

在储能领域[9]，利用石墨烯优良的导电性和极大的比表面积，将石墨烯作为电极活性材料、导电剂、集流体改性、催化载体等，可用于锂离子电池、超级电容器、锂硫电池以及燃料电池等储能器件中，从而改善其电化学性能，如提高能量密度、充放电速度、循环性能、降低内阻等。

在热管理领域[10]，技术处于产业化初期阶段。利用石墨烯超高的热导率，将石墨烯用作高导热填料制备石墨烯基热界面材料，如导热硅脂、导热硅胶、相变材料等，还可用于制备导热膜，应用于电子设备热管理系统。

在防腐涂料方面[11]，石墨烯具有良好的阻隔性、导电性，石墨烯改性的重防腐涂料耐盐雾性能佳、涂层薄、柔韧性好、重量轻、附着力强，在输电塔、原油储罐、车辆、桥梁、发射架、野外器材等海洋、石化、港口等诸多领域得到应用，有效提高设备抗腐蚀能力，降低设备维护成本。

在导电油墨方面[12]，将石墨烯制备成导电油墨，通过喷墨打印和丝网印刷在承印物上得到导电线路，用于射频识别，也可印刷成电热膜，在通电后以辐射的形式释放热量。

在润滑油方面[13]，利用石墨烯极高的机械强度和导热性，将其添加在润滑油中能改善摩擦表面粗糙度，形成固液双重润滑功效，有效提升润滑油抗磨减摩性能，改善机械摩擦，降低噪声和震动，降低运行阻力，节油节电防锈，延长机械使用寿命，可用于飞机、舰船、潜艇、坦克装甲、车辆、兵器等装备动力系统及机械设备，提高效能。

在复合增强领域[14]，石墨烯拉伸强度高达 130 Gpa，杨氏模量高达 1 TPa，可在较小添加量的情况下显著提高材料韧性、强度、刚度等力学性能。将石墨烯增强体置于基体材料内，制备得到石墨烯 / 聚合物复合材料，石墨烯 / 无机非金属复合材料、石墨烯 / 金属复合材料，石墨烯的存在将使材料性能更强、更轻量化，具有广阔应用前景。

二、国内外发展现状

（一）国外发展现状

1. 制备技术与装备

石墨烯粉体制备技术方面，目前已经发展得较为成熟，以氧化还原法、液相剥离法为主流技术的粉体生产企业已经在全球各个国家涌现。其他制备方法仍处于实验室阶段。英国进行石墨烯研发的研究机构主要有曼彻斯特大学、剑桥大学、牛津大学、伦敦帝国理工学院等；美国相关研究机构主要有莱斯大学、宾夕法尼亚州立大学、得克萨斯大学奥斯汀分校、西北大学、斯坦福大学等；韩国主要研究机构有大邱庆北科学技术院。代表性研究机构与团队如表 2-1 所示。

表 2-1　国外石墨烯粉体技术代表性研究机构

研究机构	研发团队	研发方向
英国曼彻斯特大学	Andre Geim	石墨烯制备、石墨烯复合材料等
	Kostya Novoselov	石墨烯制备、石墨烯复合材料等
	Ian Kinloch	石墨烯复合材料、储能（锂电、超电等）等
英国伦敦帝国理工学院	Eduardo Saiz	石墨烯陶瓷复合材料、储能（锂电、超电等）
英国剑桥大学	Andrea C. Farrari	石墨烯制备、石墨烯复合材料、功能材料
爱尔兰都柏林圣三一大学	Jonathan N Coleman	石墨烯制备
美国莱斯大学	James M. Tour	石墨烯材料制备、储能（超电、锂电）等
美国宾夕法尼亚州立大学	Heer Mauricio Terrones	石墨烯制备、储能（锂电、超电、ORR 等）等
美国北卡罗来纳大学	Samulski Edward	石墨烯制备、复合材料
美国得克萨斯大学奥斯汀分校	Rodney Ruoff	石墨烯制备、复合材料、储能（锂电、超电等）应用
美国西北大学	SonBinh Nguyen	石墨烯制备、复合材料
美国加州大学河滨分校	Balandin Alexander A.	石墨烯热管理
美国加州大学洛杉矶分校	Kaner Richard B.	石墨烯制备、储能（超电）、复合材料等
美国斯坦福大学	Dai Hongjie	石墨烯杂化物、储能（锂电、超级电容等）、生物医药、催化剂载体应用等
美国罗格斯大学	Chhowalla，Manish	石墨烯制备、氧化石墨烯电子和光学应用、催化剂等
美国普林斯顿大学	Aksay，Ilhan A.	石墨烯燃料电池（催化剂载体）、超级电容、燃料敏化太阳能电池、电化学传感器等
德国马克斯－普朗克研究所	Müllen Klaus	石墨烯制备、储能（锂电、超级电容、燃料电池等）
韩国大邱庆北科学技术院	Sangaraju Shanmugam	石墨烯储能（锂电、超级电容等）、生物应用
澳大利亚伍伦贡大学	Wallace Gordon G.	石墨烯制备、储能（锂电、超级电容等）、涂层、电磁屏蔽、生物应用等
澳大利亚墨尔本大学	Dan Li	石墨烯气凝胶等宏观体在超电、膜分离、生物医学工程、先进传感器及复合材料等应用
印度尼赫鲁先进科学研究中心	Rao C.N.R.	石墨烯制备、石墨烯杂化物、生物医药、复合材料等
日本东北大学	Honma Itaru	石墨烯制备及其在能量转换中应用

续表

研究机构	研发团队	研发方向
意大利米兰理工学院	Bonaccorso Francesco	石墨烯印刷电子、储能（锂电池、钙钛矿太阳能电池）等
意大利国家研究理事会	Palermo Vincenzo	石墨烯制备、水净化、生物传感、气体传感等
新加坡南洋理工大学	Zhang Hua	石墨烯合成、生物传感器、清洁能源、水污染治理应用

据《财富商业洞察》（*Fortune Business Insights*）报告统计，2021 年全球石墨烯市场规模约为 3.89 亿美元[15]。石墨烯粉体占据超过 60% 市场，根据测算，全球石墨烯粉体市场规模约为 2.33 亿美元。据《财富商业洞察》报告预测，到 2028 年，全球石墨烯市场规模将达到 40.67 亿美元，复合增长率高达 39.8%[15]。根据测算，石墨烯粉体约为 24.40 亿美元。目前，国外石墨烯粉体的产业规模约为 6000 t（见表 2-2）。预计 2025 年前，石墨烯粉体产能复合增长率约 30%，国外石墨烯粉体产能有望超过 2 万 t/ 年；2025—2035 年，石墨烯粉体产能复合增长率约 40%，有望超过 60 万 t/ 年。

石墨烯粉体材料的制备方法与技术路线不同，所需要的设备也不同，目前已经实现产业化的批量生产方法主要是机械剥离法和氧化还原法。机械剥离法主要剥离设备有搅拌釜、高压均质机、高速分散机、超声分散机、砂磨机（分散和研磨）、喷雾干燥机（干燥）等，核心装备是（超）高压均质机。国外高压均质机具有压力范围较大、压力稳定、使用寿命长等优点，知名生产厂家的产品规格型号齐全，通常涵盖了实验室、中试，到生产型的产品，例如德国 GEA、德国 IKA、德国 NETSCH、美国 Microfulidier、美国 BEE International、加拿大 Avestin、加拿大 ATS、意大利 Niro-Soavi 和丹麦 APV 等。

氧化还原法的主要设备为反应釜、纯化机、干燥机、膨化炉和炭化炉，其中关键核心装备为纯化机和膨化炉。氧化石墨的纯化一般采用透析法和固液分离法。透析法由于耗时长、效率低，主要在实验室中采用；工业中常用固液分离法。但由于氧化石墨理化性质的特殊性，其纯化过程中很容易发生溶胶化，给其固液分离带来很大的困难，常规的离心机、压滤机等设备无法满足其要求。因此，该装备主要为各石墨烯生产厂家根据其工艺自主设计开发。此外，氧化石墨的热膨胀剥离设备同样没有标准型号设备可供使用，均为非标定制。全球科研相关的高端分析和测试设备基本是由国外企业提供，石墨烯同样不例外，石墨烯相关的形貌、结构、成分和性能等表征设备供应商以常见的 FEI、日本电子、赛默飞和布鲁克等企业为主。

表 2-2　国外石墨烯粉体技术代表企业

重点区域	企业	制备方法	产能	产品
欧盟	西班牙 Graphenea	氧化还原法	—	氧化石墨烯粉体 / 分散液
	瑞典 2D Fab AB	液相剥离法	—	石墨烯粉体 / 悬浮液、石墨烯改性母粒、石墨烯 / 硅复合负极等
	挪威 Abalonyx	氧化还原法	—	氧化石墨烯、氧化石墨烯衍生物
	剑桥 Nanosystems	—	5 t/ 年	石墨烯粉体、油墨、热管理复合材料
	Graphenelab Limited	液相剥离法	—	石墨烯粉体、热管理、锂电池材料
	Applied Graphene Materials	氧化还原法	—	石墨烯分散液
美国	Nanotek	氧化还原法	—	石墨烯粉体、电磁屏蔽涂料等
	AzTrong	氧化还原法	100 t/ 年	石墨烯、润滑油、导电油墨、母粒、复合树脂、无纺布等
	Carbon Solutions	氧化还原法	—	石墨烯粉体、氧化石墨烯
	Garmor	氧化还原法	100 t/ 年	石墨烯粉体、氧化石墨烯
	XG Science	—	180 t/ 年	石墨烯粉体、涂层、油墨等
	Angstron Materials	氧化还原法	300 t/ 年	石墨烯粉体 / 分散液
	G6 Materials Corp	氧化还原法	—	石墨烯粉体 / 分散液 / 气凝胶、石墨烯增强聚合物树脂、增强碳纤维等
韩国	Standard Graphene	氧化还原法	1.1 t/ 年	石墨烯、氧化石墨烯、石墨烯 / 聚合物复材、石墨烯碳纤维预浸料、涂料等
	Carbon Nanomaterial Technology	氧化还原法	—	石墨烯粉体
加拿大	NanoXplore Inc	—	4000 t/ 年	石墨烯粉体、石墨烯母粒
	Grafoid Inc	—		石墨烯粉体
新加坡	2D Materials Ltd	—		石墨烯粉体 / 分散液
俄罗斯	Akkolab	氧化还原法	—	石墨烯粉体 / 分散液、氧化石墨烯等

2. 应用产业化情况

在石墨烯增强复合材料方面，利用石墨烯与不同基体复合得到热塑性或热固性复材，以满足航空航天、汽车、能源等高标准要求，已经达到产业化阶段。欧盟旗舰为空中客车 A350 型飞机开发了石墨烯航空材料，增强了机身抗冲击性，只需 1.2% 的石墨烯即可提高 9% 以上的抗冲击性。英国著名的体育用品海德公司于 2013 年推出了石墨烯复合材料制作的网球拍[16]。

在石墨烯热管理方面，技术处于产业化初期阶段。美国 Global Graphene Group 公司拥有商业化的石墨烯散热膜／片产品，可应用于 3C 电子、发光二极管照明、显示等各类电子器件。

在石墨烯涂料方面，技术处于较为成熟的产业化阶段，例如石墨烯耐火涂料用于汽车工业和建筑施工，实现防火阻燃作用，使暴露在大火中的建筑钢材温度下降150℃；石墨烯防腐涂料外涂在铜线表面，提高了铜线耐腐蚀性，延长使用寿命，并且电导率增加约 1%，均已实现商品化。

在石墨烯导电油墨技术方面，也已实现产业化，例如欧盟石墨烯旗舰项目和英国剑桥大学石墨烯中心的科研人员使用微流化法制备出石墨烯导电油墨，已经被Versarien 公司（原剑桥大学剑桥石墨烯公司）进行了商业化，用于英国 Novalia 公司的互动触摸式印刷电子器件（交互式新闻纸）的演示中。

在储能方面，处于产业化阶段的初期，部分已经商业化的产品有石墨烯导电添加剂、石墨烯改性电极材料、储能器件等。美国卡博特公司 2013 年推出石墨烯基导电添加剂，用以提升锂离子电池的能量密度。加利福尼亚电池公司 2016 年宣布成功放大并制造出锂电池用石墨烯／硅复合材料，具有高的容量和循环性能。欧洲超级电容器制造商 Skeleton 公司推出基于石墨烯基超级电容器的新型发动机启动模块，用于重型工业车辆在极端条件下启动，电容器性比市场其他产品的功率密度高 4 倍，能量密度高两倍。

处于研发阶段的应用领域包括石墨烯生物医药和石墨烯环保应用。生物医药领域包括纳米药物运输系统、生物检测、肿瘤治疗以及细胞成像等方面应用；环保领域有水污染处理、海水淡化、饮用水净化、大气污染治理与检测以及环境修复等。

（二）国内发展现状

石墨烯粉体制备技术，包括机械剥离法、液相剥离法、氧化还原法等，在我国均实现了产业化，达到百吨级以上的产能。石墨烯粉体下游应用涵盖化工、能源、信息技术、高端装备与生物医药等众多领域。在能源领域，我国石墨烯产业已经在导电添加剂、聚合物电池、超级电容器、锂离子电池等方面形成产业化的产品。在化工领域，防腐涂料、导电油墨、导热膜、电磁屏蔽材料、导电橡胶／树脂等领域也已形成产业化产品，且部分产品已经有成熟应用案例。在高端装备领域，石墨烯润滑油逐步进入汽车市场，石墨烯增强金属不断取得技术进展，石墨烯海水淡化技术已经实现技术突破。在生物医药领域，石墨烯粉体应用还需要很长时间的基础研究和临床试验，目前大量的研究集中在石墨烯生物安全性、纳米药物载体、基因测序、生物检测及诊断等领域。

我国在石墨烯粉体的基础研究方面基本保持国际领先水平，是石墨烯专利量申请最多的国家，截至 2019 年 8 月，我国石墨烯专利申请量占全球总量的 71.6%，遥遥领先于其他国家。高校和科研机构是我国石墨烯产业发展技术驱动力，掌握了基础研究成果及专利技术。在过去的十余年中，中国石墨烯科研工作者已经发布了很多令人振奋的研究成果，这些成果是使中国成为世界石墨烯研究的主要参与者和推动者。代表性区域集中在京津冀、长三角、珠三角等经济发达、科研力量雄厚的地方。表 2-3 是目前我国石墨烯粉体代表性研究机构与研发团队。

表 2-3　我国石墨烯粉体代表性研究机构与研发团队

研究机构	研发团队	研发方向
清华大学	魏飞团队	三维介孔石墨烯粉体宏量制备、石墨烯导电添加剂和锂硫电池
	曲良体团队	功能化石墨烯粉体材料与组装、石墨烯新能源器件
浙江大学	高超团队	氧化石墨烯与石墨烯宏观体组装
复旦大学	卢红斌团队	石墨烯纳米片制备、石墨烯复合材料及储能
中国科学技术大学	朱彦武团队	石墨烯材料制备、石墨烯储能
天津大学	杨全红团队	石墨烯宏观体组装、石墨烯储能
南开大学	陈永胜团队	石墨烯粉体材料制备、石墨烯储能
山东大学	侯士峰团队	粉体石墨烯制备、石墨烯涂料
北京化工大学	邱介山团队	石墨烯基功能碳材料制备及应用
东南大学	孙立涛团队	石墨烯能源、环保、微纳器件应用
华侨大学	陈国华团队	石墨烯粉体材料制备及复合技术
中国科学院金属研究所	成会明团队	石墨烯粉体制备、石墨烯储能
中国科学院山西煤炭化学研究所	陈成猛团队	石墨烯粉体批量化制备、电化学储能、热管理与电磁屏蔽
中国科学院宁波材料技术与工程研究所	刘兆平团队	石墨烯粉体规模化制备、锂电池电极材料
	王立平团队	石墨烯防腐涂料

研究机构	研发团队	研发方向
中国科学院上海微系统与信息技术研究所	丁古巧团队	石墨烯粉体规模化制备技术与应用
北京大学 / 北京石墨烯研究院	张锦团队	微波法石墨烯粉体制备技术与应用

国内石墨烯粉体的制备方法中，以氧化还原法为主流，部分采用液相剥离法或机械研磨法。从规模上讲，中国的石墨烯粉体制备在国际上处于领先地位。2013 年以来，石墨烯粉体材料生产能力不断提升，年产能从 2013 年的 201 t，到 2015 年的 502 t，再到 2017 年的 1400 t，截至 2020 年产能已超过 5000 t。氧化石墨烯材料的年产能从 2013 年的 108 t，2015 年的 132 t，2017 年升到 710 t。当前石墨烯粉体主要产业应用集中在新能源领域，占 71.43%；其次是涂料领域，占 11.43%。从事石墨烯涂料研发生产的企业超过 700 家（代表性企业见表 2-4），集中在江苏省和广东省。大健康产品市场份额占 7.14%，石墨烯发热服、护腰、眼罩等产品琳琅满目。复合材料占有 7.14% 的份额，同大健康持平。

随着我国石墨烯制备和应用产业的发展，国内石墨烯相关装备行业在迅速发展，通过与石墨烯生产和应用企业的互动式研发，形成了独特的工艺路线和装备方案。目前，国内代表性企业包括咸阳洪峰窑炉、株洲微朗科技、青岛迈可微等企业，其主打产品为氧化石墨膨化剥离炉。

此外，在液相剥离法制备石墨烯领域，杭州成功超声、邯郸海拓等企业开发了超声法制备石墨烯的实验室及中试装备。此外，在石墨烯分散领域，也涌现广东派勒、上海儒特机电、琅菱机械等企业。

在装备研发方面也构建了少数技术创新平台，代表性单位有北京石墨烯研究院装备研发中心，该平台致力于把石墨烯新材料的最终优化工艺包与先进装备技术结合起来，拓展石墨烯粉体应用领域。装备中心开发了多种规格石墨烯材料工业化制备技术，例如在线监测石墨烯粉体材料生产装备。

随着石墨烯在各个领域的应用逐步成熟，越来越多的企业将加入石墨烯粉体生产行列，生产企业对于石墨烯制备设备的需求量将远大于科研机构，未来石墨烯制备设备行业空间可能会成倍增长，这给石墨烯制备设备行业内的企业带来巨大的市场机会。

表 2-4　国内石墨烯粉体代表性企业

重点区域	企业	制备方法	产能	产品
长三角	常州第六元素材料科技股份有限公司	氧化还原法	1000 t/年	石墨烯、氧化石墨烯、石墨烯导电浆料等
	南京吉仓纳米科技有限公司	氧化还原法	—	石墨烯、改性石墨烯、氧化石墨烯等
	宁波墨西科技有限公司	—	500 t/年	石墨烯、石墨烯导电浆料、石墨烯改性集流体等
	苏州高通新材料科技有限公司	—	300 t/年	功能化石墨烯
	苏州格瑞丰纳米科技有限公司	氧化还原法	—	锂电、涂料、润滑油用薄层石墨烯
	上海多烯石墨烯材料科技有限公司	氧化还原法	—	石墨烯、改性石墨烯
	南京先锋纳米材料科技有限公司	氧化还原法	粉体：50 t/年 浆料：1000 t/年	石墨烯粉体/浆料、氧化石墨烯、改性石墨烯等
珠三角	广东墨睿科技有限公司	机械剥离法 氧化还原法	—	石墨烯粉体、导热膜、导热脂、散热涂料、导电浆料、复合材料等
	鸿纳（东莞）新材料科技有限公司	机械剥离法	粉体：1000 t/年 浆料：万吨级生产线	石墨烯粉体/分散液、导电浆料等
山东	山东利特纳米技术有限责任公司	氧化还原法	200 t/年	石墨烯粉体/分散液、氧化石墨烯、导电浆料等
	青岛昊鑫新能源科技有限公司	氧化还原法	500 t/年	石墨烯粉体、导电浆料
	山东欧铂新材料有限公司	氧化还原法	—	石墨烯粉体/分散液、石墨烯改性超级活性炭、石墨烯防腐涂料
	山东玉皇新能源科技有限公司	氧化还原法	粉体：3 t/年 电池：5 亿 Wh/年	石墨烯粉体/浆料、氧化石墨烯、石墨烯锂离子电池
其他地区	厦门凯纳石墨烯技术有限公司	机械剥离法	500 t/年	石墨烯粉体、导电浆料、高导热碳塑合金
	德阳烯碳科技有限公司	液相插层剥离法	30 t/年	高导电、高导热、高阻隔石墨烯粉体/浆料
	大英聚能科技发展有限公司	氧化还原法	粉体：100 t/年 浆料：500 t/年	石墨烯粉体、官能团修饰还原氧化石墨烯、氧化石墨烯、石墨烯/碳纳米管复合导电剂等
	宝泰隆石墨烯新材料有限公司	氧化还原法	粉体：150 t/年 导电油墨：1000 t/年 分散液：20 t/年	石墨烯粉体、氧化石墨烯、导电油墨、石墨烯发热产品等

三、关键技术瓶颈及存在问题

（一）关键技术瓶颈

1. 高品质石墨烯低成本绿色制备技术

目前，氧化还原法是规模化制备石墨烯粉体最成熟的方法之一，该方法存在的缺点是：层数分布宽，可控性差；晶格缺陷多，存在官能团和非碳杂质；氧化剂、还原剂会带来环境污染，后处理成本高。液相剥离法在一定程度上可以弥补机械剥离的劣势，也是目前采用的一种石墨烯粉体的规模化制备方法，但其缺点是层数厚、分布不均、有机溶剂毒性大、杂质多等。如何在以上两种方法的基础上进一步提高石墨烯粉体的质量（层数分布、缺陷、杂质），同时实现绿色、环保制备，是亟待突破的技术瓶颈。

2. 石墨烯连续合成技术

要实现石墨烯连续合成，面临两个难题：反应热的有效控制与装备材质选择。石墨烯规模化制备过程中通常是密闭的生产方式，釜内物料的反应受热力学与动力学影响，在反应温度过高、散热不良甚至冷却失效的情况下，形成热累积，会导致温度和压力飙升，甚至引起爆炸。生产石墨烯所采用的化工装备与管道的材质若选择不当，在反应过程中会造成管路、设备内发生腐蚀，从点腐蚀发展到面腐蚀，最终引入大量杂质元素。因此，如何突破石墨烯连续合成技术难题，是石墨烯生产中重要的关键技术瓶颈。

3. 石墨烯快速连续纯化技术

无论是液相剥离法还是氧化还原法制备石墨烯粉体，都面临快速、连续纯化的问题。氧化还原法，由于石墨烯的制备需要用到浓硫酸、高锰酸钾、过氧化氢等氧化剂，产物中会残留硫酸、硫酸锰、硝酸盐等杂质。液相剥离法，需要借助溶剂插层、金属离子插层，也会残留杂质，如有机溶剂残留物，沸点较高、不易挥发，难去除。如何高效、快速、连续地对上述残留物进行脱除，得到高品质石墨烯粉体是一个关键技术瓶颈。

4. 石墨烯快速连续剥离和分离技术

石墨烯快速、连续剥离也是存在的瓶颈难题。对于氧化还原法来说，采用热剥离技术，剥离程度需要尽可能高，并且要快速化、连续化。液相插层剥离方法相较于氧化还原法剥离产率更低。如何提高剥离程度和产率，并且突破快速化、连续化的剥离技术，提高剥离效率，是目前石墨烯粉体技术领域的难题。

液相剥离法常使用的溶剂有机溶剂（N-甲基吡咯烷酮、γ-丁内酯、N，N-二甲基甲酰胺、N-乙烯基吡咯烷酮等）、离子液体、水/表面活性剂溶液，无论哪种溶剂都存在较难将石墨烯从石墨微片中分离出来的问题。研发高效、低成本的分离技术以及装备对于液相剥离法制备石墨烯粉体非常重要。

5. 石墨烯多相分散技术

石墨烯在复合材料领域的应用包括高分子材料、涂料油墨、金属、陶瓷、无机非金属等，在具体应用时需要将石墨烯粉体在其他基体中进行分散。对于高分子材料，需要与不同的高分子基体进行复合；对于涂料和油墨，需要分散于不同极性的溶剂中；对于金属增强，需要负载或包裹金属。然而，石墨烯的片状结构、分子间力、界面相容性问题造成其在基体中润湿性差、分散非常困难，已成为目前制约石墨烯应用的最大瓶颈，进而对石墨烯替代传统材料带来极大阻碍。因此，亟待根据不同应用方向，开发相应的石墨烯分散技术及装备，以解决该瓶颈性难题。

（二）产业发展问题

2018年，新加坡国立大学安东尼奥·卡斯特罗·内托和诺贝尔奖获得者康斯坦丁·诺沃肖·洛夫在 *Advanced Materials* 上发表文章[17]，系统地分析了来自亚洲、欧洲和美洲60家公司的石墨烯样品，明确指出大多数公司正在生产的并不是真正的石墨烯（层数小于10层），而是石墨片（层数大于甚至远大于10层），并且大多数公司样品中石墨烯的含量低于10%，没有任何一家石墨烯样品的 sp^2 杂化碳成分含量超过60%，也几乎没有单层的高质量石墨烯。应该说，这就是石墨烯粉体材料规模化制备的现状，不容乐观，充满挑战。

对于石墨烯粉体材料的商用规模化制备来说，首先要考虑的仍然是低成本、绿色环保和提纯技术问题。目前国内多数企业用的是氧化还原方法，需要大量的强酸和强氧化剂，环保压力非常大。而且对设备要求高，纯化过程复杂，所得的石墨烯含有大量缺陷，因此亟须改进和发展新的绿色环保技术。实际上，尽管原料可以来自天然石墨矿，但考虑到提纯问题和环保投入，这条技术路线未必能实现低成本，所得到的石墨烯粉体质量尤其差强人意。

批量制备的性能稳定性和可重复性在现阶段是一个巨大的挑战。不同厂家生产的石墨烯粉体材料基本没有可比性，不同技术路线获得的石墨烯材料更不具备可比性，甚至不同批次的稳定性也无法保障。这种批量制备水平的现状是导致国内石墨烯产业乱象的根本原因，必须引起高度重视。需要在很多方面作出努力，包括：优化工艺和工艺稳定性问题、装备设计问题以及新技术和新工艺探索等。理论上讲，不同技术路线获得的石墨烯粉体材料不可能完全一致，重要的是找到其特有的应用途径。

尤其至关重要的是，标准制定需及时跟进。目前市售的石墨烯粉体产品质量参差不齐，缺乏统一的评价标准，部分产品甚至存在鱼目混珠、弄虚作假行为。因此，亟待建立一套石墨烯粉体产品的标准体系和评价分级体系，并建立相对应的评价表征方法。与此同时，成立相应的权威机构，包括标准制定机构、产品检测机构等。这是推动石墨烯粉体产业健康发展的基础。

四、石墨烯粉体发展路线图

（一）技术路径及重点产品

1. 石墨烯大批量低成本绿色制备技术

（1）氧化还原法石墨烯制备技术

使用氧化还原法制备得到的石墨烯，具有较大的比表面积和表面丰富的羟基、羧基、羰基官能团，易于功能化改性，在复合材料、储能、生物等领域具有广泛的应用前景。2025年的目标是进一步突破连续合成、快速连续纯化等技术难题，开发低成本干燥工艺以及低温炭化技术，开发氧化剂、插层剂、还原剂回收技术，开发新型绿色还原剂或其他工艺，实现石墨烯粉体成本和污染降低至目前的1/2。2035年完全实现绿色还原、强酸完全回收，成本降低至目前的1/4。

（2）液相剥离法、机械剥离法石墨烯制备技术

这两种方法制备过程保全了石墨烯碳原子结构，所制成品具有较好的晶体结构，赋予了石墨烯优异的电性能。2025年的目标是进一步突破快速连续纯化、剥离、分离等技术难题，开发高效低成本纯化、剥离、分离技术与工艺，提高剥离产率至40%以上，成本降低至目前的1/2。2035年实现剥离产率在60%以上，成本降低至目前的1/4。

2. 新型石墨烯粉体制备技术

（1）化学气相沉积法石墨烯粉体制备技术

一种是模板CVD法，制备石墨烯通常需要对模板进行刻蚀，通过牺牲模板获得粉体石墨烯材料，还可以通过在CVD生长过程中选择合适的碳源，对粉体石墨烯的形貌进行有效调控，实现对粉体石墨烯的有效杂原子掺杂；但此方法工艺复杂、成本较高。另一种是无模板CVD法，制备粉体石墨烯相较于模板法制备工艺简单，但制

备产量较低，形貌不可控，较难实现规模化生产。

未来发展 CVD 石墨烯粉体制备技术的路径：在规模化制备中，通过对 CVD 体系进行设计，实现石墨烯粉体高质量均匀制备；寻求合适的反应路径并设计制造适合工业化的 CVD 反应装备，实现 CVD 石墨烯工业化高效制备；寻求绿色、低成本的模板刻蚀工艺。

（2）微波法石墨烯制备技术

借由导电介质存在下的微波电晕放电过程和高温过程将气相碳源（如甲烷、乙醇）直接转化为高品质粉体石墨烯。此过程不涉及有机溶剂与强酸、强氧化剂等化学试剂引起的环境污染问题，并且可以直接在后端收集，无须后加工即可得到高品质的石墨烯粉体，真正实现粉体石墨烯的自下而上绿色制备。

（3）闪蒸法石墨烯制备技术

闪蒸法制备石墨烯粉体的原料来源广泛，垃圾、塑料、石油焦等均可，收率可达80% ~ 90%，碳纯度高达 99% 以上。发展该方法需要解决放量制备中存在的成本、质量可控性等诸多问题。

新型制备方法都朝着同一个方向努力，即简单、安全、高效的制备过程和易于应用的制备产物。只有满足了这些要求，石墨烯才能得到更广泛的应用并走向产业化的道路。

以上新方法 2025 年的目标是实现中试。2035 年实现规模化生产。表 2-5 是 2025年和 2035 年石墨烯粉体重点产品及性能指标。

表 2-5　石墨烯粉体重点产品及性能指标

分类	产品名称	2025 年产品性能、产能指标	2035 年产品性能、产能指标
材料	氧化石墨烯	产品性能：灰分<0.5 wt% 产能指标：1 万 t/ 年	产品性能：灰分<0.1 wt% 产能指标：30 万 t/ 年
	石墨烯粉体	产品性能：比表面≥600 m^2/g 产能指标：6660 t/ 年	产品性能：比表面≥800 m^2/g 产能指标：18.5 万 t/ 年
	石墨烯分散液	产品性能：抗沉降时间 6 个月 产能指标：5000 t/ 年	产品性能：抗沉降时间 12 个月 产能指标：15 万 t/ 年

（二）应用场景

1. 2025 年预计可实现的应用领域或场景

（1）石墨烯增强复合材料

将石墨烯作为增强相开发轻质复合材料用于汽车轻量化材料，实现汽车增强和减重的效果；应用于航空航天，兼具良好机械性能、导热性、导电性、电磁屏蔽特性；应用于风力发电涡轮机，同时提高其机械与散热性能。

（2）石墨烯热管理

石墨烯与导热性高聚物复合制成强度高、导热性好的复合材料，用于汽车、航天飞机、卫星零部件的散热或加热。

（3）石墨烯储能

石墨烯动力电源，石墨烯作为活性材料或非活性材料开发商业化锂离子电池、超级电容器，应用于电动汽车动力电源，提升电动车的快充、长续航、安全特性；石墨烯及其衍生物用于钙钛矿太阳能电池制备，提高电池光电转换效率和稳定性。

（4）石墨烯多功能涂层

石墨烯添加到底漆中用于飞机表面涂层，具有防雷击、抗电磁干扰、防腐蚀、除冰等多功能特性；石墨烯重防腐涂料用于大型海洋装置防腐，提升其服役寿命。

（5）石墨烯改性混凝土

在混凝土中加入石墨烯得到石墨烯基水泥，提升水泥强度，减少水泥用量。用于室内地板达到供暖效果，用于军事重地、桥梁等提供防雷击效果，用于日常路面起到融雪除冰作用。

（6）石墨烯阻燃材料

石墨烯热塑性塑料、玻璃钢复合材料应用于航空航天舱内部件的阻燃材料。

（7）石墨烯抗菌材料

石墨烯抗菌材料应用于纱布、医疗器械上，有效防止交叉感染，应用于医疗口罩中，还可以起到有害气体吸附作用。

（8）石墨烯电子器件

将石墨烯导电油墨印刷得到石墨烯 NFC 天线，用于柔性腕带、门卡、登机牌等；印刷得到石墨烯传感器，用于监测空气中的水分、有毒气体、污染物等；贴于人体皮肤表面，用于测量心率、水分、呼吸频率等健康指标；印刷得到无线射频识别（Radio Frequency Identification Devices，简称 RFID）标签，用于超市、图书馆；将石墨烯用于耳机内的薄膜，不仅延长耐用性，还可以增强音频，提升高低音效果。

2. 2035 年预计可实现的应用领域或场景

（1）石墨烯复合材料

使用石墨烯复合材料制造的航天飞机、汽车将占到一部分市场，较碳纤维复合材料强度更强、质量更轻。

（2）石墨烯过滤膜

石墨烯制成的薄膜应用于海水淡化，起到过滤盐的作用，透水性高于传统反渗透膜，有望解决世界水危机。

（3）石墨烯抗菌材料

石墨烯作为抗菌材料制成抗菌药物，通过物理杀菌实现细菌抑制，避免产生耐药性，解决抗生素滥用问题；氧化石墨烯用于被细菌污染溶液中，起到"捕获"细菌的作用，达到净水除菌效果。

（4）石墨烯生物传感器

石墨烯作为信号转换元件应用于生物传感器中，用于实现高效动态的葡萄糖、多巴胺、嘌呤等检测。

（5）石墨烯组织工程

石墨烯生物材料用于修复软骨、肌腱、半月板，提升材料机械强度和弹性，起到刺激干细胞与间充质基质细胞生长和分化的效果；石墨烯神经接口具有超高信号分辨率，用于治疗癫痫、帕金森病、脊髓损伤。

（6）石墨烯药物载体

石墨烯或氧化石墨烯通过非共价键方式与脱氧核糖核酸（deoxyribonucleic acid，简称 DNA）、核糖核酸（ribonucleic acid，简称 RNA）、芳香类药物及其衍生物等结合，制得靶向药物用于肿瘤治疗，具有良好的抗肿瘤活性；氧化石墨烯与荧光染料结合得到荧光探针，增加生物相容性和稳定性，用于细胞成像。

（三）产业规模

据《财富商业洞察》报告预测，到 2025 年，全球石墨烯市场规模将达到 14.82 亿美元，复合增长率高达 39%。中国石墨烯市场规模占据全球市场将近一半，2025 年预计将达到 7.41 亿美元，其中石墨烯粉体预计占据超过 60% 的市场，约为 4.45 亿美元。预计 2025 年前，石墨烯粉体产能复合增长率约 30%，国内石墨烯粉体产能在 2025 年有望超过 1.8 万 t/ 年。

到 2035 年，全球市场规模将达到 399.11 亿美元。中国石墨烯市场规模占据全球市场将近一半，2035 年预计将达到 199.55 亿美元，其中石墨烯粉体预计占据超过 60% 市场，约为 119.73 亿美元。预计 2025—2035 年，石墨烯粉体产能复合增长率约 40%，到 2035 年产能有望超过 50 万 t/ 年。

（四）石墨烯粉体发展路线图

石墨烯粉体产业与技术发展路线图见图 2-2。

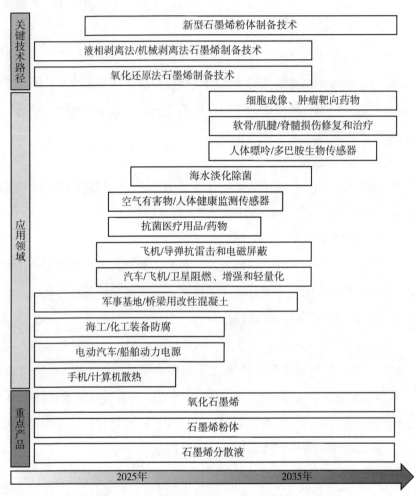

图 2-2 石墨烯粉体产业与技术发展路线图

参考文献

［1］刘忠范，等. 中国石墨烯产业研究报告［M］. 北京：科学出版社，2020.

［2］Geim A K，Novoselov K S. The rise of graphene［J］. Nature Materials，2007（6）：183-191.

［3］Peng L，Xu Z，Liu Z，et al. An iron-based green approach to 1-h production of single-layer graphene oxide［J］. Nat Commun，2015，6（1）：5716.

［4］Zhong J，Sun W，Wei Q，et al. Efficient and scalable synthesis of highly aligned and compact two-dimensional nanosheet films with record performances［J］. Nat Commun，2018，9（1）：

3484.

[5] Ren W，Cheng H M. The global growth of graphene [J]. Nat Nanotech, 2014, 9 (10): 726–730.

[6] Chen K，Li C，Shi L R，et al. Growing three–dimensional biomorphic graphene powders using naturally abundant diatomite templates towards high solution processability [J]. Nat Commun, 2016, 7 (1): 13440.

[7] Sun Y，Yang L W，Xia K L，et al. "Snowing" graphene using microwave ovens [J]. Adv Mater, 2018, 30 (40): 1803189.

[8] Luong D X，Bets K V，Algozeeb W A，et al. Gram–scale bottom–up flash graphene synthesis [J]. Nature, 2020, 577 (7792): 647–651.

[9] Stoller M D，Park S J，Zhu Y W，et al. Graphene–based ultracapacitors [J]. Nano Lett, 2008, 8 (10): 3498–3502.

[10] Balandin A A，Ghosh S，Bao W，et al. Superior thermal conductivity of single–layer graphene [J]. Nano Lett, 2008 (8): 902–907.

[11] Chang K C，et al. Room–temperature cured hydrophobic epoxy/graphene composites as corrosion inhibitor for cold–rolled steel [J]. Carbon, 2014 (66): 144–153.

[12] Torrisi F，Hsu M H，Lu H I，et al. Inkjet–printed graphene electronics [J]. ACS Nano, 2012, 6 (4): 2992–3006.

[13] Mungse H P，Khatri OPet. Chemically functionalized reduced graphene oxide as a novel material for reduction of friction and wear [J]. J Phys Chem C, 2014, 118 (26): 14394–14402.

[14] Sengupta R A，Bhattacharya M，Bandyopadhyay S，et al. A review on the mechanical and electrical properties of graphite and modified graphite reinforced polymer composites [J]. Prog Polym Sci, 2011, 36 (5): 638–670.

[15] Graphene Market Size，Share & COVID–19 Impact Analysis，By Product [Graphene Oxide (GO), Graphene Nanoplatelets (GNP), Others], By End–Use (Electronics, Aerospace & Defense, Automotive, Energy, Others), and Geography Forecast, 2021–2028 [R]. Fortune Business Insights, 2019.

[16] 石墨烯联盟. 全球石墨烯产业发展专题报告 [R]. 2020.

[17] Kauling A P，Seefeldt A T，Pisoni D P，et al. The Worldwide Graphene Flake Production [J]. Adv Mater, 2018, 30 (44): 1803784.

第二节　石墨烯薄膜

一、技术简介

（一）技术分类

石墨烯薄膜的制备方法有微机械剥离法、SiC外延生长法和CVD法等。其中，机械剥离法具有制备过程简单、石墨烯质量高的优点，被广泛用于石墨烯本征物性的研究[1]，但其产量低、重复性差，难以被用来实现大面积、规模化制备石墨烯。SiC表面外延生长石墨烯经过技术的不断更新迭代，可以提供具有统一晶畴取向、单层精确可控及在晶圆级面积范围抑制褶皱形成的高质量石墨烯薄膜[2~4]，但SiC成本高、难转移，SiC外延生长的石墨烯的主要应用仍以电子产品和射频晶体管为目标。

相比于其他合成方法，CVD法是利用一种或几种气体化合物或单质，在衬底表面进行化学气相反应生长薄膜的方法，通过控制生长过程（包括温度、压强、基底、碳源前驱体等）可以调控石墨烯的生长速率、厚度、面积等，具有易规模化、成本相对低等优点，是目前制备大面积、高质量石墨烯薄膜的主要方法[5, 6]。利用CVD法在金属基底上可以实现单晶，甚至超洁净高质量石墨烯的可控制备[7, 8]，但金属基底制备的石墨烯薄膜通常需要通过转移过程，进一步将其转移到绝缘衬底（或其他目标基底）上才能进行器件制备、光电性能表征等；在绝缘衬底上直接生长石墨烯不但可以省去转移这一复杂过程，而且可以在目标衬底上直接获得石墨烯薄膜[9]，这对石墨烯的器件研究和应用具有重要意义。

石墨烯薄膜按照晶体质量分类有多晶石墨烯和单晶石墨烯。多晶石墨烯薄膜通常含有大量的结构缺陷，包括零维点缺陷（如缺位和间隙原子吸附）和一维的线缺陷（如位错和晶界等），这些结构缺陷会作为载流子的捕获中心和散射中心而影响石墨烯的性能[10]。例如，线缺陷会干扰载流子和热流动，大量的线性缺陷会显著降低石墨烯的载流子迁移率、导热及其他优异性能。因此需要尽可能减少石墨烯薄膜的缺陷。完美的单晶石墨烯几乎没有缺陷，其性质与理论计算值接近，为了充分发挥石墨烯优异特性，可控制备大面积单晶石墨烯是石墨烯制备领域非常重要的目标之一[7]。石墨烯薄膜按照层数分类有单层、双层和多层石墨烯。石墨烯薄膜的层数和构型对其性能具有重要影响，通过选择不同活性和溶碳量的金属基底，利用 CVD 法可以实现大面单层、双层石墨烯以及多层石墨烯的可控制备[11]。

（二）主要应用

石墨烯薄膜具有高载流子迁移率、优异的柔韧性、在近红外和可见光下的高透明度等特性，可以广泛应用于电子器件、光电器件、传感器和柔性器件等领域，尤其对下一代高速、高性能晶体管的应用至关重要。近年来，有研究表明石墨烯在毫米波和太赫兹通信领域、隐身材料、发射器、空间光调制器等光电子器件、量子芯片架构等高性能器件和集成电路方面具有巨大应用前景。

1. 电子器件

石墨烯曾被认为有望在电子电路中替代硅。因此，电子器件是石墨烯研究最为广泛的领域。石墨烯可用来制作场效应晶体管（Field Effect Transistor，简称 FET）器件，石墨烯在 FET 中作为通道使用，以石墨烯基 FET（Graphene-based FET，简称 GFET）为基本结构的器件有逻辑器件、存储器件和射频器件等。

（1）逻辑器件

石墨烯制造晶体管，有可能最终替代现有的硅材料，成为未来的超高速计算机的基础，将使更快的计算能力变为现实。石墨烯 FET 是制作数字逻辑电路的一个重要发展方向，但由于石墨烯缺乏带隙，导致晶体管无法像绝缘体一样工作，具有较高的关态泄漏和非饱和驱动电流，开关比较低，难以实现通断，因此在数字电路中使用 GFETs 是一个挑战。因此，各种石墨烯改性打开带隙的方法应运而生，如采用纳米带、双层结构、化学衍生物和量子点等方法修饰。目前，通过双层石墨烯晶体管、纳米带晶体管和隧穿 FET 及相关电路，可以打开石墨烯带隙，制作的晶体管集成电路功耗低、工作速度高，可用于超高速数字应用。石墨烯纳米带是在石墨烯研究中广泛采用的形成带隙的方法，当石墨烯纳米带的宽度在亚十纳米时，通断比可以达到逻辑电路所需要的 $10^4 \sim 10^7$ 的要求[12~15]。

（2）射频器件

GFET 在射频电路和传感器中具有巨大的应用潜力，GFET 适合于放大器、混合信号电路和其他模拟电路相关的应用[16]。GFET 的特征频率（f_T）和最大谐振频率（f_{max}）已分别达到 400 GHz 和 100 GHz。缩短 GFET 的栅长，可实现更高的截止频率，最大得到频率达 1.5 THz 的射频器件。GFETs 截止频率是 Si-MOS 器件的两倍，与 InP 晶体管的频率相当。随着对高频的进一步需求，InP 器件在不久的将来无法满足使用要求。因此，我们可以看到石墨烯晶体管在射频高频领域的潜在应用。

（3）存储器件

石墨烯是一种很有前途的非易失性存储器材料。石墨烯可以作为存储设备中的通道层，具有快速的读写操作能力[17]。此外，石墨烯的高状态密度、高功函数、低维数等特性，将使石墨烯闪存的性能超越现有闪存技术。在铁电非易失性存储结构中，铁电层用作栅极绝缘体，石墨烯用作通道层，施加在栅极上的电压可以有效地调制极化态，从而引起石墨烯通道载流子密度及其电导的变化，二进制信息"1"和"0"就可以表示为高电流和低电流，高电流在栅电压脉冲诱导的铁电极化下写入，在源漏电压脉冲下通过通道电导读取。这个读取过程只需要施加一个漏极电压，从而不会破坏存储的信息。

2. 光电器件

（1）石墨烯激光器

石墨烯被认为是一种优良的宽谱饱和吸收体，因此石墨烯非常适用于固体大功率超快激光器[18]。目前报道的石墨烯激光器有新加坡国立大学研制的石墨烯锁模激光器，可实现脉宽 756 fs、重复频率 1.79 MHz 的脉冲激光输出；我国科学家研制的高温度稳定性的单模激光器，首次实现了石墨烯、Ⅲ－Ⅴ材料、硅的集成，有望解决硅基光电子最大的难题——片上光源；另外，利用石墨烯等离子体的独特特性，可以做可调谐太赫兹激光器，通过石墨烯的可调谐波长改变太赫兹激光器的状态，其核心技术是在激光器中使用石墨烯代替金属，利用石墨烯的波长在电场中的变化实现可调谐激光器的功能。

（2）光电调制器

石墨烯的吸收系数可以调节，通过掺杂可改变石墨烯的费米能级，而不同的费米能级则产生不同的光耦合强度，石墨烯的这个性能使得石墨烯可以作为光电调制器[19]。近年来，基于石墨烯的光电调制器的发展有了显著的进展。基于石墨烯可调的光吸收特性和费米能级可调的特性，利用单层石墨烯和双层石墨烯可分别实现空间入射光的反射系数的调制；除了空间入射光调制外，将石墨烯转移到硅光波导表面可以实现波导型调制。硅光波导具有两个作用：一是实现对石墨烯费米能级的调节；二是传导光信号，利用硅波导结构能够增强光信号与石墨烯的相互作用，从而增强对光信号的调制作用。石墨烯费米能级的变化可以影响电磁场的传播模式，从而实现光信号的开关调节。

（3）光电探测器

石墨烯光电探测器的光电响应具有高度可调性，且具有非线性光学响应。近年来，石墨烯光电探测器在材料、器件结构、光电性能及效应等多个方面得到了广泛的研究[20]。单层石墨烯的光吸收系数低，导致石墨烯类光电探测器的光电响应度仅为十几安/瓦，可通过异质结增强、表面等离子体共振增强、量子点增强、谐振器增强等多种方法提高石墨烯光电探测器光响应度。互补金属氧化物半导体集成电路与石墨烯薄膜复合，集成数十万个石墨烯和量子点光电探测器，可制备高分辨率图像传感器，在对紫外线、可见光和红外光高度敏感的数码相机中使用。基于石墨烯的光电探测器迅速发展，在紫外光、可见光以及红外波段的探测、成像方面具有巨大的应用潜力。

（4）新型显示

石墨烯薄膜作为透明电极，在触摸屏、发光二极管（Light-Emitting Diode，简称LED）显示等新型显示领域有潜在的应用前景。除了作为透明电极，石墨烯在LED中可作为散热层、缓冲层、界面层、包覆层等。作为缓冲层，石墨烯可以在外延过程中减小蓝宝石衬底与半导体氮化物之间的晶格失配，减少量子阱结构的晶格缺陷[21]，因此被认为具有重大的应用价值。在硅基发光二极管中，石墨烯可以起到电子活性层的作用，它使硅基化合物半导体LED产生强烈的电致发光；石墨烯包覆的电极可以改善LED中电极-半导体界面的功函数失配，获得低电阻欧姆接触，得到更高内部量子效率。

3. 传感器

传感器是将一种物质的量转换成另一种方便进行测量信号的电子设备。石墨烯所有的碳原子都位于表面，使得石墨烯表面对周围环境的任何变化都具有潜在的高度敏感性[22]。石墨烯的特殊结构使其具有一些独特的优势，包括较大的表面体积比、独特的光学性能、出色的载流子迁移率以及优异的电学、热学以及力学性能，适合制作传感器，并可用于检测各种物质，如光、温度、应变、蛋白质、DNA、气体和重金属离子等[23~25]。此外，石墨烯传感器的优势还在于可根据应用进行性能调整的能力，石墨烯的性质可以通过化学掺杂或分子修饰来调节，也可以很容易地通过受体功能化，从而更快速、准确地检测目标物质[22, 26]。

（1）物理传感器

在物理传感器方面，石墨烯对各种物理刺激（包括应变、光、温度等）显示良好的刺激响应，在物理传感领域具有广阔的应用前景，如力学传感器。石墨烯压力传感器与传统压力传感器相比，具有超高灵敏性、超高柔韧性及微米级的厚度，可满足不同的结构设计要求，使得终端产品的个性化设计成为可能；可广泛应用于柔性可穿戴电子、机器人仿生皮肤、人体医学监测及其他军工领域。压力传感器所探测的输入信号为压力信号，根据工作机理的不同，一般可以分为：压阻式、电容式、压电式及其他类型（摩擦发电式、有机场效应管等）。不同类型的传感器往往也具有不同的特点。例如：电容式压力传感器是通过感应材料电容量的变化，将力学信号转化为电容信号，其特点是对于微小力的作用敏感，能够检测微小的静态力；压电式压力传感器具有高灵敏度和快速响应的特点，被广泛应用于实时监测动态力学变化，但无法监测恒定的压力；基于摩擦发电、有机场效应管的压力传感器普遍存在稳定性差的问题，在压力监测过程中可能会出现测量信号漂移的现象。

（2）化学传感器

石墨烯对不同化学分子和离子的高灵敏度及高选择性使得石墨烯基传感器在包括气体分子（如 CO_2、NO_2、NH_3、H_2O_2 等）、有机物蒸气、pH 值、金属离子等化学传感领域得到了广泛的研究和应用，如气体传感器。气体传感器是一种集成气体敏感材料的器件，通过敏感材料对气体分子的吸附，从而导致电学性能变化，最终获得气体浓度变化与电学性能变化之间的函数关系。石墨烯作为新兴的纳米材料，近年来在气体传感器上得到了全面的发展。近期研究表明，其具有工作温度低、功率消耗小、灵敏度高等特点。

（3）生物传感器

生物分子大多导电性差，为电化学生物传感检测带来困难。石墨烯导电性优异、电子迁移率高、比表面积大，且石墨烯仅有原子厚度的二维单层石墨晶体结构，使得每个原子都在表面上，对外界分子的电响应极其灵敏。石墨烯作为传感材料，有效地增大了电极的比表面积和界面电子输运速度，各种生物分子和金属蛋白在石墨烯表面能保持原有的结构完整性和生物活性，为石墨烯电化学生物传感提供了有利的基础。另外，石墨烯为电子传输提供了良好的环境，并且作为传感器件，能够提高传感信号的信噪比，从而提高传感检测的灵敏度。这些优异特性使其成为电化学生物传感器的理想材料，为开发新型简单有效的电化学传感器创造了有利条件。

4. 柔性器件

（1）太阳能电池

随着石墨烯制备工艺的发展和新的衍生物的不断出现，石墨烯材料在太阳能电池领域逐渐展现丰富的应用场景。近年来，关于石墨烯及其衍生物作为太阳能电池电极材料，吸光材料以及界面功能层等的研究层出不穷。其中，CVD法生长的石墨烯薄膜因其优良的光学、电学性能，在推动太阳能电池应用发展中扮演着重要角色。一方面，石墨烯薄膜与硅构成肖特基结作为电池的吸光层可大大降低传统晶硅太阳能电池的生产成本[27, 28]；另一方面，石墨烯透明导电薄膜因其优良的抗弯折性，在柔性太阳能领域中亦极具应用潜力。

（2）有机电致发光二极管

有机电致发光二极管（Organic Light-Emitting Diode，简称 OLED）因其轻薄、能耗低、可实现柔性等优点，在信息显示和照明领域具有广阔的应用前景。随着可穿戴终端、远程医疗终端和人机交互技术的发展，人们对柔性显示的需求逐渐凸显。然而，目前基于氧化铟锡（ITO）电极的 OLED 不耐弯折，无法实现柔性应用。石墨烯具有良好的导电性、优秀的机械柔韧性和高透光率，能代替 ITO 实现机械性能良好的柔性 OLED 显示[29]。

（3）电子皮肤

电子皮肤是柔性电子传感器可以模拟人体皮肤，具备触觉和感觉能力。触觉传感器由于其在可穿戴人体健康监测和护理系统、先进的机器人技术、人工智能和人机界面中的潜在应用已成为国际流行的研究领域。在所有触觉传感器中，基于石墨烯及其衍生物的低成本、适形、便携和可穿戴的实时监测功能电子器件作为下一代电子皮肤应用的传感器件受到广泛关注。一方面，石墨烯及其衍生物的固有特性，例如大表面积和平面几何形状、良好的电导率（超高迁移率、弹道运输、异常量子霍尔效应、非零最小量子电导率、安德森弱局部变化和克莱因隧穿）、高的化学和热稳定性、低毒性以及易官能化，能够有效检测各种刺激；另一方面，附加的独特优势（如重量轻、机械柔韧性和良好的可加工性，以及与大面积和柔性固体支持物的良好兼容性）赋予石墨烯薄膜很大的应用潜力，用于制造传感器件广泛使用的任意固体材料[30]。

二、国内外发展现状

（一）国外发展现状

1. 制备技术与装备

2009 年初，美国麻省理工学院的 Kong J. 组与韩国成均馆大学的 Hong B. H. 组先后采用 CVD 的方法在多晶镍膜上制备出大面积少层石墨烯[31, 32]，并将石墨烯薄膜完整地转移至目标基底上。由于在镍膜上生长的石墨烯存在晶粒尺寸小、层数难以控制等问题，同年，美国得克萨斯大学奥斯汀分校的 Ruoff R. S. 组利用铜箔作为基底生长出了单层覆盖率达 95% 的厘米级石墨烯[33]，掀起了 CVD 法制备石墨烯薄膜的研究热潮。

采用 CVD 法制备石墨烯，具有可控性好、价格低、易转移和可规模化推广等优点，有望实现石墨烯薄膜的规模化制备。韩国 Hong B. H. 组进一步发展了该方法，他们利用铜箔柔韧可卷曲的特点，将铜箔卷曲在直径为 8 in（1 in=25.4 mm）的 CVD 反应炉中，并结合热释放胶带的连续滚压转移方法制备出 30 in 的石墨烯单层膜[34]。

CVD 法制备的石墨烯薄膜通常含有大量的结构缺陷，这些结构缺陷会作为载流子的捕获中心和散射中心而影响石墨烯的性能。单晶石墨烯几乎没有缺陷，其性质与理论计算值接近。为了充分发挥石墨烯优异特性，近年来，可控制备大面积单晶石墨烯已成为一个重要的研究方向。为此，研究人员通过石墨烯生长基底前处理过程降低基底表面的粗糙度以及杂质和缺陷的数目，进而减小基底表面的成核密度，最终实现毫米级石墨烯单晶的可控制备[35~38]。2013 年，Ruoff R. S. 组在 CVD 制备石墨烯的过程中通过引入氧来钝化铜基底表面的活性位点，即使铜表面非常粗糙，将石墨烯成核密度可控制至 1 个 /cm^2，经过 12 小时的生长，石墨烯晶畴尺寸可达到 1 cm 以上[39]。2018 年，Smirnov S. N. 组拓展了进化选择方法，采用类似于柴可拉斯基法实现了二维石墨烯单晶的连续制备。在铜 / 镍合金衬底上、乙烷为碳源，以 2.5 cm/h 的速度，实现了人体脚掌大小的单晶石墨烯薄膜的制备[40]。

2013 年，Yang 等人首次在机械剥离的 h-BN 基底上实现了无晶界或线缺陷的单晶石墨烯的外延生长[41]。然而，机械剥离的 h-BN 尺寸仅为微米尺度，不适合大面积单晶石墨烯的制备。2014 年，韩国成均馆大学 Whang D. 组在与石墨烯有较大晶格失配度的 Ge（110）衬底上也实现了石墨烯与衬底共轭匹配生长及石墨烯晶畴之间的无缝拼接[42]。Cu（111）面和石墨烯具有较小的晶格失配度（小于 4%），且 Cu（111）表面和石墨烯晶格结构具有三重旋转对称性。因此，大尺寸单晶 Cu（111）被认为是外延生长大尺寸单晶石墨烯的理想衬底。2015 年，韩国基础科学研究中心 Nguyen 等人通过采用无缝拼接的方法，在抛光的 Cu（111）衬底上 1 小时内制备出了没有晶界的 6 cm×3 cm 尺寸的单晶石墨烯[43]。

与金属上 CVD 法生长石墨烯不同，绝缘衬底不仅没有衬底催化作用且绝缘衬底的溶碳率极低。因此，在绝缘衬底上制备石墨烯将面临诸多挑战。尽管如此，研究人员还是做了大量的探索研究，且已取得了较大的进展。实现了在 h-BN[44]、SiO$_2$/Si[45]、石英[46]、Al_2O_3[47]、$SrTiO_3$[48]乃至普通玻璃[49]等不同绝缘衬底上生长石墨烯。然而，相比在金属衬底上制备的石墨烯，目前在绝缘衬底上制备的石墨烯品质还有待进一步提升。

石墨烯材料产业化需要能够大面积、高速率和低成本制造石墨烯及相关材料的工业设备。石墨烯生产装备主要是CVD生长设备，目前主流的石墨烯生长设备主要有传统批对批静态生长模式和卷对卷动态生长模式两种。

欧盟和美国的一些公司在CVD石墨烯的制造设备方面均有突破。其中CVD设备公司（CVD Equipment Corporation）可以为研发、试验和生产应用设计、开发和制造工艺设备解决方案，产品包括一整套解决方案，如化学气相沉积系统、气体和液体输送柜、气体板和相关的气体消减系统。爱思强公司（AIXTRON）推出了两款新的系统设备Neutron和CCS 2D，这两个系统可以通过CVD法大面积生产石墨烯。Neutron是一种卷对卷系统，能够在常压条件下在金属箔上连续制备大面积石墨烯；CCS 2D系统可以在绝缘晶圆上进行晶圆级石墨烯的生产。Neutron系统每年可生产高达2万m^2的石墨烯薄膜，产能大约是目前使用的典型小型设备的200倍，能够将1 m^2石墨烯CVD薄膜的成本降低两个数量级，将有可能改变石墨烯行业的进程。而CCS系统面向石墨烯的半导体应用，爱思强公司利用CCS 2D系统将石墨烯在绝缘体上的生长扩大到全晶圆规模，可容纳2～8 in的晶圆。

2. 应用产业化情况

卷对卷制备石墨烯方面，日本索尼公司2012年研发出可以生成长度达120 m石墨烯的透明薄膜化学气相生长技术，并宣布了长约120 m×230 mm的石墨烯薄膜的制备能力[50]。日本产业技术综合研究所发布了以卷对卷方式低温合成薄膜宽度为294 mm的石墨烯薄膜的装置和工艺[51]。

国外石墨烯薄膜代表性企业见表2-6。最早被报道涉及石墨烯行业的企业——美国的辉锐科技，曾经投资1.5亿美元发展石墨烯移动设备市场，制造大面积的柔性触控屏，应用于手机、平板计算机及便携式电子显示屏等市场。2012年，美国IBM公司成功研制出首款由石墨烯制成的集成电路[52]，使石墨烯特殊的电学性质彰显极大的应用前景，预示着未来可用石墨烯晶圆来替代硅晶片。

Grolltex是北美最大的CVD石墨烯产品供应商，提供单层石墨烯产品，为纳米器件设计人员提供所需的所有三种电路元件材料（导电、绝缘和栅）。生产方面，该公司目前的产能是每月1万9000片8 in晶圆产量。Graphenea是石墨烯领域最早的制造商之一，Graphenea 具有 7000 片晶圆尺寸的 CVD 石墨烯晶圆的年生产能力，代表性石墨烯产品是一种可见到短波红外的新型光电探测器。Graphene Square 提供的铜箔上石墨烯最大尺寸为 8 cm×8 cm，然后转移到 SiO$_2$/Si 晶片或石英玻璃上。Graphene Laboratories 能够提供尺寸小于 20 cm×20 cm 的聚对苯二甲酸乙二醇酯（polyethylene glycol terephthalate，简称 PET）上的石墨烯。2011 年，韩国研究人员开发出基于石墨烯的柔性有机电致发光器件[53]。

表 2-6   国外石墨烯薄膜代表性企业

企业名称	国家	研究方向
Samsung Electronics	韩国	石墨烯薄膜、触摸屏、晶体管
Graphene Square	韩国	铜箔基底石墨烯、转移到各类基底的石墨烯、柔性透明电极、阻隔材料及涂层、生化传感器
SONY	日本	透明导电膜、触摸屏
Graphensic AB	瑞典	SiC 外延生长石墨烯、半导体能源、环保材料
Bluestone Global Tech	美国	石墨烯薄膜、电子纸柔性显示智能玻璃、发光电极柔性传感器件、高速晶体管
General Graphene Corporation	美国	卷对卷石墨烯薄膜制备
Paragraf	英国	使用 MOCVD 在各种基材上直接生长高质量石墨烯，避免了铜（或类似）污染的挑战
Black Semiconductor	欧盟	石墨烯芯片、光通信、石墨烯光子电路
Graphenea	西班牙	铜基底石墨烯晶圆、转移到各类基底的石墨烯、氧化石墨烯系列产品、石墨烯 FET 传感器

（二）国内发展现状

1. 制备技术与装备

如何获得大尺寸高品质石墨烯是石墨烯研究领域的热点和难点，是实现石墨烯在电子信息工业化应用的基础。在 2012 年年底，中国科学院重庆绿色智能技术研究院首次报道了国内 15 in 单层石墨烯的可控制备。2015 年，上海微系统所谢晓明团队在 Cu$_{85}$Ni$_{15}$ 合金衬底上采用定点给气的方式制备出 1.5 in 单晶石墨烯[54]。2016 年，北京大学刘开辉课题组采用氧化衬底辅助法实现了石墨烯单晶的超快生长，生长速度达到 60 μm/s，可以在 5 s 内生长 300 μm 的石墨烯大单晶[55]。2017 年，该团队将工业多晶铜箔转化为单晶铜箔，得到了当时最大尺寸的单晶 Cu（111）箔，利用外延生长技术和超快生长技术成功在 20 min 内制备出 5 cm × 50 cm 的外延单晶石墨烯薄膜[56]。同年，北京大学彭海琳教授、刘忠范院士联合团队制备出了 4 in CuNi（111）铜镍合金单晶薄膜，并以其为生长基底实现了 4 in 石墨烯单晶晶圆的超快速制备[57]。在世界范围内率先实现了石墨烯单晶晶圆的可规模化制备。2020 年，中国科学院上海微系统与信息技术研究所谢晓明团队与上海市石墨烯产业技术功能型平台合作，实现了超平铜镍合金单晶晶圆、8 in 石墨烯单晶晶圆、锗基石墨烯晶圆的制备。

在装备方面。国内 CVD 设备大部分集中在实验室级别，专门针对石墨烯生长的 CVD 设备的制造商比较少，太阳能电池行业 CVD 生产设备商具备大型 CVD 设备制造能力。目前，CVD 设备的研制主要是通过需求方提出设备指标与装备生产商联合研制实现，主要有片式生长、卷式生长两大类，从加热模式来分主要有热壁和冷壁两类。发展相对成熟的是应用于片式生长的热壁 CVD，通过对传统 CVD 的腔室、进气方式、真空系统等进行改造，实现石墨烯薄膜材料产业化制备，但依然存在稳定性、耐久性及产能匹配、工艺兼容性等问题。卷式生长 CVD 和冷壁式生长装备目前国内处于实验室阶段。

国内的 CVD 设备厂商基本具备制造大型 CVD 生长炉的能力，装备的主要部件大部分实现国产化。但自主研发和定制装备仍存在一些问题。第一，获得的石墨烯样品均匀性较差，传统实验设备制备尺寸较小时可以获得较为均匀的石墨烯薄膜，但当增大制备石墨烯的尺寸时，由于在大腔中气体密度与温度分度不均匀，难以获得分布均匀的大面积样品；第二，CVD 制备石墨烯工艺繁多，而 CVD 真空室容量有限，很多工艺需在同一个工艺腔内完成，极大地限制了制备效率和产量，需开发多腔室石墨烯生长装备；第三，目前 CVD 制备石墨烯装备自动化程度低，人工干预度大，导致产品良率低；第四，缺少有效的卷对卷制备石墨烯的设备，目前报道的卷对卷制备设备均为实验室理论验证设备，缺少稳定性和可操作性；第五，也是最重要的一点，目前卷对卷设备的规格和产量不成正比，资源浪费严重，缺少合理的设计及配套的生产工艺。

2. 应用产业化情况

我国在石墨烯薄膜的规模化生产方面取得了一系列进展，国内代表性石墨烯薄膜材料制备和应用企业见表 2-7。2013 年年底，重庆墨希科技有限公司建成具有自主知识产权的国内首条年产 100 万 m² 的石墨烯薄膜生产线；2017 年，重庆墨希科技有限公司建成第三代石墨烯薄膜生产线，石墨烯薄膜的产能、良率得到大幅度提升，制备成本得到了有效控制。2013 年，常州二维碳素科技股份有限公司建立了年产能 3 万 m² 的石墨烯薄膜生产线，并在 2014 年将年产能扩张为 20 万 m²。2015 年，无锡格菲电子薄膜科技有限公司建成拥有年产能 9 万 m² 的石墨烯薄膜生产线。2018 年 10 月，北京大学刘忠范团队创建的北京石墨烯研究院（BGI）揭牌成立，并快速推动建立了多条高质量石墨烯薄膜的生产示范线，推出了石墨烯卷材、片材和晶圆三类产品，率先在全球范围内实现了超洁净石墨烯薄膜、4～6 in 石墨烯单晶晶圆、大单晶石墨烯薄膜、高导电性氮掺杂石墨烯薄膜等高品质石墨烯薄膜材料的稳定批量制备，在高品质石墨烯原材料制备及装备开发方面处于国际领先地位，能够满足石墨烯产品更高端的应用需求。

表 2-7　国内代表性石墨烯薄膜材料制备和应用企业

企业名称	主要产品
常州二维碳素科技股份有限公司	触摸屏、石墨烯透明导电薄膜产品、石墨烯传感器
重庆墨希科技有限公司	触摸屏、电子元器件、石墨烯导电薄膜
无锡格菲电子薄膜科技有限公司	石墨烯导电薄膜、石墨烯传感器、电磁屏蔽材料、触摸屏、可穿戴电子技术
南京吉仓纳米科技有限公司	石墨烯纸系列、氧化石墨烯膜系列、铜箔基底石墨烯与转移石墨烯膜
合肥微晶材料科技有限公司	石墨烯纳米银线复合柔性透明导电膜、各类基底石墨烯薄膜
北京石墨烯研究院有限公司	A3 尺寸石墨烯薄膜、4～6 in 石墨烯单晶晶圆

3. 应用技术研发现状

（1）在电子器件领域的应用技术研发现状

石墨烯在高频器件特别是太赫兹频段应用的潜力远超传统半导体材料。从 2010 年开始，我国科学家先后在高性能的电子器件、石墨烯微波和太赫兹调制器、高振荡频率石墨烯晶体管、宽带吸波器、石墨烯 / 锗基 MOSFET、石墨烯 / 硅的复合调制器、集成化量子芯片（超导微波腔与石墨烯量子比特的复合结构）、石墨烯低噪声放大器单片集成电路等方面取得了重要的研究进展。2010 年，廖蕾用转移纳米线制备了 T

栅石墨烯器件，140 nm 栅长的器件本征 f_T 达到 300 GHz[58]，远超同尺寸下的硅器件。2012 年，段镶锋使用转移栅介质的方法极大降低了栅界面对石墨烯的散射，67 nm 栅长的石墨烯器件本征 f_T 达到 427 GHz[59]。2016 年，河北半导体研究所报道了石墨烯单片集成放大电路，在 14.3 GHz 处实现了 3.4 dB 的小信号功率增益，最小噪声系数为 6.2 dB[60]。同年，南京电子器件研究所开发了一套兼容转移、湿法腐蚀自对准和 T 型栅的工艺方案，有效抑制了器件的寄生效应的影响，器件性能得到明显提升，去嵌前后 f_{max} 分别为 106 GHz 和 200 GHz，且去嵌前后差值得到显著降低，为集成电路的研制打下基础[61]。最近，南京电子器件研究所利用 CVD 石墨烯制备的 FET 器件，实现了单片集成电路的研制，带宽达 10 GHz，16 GHz 下增益达到 4.4 dB。此外，我国科学家研制的石墨烯光电混频器在国际上率先实现了光信号和电信号的直接混频，研制的石墨烯双光混频器率先实现了不相干光信号的直接混频。

（2）在光电领域的应用技术研发现状

自 2009 年 IBM 公司的 FET 型的光电探测器发现以来，我国的科学家在石墨烯 FET 基电子器件方面也进行了大量的研究。经过 10 多年的发展，石墨烯 / 硅异质结的光电转换效率可达 15.6%，在石墨烯 / 半导体器件中遥遥领先，在光电器件中的应用具有巨大潜力，可以被应用在光电探测领域[62]。针对石墨烯在光电领域应用的特点和不足，我国科学家开展了大量的工作。例如，在石墨烯 / 硅异质结存在较高的暗电流，从而影响了其作为光电探测器的探测能力。基于这一问题，我国的科研人员对石墨烯 / 硅异质结进行结构设计与优化，在石墨烯与硅的界面处引入氧化层后抑制暗电流，从而明显提升了光电探测器的归一化探测度，降低了石墨烯 / 硅光电探测器的暗电流，比没有引入氧化层的石墨烯 / 硅光电探测器的探测度提高了一个数量级[63]。另外，针对石墨烯对光吸收弱的问题，提出了一种新型硅 / 石墨烯 / 金属混合等离激元波导，采用超薄超宽硅脊型芯区结构，获得石墨烯光吸收增强的同时有效降低了金属吸收损耗，进而实现了具有高响应度和高速度的硅基 / 石墨烯波导光电探测器，在 2 μm 波段，其 3 dB 带宽 >20 GHz，响应度达 70 mA/W；在 1.55 μm 波段，其 3 dB 带宽 >40 GHz，响应度达 400 mA/W，可应用于 1.55/2 μm 波段光通信及光传感等领域[64]。

目前，国内对深紫外光电探测器的研究也逐步深入，量子阱深紫外光电探测器也得到相应的发展。合肥工业大学罗林保教授研究团队提出一种新颖的金属 – 半导体 – 金属结构的器件[65]，将透光性好、电子迁移率高的电子材料石墨烯和高质量的 β-Ga₂O₃ 单晶片引入深紫外光电探测器的结构中，成功地研发出结构简单、成本低，但探测率高和稳定性好的深紫外光电探测器（DUVPD），该探测器探测率高达 5.92×10^{13} Jones，且它的量子效率达到了 $1.96 \times 10^4\%$，具有非常好的稳定性。DUVPD 优异的特性使得其在光电系统中具有重要潜在的应用，对提升和改善我国的深紫外光电探测技术水平具有重要的意义。

我国科学家在红外光电探测方面也有突出的进展，例如将石墨烯探测器和硅基 CMOS 集成电路芯片单片集成，首次研制了单片集成石墨烯光接收芯片，由石墨烯来实现光电探测，由硅基 CMOS 集成电路来实现光电流放大功能，充分发挥了石墨烯在长波段光电探测和硅在信号放大处理方面的优势[66]。在单个石墨烯探测器基础上，将多个石墨烯探测器阵列和硅基 CMOS 电路集成即可实现成像的功能。由于石墨烯在红外波段具有良好的光电响应特性，可实现红外成像的功能。

（3）在传感器领域的应用技术研发现状

在物理传感器方面，主要应用有应变传感器、光电传感器和摩擦电子传感器，具体发展现状如下。

1）应变传感器。石墨烯是一种超薄弹性材料，对机械应变具有良好的响应，在可穿戴传感器方面有很好的应用前景[67]。2017 年，湖南农业大学 Cai 等[68] 使用聚乙烯薄膜作为 CVD 石墨烯的转移支撑材料和柔性基底材料，制得石墨烯 / 聚乙烯膜，其制成的柔性应变传感器具有良好的检测灵敏度。Chen 等[58] 提出一种基于 CVD 石墨烯膜的柔性应变传感器，在约 30% 的应变范围内进行拉伸试验，该传感器在高应变下的应变系数为 30。

2）光电传感器。石墨烯能吸收 2.3% 的入射光，具有波长范围很宽等光学特性，在光检测器、光调制器等各种光子学设备中起着重要作用[69]。

3）摩擦电子传感器。最近，摩擦电子传感器成为一个新的研究领域[70]。透明的石墨烯具有优异的电子输运特性，并且其显著的双极电场效应使得电子和空穴都可以被诱导到石墨烯通道中，载流子输运可以由正或负摩擦电势来调节[1]。因此，石墨烯是摩擦电子器件的理想选择。2020 年中国科学院纳米能源与纳米系统研究所 Zhang 等[71] 通过在石墨烯摩擦电子晶体管上制备离子凝胶层，展示了一种双模场效应晶体管（即具有电容耦合离子凝胶的晶体管和具有第二个栅极的离子凝胶门控 GFET）。随着机械位移从 0 mm 增大到 0.25 mm，漏极电流从 0.9 mA 增大到 1.44 mA，狄拉克点电压从 0.6 V 增大到 1.4 V，该晶体管可作为多参数距离传感器使用。

在化学传感方面，主要应用有气体传感器、金属离子传感器等，具体发展现状如下。

1）气体传感器。气体传感器在人们生活中的医疗诊断、环境监测、食品安全等领域得到广泛应用，目前应用最广的是基于半导体氧化物的固态气体传感器。然而，其存在长期稳定性差、选择性差和典型的高温工作等缺点，因此性能受到限制[72~75]。石墨烯气体传感器的工作原理是气体分子作为受体或供体吸附在石墨烯表面，引起相应变化，从而使其被检测和判断[76]。2017 年，河北半导体研究所蔚翠等[77]利用等离子体增强化学气相沉淀（Plasma-enhanced CVD，简称 PECVD）技术在蓝宝石衬底上生长石墨烯，发现所制备的石墨烯为双层结构，存在较多的缺陷；所制备的纳米晶石墨烯中，大量的晶界和褶皱使气体的吸附和解吸附能垒降低，以此制作的气敏传感器对甲醛气体显示良好的响应和恢复特性。2017 年，西安交通大学 Song 等[78]通过简单可行的电偶交换反应，在 CVD 石墨烯表面修饰了不同形貌的银纳米粒子（AgNP），并将其作为传感材料进行氨敏实验。结果表明，传感器在 AgNP 覆盖率为 3.5% ~ 5% 和 Ag-NP 粒径为 0.13 ~ 0.19 μm 的范围内具有更短的响应时间和恢复时间，在室温下具有良好的选择性和稳定性。

2）金属离子传感器。金属元素参与人体许多基本的生物过程，包括新陈代谢、催化、渗透调节、信号转导和生物矿化。石墨烯传感器具有在复杂样品基质中工作的能力，将其用于检测人体、生活系统中的金属离子，具有在健康监测和疾病诊断中应用的前景[79]。2020 年，湖北大学 Fan 等[80]利用功能碳量子点（Carbon quantum dots，简称 CQDs）修饰 SGFET 栅电极，成功地构建了高灵敏度、高选择性的 Cu^{2+} 检测传感器。其传感机理是 CQDs 与 Cu^{2+} 的配位引起栅电极附近双电层的电容变化，进而引起沟道电流的变化。传感器线性检测范围为 10^{-10} ~ 10^{-4} mol/L 和 10^{-14} ~ 10^{-10} mol/L，Cu^{2+} 的最小检测浓度为 1×10^{-14} mol/L，比其他常规检测方法得到的值低几个数量级，显示出秒级快速响应时间。2019 年，中国科学院宁波材料技术与工程研究所 Yuan 等[81]设计、制造了基于高质量 CVD 石墨烯的 SGFET，并将其用于高灵敏度和选择性检测 K^+。采用氧等离子体处理使石墨烯功能化，增强其与鸟嘌呤类似物的结合，从而提高 K^+ 检测灵敏度。传感器表现出优秀的辨别力，检测限降至 0.058 pmol/L，线性范围为 0.1 pmol/L ~ 100 nmol/L。

在生物传感器方面，石墨烯基传感器尤其是 GFET 具有接触面积大、易于功能修饰、传感机理独特等优点，在葡萄糖、蛋白质、细胞分子、DNA 等生物检测领域有广阔的应用前景。主要应用有气葡萄糖传感器、免疫传感器、基因传感器等，具体发展现状如下。

1）葡萄糖传感器。人体血糖水平关系到健康，准确检测人体血糖浓度可以达到诊断糖尿病的目的。石墨烯传感器在葡萄糖检测领域表现出优异的性能，CVD 石墨烯可以作为传感电极修饰材料，还可以作为传感平台。2020 年，中国科学院金属所 Wei 等[82]直接在 SiO_2/Si 基底上 CVD 生长石墨烯，不需要转移过程，然后依次进行固定葡萄糖氧化酶、沉积电解质层、氧等离子体处理过程，制备了石墨烯基葡萄糖传感器。这种无转移和无金属工艺在消除转移残渣的污染以提高电化学性能方面具有明显的优势，由此得到的葡萄糖传感器具有较高的灵敏度［16.16 μA/（mmol/L·cm^2）］，检测限为 124.19 μmmol/L。2019 年，天津大学 Wang 等[83]将 CuNP 电沉积到 CVD 法制备的铜 / 石墨烯表面，并将其直接用作传感电极材料，避免了烦琐的转移过程和缺陷的引入。CuNP/ 石墨烯 / 铜复合电极可用于高灵敏度和高选择性的葡萄糖电流传感器，其具有良好的检测性能，线性范围为 0.02 ~ 2.3 mmol/L，检测限低至 1.39 μmol/L，灵敏度高［379.31 μA/（mmol/L·cm^2）］，响应时间快（<5 s），稳定性好，对一般共存干扰有良好的选择性，显示出用于实际临床样品葡萄糖检测的巨大潜力。

2）免疫传感器。通过对石墨烯进行特定的功能化和分子修饰可以实现石墨烯生物传感器对蛋白质的高灵敏度特异性检测，为临床应用和医疗诊断提供了一种有效的工具。2017 年，中国科学院上海微系统所 Zhou 等[84]制备了一种无标记 GFET 免疫传感器，通过非共价修饰将癌胚抗原（carcinoembryonic antigen，简称 CEA）作为靶点固定在石墨烯表面。抗 CEA 修饰的 GFET 对 CEA 蛋白与抗 CEA 的反应具有高度的特异性和实时性，检测限低于 100 pg/mL，CEA 蛋白与抗 CEA 的分离常数约为 6.35×10^{-11} mol/L，由此可见，抗 CEA–GFET 显示出较高的亲和力和敏感性。2020 年，重庆大学 Ji 等[85]在石英基片上制备了基频为 246.2 MHz 的无标签、高灵敏度的基于 CVD 单层石墨烯的剪切水平声表面波（SH–SAW）生物传感器。通过对来自大肠杆菌中的内毒素进行检测，验证了传感器的灵敏度，线性检测范围为 0 ~ 100 ng/mL，检测限低至 3.53 ng/mL。2020 年，中国人民大学白志坤等[86]报道了聚 L– 精氨酸修饰柔性石墨烯平面电极对黄嘌呤的选择性检测。通过 PMMA 辅助湿转移法将 CVD 得到的石墨烯从铜基底转移到 PET 上，制成柔性石墨烯平面电极（GPE），然后通过电化学沉积在 GPE 表面修饰聚 L–精氨酸（L–Arg），得到聚 L–Arg 修饰的柔性石墨烯平面电极［P（LArg）/GPE］传感器。此传感器实现了对黄嘌呤的灵敏检测，在黄嘌呤浓度为 0.5 ~ 8 μmol/L 和 8 ~ 140 μmol/L 范围内呈良好的线性关系，检测限为 0.083 μmol/L（S/N=3）。

3）基因（DNA、RNA）传感器。DNA、RNA 检测可以为分子生物学研究、遗传病诊断、环境监测提供非常有用的信息，在生命科学中具有重要意义。2018 年，德州学院 Tian 等[87]用单层石墨烯为电通道，制备了一种用于 RNA 无标记检测的 GFET 生物传感器。与传统方法相比，GFET-RNA 生物传感器具有运行成本低、省时、小型化等优点。该传感器的 RNA 检测限低至 0.1 fmol/L，可以很容易地区分靶 RNA 和非靶 RNA，具有很高的选择性。

对于 GFET 生物化学传感器，在溶液环境中，德拜屏蔽效应导致检测信号微弱，研究人员进行了相关研究来克服德拜长度的局限性，如与微流控技术以及其他二维材料结合[25, 88]。在 DNA 检测中，MoS_2 极易引起 DNA 分子的极化，以 MoS_2 作为电解液与石墨烯之间的屏障层，通过极化 DNA 分子来缩短 DNA 与传感材料之间的距离，可以降低德拜屏蔽效应带来的影响。2020 年，山东师范大学 Chen 等[89]提出一种基于二硫化钼 / 石墨烯（MoS_2/G）杂化纳米结构的 FET 生物传感器，其对 DNA 浓度的响应范围为 $10^{-9} \sim 10^{-10}$ mol/L，检测限为 10×10^{-18} mol/L。通过特定材料的功能化和修饰的 CVD 石墨烯传感平台具有高灵敏度、稳定、低成本、无干扰等优点，可用于诊断检测，实现检测仪器的小型化，缩短检测样本的时间和周期。

（4）在柔性器件领域的应用技术研发现状

近年来，基于不同的机制构造压力传感器取得了很大的进展，包括电容、压阻、摩擦和光敏技术。在上述技术中，基于电容效应的触摸感应器件具有灵活、低功耗、快速响应速度、结构简单和低成本可扩展制造工艺的特性。大多数电容式触觉传感器主要集中在将物理触摸转换为电子信号的压力或应变传感器上。实际上，除了通过接触的位置感测能力之外，在可穿戴电子应用和机器人技术领域，在接触发生之前识别三维形状和接近物体的距离的三维传感能力非常重要。此外，对多功能人体皮肤的合理模拟将需要多方面的模式检测，包括温度、湿度和压力，并将其集成到单个像素中。2019 年，杭州师范大学 Tang 等研制了一种总面积为 4 cm × 6 cm 和 8 × 8 阵列（64 通道）基于石墨烯的触摸传感器。该器件由四个主要组件组成：超薄 PET 用作顶部和底部基材；双（三氟甲烷）磺酰胺（TFSA）化学掺杂的三层石墨烯被用作透明电极；将丙烯酸类聚合物用作介电层以分离顶部和底部电极；使用单层石墨烯作为屏蔽层。通过利用石墨烯的独特特性和薄型的几何形状，可以显示多点触摸、展开和滚动操作模式，并且即使在弯曲的前臂上也可以保持稳定。该器件可与人体的高度可变形的区域（包括前臂和手掌）集成。

　　尽管基于通用石墨烯材料的电容式触觉传感器在可穿戴电子设备上取得了进步，已被广泛接受，但难以同时实现高灵敏度、高分辨率和大规模生产，并且所构造的器件仍与实际应用相差甚远。由于石墨烯具有出色的电性能及其纳米级的柔韧性，较小的应力变形会导致电阻的急剧变化。因此，基于石墨烯的压阻传感器已成为具有相对简单的读出系统的最常用的机电传感器，并具有很高的灵活性和可拉伸性。2018 年，中北大学仪器科学与动态测试重点实验室李孟伟教授团队基于 CVD 石墨烯膜－氮化硼（BN）异质结构制造了一种压阻式触觉传感器[90]，其中单层石墨烯夹在两层垂直堆叠的 BN 纳米电介质膜之间。通过氮化硼保护层，有效避免了石墨烯的氧化和污染。为实现触觉传感器的空间分辨率，2018 年，西安电子科技大学吕晓周等构建了带有 4×4 触觉传感单元的压力传感器阵列，每个传感单元均包含聚酰亚胺（PI）基板、CVD 石墨烯 /PET 膜和 PDMS 基板[91]。

　　除了在触觉传感器中直接使用 CVD 石墨烯作为活性材料外，石墨烯的修饰和微观结构还可以进一步改善器件的传感性能。与平整的同类产品相比，皱纹的结构可以诱导出许多新颖的物理特性，并且在柔性探测领域具有多种不同的应用趋势。2017 年，中山大学陈文军等人通过液相收缩法制备一种基于皱纹石墨烯的高灵敏度、超薄透明的压力传感器，厚度仅为 200 nm 的多孔阳极氧化铝（AAO）膜用于隔离两层石墨烯。当外部压缩施加到所制造的装置时，两个石墨烯皱纹之间的距离被改变以形成电流路径。工作灵敏度为 6.92 kPa^{-1}，明显高于具有相对平坦的石墨烯电极的触觉传感器器件的性能[92]。

　　感应的摩擦电位还可以与 FET 耦合，以调制半导体通道中的载流子传输获得高性能的器件。2018 年，中国科学院北京纳米能源与纳米系统研究所王中林院士团队研制了一种由摩擦电势门控的机械感应有源矩阵[93]，而不是施加栅极电压，并且基于直接接触摩擦电子平面石墨烯晶体管阵列，其中离子凝胶被用作 FET 器件的介电层和摩擦层用于摩擦电势耦合，以实现高效的门控和传感性能。离子凝胶与其他摩擦材料之间的不同接触距离产生不同的摩擦电势，这些摩擦电势直接耦合至石墨烯通道，并通过调制石墨烯的费米能级而导致不同的输出信号。

三、关键技术瓶颈及存在问题

　　CVD 法作为制备石墨烯薄膜最主要的方法，虽然在高质量、大面积制备方面均取得了突破性进展，然而，石墨烯制备工业化不是简单的算术问题，当从实验室规模发展到工业化时，会出现各种新的问题。因此，在石墨烯产品商业化应用的道路上仍面临诸多技术瓶颈和挑战。

（一）石墨烯薄膜制备技术

1）低温制备高质量石墨烯是石墨烯薄膜制备发展的一个必然趋势。目前，高质量石墨烯大部分都在 1000 ℃左右的高温下获得，高温条件不仅能耗高、设备制造成本高，而且很难与电子器件制造过程兼容。虽然已有部分研究人员开展低温制备石墨烯的工作[94~96]，但目前低温制备石墨烯存在尺寸小、质量差等问题。

2）高质量"无损"转移技术是 CVD 法在金属衬底上制备石墨烯应用于下游产品时必不可少的环节。迄今为止，已发展了多种 CVD 石墨烯转移方法[97~100]，但每种方法总是不可避免地会在石墨烯薄膜中引入杂质或缺陷，影响石墨烯薄膜的原有品质。发展稳定、可重复的晶圆级（或卷对卷）洁净石墨烯转移技术是石墨烯薄膜得以应用的前提，也是当前亟须攻克的技术难题之一。

3）特种衬底直接生长也是石墨烯薄膜发展的一个必然趋势。高质量 CVD 石墨烯薄膜几乎都是在金属基底上获得的，使用时需要从金属衬底上将石墨烯转移至绝缘衬底上，这不仅会增加成本，而且在转移过程中会不可避免地损伤石墨烯薄膜。

4）提高石墨烯与衬底之间的附着力是在下游应用亟须解决的关键问题。在应用时，石墨烯通常是被转移至绝缘衬底上进行器件加工，石墨烯与衬底之间的相互作用仅为非常弱的范德华力。在包装、运输及清洗过程中，衬底表面的石墨烯会因机械摩擦受损；而且，在石墨烯器件加工过程中，会涉及多步光刻或电子束刻蚀过程，在大面积去胶过程中，部分区域的石墨烯会随胶脱落。此外，在石墨烯成品器件中，在跌撞测试中，部分区域也会在石墨烯表面处脱落，造成器件不良。提高石墨烯附着力可有效增加石墨烯器件的良率。

（二）石墨烯薄膜产业化技术

1. 质量与性能上存在矛盾

石墨烯的质量高度依赖于石墨烯的制造过程，包括制备技术与检测条件。因此，在实际中，不同厂商的石墨烯产品的电导率、均匀性差异较大。此外，同一厂家不同批次 CVD 薄膜也存在性能不一致现象。

2. 批量制备石墨烯的均匀性差

目前，CVD 石墨烯薄膜的工业生产设备，基本上是对实验室设备的按比例放大，这就导致宏观和微观环境都会发生很大变化。特别是在微观水平上，沿着平行与垂直气体流动方向的方向，在温度场分布和气体传输速度、气体浓度分布方面将存在显著差异。石墨烯薄膜的性能将随着厚度和畴区尺寸的不均匀而存在显著差异。

3. 产量低，成本高，缺少有效的在线监测技术

批对批生产石墨烯，长时间的升、降温过程通常会导致生产效率降低并导致产量降低。而高质量（大尺寸）石墨烯的生长可能需要数小时甚至一整天的时间。因此，它面临着质量与生产率之间的技术折中困境。

CVD 法虽然可以制备大面积高质量石墨烯薄膜，但是它仍然面临高能耗和成本的困扰。缩减成本的一个有效办法就是在有限的工艺腔内增加单批次石墨烯生长数量（即增加用于生长石墨烯的有效基底面积），但需要与之匹配的工艺来保证石墨烯薄膜的质量。此外，石墨烯生长所用的金属基底和去除基底产生的废液占据了成本中很大一部分比例。在石墨烯转移过程中，使用和浪费了大量苛刻的化学物质，也浪费了高纯度去离子水。不仅如此，在去除催化生长基底时，化学残留物会污染石墨烯，需要冲洗掉，从而产生大量的工业废液。在石墨烯薄膜产业化进程中，需要发展绿色洁净"无损"转移技术，使衬底回收再利用，是石墨烯薄膜健康、长期发展必不可少的。

当前，石墨烯薄膜产业化生产过程中采用的测试技术仍为实验室所用的测试方法。也就是说，需要在石墨烯制备工艺结束或加工成器件后去表征测试当前批次石墨烯的品质。这种模式不仅时效性差，而且可能会造成中间批次样品不必要的浪费，造成成本增加。

4. 缺少有针对性的产业化装备

对于批对批石墨烯产业化生长装备，目前石墨烯的主要生长设备均借鉴半导体工艺设备，其量产装备在一定程度上是实验室设备的放大；在生长衬底的传动方式、设备中温度、气流、气体浓度分布的均匀性、不同设备之间的衔接等方面存在诸多问题亟须解决，因而这些设备一定程度上还不能适应规模化生产的需要。

而卷对卷制备石墨烯的品质与产量存在矛盾。在连续动态生长中，由于生长基质的连续运动，工艺腔内热量和活性碳源传输的不均匀性成为影响生长的重要因素。在卷对卷生长过程中，碳源分布在整个加热区内，在相对较低的温度下就开始成核生长。一方面，基底表面缺少有效的退火处理；另一方面，在基底表面不同区域生长的石墨烯受热量与碳前驱体传输的相互影响，会降低石墨烯薄膜的质量。此外，虽然卷对卷连续制备石墨烯具有可扩展性和低成本的潜力，但基于当前卷对卷石墨烯制备工艺与装备，卷对卷制备石墨烯的优势并没有体现出来。目前，卷对卷装备空间利用率

非常低，导致卷对卷制备石墨烯的产量远低于静态批次生长石墨烯的产量。

四、石墨烯薄膜发展路线图

石墨烯薄膜产品的商业化是基于石墨烯关键技术突破和工业化生产，尤其是质量、成本、可重复性、可加工性和安全性。理想的石墨烯薄膜工业生产还有很长的路要走。当前，石墨烯制备面临的诸多挑战，都是石墨烯薄膜发展过程中必经之路。实际上，无论材料或其他制造行业，始终存在挑战——直到最近，商业规模的三维打印仍面临许多挑战，碳纳米管仍在解决分散和排列的问题。

石墨烯薄膜的产业化生产不仅是一项科学挑战，还是一个将工程科学、技术放大、商业化和实际应用相结合的系统研究领域。在大面积石墨烯制备的新兴产业中，既要解决科学技术问题，又要考虑工程因素（例如有效控制质量和成本、生产效率、生产过程的安全性和中间产物的环境友好处理等）。

（一）制备技术

1. 建立石墨烯薄膜结构性能技术标准和分级体系

石墨烯的生产充满了机遇和潜力，然而，不同的生产方法意味着石墨烯的质量不同。完善的分级系统将使客户能够精确定位所需的产品。分级系统应针对特定应用，因为不同的应用需要不同级别的石墨烯质量和性能。针对不同的应用设计一种标准，包括石墨烯的结构、性能有关的参数。石墨烯薄膜技术标准化的第一步就是石墨烯术语标准化，包括石墨烯固有结构信息，如缺陷、层数、堆积顺序、晶界、薄片尺寸、畴区尺寸、表面污染和掺杂等。

具有确定性和可重复性的统一测量标准对于石墨烯产品品质鉴定及不同表征方法之间的差异至关重要。透射电子显微镜、原子力显微镜、借助液晶的偏振光学显微镜和紫外线照射等方法可用于测量石墨烯的厚度、横向尺寸和畴区尺寸。建立快速、统一、无损、经济实惠的测量方法，以及石墨烯业界公认的统一采样和标准，对于评估不同石墨烯产品的质量至关重要。

技术标准化还应包括与性能相关的参数，例如载流子迁移率、电导率、透明度、润湿性、机械强度和导热率，这些特性的等级应针对特定应用范围。如：在透明导电薄膜应用时，应优先考虑其导电性和透射率；在生产适用于固态电子产品的晶圆级、芯片级石墨烯时，需着重考虑高载流子迁移率和接触性的改善等。而石墨烯在 TEM 样品载体中的商业应用、清洁度、机械性能和润湿性则成为需要仔细检查的重要参数。分级系统的建立和认可，最终将促进石墨烯产品稳定工业生产的发展。了解结构与属性之间的关系将有利于优化生长和加工参数，以合理的成本生产梯度石墨烯产品。

2. 石墨烯产品与质量的严格控制

批对批制备石墨烯过程中，提高产量的有效策略是在有限的 CVD 工艺腔内增加单批次衬底的数量（即有效生长石墨烯衬底的面积）。而在有限的空间内，基底的放置方式、尺寸、数量都会影响基底表面的气相活性炭基团分布，进而影响批量制备石墨烯薄膜的均匀性。故在改变 CVD 工艺腔石墨烯基底数量时，应对应调整石墨烯的生长工艺。石墨烯的工业生产需要对制造技术、工艺和最终产品的质量进行精细控制，根据石墨烯制定的标准和分类等级，提供可靠和可重复的石墨烯产品。

3. 低温制备石墨烯

PECVD 技术被广泛用于现代工业生产中以降低材料制备温度实现低能耗生产，PECVD 也可用于石墨烯薄膜的制备。而且，PECVD 已经成为一种用于合成碳材料的通用方法，例如金刚石、碳纳米管和石墨烯。在 PECVD 制备石墨烯过程中，等离子体中的高能电子加速碳源的分解，实现在所需基材上直接低温生长石墨烯。PECVD 具有石墨烯生长速度快和生长温度低的优点，这两者都有利于提高生产效率，并与电子工业生产兼容。目前，已经有使用 PECVD 在形态各异的基底上生长石墨烯。然而，在 PECVD 制备石墨烯的过程中，高能电子在加速碳源分解的同时，也会损伤已生成的石墨烯膜，进而影响最终石墨烯薄膜的质量。与低压化学气相沉积（Low Pressure CVD，简称 LPCVD）制备石墨烯过程中的表面催化为主的生长模式相比，碳源的快速解离打破了自限效应，而且低温下活性炭基团在生长基底表面上的扩散速率降低，导致有效控制石墨烯厚度是 PECVD 制备石墨烯薄膜的一个难题。目前，基于 PECVD 工艺，提高批量生产石墨烯薄膜品质的研究工作相对较少。在石墨烯产业化进程中，可通过等离子产生技术调控高能电子的强度、降低碳源在衬底表面的扩散势垒和选择不同的碳源等技术路线，结合石墨烯在不同领域的应用需求，发展 PECVD 低温批量生产石墨烯薄膜技术。

4. 提高卷对卷制备石墨烯的品质和效率

卷对卷制备是一种高度自动化的制备技术，用于在柔性基板上卷对卷生产功能材料。卷对卷工艺已在工业上广泛应用于印刷电路等行业。尽管卷对卷动态制备石墨烯比批对批静态反应条件下制备石墨烯的工艺更复杂，但从原则上，卷对卷制备的石墨烯产品更容易与下游生产线兼容。卷对卷制备高质量的石墨烯可采用单晶基底或对碳源进行局部控制抑制石墨烯在控制区域外成核，实现高质量石墨烯的可控制备。此外，提高卷对卷制备石墨烯的品质还需要解决整个基板上的碳源和气体流速均匀性分布、连续稳定的运行、高温下铜箔的软化以及铜箔张力控制的问题。还可以根据卷对卷制备高品质石墨烯薄膜的工艺特征，对金属基底进行单独加热、改变工艺腔体结构或多路卷对卷传送线同时生长等方法减小设备能耗，提高产能。

（二）产业化技术

1. 绿色低成本生产

在未来石墨烯薄膜制备过程中需考虑成本、效益、品质和绿色生产工艺之间关系的平衡。在 CVD 石墨烯转移过程中，通常需要在石墨烯覆盖一层薄膜作为支撑层，转移后需要去掉这层支撑层材料，这个过程中通常使用致癌和有毒的溶剂。如果可以开发食品级材料作为支撑层取代传统薄膜支撑层，并在石墨烯与基底分离过程中，开发对环境无害的溶液作为导电液，将石墨烯从催化基底上分离出来，减少有害化学试剂的引入，将使石墨烯生产更加绿色环保，同时极大节约废水处理成本。此外，如果将金属催化基底回收使用技术引入石墨烯产业化过程中，将极大地节约石墨烯薄膜的生产成本。

2. 大尺寸晶圆级高品质石墨烯的产业化制备

众所周知，晶圆通常是半导体晶体管或集成电路的基片，多为单晶晶体材料，根据应用需求也有多晶晶圆等。将石墨烯覆盖于传统晶圆衬底表面，得到石墨烯晶圆材料。石墨烯晶圆可以采用半导体工艺流程及设备对石墨烯进行结构化和器件加工，也可以将石墨烯作为缓冲层进行半导体材料的外延生长。

经过需求牵引的分析，对石墨烯晶圆材料划分等级，提出对应的要求：①电子级石墨烯晶圆——面向电子学与光子学应用，需满足大尺寸（6~8 in）、单晶、无褶皱、超洁净，衬底为 Si、GaAs 等要求；②光电级石墨烯晶圆——面向光电器件，需满足满覆盖、平整度高、大尺寸均匀、衬底为蓝宝石或石英等要求；③传感级石墨烯晶圆——面向传感器应用，需要高比表面积、导电、有一定的缺陷密度、衬底为绝缘体的石墨烯晶圆材料。

然而，机遇与挑战并存，石墨烯晶圆的品质直接影响后续器件制造的整个过程，实现石墨烯晶圆广泛应用的前提是高品质石墨烯材料的规模化可控制备。目前，制备石墨烯晶圆主要有两种技术路线：一种是将 CVD 法在金属衬底上制备的大面积石墨烯薄膜转移至晶圆基底上[101]；另一种是在绝缘晶圆衬底上直接生长石墨烯[102~104]。目前，已经开发了多种转移大面积石墨烯的技术路线，但仍面临一些极具挑战的科学与工程性难题。而直接在非金属绝缘衬底上制备石墨烯的品质和层数控制还需要进一步的提升。有研究人员通过现在晶圆绝缘衬底上先镀一层金属，然后再将金属做单晶化处理，并形成原子级平整表面，这样可实现超平整[105]、无褶皱[57]石墨烯晶圆尺寸的制备，但仍不可避免地需要将石墨烯转移到绝缘衬底上。

在石墨烯晶圆产业化制备进程中，一方面，在金属衬底上制备的高品质石墨烯薄膜技术的基础上，开发洁净、无损的转移技术是石墨烯晶圆可控制备技术路线之一；另一方面，通过不断优化在绝缘衬底上制备石墨烯的品质，实现在晶圆级绝缘衬底上直接制备高品质石墨烯。

对于石墨烯晶圆的产业化制备，第一步是优化反应参数，建立并完善石墨烯生长的反应动力学；第二步是规模化制备，通过对流体动力学参数的研究，得到尺寸放大的必要信息。需要特别注意的是，尺寸放大带来的反应体系改变对石墨烯晶圆的品质影响巨大，工艺参数的调整需建立在对体系充分认知的基础上，需要综合考虑反应动力学因素和流体动力学因素。只有充分理解所涉及的流体动力学性质，才能对 CVD 系统进行高效设计，实现高品质石墨烯晶圆的规模化制备。

3. 产业化装备综合性能升级

俗话说"工欲善其事必先利其器"，在推动石墨烯薄膜产业与应用技术发展的路线中，不断完善石墨烯制备设备是降低能源消耗、提高石墨烯产量、提高石墨烯薄膜均匀的关键。CVD 法制备石墨烯分为基底处理、石墨烯生长和降温三个主要环节。在未来装备中，通过多腔体结构设计，使这三个工艺环节分开进行，在保证石墨烯品质的同时，将极大地提高石墨烯薄膜的生产效率。

温度控制对 CVD 工艺至关重要，在 CVD 装备中加热模式是主要考虑因素。激活碳源生长石墨烯需要很高的处理温度。目前，在研究和产业化中使用最广泛的 CVD 系统是热壁 CVD（Hot-Wall CVD，简称 HWCVD），其中腔室由外部电源加热，基板由腔室壁的辐射加热。加热和冷却过程通常需要很长时间，极大地限制了石墨烯生产的产量。另外，HWCVD 消耗大量能量以将整个腔室保持在高温下。因此，使用冷壁 CVD（Cool-Wall CVD，简称 CWCVD）方法来生长石墨烯，仅直接加热衬底，而腔室壁处于较低温度。CWCVD 可以加快加热和冷却速度，缩短生长时间，并减少能量消耗。而且，CWCVD 限制了高温下在气相中可能发生的化学反应，有利于提高石墨烯的品质。受益于铜基板的高电导率和导热率，冷壁加热可采用四种模式：热辐射、感应加热、阶段加热和焦耳加热。根据加热模式可以合理设计工艺腔体的结构，使腔体空间得以有效合理利用。

规模化制备石墨烯薄膜，为了实现节能减排、提高产能、降低成本，且在保证石墨烯薄膜品质的前提下，尽可能多的放置石墨烯生长基底。在批量制备石墨烯过程中，合理利用工艺腔是提升产量的重要手段。研究表明，批量制备石墨烯的过程中，衬底的不同放置方式将影响基底表面气相活性基团分布的均匀性，进而影响石墨烯薄膜的均匀性[106]。合理设计气体传输、分散系统，并优化衬底的放置方式，使活性炭基团均匀分布在生长基底表面区域，是实现石墨烯薄膜的批量均匀制备的关键。批次制备稳定性对应的可控反应参数有温度、压强、气体种类与比例、气流方向与速率等，此外还与衬底表面的处理方式相关。将以上变量全部控制稳定，即可实现批次之间性能稳定。

（三）应用领域

1. 石墨烯 LED

石墨烯在 LED 中有着广泛的应用，最近且具有产业化前景的是作为灯丝、散热层和缓冲层。除了作为 LED 灯丝涂层目前基本成熟外，石墨烯作为缓冲层在 LED 中的应用有以下优点：氮化物在石墨烯/蓝宝石新型衬底上的生长遵循准范德华外延的模式，与由化学键形成的异质外延作用相比，石墨烯与外延层之间的作用力降低 2~3 个数量级，可以有效缓解蓝宝石衬底与氮化物外延层的晶格失配和热失配，降低氮化物薄膜应力。同时，弱的界面相互作用可以抑制界面处生成的位错延伸，降低位错密度，且在此过程中氮化物始终在石墨烯上的迁移势垒相比于蓝宝石衬底低，有利于薄膜的横向外延生长，可以大大缩短成膜时间。除此之外，石墨烯优异的导热性还可以提升氮化物薄膜的散热能力，将产生的热量及时散出，提升 LED 器件性能，同时石墨烯的层状结构以及与外延层之间弱的范德华相互作用，有望使得生长的薄膜或器件实现机械剥离与转移。综上所述，石墨烯/蓝宝石衬底作为一种新型的外延衬底，必将因其优异的性能迅速被市场所接受。

目前，LED 器件在照明和显示两方面均有着一定的应用前景。在照明方面，LED 具有体积小、效率高、寿命长久、环境友好等特点，正逐渐取代白炽灯、荧光灯，被称为第三代光源。在显示方面，由于近年来蓝光 GaN 基 LED 技术的逐渐成熟，使得 LED 在显示领域的应用成为可能，与现有的液晶显示屏（Liquid Crystal Display，简称

LCD）技术相比，其透明和柔性的优点是显而易见的。若将石墨烯用于 LED 中，将对现有 LED 技术进行大力的升级和扩展，其产业进程也将得到迅猛的发展。

（1）目标

将石墨烯薄膜应用到 LED 技术中，为突破石墨烯产业化应用的瓶颈贡献重要的力量，同时也促进 LED 的产业升级和应用领域的扩展。

（2）发展路线图

2025 年：实现石墨烯基 LED 技术中所需的石墨烯 / 蓝宝石晶圆的批量化、低成本以及与 MOCVD 外延工艺的兼容性制备；解决石墨烯在蓝宝石衬底上掺杂石墨烯的原位生长，实现精准控制掺杂浓度与类型，实现对氮化物成核位点的精细调控，为石墨烯基 LED 产业的发展提供基础。

2035 年：实现石墨烯基 LED 技术中氮化物在蓝宝石 / 石墨烯衬底表面的生长工艺优化（如温度、V / Ⅲ比、掺杂元素等），获得石墨烯 / 蓝宝石基高品质、低位错、低应力氮化物薄膜；在器件转移和剥离方面，需实现器件质量与转移器件的良品率的大幅度提升，解决石墨烯基 LED 技术应用的关键问题，推动 LED 市场大力发展。

2. 石墨烯基光电探测器

单层石墨烯十分适合作为透明导电薄膜用于光电探测器件中，光电探测也是石墨烯问世后最早被应用的领域之一。石墨烯基在光电探测器中可以作为多种功能层发挥作用，石墨烯在各种不同类型的探测器中的研究均有报道。由于石墨烯具有从紫外至远红外的宽光谱吸收特性（300 nm ~ 6 μm）、室温下超高的载流子迁移率、良好的机械柔韧性和环境稳定性等优异性能，使其在超宽谱、超快、非制冷、大面阵、柔性和长寿命光电探测器方面极具潜力，引起了国内外对石墨烯光电探测器的广泛研究。从目前的发展情况来看，石墨烯在深紫外、可见、近红外（0.76 ~ 1 μm）、短波红外（1 ~ 3 μm）、中波红外（3 ~ 5 μm）、长波红外（8 ~ 12 μm）和超宽谱石墨烯光电探测器中都具有一定的技术优势。

石墨烯用于光探测有着突出的优势，也存在着明显的劣势：本征石墨烯自身由于光吸收率低、缺乏光增益机制，导致石墨烯探测器的光响应率较低；石墨烯自身的光生载流子寿命短，仅在皮秒左右，导致光生载流子难以有效收集，也严重影响探测器的光响应率，无法满足实际应用的需要。随着石墨烯红外光电探测器研究的深入和快速发展，综合运用多种手段，发挥石墨烯的优势，一定程度上弥补石墨烯的劣势，相信石墨烯红外光电探测器必将逐步走向实际应用，并在未来的信息时代发挥重要作用。

（1）目标

石墨烯薄膜在深紫外、可见、红外波段的光电探测器中实现应用，发挥石墨烯自身特点的优势，提升探测器的性能，推动光电探测领域的发展。

实现石墨烯薄膜在石墨烯 / 硅异质结光电探测器中的应用。

（2）发展路线图

2025 年：解决石墨烯自身对环境敏感以及衬底对石墨烯性能影响的问题。开发石墨烯表面修饰技术，使其可以处于长期稳定的状态；开发稳定的石墨烯悬浮转移方法，避免因衬底与石墨烯之间的电子散射和声子相互作用而引起的性能退化。随着石墨烯薄膜制备技术和性能提升、工艺兼容性的进一步发展，实现在包括光电导、光 - 热 - 电、阵列成像等多种类型的光电探测器中的应用。

2035 年：随着对石墨烯在光电器件中的作用和工作机理的进一步深入理解，逐步解决石墨烯光电响应差以及不稳定的问题，开发稳定增强石墨烯光电响应的方法和工艺。例如，通过打开石墨烯带隙（量子点修饰、构筑 PN 结、分子或金属掺杂及尺寸量子化）或者结合石墨烯与等离子体纳米结构结合、石墨烯与微腔或硅波导集成等多种方法的固化和理解，稳定提高石墨烯探测器的光响应率，以达到或接近实际应用的需要。

3. 在传感器领域发展趋势

石墨烯是良好的化学传感器制作材料。这个过程主要是通过石墨烯的红外光束激发等离子体表面吸附性能来完成的，石墨烯化学探测器的灵敏度非常高。石墨烯独特的二维结构使它对周围的环境非常敏感。石墨烯是电化学生物传感器的理想材料，石墨烯制成的传感器在医学上具有良好的灵敏性。

石墨烯传感器在国内的市场规模在 2019 年达到了 2 亿元，年复合增长率约为 71%。随着市场上医学、化学及可穿戴设备等方面对于石墨烯传感器越来越多的需求，以及石墨烯薄膜制作成本逐步下降，石墨烯传感器将越来越多地应用于市场中，发展潜力巨大。

（1）气体传感器发展路线图

气体传感器响应时间的改善可能会从以下三个方面进行：①改进石墨烯基敏感材料，包括增加比表面积以及更有针对性的表面修饰以及与其他纳米材料的复合；②设计合理的器件结构，这一方面主要是要减小器件的寄生效应（例如寄生电容、寄生电感），从而减小响应时间；③在一些固定气氛中进行预处理也是一种较为可行的改进方法，例如将石墨烯基传感器置于臭氧环境中可以使响应时间得到显著提高，这可能是因为臭氧能够调制石墨烯表面氧化官能团的密度。

此外，未来气体传感器的研究还会向多种气体传感器以及气体传感器和其他种类的传感器（例如温度、压力、应变等传感器）集成的方向发展。而对气体传感机理方面进行科学解释，研究气体分子与石墨烯敏感材料界面之间的相互作用则是一个基础科学问题，这可能需要借助特殊的原位（in-situ）样品操作杆在 TEM 中进行研究。

（2）电化学生物传感器发展路线图

石墨烯电化学生物传感器今后的研究将更多集中于其结构和合成方法的优化，并且还需要开展更深层次的理论研究，以更好地理解石墨烯材料与生物分子的相互依赖激励机制。此外，对于石墨烯与其他材料的杂化研究甚少，这亦可能是传感器性能提高的一个突破口。电化学生物传感器的构建仍需要继续丰富检测体系，提高检测灵敏度和选择性，降低成本，朝着自动化、微型化、多功能化的方向发展。

4. 在柔性器件领域发展趋势

柔性电子是在学科高度交叉融合基础上产生的颠覆性科学技术，能够突破经典硅基电子学的本征局限，可为后摩尔时代器件设计集成、能源革命、医疗技术变革等更新换代等提供创新引领，是我国自主创新引领未来产业发展的重要战略机遇。

柔性电子的优异性能首先得力于对电子元器件材料性能的极致追求。核心元器件的"柔性"设计是柔性电子器件制备的关键。理论研究和实验研究已经表明原子级厚度的石墨烯材料在柔性电子领域具有广阔的应用前景。例如石墨烯已被验证可作为透明导电薄膜应用于柔性透明触摸屏。原子级厚度的石墨烯等二维材料兼具优良的柔韧性和可调控的电输运性能，使得该类材料可作为柔性电子元器件的关键组成单元，使高性能柔性电子的无机化和微型化成为可能。

柔性电子器件是柔性电子的主要体现形式之一。以柔性材料为基础，结合微纳米加工与集成技术，设计制造可实现逻辑放大、滤波、数据存储、信号反相、数字运算、传感等功能的新一代柔性电子元器件，是信息技术发展的迫切需求。柔性功能材料所具有的光、电、磁、热、力等独特的物理和化学性能，使得柔性电子器件可被广泛应用于柔性显示、数据加密、可穿戴感知等智能化电子系统。

（四）重点产品

1. 石墨烯/氮化镓蓝光、石墨烯/氮化铝紫光 LED

在 SiC 晶圆片上长出石墨烯，再在石墨烯上长出 GaN 薄膜，随后将该 GaN 薄膜转移至硅基板上，能大幅降低目前以单次使用SiC基板方式制作GaN蓝光LED的成本，该技术为直接范德瓦尔斯外延。以这种方式生长的GaN薄膜或者其他薄膜，可随意移植到任何一种基板上，支持蓝光、紫光LED等组件的制造，而且石墨烯还能重复利用。这种技术有机会催生高频晶体管、光探测器、生物传感器以及其他"后硅时代"组件，IBM已经为此在接下来五年投资30亿美元。

预计到2025年，石墨烯基蓝光和紫光LED的性能分别提升10%。2035年：石墨烯/GaN蓝光LED的性能比目前现有蓝光LED提升40%，石墨烯/AlN紫光LED提升40%。产能指标方面，石墨烯基LED的产能在2025年预计将占有10%的LED传统市场；到2035年，随着LED性能的进一步提升，石墨烯基LED的市场占有率提高到50%。

2. 石墨烯深紫外探测器

深紫外光电探测器在军事上具有红外光电探测器不可替代的优势，尤其在紫外通信、导弹预警与追踪、电子对抗等领域。传统的深紫外光电探测器的结构使器件的工作性能容易受到环境的影响，并且器件一般都是利用宽禁带半导体来制备，但是此种半导体与金属不易形成良好的接触，再加上传统金属-半导体-金属结构的器件光信号利用率比较低，使得常见的深紫外光电探测器响应度和探测率不理想。因此，重复性好、稳定性强、响应度和探测率高的深紫外光电探测器的研发一直是研究的热点。

紫外光电探测器（UV PDs）是对灵敏度、选择性、稳定性、信噪比、响应速度有独特要求的基本光电元件。通常，应用于光探测器的异质结是在两种半导体或半导体与导体（金属或导电碳材料）之间形成的，例如石墨烯与半导体之间的整流作用可提高日光紫外线探测器的响应度和灵敏度。这些材料带来了异质结/异质结构的光吸收部分的多种选择，并提供了更多增强光电检测性能的方法。然而，由于不良的表面粗糙度，许多材料无法建立范德华异质结，这使两种材料之间的距离太远，无法建立范德华相互作用，更不用说原子尖锐的界面和电子突变结。但是混合电路仍然表现出典型的链接行为，在紫外线光电检测中也起着重要作用。异质结光电探测器的光电性能由其组成和集成方式决定。

未来，紫外光电探测器的比探测率达到10^{13} Jones。2025年：提高基于二维材料的光电探测器的稳定性、可伸缩性和可加工性。解决目前多层二维材料的均匀性、表面污染和转移过程极其依赖于手动操作水平的问题，实现可靠和稳定的范德华异质结构器件的可扩展生产。2035年：逐渐开发具有原子清洁和电子清晰接口的各种尺寸的范德华集成；解决异质结 UV PDs 的实际应用面临着可靠性和集成度的不足，为器件的商业化提供保障。

3. 石墨烯 / 硅探测器

石墨烯 / 硅光电探测器具有结构简单、性能优良、调控手段丰富等诸多优点，在基于石墨烯的光电探测器件中占有重要的地位。通过增加界面氧化层、界面光吸收层和表面功能层等手段可有效地提升石墨烯 / 硅光电探测器的性能。随着材料制备工艺的成熟、性能改进方法的发展和理论研究的深入，石墨烯 / 硅光电探测器的性能会有更大的提升空间，在光电领域具有广阔的应用前景。

石墨烯 / 硅异质结拥有极高的光电转换效率，并且可在宏观条件下进行组装，工艺简单，对设备的要求不高，因而具有极大的发展潜力和良好的应用前景。硅 / 石墨烯波导光电探测器备受关注且已取得系列进展。以石墨烯为代表的二维材料为解决传统半导体光电材料往往工作波段受限、工艺难以兼容等问题提供了重要途径。特别是其可调带隙使之具有宽光谱吸收特性，且避免了晶格失配 / 热膨胀失配等工艺问题。将石墨烯与硅纳米光波导相结合，可通过延长作用距离来增强光 / 石墨烯相互作用。

石墨烯硅探测器具有结构简单，性能优良，调控手段丰富等优点，在基于石墨烯的光电探测器件中占有重要的地位。从表界面工程的角度出发，通过增加界面氧化层、界面光吸收层和表面功能层等手段可有效地提升石墨烯 / 硅光电探测器的性能。随着材料制备工艺的成熟、性能改进方法的发展和理论研究的深入，石墨烯 / 硅光电探测器的性能会有更大的提升空间，在光电领域实现广阔的应用前景。

4. 短波红外探测器

短波红外（Short Wave Infrared Region，简称 SWIR）探测器，适用于半导体检测、分选系统、光谱高光谱成像和监视等。SWIR 成像产品推广的一个主要障碍是基于 InGaAs 材料 SWIR 探测器的高成本，这与制造技术复杂有关。Graphenea、AMO 和 Emberion 向市场推出基于石墨烯技术的成像仪 G–Imager，其原理是将石墨烯通道与纳米晶光吸收器耦合，利用纳米晶高效率的强光吸收功能，而石墨烯通道则将产生的电荷有效地传输到电触点进行检测。与其他 SWIR 探测器相比，G–Imager 的优点除了大幅降低成本外，不需要特殊的冷却要求、噪声低、光谱范围宽，将有助于其迅速占领市场。

未来将实现高质量成像。2025 年：晶圆级高质量石墨烯的制备工艺成熟，为 SWIR 提供大批量石墨烯薄膜应用的基础条件。2035 年：石墨烯应用于光电探测器的工艺参数的设计和优化，使得石墨烯器件代工体系更加完善；石墨烯薄膜表面沉积及图案化光敏材料及与成像产品集成，实现高性能的 VIS–SWIR 成像的经济实惠的高性能相机，可使 SWIR 检测的体积比现在大得多，从而实现夜间和机器视觉领域的新应用，改变现有市场或创造全新的市场。

5. 中红外 – 远红外探测器

红外光电探测器在工业自动控制、遥感成像、医学诊断、环境监测、光通信等领域都是核心器件。但目前，高响应速率、高探测率的红外探测材料如碲镉汞、量子阱、Ⅱ型超晶格的制备条件苛刻、工艺复杂、成本昂贵且要求在低温下工作。石墨烯可以在一定程度上弥补上述缺点，因其室温下极高的电子和空穴迁移率，从可见至远红外的超宽谱光吸收，使得石墨烯在实现非制冷、高响应速度、宽光谱、低成本、大面阵的红外探测方面极具潜力，这也是石墨烯红外探测器未来发展的主要方向。此外，结合石墨烯的柔性优势，制备石墨烯柔性红外探测器也是未来发展的新方向。远红外波段对居家应用和基础科学都有很大的意义。这些波由宇宙尘埃发出，对其研究将展现星系的演化。红外光传感器被用于夜视设备、远程控制、自寻导弹和心跳传感器等。2020 年 4 月，俄罗斯莫斯科物理技术学院研发出基于石墨烯异质材料的高信噪比远红外光电探测器，工作波长可拓宽到远红外和太赫兹波段，具有光灵敏度高、响应频率低、暗电流低等特点，与传统光电探测器相比，微弱信号探测能力更强。石墨烯远红外光电探测器有望在导弹导引头领域获得应用，大幅提高导弹制导精度。

随着材料制备工艺和器件制备工艺的不断发展和成熟，有望在中红外 – 远红外波段实现高灵敏度的探测、成像等。

6. 微波／太赫兹光电探测器

太赫兹技术，是目前受到世界各国科学家广泛关注的前沿科技领域之一。太赫兹波，是指频率范围在 100 GHz ~ 10 THz，波长介于微波和红外线之间的电磁波，对于人眼来说是不可见的。太赫兹波具有穿透性强、安全性高、定向性好、带宽高、时间与空间分辨率高等技术优势。在光电子领域，石墨烯无能隙存在的结构似乎正吸引众多研究人员的注意。这一特点在光电检测器领域内尤为突出，石墨烯使得更高效率的近太赫兹光电检测器成为可能。许多基于石墨烯的应用体现在将其作为探测光的材料。相比于光电探测器所用的标准材料，石墨烯的特别之处在于没有带隙，而硅中的带隙使得波长长于 1 μm 的入射光无法被吸收，从而也无法被检测到。相比较，对于石墨烯来说，即使波长为数百微米的太赫兹光波也可以被吸收和检测到。基于石墨烯的太赫兹探测器已经显示了良好的结果，但迄今没有一种探测器在速度和灵敏度方面能超过市面上可买到的探测器。瑞典、韩国、西班牙、俄罗斯、英国、日本、意大利的科学家先后开发了基于石墨烯的具有高灵敏度、宽波段、高截止频率、与COMS技术兼容的太赫兹探测或者成像系统；我国科学家也研制了基于天线和FET的高探测频率、高灵敏度的太赫兹探测器。可见，石墨烯基太赫兹探测器的研究在国内外都受到重视，石墨烯作为核心材料在太赫兹探测器中的应用价值是显而易见的。石墨烯对太赫兹探测器和成像器件的性能的提升是其他材料无法替代的。

未来，将满足特定场景下太赫兹光电探测的技术指标。2025年：解决高质量石墨烯在制备过程中的表面残留问题，消除石墨烯表面的残留物对表面电势的影响；解决高质量双层石墨烯的悬浮转移，消除表面残留物和衬底对石墨烯质量的影响。2035年：探索石墨烯在太赫兹光电探测器中的作用机理，优化高灵敏度石墨烯太赫兹光电探测器的作用机制和适合实际应用的器件形式；逐步解决太赫兹石墨烯探测器的带宽、转换效率等一系列问题。预计在2035年前后，石墨烯太赫兹探测器将用于太赫兹成像（太赫兹摄像头）、传感器、卫生保健、疾病检测、车辆图像传感器、无线通信系统、物联网、车联网以及基础科研等多个领域。

（五）石墨烯薄膜发展路线图

石墨烯薄膜制备产业及应用技术发展路线图见图2-3。

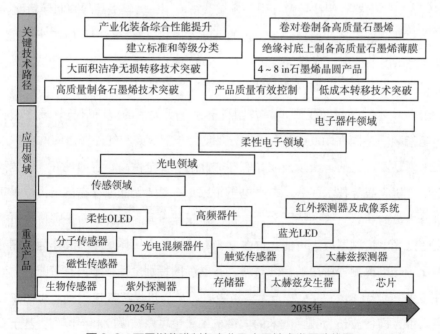

图2-3 石墨烯薄膜制备产业及应用技术发展路线图

参考文献

［1］Novoselov K S，Geim A K，Morozov S V，et al. Electric field effect in atomically thin carbon films ［J］. Science，2004（306）：666-669.

［2］Liu Q B，Yu C，He Z Z，et al. Chemical vapor deposition graphene of high mobility by gradient growth method on an 4H-SiC（0001）substrate ［J］. Applied Surface Science，2018（454）：68-73.

［3］Liu Z X，Su Z，Li Q B，et al. Induced growth of quasi-free-standing graphene on SiC substrates ［J］. Rsc Advances，2019（9）：32226-32231.

［4］Emtsev K V，Bostwick，A，Horn K，et al. Towards wafer-size graphene layers by atmospheric pressure graphitization of silicon carbide ［J］. Nature Materials，2009（8）：203-207.

［5］Li X S，Colombo L，Ruoff R S，et al. Synthesis of Graphene Films on Copper Foils by Chemical Vapor Deposition ［J］. Advanced Materials，2016（28）：6247-6252.

［6］Lin L，Deng B，Sun J Y，et al. Bridging the Gap between Reality and Ideal in Chemical Vapor Deposition Growth of Graphene ［J］. Chemical Reviews，2018（118）：9281-9343.

［7］Zhang J C，Lin L，Jia K C，et al. Controlled Growth of Single-Crystal Graphene Films ［J］. Advanced Materials，2020（32）：1903266

［8］Li C，Song S，Li Y，et al. Selective hydroboration of unsaturated bonds by an easily accessible heterotopic cobalt catalyst ［J］. Nature Communications，2021，12（1）：3813.

［9］Wang Z，Xue Z，Zhang M，et al. Germanium-Assisted Direct Growth of Graphene on Arbitrary Dielectric Substrates for Heating Devices ［J］. Small，2017（13）：1700929.

［10］Tian W，Li W，Yu W，et al. A Review on Lattice Defects in Graphene：Types，Generation，Effects and Regulation ［J］. Micromachines-Basel，2017，8（5）：163.

［11］M Huang，R S Ruoff. Growth of Single-Layer and Multilayer Graphene on Cu/Ni Alloy Substrates ［J］. Accounts of Chemical Research，2020（53）：800-811.

［12］Li X，Wang X，Zhang L，et al. Chemically Derived，Ultrasmooth Graphene Nanoribbon Semiconductors ［J］. Science，2008（319）：1229-1232.

［13］Son Y W，Cohen M L，Louie S G. Energy Gaps in Graphene Nanoribbons ［J］. Physical Review Letters，2006，97（21）：216803.

［14］Zhang Y，Tang T T，Girit C，et al. Direct observation of a widely tunable bandgap in bilayer graphene ［J］. Nature，2009，459（7248）：820-823.

［15］Han M Y，Ozyilmaz B，Zhang Y B，et al. Energy band-gap engineering of graphene nanoribbons ［J］. Physical Review Letters，2007（98）：206805.

［16］A H Tomás Palacios，Han Wang. Applications of Graphene Devices in RF Communications ［J］. IEEE Communications Magazine，2010，48（6）：122-128.

［17］Choi M S, Lee G H, Yu Y J, et al. Controlled charge trapping by molybdenum disulphide and graphene in ultrathin heterostructured memory devices［J］. Nature Communications, 2013（4）: 1624.

［18］Atomic-Layer Graphene as a Saturable Absorber for Ultrafast Pulsed Lasers［J］. Advanced Functional Materials, 2009（19）: 3077-3083.

［19］Luo S, Wang Y, Tong X, et al. Graphene-based optical modulators［J］. Nanoscale Research Letters, 2015, 10（1）: 1-11.

［20］Jwa B, Js A, Xm B, et al. Optoelectronic and photoelectric properties and applications of graphene-based nanostructures［J］. Materials Today Physics, 2020（13）: 100196.

［21］Chen Z, Zhang X, Dou Z, et al. High-Brightness Blue Light-Emitting Diodes Enabled by a Directly Grown Graphene Buffer Layer［J］. Advanced Materials, 2018, 30（30）: 1801608.

［22］Hill E W, Vijayaragahvan A, Novoselov K. Graphene Sensors［J］. Sensors Journal, 2011（11）: 3161-3170.

［23］Bogue Robert. Graphene sensors: a review of recent developments［J］. Sensor Review, 2014（34）: 233-238.

［24］Loh K P, Bao Q, Ang P K, et al. The chemistry of graphene［J］. Journal of Materials Chemistry, 2010, 20（12）: 2277-2289.

［25］Zhan B, Li C, Yang J, et al. Graphene field-effect transistor and its application for electronic sensing［J］. Small, 2015, 10（20）: 4042-4065.

［26］Yao J, Wang H, Chen M, et al. Recent advances in graphene-based nanomaterials: properties, toxicity and applications in chemistry, biology and medicine［J］. Microchimica Acta, 2019, 186（6）: 395.

［27］Kong X, Zhang L, Liu B, et al. Graphene/Si Schottky solar cells: a review of recent advances and prospects［J］. RSC Advances, 2019, 9（2）: 863-877.

［28］Eric, Singh, Hari, et al. Graphene-Based Bulk-Heterojunction Solar Cells: A Review［J］. Journal of nanoscience and nanotechnology, 2015（15）: 6237-6278.

［29］Adetayo A E, Ahmed T N, Zakhidov A, et al. Improvements of Organic Light-mitting Diodes Using Graphene as an Emerging and Efficient Transparent Conducting Electrode Material［J］. Advanced Optical Materials, 2021（9）: 2002102.

［30］Liu Y Q, Chen Z D, Mao J W, et al. Laser Fabrication of Graphene-Based Electronic Skin［J］. Frontiers in Chemistry, 2019（7）: 461.

［31］Alfonso, Reina, Xiaoting, et al. Layer Area, Few-Layer Graphene Films on Arbitrary Substrates by Chemical Vapor Deposition［J］. Nano Letters, 2009（9）: 3087.

［32］Hong B H. Large-scale pattern growth of graphene films for stretchable transparent electrodes［J］. Nature, 2018（457）: 706-710.

［33］Li X S, Cai W W, An J H, et al. Large-Area Synthesis of High-Quality and Uniform Graphene

Films on Copper Foils ［J］. Science, 2009（324）: 1312–1314.

［34］Bae S, Kim H, Lee Y, et al. Roll–to–roll production of 30–inch graphene films for transparent electrodes ［J］. Nature Nanotechnology, 2010, 5（8）: 574–578.

［35］Gao L, Ren W, Xu H, et al. Repeated growth and bubbling transfer of graphene with millimetre–size single–crystal grains using platinum ［J］. Nature Communications, 2012（3）: 669.

［36］Chen S S, Ji H X, Chou H, et al. Millimeter–Size Single–Crystal Graphene by Suppressing Evaporative Loss of Cu During Low Pressure Chemical Vapor Deposition ［J］. Advanced Materials, 2013, 25（14）: 2062–2065.

［37］Mohsin A, Liu L, Liu P, et al. Synthesis of Millimeter–Size Hexagon–Shaped Graphene Single Crystals on Resolidified Copper ［J］. Acs Nano, 2013, 7（10）: 8924–8931.

［38］Yan Z, Ma L, Zhu Y, et al. Toward the Synthesis of Wafer–Scale Single–Crystal Graphene on Copper Foils ［J］. Acs Nano, 2012（7）: 9110–9117.

［39］Hao Y F, Bharathi M S, Wang L, et al. The Role of Surface Oxygen in the Growth of Large Single–Crystal Graphene on Copper ［L］. Science, 2013（342）: 720–723.

［40］Vlassiouk I V, Stehle Y, Pudasaini P R, et al. Evolutionary selection growth of two–dimensional materials on polycrystalline substrates ［J］. Nature Materials, 2018, 17（4）: 318–322.

［41］Wei Y, Chen G, Shi Z, et al. Epitaxial growth of single–domain graphene on hexagonal boron nitride ［J］. Nature Materials, 2013（12）: 792–797.

［42］J H Lee, E K Lee, W Joo, et al. Wafer–Scale Growth of Single–Crystal Monolayer Graphene on Reusable Hydrogen–Terminated Germanium ［J］. Science, 2014（344）: 286–289.

［43］V L Nguyen, B G Shin, D L Duong, et al. Seamless Stitching of Graphene Domains on Polished Copper（111）Foil ［J］. Adv Mater, 2015（27）: 1376–1382.

［44］Tang S, Wang H, Wang H S, et al. Silane–catalysed fast growth of large single–crystalline graphene on hexagonal boron nitride ［J］. Nature Communications, 2011（6）: 6499.

［45］Chen J, Wen Y, Guo Y, et al. Oxygen–Aided Synthesis of Polycrystalline Graphene on Silicon Dioxide Substrates ［J］. Journal of the American Chemical Society, 2011, 133（44）: 17548–17551.

［46］Sun J, Chen Y, Priydarshi M, et al. Direct Chemical Vapor Deposition–Derived Graphene Glasses Targeting Wide Ranged Applications ［J］. Nano Letters, 2015（15）: 5846–5854.

［47］Liu X, Lin T, Mi Z, et al. A novel method for direct growth of a few–layer graphene on Al_2O_3 film ［J］. Carbon, 2014, 71（71）: 20–26.

［48］Sun J, Gao T, Song X, et al. Direct Growth of High–Quality Graphene on High–κ Dielectric $SrTiO_3$ Substrates ［J］. Journal of the American Chemical Society, 2014, 136（18）: 6574–6577.

［49］Chen Y, Sun J, Gao J, et al. Growing Uniform Graphene Disks and Films on Molten Glass for

Heating Devices and Cell Culture［J］. Advanced Materials，2015，27（47）：7839-7846.

［50］Kobayashi T，Bando M，Kimura N，et al. Production of a 100-m-long high-quality graphene transparent conductive film by roll-to-roll chemical vapor deposition and transfer process［J］. Applied Physics Letters，2013，102（2）：487.

［51］Yamada T，Ishihara M，Kim J，et al. A roll-to-roll microwave plasma chemical vapor deposition process for the production of 294 mm width graphene films at low temperature - ScienceDirect［J］. Carbon，2012，50（7）：2615-2619.

［52］Wu Y，Lin Y M，Bol A A，et al. High-frequency，scaled graphene transistors on diamond-like carbon［J］. Nature，2011，472（7341）：74-78.

［53］Han T H，Lee Y，Choi M R，et al. Extremely efficient flexible organic light-emitting diodes with modified graphene anode［J］. Nature Photonics，2012，6（2）：105-110.

［54］Wu T，Zhang X，Yuan Q，et al. Fast growth of inch-sized single-crystalline graphene from a controlled single nucleus on Cu-Ni alloys［J］. Nature Materials，2015（15）：43.

［55］Xu X，Zhang Z，Qiu L，et al. Ultrafast growth of single-crystal graphene assisted by a continuous oxygen supply［J］. Nature Nanotechnology，2017（11）：930-935.

［56］Xu X，Zhang Z，J Dong，et al. Ultrafast epitaxial growth of metre-sized single-crystal graphene on industrial Cu foil［J］. Science Bulletin，2017，62（15）：1074-1080.

［57］Den B，Xin Z，Xue R，et al. Scalable and ultrafast epitaxial growth of single-crystal graphene wafers for electrically tunable liquid-crystal microlens arrays［J］. Science Bulletin，2019（64）：659-668.

［58］Liao L，Lin Y C，Bao M，et al. High-speed graphene transistors with a self-aligned nanowire gate［J］. Nature，2010（467）：305-308.

［59］R Cheng，J Bai，L Liao，et al. High-frequency self-aligned graphene transistors with transferred gate stacks［J］. P Natl Acad Sci USA，2012（109）：11588-11592.

［60］Yu C，He Z Z，Liu Q B，et al. Graphene Amplifier MMIC on SiC Substrate［J］. IEEE Electron Device Letters，2016，37（5）：684-687.

［61］Wu Y，Zou X，Sun M，et al. 200 GHz Maximum Oscillation Frequency in CVD Graphene Radio Frequency Transistors［J］. Acs Appl Mater Inter，2016（8）：25645-25649.

［62］符亚菲. CVD 石墨烯及其在光电器件中的应用研究［D］. 北京：北京工业大学，2019.

［63］Li X，Zhu M，Du M，et al. High Detectivity Graphene-Silicon Heterojunction Photodetector ［J］. Small，2016（12）：595-601.

［64］Guo J，Li J，Liu C，et al. High-performance silicongraphene hybrid plasmonic waveguide photodetectors beyond 1.55 μm［J］. Light：Science & Applications，2020，9（29）：274-284.

［65］Kong W，Guo A，Wei Y，et al. Graphene-beta-Ga_2O_3 Heterojunction for Highly Sensitive Deep UV Photodetector Application［J］. Advanced Materials，2016（28）：10725-10731.

［66］C Cheng，B Huang，X Mao，et al. Monolithic optoelectronic integrated broadband optical receiver with graphene photodetectors［J］. Nanophotonics，2017（6）：1343–1352.

［67］Tao W，Da H，Zhi Y，et al. A Review on Graphene–Based Gas/Vapor Sensors with Unique Properties and Potential Applications［J］. Nano–Micro Letters，2016（8）：95–119.

［68］Cai S，Liu X，Huang J，et al. Feasibility of polyethylene film as both supporting material for transfer and target substrate for flexible strain sensor of CVD graphene grown on Cu foil［J］. RSC Advances，2017，7（76）：48333–48340.

［69］Wang B，Zhong S，Ge Y，et al. Present advances and perspectives of broadband photo–detectors based on emerging 2D–Xenes beyond graphene［J］. Nano Research，2020（13）：891–918.

［70］Zhang C，Tang W，Zhang L，et al. Contact Electrification Field–Effect Transistor［J］. Acs Nano，2014（8）：8702–8709.

［71］Zhang H，Yu J，Yang X，et al. Ion Gel Capacitively Coupled Tribotronic Gating for Multiparameter Distance Sensing［J］，Acs Nano，2020（14）：3461–3468.

［72］Ponzoni A，E C omini，Concina I，et al. Nanostructured Metal Oxide Gas Sensors，a Survey of Applications Carried out at SENSOR Lab，Brescia（Italy）in the Security and Food Quality Fields ［J］. Sensors，2012，12（12）：17023–17045.

［73］Liu X，Cheng S，Liu H，et al. A Survey on Gas Sensing Technology［J］. Sensors，2012，12（7）：9635–9665.

［74］Fine G F，Cavanagh L M，Afonja A，et al. Metal Oxide Semi–Conductor Gas Sensors in Environmental Monitoring［J］. Sensors，2010，10（6）：5469–5502.

［75］Bhoga S S，Singh K. Electrochemical solid state gas sensors：An overview［J］. Ionics，2007，13（6）：417–427.

［76］Donnelly M，Mao D，Park J，et al. Graphene field–effect transistors：the road to bioelectronics ［J］. Journal of Physics– D Applied Physics，2018，51（49）：493001.

［77］蔚翠，何泽如，刘庆彬，等. 蓝宝石衬底上 PECVD 生长石墨烯及其气敏传感器［J］. 化工学报，2017（68）：4423–4427.

［78］Hui S，Xin L，Ping C，et al. Morphology optimization of CVD graphene decorated with Ag nanoparticles as ammonia sensor［J］. Sensors & Actuators B Chemical，2017（244）：124–130.

［79］Carter K P，Young A M，Palmer A E. Fluorescent sensors for measuring metal ions in living systems［J］. Chemical Reviews，2014，114（8）：4564–4601.

［80］Fan Q，Li J，Zhu Y，et al. Functional Carbon Quantum Dots for Highly Sensitive Graphene Transistors for Cu^{2+} Ion Detection［J］. Acs Appl Mater Inter，2020（12）：4797–4803.

［81］Yuan Q，Wu S，Ye C，et al. Sensitivity enhancement of potassium ion（K^+）detection based on graphene field–effect transistors with surface plasma pretreatment［J］. Sensors and Actuators B Chemical，2019（285）：333–340.

［82］Swabc D，Yha E，Zhe Y A，et al. Transfer–free CVD graphene for highly sensitive glucose sensors［J］. Journal of Materials Science & Technology，2020（37）：71–76.

［83］Wang S，Zhao L，Xu R，et al. Facile fabrication of biosensors based on Cu nanoparticles modified as–grown CVD graphene for non–enzymatic glucose sensing［J］. Journal of Electroanalytical Chemistry，2019（853）：113527.

［84］Zhou L，Mao H，Wu C，et al. Label–free graphene biosensor targeting cancer molecules based on non–covalent modification［J］. Biosens Bioelectron，2017（87）：701–707.

［85］Ji J，Y Pang，Li D，et al. An aptamer–based shear horizontal surface acoustic wave biosensor with a CVD–grown single–layered graphene film for high–sensitivity detection of a label–free endotoxin［J］. Microsystems & Nanoengineering，2020（6）：4.

［86］白志坤，张逸涛，李社红，等. 聚L- 精氨酸修饰柔性石墨烯平面电极对黄嘌呤的选择性检测［J］. 分析化学，2020（48）：1149–1159.

［87］Tian M，Xu S，Zhang J，et al. RNA Detection Based on Graphene Field–Effect Transistor Biosensor［J］. Advances in Condensed Matter Physics，2018：8146765.

［88］Fernandes E，Cabral P D，Campos R，et al. Functionalization of single–layer graphene for immunoassays［J］. Applied Surface Science，2019（480）：709–716.

［89］Chen S，Sun Y，Xia Y，et al. Donor effect dominated molybdenum disulfide/graphene nanostructure–based field–effect transistor for ultrasensitive DNA detection［J］. Biosensors and Bioelectronics，2020（156）：112–128.

［90］Li M，Wu C，Zhao S，et al. Pressure sensing element based on the BN–graphene–BN heterostructure［J］. Applied Physics Letters，2018，112（14）：143502.

［91］Lu X，Yang J，Qi L，et al. High Sensitivity Flexible Electronic Skin Based on Graphene Film［J］. Sensors，2019，19（4）：794.

［92］Chen W，Gui X，Liang B，et al. Structural Engineering for High Sensitivity，Ultra–Thin Pressure Sensors Based on Wrinkled Graphene and Anodic Aluminum Oxide Membrane［J］. Acs Appl Mater Interfaces，2017（9）：24111–24117.

［93］Meng Y，Zhao J，Yang X X，et al. Mechanosensation–Active Matrix Based on Direct–Contact Tribotronic Planar Graphene Transistor Array［J］. ACS Nano，2018（12）：9381–9389.

［94］Li Z，Ping W，Wang C，et al. Low–Temperature Growth of Graphene by Chemical Vapor Deposition Using Solid and Liquid Carbon Sources［J］. ACS Nano，2011，5（4）：3385–3390.

［95］Yamada T，Kim J，Ishihara M，et al. Low–temperature graphene synthesis using microwave plasma CVD［J］. Journal of Physics D Applied Physics，2013，46（6）：063001.

［96］Vishwakarma R，Zhu R，Abuelwafa A A，et al. Direct Synthesis of Large–Area Graphene on Insulating Substrates at Low Temperature using Microwave Plasma CVD［J］. ACS Omega，2019，4（6）：11263–11270.

［97］Chen Y，Gong X L，Gai J G. Progress and Challenges in Transfer of Large-Area Graphene Films ［J］. Advanced Science，2016，3（8）：1500343.

［98］Ullah S，Yang X，Ta H Q，et al. Graphene transfer methods：A review ［J］. Nano Research，2021（14）：3756-3772.

［99］Ma L，Ren W，Cheng H，et al. Transfer Methods of Graphene from Metal Substrates：A Review ［J］. Small Methods，2019，3（7）：1900049.

［100］Kang J，Shin D，Bae S，et al. Graphene transfer：key for applications ［J］. Nanoscale，2012 （4）：5527-5537.

［101］Gao L，Ni G X，Liu Y，et al. Face-to-face transfer of wafer-scale graphene films ［J］. Nature，2014（505）：190-194.

［102］Wang H P，Xue X，Jiang Q，et al. Primary Nucleation-Dominated Chemical Vapor Deposition Growth for Uniform Graphene Monolayers on Dielectric Substrate ［J］. Journal of the American Chemical Society，2019（141）：11004-11008.

［103］Jiang B，Zhao Q，Zhang Z，et al. Batch synthesis of transfer-free graphene with wafer-scale uniformity ［J］. Nano Research，2020（13）：1564-1570.

［104］Mishra N，Forti S，Fabbri F，et al. Fab-Compatible Graphene：Wafer-Scale Synthesis of Graphene on Sapphire：Toward Fab-Compatible Graphene ［J］. Small，2019，15（50）：1904906.

［105］Lin H，Zhu Q，Shu D，et al. Growth of environmentally stable transition metal selenide films ［J］. Nature Materials，2019（18）：602-607.

［106］Zhang Y，Huang D，Duan Y，et al. Batch Production of Uniform Graphene Films Via Controlling Gas-Phase Dynamics in Confined Space ［J］. Nanotechnology，2021，32（10）：105603.

第三节　石墨烯纤维

一、技术简介

石墨烯纤维包括纯石墨烯纤维和以石墨烯作为添加剂的石墨烯复合纤维。纯石墨烯纤维是指以石墨烯基元为构筑单元通过湿法纺丝制得的高性能新型碳基纤维，石墨烯复合纤维是指石墨烯作为添加剂与其他材料复合而得到的高性能及功能化纤维。

（一）纯石墨烯纤维

石墨烯纤维采用氧化石墨烯[1]作为前驱体，具有更高的微晶区尺寸和取向度，更少的晶界，在结构上更接近单晶石墨晶须，因此更易制备高模量、高导热的高性能碳基纤维。在民用领域可以逐渐用石墨烯纤维替代金属材料及部分传统碳基纤维，减轻设备及装置重量、减低部件振动、提高机械构件精度等，例如高模量可应用于液晶、半导体领域、机器人部件、大型机械壁梁的减振等。另外，电子通信领域，对电子设备装置中更高功能性及更高密度的需求的增长，对散热的要求越来越高。例如，在 5G 领域，5G 作为高速高功率通信技术，对导热要求极为苛刻，传统导热方案已经无法满足要求，新的导热技术必须有质的变化才能应对如此复杂的过热环境。采用高导热碳基纤维正在颠覆传统的芯片散热解决方案，高导热石墨烯纤维将成为解决 5G 领域导热问题及电磁屏蔽等领域的核心材料[2]。

（二）石墨烯复合纤维

石墨烯与传统高分子纤维结合，不但会提升纤维自身性能，如强度、耐磨性能以及化学稳定性等，还会给纤维带来一系列神奇的功能，如阻燃、导电（防静电）、耐老化、远红外发射、紫外防护、抗菌抑菌，等等。因此，石墨烯的高效复合是解决常规纤维存在的性能不高、功能不足及单一化等缺点的重要渠道[3]。

通过将单层高质量石墨烯与传统化纤相结合，可以实现复合纤维高性能、多功能化，能极大丰富现有化纤行业的产品结构，提高产品科技含量和国际竞争力，在取得经济效益的同时带动传统纺织行业转型升级，从而更好地贯彻"中国制造 2025"行动。可应用领域有：高性能纤维领域，如高强度纤维、耐老化纤维、远红外发射纤维、防静电纤维、抗菌纤维、阻燃纤维等；高性能织物领域，如智能加热织物、保温织物、抗菌除臭织物、阻燃织物等；保健产品领域，如远红外保健衣、抗菌服装等；

特种纤维芳纶与石墨烯复合，间位芳纶具有耐高温、不燃烧、绝缘性好等特点，在高温过滤、高温防护服、绝缘介质等方面可获得广泛应用；对位芳纶具有强度高、模量大的特点，可在航空航天、防弹材料、防弹装甲、摩擦材料、建筑材料等方向广泛应用。高性能超分子量聚乙烯 / 石墨烯复合纤维可用于体育用品例如球拍、滑雪板、单车骨架，生物医药领域如牙托材料、医用缝合线等[4~8]。

二、国内外发展现状

（一）国外发展现状

纯石墨烯纤维方面，在国际上，澳大利亚、新加坡、韩国、美国等多国科研机构相继开展了石墨烯纤维的研究，如澳大利亚伍伦贡大学 G. G. Wallace 院士研究组[9]和美国莱斯大学 Smalley 研究中心材料学家 J. M. Tour 研究组进行了多年跟踪研究[10]。尤其值得注意的是，近年来美国国防部高级研究计划局、国家航空航天局、空军装备司令部等重要国防机构非常关切石墨烯纤维的发展，对石墨烯纤维研究提供了极大的支持力度。在这些机构支持下，美国若干研究小组如美国伦斯勒理工学院 Jie Lian 课题组在石墨烯纤维的导热性能和力学强度提升等方面，已经展示了强劲的发展态势，这将对我国石墨烯纤维在国际上的领先地位及未来重大应用构成挑战和威胁[11]。

石墨烯复合纤维方面，高品质石墨烯复合纤维生产在国外尚属空白。

（二）国内发展现状

1.技术发展情况

纯石墨烯纤维是由浙江大学高超教授于 2011 年首次提出并实现的新型碳基纤维材料。近 10 年来，其团队基本建立了石墨烯液晶湿法纺丝理论架构，构建了石墨烯纤维基本结构模型，提出了系列高性能化方法及原理，并在关键技术指标（如力学强度、导电率等）上保持国际领先，不断引领石墨烯纤维这一研究方向的发展。其中标志性的发展历程有四步。第一步，提出氧化石墨烯液晶湿法纺丝方法，获得米级连续的石墨烯纤维，其强度约 140 MPa；第二步，提出大片氧化石墨烯制备高强度石墨烯的方法，将石墨烯纤维的强度提升至 500 MPa；第三步，提出缺陷控制工程策略，综合调控石墨烯纤维从分子尺度到宏观尺度的结构缺陷，石墨烯纤维的力学强度可达 2.2 GPa，杨氏模量达 400 GPa，导电率达 0.8 MS/m；第四步，发现溶剂塑化效应，通过向氧化石墨烯纤维中插层溶剂小分子实现纤维的塑化拉伸，减少氧化石墨烯片的无规褶皱，再经高温还原修复，获得了大晶化石墨烯纤维，拉伸强度达 3.4 GPa，模量 341 GPa，导电率 1.2×10^6 S/m，导热率 1480 W/(m·K)，从实验上证实高强度、高模量、高导电、高导热（四高）结构功能一体化的石墨烯纤维是可以实现的。进一步采用化学掺杂的方法，可将石墨烯纤维的导电率提高到金属量级，同时具有极高的比导电率，是铜的 2 倍。采用钙金属作为掺杂剂，还可制备出具有超导电特性的超导石墨烯纤维。另外，还将液晶基湿纺原理拓展到石墨烯复合纤维、仿生纤维、杂化纤维以及石墨烯纤维无纺布等多品种体系，发展了丰富的功能石墨烯纤维系列，以满足各种差异化需求。这些工作显示了石墨烯纤维的广大发展潜力和性能提升空间[12~19]。

另外，国内其他单位，如东华大学、北京理工大学、北京化工大学、北京航空航天大学、中国科学技术大学、哈尔滨工业大学、复旦大学、中国科学院苏州纳米所等高校和科研院所也积极开展了石墨烯纤维的基础研究。例如，北京理工大学曲良体教授采用受限热致凝胶化方法制备纯石墨烯纤维，热处理后纤维拉伸强度达 0.4 GPa，并通过与氧化铁纳米粒子复合制备磁性驱动的复合石墨烯纤维[20]；北京航空航天大学程群峰教授基于界面工程，在钙离子交联的基础上，进一步采用有机分子共价交联，在离子键和共价键的协同相互作用下，石墨烯纤维的拉伸强度提高到 0.84 GPa，同时纤维的拉伸断裂能可达 15.8 MJ/m³[21]。北京化工大学乔金梁教授采用氧化石墨烯与酚醛树脂的混合溶液纺丝，经过热处理后，酚醛树脂碳化交联石墨烯，纤维的拉伸强度可达 1.45 GPa，断裂伸长率提高到 1.8%[22]。除了研究力学性能提升方法之外，大部分研究集中在石墨烯纤维的功能性应用方向，目前已开发石墨烯纤维智能驱动器、可编织柔性储能器件、石墨烯纤维无纺布，大大拓展了石墨烯纤维的功能性应用范围[23]。表 2-8 为国内石墨烯纤维主要研发团队。

表 2-8　国内石墨烯纤维主要研发团队

研究团队	单位	研究方向
张锦院士团队	北京大学 / 北京石墨烯研究院	烯碳纤维、石墨烯复合纤维
高超教授团队	浙江大学	高强度纯石墨烯纤维
曲良体教授团队	北京理工大学	功能复合石墨烯纤维、纯石墨烯纤维
程群峰教授团队	北京航空航天大学	有机分子共价交联石墨烯纤维制备
乔金梁教授团队	北京化工大学	酚醛树脂碳化交联石墨烯纤维

2. 产业化情况

（1）纯石墨烯纤维

目前，国内企业及科研单位院所关于石墨烯纤维丝束的研究团队很多，但是专注于石墨烯纤维产业化的团队依然很少，主要原因是因为石墨烯纤维技术关键点多、制备工艺流程长、可纺石墨烯原料难大批量合成等。国内石墨烯纤维丝束制备主要集中在杭州地区，浙江大学研究石墨烯纤维相关领域的基础科学问题，杭州高烯科技有限公司主要攻克石墨烯纤维领域的产业化技术难点。目前已经完成的工作有：可纺氧化石墨烯的原料吨级制备、分级及单层化；稳定纺丝原液的千克级制备及相关检测手段；石墨烯纤维的丝束化，从单丝到 0.1 K 丝束的制备；石墨烯纤维丝束中试线的初步设计及装备选型。

预计 2025 年完成十吨级中试线的建立，规格有 0.1 K、1 K、3 K；2035 年完成石墨烯千吨级生产线的建立，规格有 6 K、12 K、24 K。

（2）石墨烯复合纤维

目前，石墨烯复合纤维主要集中在浙江、北京、江苏、广东、山东等地，功能性石墨烯复合纤维企业较多，而高性能特种石墨烯复合纤维企业较少。

在高性能特种石墨烯复合纤维领域，北京石墨烯研究院提出了一种多孔石墨烯增强芳纶Ⅲ纤维的复合结构模型。通过在石墨烯的二维片层面内造孔，让多孔石墨烯参与到芳纶的原位聚合中，聚合过程芳纶分子链穿过石墨烯片层的面内孔洞，经过湿法纺丝，得到具有独特复合结构的多孔石墨烯 / 芳纶Ⅲ复合纤维。目前正在进行高性能石墨烯特种复合纤维的产业化推广。

杭州高烯科技有限公司采用单层氧化石墨烯，通过原位聚合实现了石墨烯复合纤维的产业化，其产品主要有石墨烯复合锦纶、石墨烯复合涤纶、石墨烯复合黏胶、石墨烯复合氨纶、石墨烯复合腈纶等。该纤维拥有多项自主知识产权，三大独家且核心技术：单层原料、原位聚合、细旦纱线，集五大健康功能于一身：远红外保健、紫外线防护、负离子发生、抗菌抑菌、抑制螨虫。所具有的四大优势凸显性价比：多功能一体，护航健康；耐多次水洗，功能永久；不含重金属，安全环保；单纤如蚕丝，触感舒适。总的来说，这类石墨烯复合纤维技术领先性、功能多样化、质量稳定且持久、全产业链可控、市场美誉度高，已实现各品类的百吨级生产，主要集中于功能性产品。

江苏强生石墨烯公司目前也在推进锦纶、黏胶腈纶、氨纶、丙纶、聚酯纤维等传统纤维与石墨烯复合的研究和产业化生产，由于锦纶长丝的可纺性问题，已基本放弃长丝产品推广，现主要集中在锦纶高强度短纤（袜子、家纺面料）和黏胶产品（无纺布类）上应用；综合来说，产品规格不全，市场受限。

江苏恒利宝采用多层氧化石墨，通过原位聚合实现石墨烯复合锦纶、石墨烯复合涤纶的产业化。该品牌初始市场布局较佳，但后续长丝由于受上游石墨烯原料限制，石墨烯锦纶规格 F 度比较低，如：70D24F/70D48F，涤纶有 75D36F，规格比较单一。

上海烯望有限公司采用多层石墨烯，通过母粒共混的方式实现了石墨烯涤纶、黏胶的产业化应用，产品线比较单一，石墨烯涤纶长丝仅有低 F 度规格在纺丝应用，锦纶产品暂无。涤纶产品主要以家纺填充料为主，黏胶产品主要是在面膜上应用，产品规格不全。

济南圣泉采用多层生物质石墨烯，通过多层共混的方式实现了石墨烯锦纶、涤纶、黏胶、莫代尔的产业化。济南圣泉市场起步较早，重点工作集中在市场布局、营销手段上，可纺性长丝产品较少，主要应用于运动面料上，短纤混纺纱是其主打产品。但随着市场细分、品质需求提升，其现有客户逐渐表现出对该品牌信心不足，市场可持续性堪忧。

在石墨烯复合纤维规模制备装备方面，目前主要靠与传统纤维厂商合作进行，利用传统厂商设备进行复合纤维的生产。但存在与传统纤维领域的聚合和纺丝设备不匹配的问题，例如需增设混料装置降低石墨烯分散差异、调整设备参数来保证温度稳定和物料均匀性、加装切片混合器来改进最终物料均匀性等，在不显著改变现有设备格局的前提下，实现石墨烯复合纤维的稳定生产。但随着石墨烯复合纤维的高性能化发展，需进一步设计和制造石墨烯复合纤维的专用试验设备及生产装备，以满足石墨烯复合纤维进一步发展的需求。

总体而言，石墨烯复合纤维行业正处于蓬勃发展阶段，但仍然需要建立行业共识，包括石墨烯原料的认证和纤维识别。杭州高烯科技有限公司携手北京石墨烯研究院有限公司、厦门大学石墨烯工程与产业研究院、深圳石墨烯创新中心有限公司等数十家产业链机构成立了石墨烯多功能复合纤维共同体研究院，整合产业链的优势人才、技术及资源，集成"政产学研资用"等创新要素和资源要素等方面做出更大贡献，最终形成石墨烯原料—纤维—纱线—面料—终端产品的良性循环，引领共同体内成员的创新、创业和可持续发展。此外，杭州高烯科技有限公司与中国化学纤维工业协会及石墨烯多功能复合纤维共同体研究院、北京服装学院等机构，启动了中国石墨烯多功能复合纤维标识设计大赛，积极推进石墨烯康护纤维产品使用认证，引导行业规范标准，促进石墨烯产业健康有序规范发展。

三、关键技术瓶颈及存在问题

（一）关键技术瓶颈

1.纯石墨烯纤维[24]

（1）单层氧化石墨烯的可控批量制备技术

针对如何实现高质量纺丝级单层氧化石墨烯的可控批量制备的关键问题，开发从原料优选到氧化过程控制及尺寸分级、纯化的整套氧化石墨烯的制备技术，避免多层数氧化石墨烯不可纺、小尺寸氧化石墨烯所制得的纤维性能差、大尺寸氧化石墨烯所制备的纤维缺陷多、批量制备时原料质量不稳定等问题，为石墨烯纤维的制备提供优质的纺丝石墨烯原料。

（2）氧化石墨烯液晶湿法纺丝技术

在制备了纺丝级氧化石墨烯液晶基础上，发展可精确控制的湿法纺丝技术，制备连续高性能石墨烯纤维。建立凝固液、纺丝温度、拉伸比、拉伸比分布、取向度、纤维尺寸、干燥过程、化学还原以及热处理过程等对纤维形貌及性能的影响的第一手系统数据，确立石墨烯纤维的结构与性能的基本关系，同时建立石墨烯纤维制备工艺控制技术，最终实现最优化性能的石墨烯纤维可控制备技术。

（3）石墨烯纤维丝束的综合缺陷控制技术

针对如何有效控制石墨烯纤维多级多尺度缺陷结构的难题，发展"原料—纺丝—后处理"的缺陷综合控制技术，包括氧化石墨烯原料的优选、石墨烯液晶均一化的流场控制、凝胶及固化过程石墨烯组装结构的控制、热还原和电热耦合低缺陷化和高晶质化、纤维细旦化和致密化等技术，从而最终实现从原子级到纳米级、微米级乃至宏观尺度的缺陷的全尺度控制，推进石墨烯纤维的高性能化、高功能化。

（4）高导热石墨烯纤维丝束的稳定可控制备技术

不实现丝束的制备，石墨烯纤维只能停留在实验室单丝样品水平，难以发展成为具有应用价值的纤维品种。对此，需要发展石墨烯纤维丝束的稳定可控制备技术。在单丝结构的有效控制基础上，通过改进传统的纺丝方法、研究出更匹配石墨烯纤维丝束的纺丝工艺和纺丝流程，设计出高效率、低成本的还原工艺、低温碳化工艺、石墨化工艺，设计出更适合石墨烯纤维丝束还原及碳化的装备，实现从实验室级的单丝制备到高性能石墨烯纤维长丝的连续化生产。

2. 石墨烯复合纤维

（1）适合聚合的单层石墨烯的规模化制备

原料的成本决定了其市场竞争力，原料的品质决定了产品的性能，单层率更是决定了石墨烯工业化的规模。目前，市面上的石墨烯材料在参与复合的过程中极易二次堆叠、团聚，所得产品大多性能差、成本高、质量不稳定。整体而言，现有石墨烯复合纤维性价比低、功能性差，饱受诟病和质疑，大大限制了石墨烯规模化产业的发展。制备适合原位聚合的单层石墨烯是解决这些问题的首要步骤，只有应用单层石墨烯，并在后续复合过程中降低其堆叠度，才能得到性能优越、高速可纺的多功能复合纤维产品。并且需要根据实际生产情况，调整氧化石墨烯的尺寸分布、碳氧比等参数，实现聚合纺丝最优化，提高产品成品率和稳定性。

（2）石墨烯在基体中的均匀分散

石墨烯自身特殊的二维纳米结构使得它在聚合物基体中极易再堆叠聚集，而这些聚集体会增大纺丝液黏度、降低纺丝速度甚至堵塞喷丝口，导致可纺性大大降低，难以大规模生产，勉强纺得的小试验样品性能差、质量不稳定。因此，实现石墨烯在聚合物基体中均匀分散，甚至分子级分散具有显著的应用前景和市场价值，但技术门槛极高，研制极难[25]。

（3）石墨烯复合纤维的成本降低和综合性能提升

大多数功能化纤维往往是通过复合功能性填料来增加某种功能，石墨烯的加入在带来诸多功能的同时会影响复合纤维的机械性能如强度、韧性以及可纺性，使得纤维其他性能有所损失，很难做到多种功能同时具备且纤维自身性能不受减损。如何在保证部分性能不损失的情况下，提升纤维其他性能，赋予纤维新的功能，将这些功能最大化、产品产业化，是目前面临的又一大难题。同时，在较低添加量下实现性能的有效提升对成本降低也有重大意义。

（4）石墨烯复合纤维与其他技术手段的结合

除了利用石墨烯复合纤维本身的功能性外，将异形纤维和多组分混纺的技术与之融合可以进一步降低成本，并赋予其其他功能性，包括吸湿排汗、中空保暖等。因此，对石墨烯复合纤维进行截面形状改变和混纺时会出现何种变化，工艺和配方上要做如何改变，也是难点和关键技术之一。

高性能特种纤维与石墨烯复合后断裂伸长率及纤维粗糙度等都会发生改变，这些会严重影响纤维的可编织性及与加工设备的匹配性，因此如何在高性能特种与石墨烯复合后依然可与传统设备匹配，减少产业化过程中的产业链长度依然是难点和关键技术之一。

（5）下游应用的开发和推广

功能性面料和服装的开发推广，需要与国内外知名面料和服装品牌展开广泛开发，设计并开发内衣、内裤、袜子、运动服、运动裤、瑜伽服等一系列产品；充分利用石墨烯的抗菌、远红外、负离子、抑螨、防紫外线、防静电、抗病毒等一系列功能，在市场上取得知名度，在纺织行业内进行推广。

高性能特种石墨烯复合纤维如何取代已拥有稳定市场的传统特种纤维，保持较高的性价比，与已有的编织工艺匹配、与复合材料厂家实现上下游的无缝链接等，是目前存在的问题。

（二）产业发展主要问题

1. 纯石墨烯纤维

实现高性能多功能一体化石墨烯纤维是一个复杂的系统工程。目前所涉及的技术难点问题包括：优质大尺寸低分散单层液化石墨烯的可控制备及放大生产，湿法纺丝工艺及质量控制体系的建立，纺丝装备的设计与制造，石墨烯纤维理论模型的建立与计算机模拟，从分子尺度延伸至宏观尺度的石墨烯纤维结构的控制，分子间作用力的调控，精确控制的热处理，新的碳材料增强和掺杂技术的探索，以及石墨烯纤维后续复合材料的设计与制备等等。这一复杂体系涉及化学、材料、物理、化工工艺、设备制造等诸多领域。这些复杂技术问题可归结为三大难题：一是窄分布单层石墨烯原料的可控制备，二是纺丝工艺及纤维结构的精确控制，三是纤维后处理技术及石墨烯片间作用力的调控。

2. 石墨烯复合纤维

（1）行业环境问题

目前市场上已经出现了一些名称中带有石墨烯的纤维或织物产品，但这些产品鱼龙混杂，不乏炒作概念的伪劣产品，严重影响了石墨烯产品在消费者心目中的形象，对行业发展极其不利。仅从石墨烯的源头来看，就可分为生物质和矿物质两大类，然而生物质原料并不能制备高品质石墨烯产品，而是形成活性炭类材料，并非常规意义上的"石墨烯材料"。从产品上看，部分厂家依靠前期优势和宣传工作，已经占据部分市场，获得了一定的用户基数，然而由于产品本身质量仍存缺陷，导致在这部分用户中产生了对石墨烯的怀疑，进而扩展到整个社会消费群体，无疑给石墨烯行业带来了"信任危机"[26]。

为解决这一潜在危机，亟须建立一套统一、科学、准确且可靠的相关标准来对行业进行约束。对于石墨烯复合纤维产品，一方面，复合纤维在形式上与传统纤维相近，其基本物性以及各种功能（如远红外发射、紫外防护、抗菌抑菌、阻燃以及导吸湿快干等）均可参照传统功能性纤维、织物的相关标准进行检测；另一方面，对于复合纤维中石墨烯的定性定量检测，如所添加石墨烯的横向尺寸、纵向尺寸（层数）、缺陷度、形貌等指标均无可参照范本，需要在现有理论基础上对检测方法进行创新。然后将检测数据参照石墨烯相关标准，对复合纤维中是否存在真正意义的石墨烯，以及石墨烯的分散状态进行判定。标准工作将对我国石墨烯复合纤维的进一步发展，以及未来打入国际市场，有至关重要的意义。

（2）技术问题

石墨烯复合纤维发展至今在技术上取得了多项突破和成就，但依然存在着一些问题。主要包括以下几点。

1）单层氧化石墨烯量产的问题。单层氧化石墨烯在实验室中的制备目前已经可以广泛实现，但是当进行工业化放大时，采用现有设备存在不匹配的问题，例如高黏体系的物料分离、高腐蚀液体的过滤、石墨烯碎片的分级和氧化石墨烯在线检测等。

2）微褶皱氧化石墨烯粉体的量产存在收率不高（70%~80%）、含水量高、能耗过大的问题。褶皱氧化石墨烯是通过雾化干燥实现制备，但是氧化石墨烯本身为单层纳米材料，密度极低，在常规手段下会随着尾气带出，难以收集。此外粉体含水量大，不利于后期使用。

3）切片过滤性问题。褶皱氧化石墨烯在和聚合单体共混的时候存在部分团聚的问题，导致聚合后端的过滤器发生频繁堵塞、聚合不顺的问题。

4）可纺性问题。前期对纺丝工艺的摸索不完善，导致纤维的可纺性较差，容易出现飘丝的问题。

5）纤维力学强度问题。前期试验发现石墨烯复合纤维的强度显著低于普通化纤产品，伸长率也有所下降。

6）聚合纺丝设备不匹配的问题。加入了石墨烯后对原有的常规化纤生产设备提出了新要求，导致现有的常规生产设备存在产量低、不稳定、不合格率上升等问题。

四、石墨烯纤维发展路线图

（一）技术路线图

1. 纯石墨烯纤维

（1）高强度石墨烯纤维

高强度碳纤维作为关键结构材料，在汽车、特种服装、高速飞行器、航空航天等领域有重要的作用[25]。作为新一代碳质纤维，石墨烯纤维有望继承并发挥单片石墨烯基元优异的力学性质，发展成为结构功能一体化的纤维材料。因此，通过结构优化着力提高石墨烯纤维的力学性能，是推动石墨烯纤维发展的关键。

通过宏观组装过程控制、增强界面作用、高温热还原等重要技术手段的综合运用制备高强高模石墨烯纤维，2025 年，实现石墨烯纤维丝束的拉伸强度 $1 \sim 3\,GPa$，模量 $100 \sim 300\,GPa$，断裂延伸率 $0.5\% \sim 1.5\%$，直径 $3 \sim 15\,\mu m$；2035 年，实现石墨烯纤维丝束的拉伸强度 $3 \sim 5\,GPa$，模量 $300 \sim 1000\,GPa$，断裂延伸率 $0.5\% \sim 1.5\%$，直径 $3 \sim 15\,\mu m$。

（2）高导电石墨烯纤维

寻找新型轻质导电纤维材料用来替代金属导线，对于发展轻量化电子装备、航空航天飞行器减重等有重要的战略意义[27]。石墨烯纤维作为一种新型碳质纤维材料，有望发展成为新一代导体，用于航空航天、电力输运系统等。通过化学掺杂、高温热还原等重要技术手段制备高导电石墨烯纤维，2025 年实现石墨烯纤维丝束的导电率 $5 \times 10^5\,S/m$，2035 年实现石墨烯纤维丝束的导电率 $2 \times 10^7\,S/m$。

（3）高导热石墨烯纤维

碳材料一般具有较高的导热率，例如高定向裂解石墨的导热率可达 $2000\,W/(m \cdot K)$，其导热特性来源于石墨基元面内晶格的振动，即声子传热。所以石墨晶格尺寸越大、取向度越高、结构越完善，碳质材料的导热率就越高[28]。石墨烯基元尺寸可达数十甚至数百微米，将如此大的石墨烯基元通过合理的形式排列，可以获得高导热石墨烯材料。

通过大小片氧化石墨烯复合等手段制备高导热石墨烯纤维丝束，2025 年实现石墨烯纤维丝束导热系数 $>1000\,W/(m \cdot K)$，2035 年实现石墨烯纤维丝束导热系数 $>1200\,W/(m \cdot K)$。

2. 多功能／高性能石墨烯复合纤维

石墨烯复合纤维技术总的发展趋势是在原位聚合、均匀分散、高速纺丝、可加弹、可染整、高性能、低成本等方面大有突破，实现一种添加获得多种功能，且功能永久有效、不会随洗涤衰减，克服传统功能纤维添加剂对力学性能及其他性能有损失的问题，集高性能化及多功能化于一体[29]。

从石墨烯出发，结合现有聚合物合成工艺，通过优化复合方法和工艺，实现高性能多功能化复合纤维的制备。主要技术路径如下。

1）适合复合的功能化、高质量、全单层氧化石墨烯的制备。复合纤维纺丝过程的连续化和高速化要求石墨烯在材料中必须均匀分散不团聚，而市面上销售的石墨烯材料绝大多数为多层氧化石墨烯和多层石墨烯，难以在聚合物基体中均匀分散。与之相比，单层的氧化石墨烯可以实现完全分散，并且能与许多聚合物基体（如 PET、PA、PTTA、PI、PBO、PBI）形成化学键作用，增强了界面相互作用[30]。因此，实现高效反应、快速分离、废水处理等多个关键技术，实现全单层高质量氧化石墨烯的中试稳定生产，是高性能多功能化石墨烯复合纤维的制备基础，预计 2025 年实现适合与聚合物复合的功能化、高质量、全单层氧化石墨烯的大批量制备。

2）石墨烯的微褶皱粉体化。石墨烯片在干燥过程中，由于片间相互作用极易发生堆叠，形成类石墨团聚结构，在加入聚合物基体之后不仅难以有效进行增强，还会产生局部缺陷，降低纤维可纺性和成纤后产品的性能。因此，攻克微褶皱化干燥技术，使每片功能化石墨烯或氧化石墨烯像纸团一样褶皱成球，避免了片与片之间的再堆叠，可使氧化石墨烯在溶剂中再分散溶解。未来的研究方向是：研究高速、高效微褶皱粉末化技术，研究工程化放大过程中的各项影响参数及影响规律，开发高效的粉体制备设备，实现微褶皱氧化石墨烯的批量生产[31]。

3）褶皱微粉原位伸展聚合技术。片状的单层氧化石墨烯在原位聚合过程中，由于片间的接触面积大，在受热环境下容易发生热还原并堆叠，会一定程度降低石墨烯的分散均匀度[32]。通过将片状氧化石墨烯进行褶皱化处理，使得氧化石墨烯以褶皱微球的形式存在，大大降低了聚合过程中石墨烯的片间堆叠，预计 2025 年实现褶皱微粉大批量制备技术，了解微褶皱石墨烯在聚合过程中的伸展行为及伸展机制；考察石墨烯与聚合单体的配比，石墨烯官能团含量、还原程度及聚合工艺参数对聚合反应及分散性的影响，2035 年实现均匀接枝分散和还原，获得均匀分散的复合树脂切片，确保可纺性和质量稳定性，制备比传统化纤强度更高的石墨烯复合纤维。

4）石墨烯复合纤维的高速纺丝。高速纺丝是工业化低成本大生产的需求，通常来说，加入纳米添加剂会严重影响切片可纺性，导致生产效率降低，产品稳定性下降，生产成本提高[33]。借助褶皱氧化石墨烯微粉原位伸展聚合技术，可以实现石墨烯在聚合物基体中的分子级分散，只需少量添加石墨烯就可以满足功能和性能的提升需求。预计 2025 年复合纤维纺丝技术熔融法纺丝实现 3000 m/min，湿法纺丝实现 200 m/min，实现石墨烯复合纤维的产业化；2035 年，熔融法实现 4000～4800 m/min 复合纤维纺丝技术，湿法纺丝实现 400 m/min 的纺丝技术，确保高效率、高质量、低成本。研究解决生产放大过程中可能出现的各种问题，解决传统化纤的纺丝设备兼容性问题，实现万吨级石墨烯复合纤维产能，建立示范性生产线。

5）石墨烯复合纤维机理研究。虽然目前关于石墨烯增强复合纤维的各种性能的报道屡见不鲜，但是关于石墨烯增强各项性能的机理研究仍很匮乏，且存在诸多不同的理论。例如石墨烯抗菌的机理、石墨烯与其他导电添加剂的协同作用机理、石墨烯阻燃抗熔滴的机理等等，目前仍然存在争论与不明确的地方。其中石墨烯抗菌机理争论最大，分为机械切割学说和催化反应学说，不同的机理对应的石墨烯最优结构都完全不同，对应纤维制备方法也完全不同。预计在 2025 年之前，对石墨烯性能增强发生机理的深入研究，实现石墨烯复合纤维的配方设计，纺丝工艺设计、下游应用等等。探索石墨烯自身参数（横向尺寸、含氧官能团比例、分散体系、还原程度等）以及聚合工艺、配方来系统考察石墨烯功能发生的机理；2035 年之前，实现设计功能更优、性价比更高、性能更强的石墨烯复合纤维产品。

6）功能织物的设计和研发。基于具有优异性能的石墨烯复合纤维，将充分对接市场需求，深化石墨烯复合纤维制备技术，研究石墨烯复合纤维长纤以及短纤的织造及混纺技术以及相应的染色、后处理技术，制备出功能与美学统一的高端织物。于 2025 年在传统纺织领域开辟新兴市场，引领新潮流，而且紧跟健康纺织潮流，在医疗纺织、功能纺织、智能服装和特种纺织等领域开拓新市场，实现复合纤维的多样化、高端化、国际化；于 2035 年实现石墨烯复合纤维的高性能及多功能化于一体，在工程应用领域实现石墨烯复合纤维的广泛应用，例如航空航天、防弹材料、防弹装甲、摩擦材料、建筑材料等方向。

（二）重点产品

1. 纯石墨烯纤维

2025 年前实现石墨烯纤维中试（0.1 K、1 K）及小丝束石墨烯纤维系列产品（1 K、3 K）的制备；2035 年进一步提升石墨烯纤维产品的性能，实现石墨烯纤维的大丝束化（6 K、12 K、24 K）及低成本化（见表 2-9）。

表 2-9　纯石墨烯纤维发展目标 2025—2035 年

	2025 年	2035 年
拉伸强度 /GPa	1~3	3~5
拉伸模量 /GPa	100~300	300~1000
导电率 /（S/m）	5×10^5	2×10^7
导热系数 /[W/（m·K）]	1000	1200
规格 / K	0.1、1、3	6、12、24
产能 /（t/ 年）	10	1000

2. 石墨烯复合纤维

2025 年，实现适用于复合纤维原料的大批量制备及石墨烯复合纤维的多功能化；2035 年，实现适用于复合纤维原料的优化及石墨烯复合纤维的高性能化和多功能化的集成（见表 2-10）。

表 2-10　石墨烯复合纤维发展目标

	2025 年	2035 年
氧化石墨烯单层率，厚度，横向尺寸	单层率＞95%，厚度＜1 nm，平均横向尺寸＞2 μm	单层率＞99%，厚度＜1 nm，平均横向尺寸＞50 μm
功能基团接枝率 /%	≥3	≥6
紫外线防护	UPF 值＞40	UPF 值＞60
远红外发射	发射率＞0.88	发射率＞0.9
抗菌抑菌	金黄色葡萄球菌及大肠杆菌的抑菌率≥70%，白色念珠菌的抑菌率≥60%	金黄色葡萄球菌及大肠杆菌的抑菌率≥90%，白色念珠菌的抑菌率≥90%
抗静电性	表面电阻＜10^{10} Ω	表面电阻＜10^6 Ω
强度提升量 /%	≥10	≥20
模量提升量 /%	≥30	≥50
纺丝速度 /（m/min）	熔融法：≥3500湿法：≥200	熔融法：≥4800湿法：≥400
功能持久性	各项功能不随洗涤次数增加而衰减	各项功能不随洗涤次数增加而衰减

（三）应用场景

1. 纯石墨烯纤维

高性能碳基纤维，如聚丙烯腈基碳纤维、沥青基碳纤维，在现代国防军事武器装备中发挥着举足轻重的作用，是衡量武器装备系统先进性的重要标志。反过来，军事装备的快速发展又对碳基纤维材料提出了新的更高要求。

（1）电子通信

目前仅有的高导热碳基纤维主要以中间相沥青基碳纤维为主，中间相沥青基碳纤维沿纤维轴向导热系数可达 1100 W/（m·K）以上，是铝的四倍以上，铜的两倍以上。以高导热碳基纤维作为导热填料的复合材料，通过合理的设计导热系数可达 30 W/（m·K）以上。日本企业通过对中间相沥青基碳纤维的阵列定向制得的硅胶导热垫片，已经从最高 10 W/（m·K）的导热水平，提高到 50 W/（m·K）。这是颠覆性的提升，不仅是在 5G 应用领域，甚至是 6G 领域，也将采取这种定向导热方案。在国内，一些通信领域导热材料的先进企业，已经开始采用中间相沥青基碳纤维作为新一代导热材料，将高导热碳基纤维定向阵列化，从而实现导热性能指标质的提升，目前已经量产导热系数达到 25 W/（m·K）的柔性导热垫片。vivo 新品线上发布会推出 iQOO3 5G 手机，在散热方面采用了碳纤维 +VC 液冷散热，以超导碳纤维和液冷均热板为主体。三星 Galaxy S20 全系列，支持 5G 通信技术，散热方式采用 vapor chamber 均热板 + 石墨烯膜 + 铜箔 + 高导碳纤维垫片等。

作为短切填料使用对于石墨烯纤维的制备要求及 CV 值要求没有航空航天领域严格，同时终端件的验证时间也较短，因此石墨烯纤维丝束实现大批量制备后，可快速应用于 5G 甚至 6G 领域，可于 2025 年前实现。

（2）轨道交通

中国高铁里程数位居世界第一，并且远远领先于世界其他国家，但高铁上的高压受电弓滑板（消耗品，5 万~7 万 km 即需更换）大部分依赖于进口，这是因为高铁高压受电弓滑板要求材料兼具高导电、耐磨性能及优异的力学性能，只有高性能沥青基碳纤维能同时满足此条件，同时石墨烯纤维也可达到此效果，有望于 2025 年前实现此应用。

（3）卫星结构部件

人造卫星热导管和热量散失系统需要用到高热导沥青基碳纤维，高模量、高导热的石墨烯纤维是制造热导管及蜂窝蒙皮的最好材料。

军用及商用航空卫星等有大量电子箱，工作时会产生大量的热量，需要从基片通过 PWB 传到热平板，进一步通过底盘热平板扩散到较冷的热交换器完成热能的传递。最好的热平板是用高导热的碳基纤维制备的二维碳碳复合材料，最终的平板内热导率为 400 ~ 500 W/（m·K），且可大幅减重约 30% ~ 60%，对高导热纤维的要求往往是导热率在 500 W/（m·K）以上。另外，人造卫星中的柔性冷链也大量采用碳纤维编织的柔性高导热带通过结构设计最终制备成导热结构件，需求巨大，鉴于需要石墨烯纤维丝束长且对纤维结构均一性要求高，有望于 2035 年应用到此应用场景。

（4）导弹端头

导弹穿越大气层时，由于空气阻滞及气动加热，弹头往往要经受苛刻的热环境。导弹再入大气层的速度越大，再入马赫数越大，弹头的防热隔热技术越是关键，越是决定导弹的成败。使用高导热碳基纤维制备的 C/C 复合材料可以通过烧蚀、高导热均热等来换取弹头的热安全，使其安全再入精准击中目标，鉴于需要石墨烯纤维丝束长纤、对纤维结构均一性要求高、对石墨烯纤维丝束 CV 值要求较高，有望于 2035 年应用到此应用场景。

（5）军工国防领域

随着航空航天技术的不断发展，各种新型武器装备对系统热管理与热疏导的要求越来越高，系统内的热控制、热平衡能力对各类飞行器的性能具有决定性的影响。高性能沥青基碳纤维对增大导弹射程，提高精度等意义非常明显，美国的"侏儒"和"三叉戟 -2"、法国的 M-5 导弹等的头锥、天线罩、尾翼、进气道等部位均使用了高性能沥青基碳纤维材料。

在航空飞行器热防护系统最终替代了 PAN 基碳纤维增强的 C/C，应用于以高导热、2200 ℃高温、低压氧化烧蚀为目标的高超音速飞行器鼻锥尖前缘和飞行热控制面板。美国国家航空航天局的 Hyper-X 项目高超音速飞行器 X-43A，在 2004 年分别进行了两次 $Ma7$、$Ma10$ 的成功飞行，其鼻锥尖及翼前缘、飞行控制面板等部位采用涂层式抗氧化的 MPCF 增强型的高导热 C/C 复合材料。由于对于石墨烯纤维丝束性能要求高，CV 值要求苛刻，部件制备流程长，部件验证时间长，因此，有望于 2035 年应用到此应用场景。

2. 石墨烯复合纤维

石墨烯复合纤维主要应用于化纤行业下游的服装鞋帽、针纺织品等需求市场，赋予终端产品抗菌抑菌、远红外线发射、抗紫外、抗病毒等功能。比如，2020 年伊始，新型冠状病毒全球肆虐，各地的人们都在争分夺秒与病毒赛跑，杭州高烯科技有限公司生产了一批单层石墨烯多功能康护袜和康护内裤，分三批捐赠给武汉市金银潭医院、厦门大学附属医院援鄂医疗队、浙江大学医学院附属第一医院，价值一百多万，用"黑科技"产品助力医务人员取得抗疫胜利。使用者均表示这些产品抗菌防臭功能强大，有利于一线医护人员长期作战。因此，2025年前石墨烯复合纤维主要应用于保健产品领域，例如远红外保健衣、抗菌服装、抗病毒织物、抗菌织物等。

随着石墨烯复合纤维的研究机理的深入及产业化经验的积累，高性能特种石墨烯纤维应运而生，石墨烯复合纤维逐步集合石墨烯纤维高性能化（如抗静电、阻燃性、机械性能）与多功能化于一体，2035年可将石墨烯复合纤维应用于工业工程领域如高强度纤维、特种作业服装领域如防静电纤维、阻燃纤维等，在防护装备（防弹衣、防弹头盔、防弹装甲）航空航天、新能源、汽车、船舶、建筑等领域广泛应用。

（四）产业规模

1. 纯石墨烯纤维

世界上研究高导热碳基纤维的机构很多，但能够工业化生产高导热、高模量沥青基碳纤维的公司只有三家：日本石墨纤维（NGF）、日本三菱化学（MPI）和美国Cytec，目前三家产能约为1410 t/年。我国在这一领域还处于高校和有关单位合作的小规模研究阶段，离实现大规模工业化生产还有一段距离。科研人员为了实现连续化生产工艺仍有诸多技术问题需要不断探索，力争早日打破国外高性能中间相沥青基碳纤维工业化生产的垄断局面，尤其是以煤沥青、石油沥青为原料制备MPCF时尚需突破的关键工艺仍集中在精制、调制等前处理阶段，尤其是对于不溶组分控制、杂质含量调控及化学分子结构等需进一步深入研究。

2025年，实现石墨烯纤维丝束的吨级生产，单层氧化石墨烯的合成达到百吨级别，石墨烯纤维丝束产能达到10 t级别，可应用于电子通信、轨道交通及短切纤维增强的高导热复材等领域，同时对航空航天、军工国防等领域进行试制件验证；按照目前高导热碳基纤维价格，石墨烯纤维销售规模达到亿元级别，纤维及其高性能复合材料达到百亿级别。

2035年，实现石墨烯纤维丝束的高性能化、大规模化及低成本化，产能达到千吨级别。石墨烯纤维销售规模可达百亿级别，纤维及其复合材料及相关助剂销售规模达到千亿级别。

2. 多功能石墨烯复合纤维

石墨烯作为一种功能性添加剂，可以实现一种添加、多种功能，能满足不同客户需求。并且采用单层氧化石墨烯原位聚合的工艺，石墨烯添加量仅在 0.1%，在性价比上优势明显。实现功能性纤维行业升级的重要手段，可以引领未来功能性化纤产品的进一步发展，具有显著意义。目前国内合成化纤销量约为 5000 万 t，功能化纤维约占化纤总量的 10% 左右，约为 500 万 t；2025 年前，实现石墨烯复合纤维的万吨级别生产及销售，产生十亿级别销售规模及经济效益；2035 年，实现石墨烯复合纤维的百万、千万吨的生产及销售，产生千亿级别的销售规模及经济效益。

3. 高性能特种石墨烯复合纤维

全球特种纤维市场规模预计于 2022 年达到 282.5 亿美元（约合 1791.7 元人民币），往后年复合增率达到 12.19%。并且由于特种纤维具有高强、轻质、耐用、热稳定性好等方面，未来在交通运输、航空航天、新能源、汽车、船舶、建筑等领域对特种纤维需求将不断增加。采用石墨烯复合特种纤维，将使特种纤维的性能优势更为明显，高性能石墨烯特种纤维的用量及市场需求也将呈现爆发式增长。

除直接创造就业岗位外，还可带动国民经济其他部类就业岗位的增加，促进该地区工业经济的发展。复合纤维主要原料为氧化石墨烯和化工原料，氧化石墨烯生产线直接在本地落地投产，与周边硫酸、石墨、高锰酸钾等供应企业进行合作，带动周边化工原料及物流产业发展。同时产出的功能性石墨烯复合纤维可与当地纺丝、织造、染整、成衣和相关贸易与电商企业进行深度合作，促进当地的服装产业快速发展。高性能特种石墨烯复合纤维与当地航空航天、建筑材料、生物材料、体育用品、新能源、汽车等领域进行深度合作，促进当时相关领域企业发展及人才培养，同时提供数以万计的就业岗位。

（五）石墨烯纤维发展路线图

纯石墨烯纤维产业与技术发展路线图见图 2-4，石墨烯复合纤维产业与技术发展路线图见图 2-5。

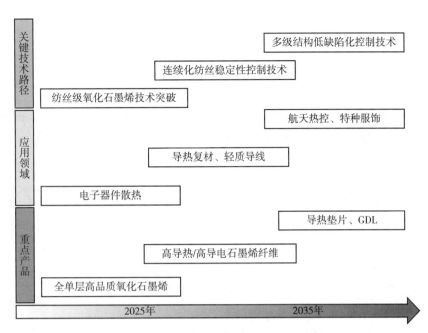

图2-4　纯石墨烯纤维产业与技术发展路线图

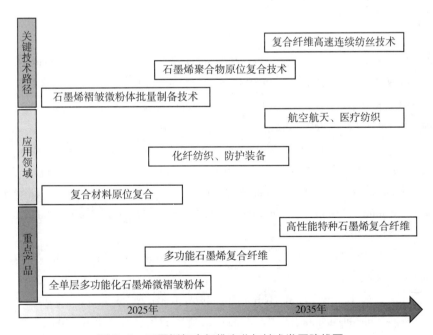

图2-5　石墨烯复合纤维产业与技术发展路线图

参考文献

[1] Dreyer D R，Park S，Bielawski C W，et al. The chemistry of graphene oxide [J]. Chemical society reviews，2010，39（1）：228-240.

[2] Sa'don S N H，Kamarudin M R，Ahmad F，et al. Graphene array antenna for 5G applications [J]. Applied Physics A，2017，123（2）：118.

[3] 曲丽君，田明伟，迟淑丽，等. 部分石墨烯复合纤维与制品的研发 [J]. 纺织学报，2016，37（10）：170-199.

[4] 翁成龙，陈杨，宋林，等. 聚氨酯 / 石墨烯复合纤维的制备及其发泡性能研究 [J]. 合成纤维工业，2019，42（243）：24-29.

[5] 郑冰娜，高超. 石墨烯 – 碳纳米管宏观组装复合纤维的制备及其电化学性能研究 [J]. 高分子通报，2013，10（8）：171-178.

[6] 姜兆辉，李永贵，杨自涛，等. 聚合物基石墨烯复合纤维及其纺织品研究进展 [J]. 纺织学报，42（3）：175-180.

[7] 王伟宇，刘鋆，杨勇，等. 静电纺丝蛋清 / 聚乙烯醇 / 氧化石墨烯复合纤维支架的制备及体外生物相容性 [J]. 中国组织工程研究，2021，25（28）：4497-4503.

[8] 张媛媛，程群峰. 石墨烯复合纤维材料研究进展 [J]. 中国材料进展，2019，38（1）：49-57.

[9] Li D，M B Müller，Gilje S，et al. Processable aqueous dispersions of graphene nanosheets [J]. Nature Nanotechnology，2008（3）：101-105.

[10] Daniela C，Kosynkin D V，Berlin J M，et al. Improved synthesis of graphene oxide [J]. Acs Nano，2010，4（8）：4806-4814.

[11] Xin G，Zhu W，Deng Y，et al. Microfluidics-enabled orientation and microstructure control of macroscopic graphene fibres [J]. Nature Nanotechnology，2019（14）：168-175.

[12] Xu Z，Peng L，Liu Y，et al. Experimental Guidance to Graphene Macroscopic Wet-Spun Fibers，Continuous Papers and Ultralightweight Aerogels [J]. Chemistry of Materials，2017，29（1）：319-330.

[13] Xu Z，Gao C. Graphene chiral liquid crystals and macroscopic assembled fibres [J]. Nature Communications，2011（2）：571.

[14] Li Z，Huang T，Gao W，et al. Hydrothermally Activated Graphene Fiber Fabrics for Textile Electrodes of Supercapacitors [J]. Acs Nano，2017，11（11）：11056-11065.

[15] Fang B，Chang D，Xu Z，et al. A Review on Graphene Fibers：Expectations，Advances，and Prospects [J]. Advanced Materials，2020，32（5）：1902664.

[16] Liu Y，Xu Z，Gao W，et al. Graphene and Other 2D Colloids：Liquid Crystals and Macroscopic Fibers [J]. Advanced Materials，2017，29（14）：1606794.

［17］Li Z, Liu Z, Sun H, et al. Superstructured Assembly of Nanocarbons: Fullerenes, Nanotubes, and Graphene［J］. Chemical Reviews, 2015, 115（15）: 7046–7117.

［18］Guo F, Wang Y, Jiang Y, et al. Hydroplastic Micromolding of 2D Sheets［J］. Advanced Materials, 2021, 33（25）: 2008116.

［19］Dong Z, Jiang C, Cheng H, et al. Facile fabrication of light, flexible and multifunctional graphene fibers［J］. Advanced Materials, 2012, 24（14）: 1856–1861.

［20］Zhang Y, Li Y, Ming P, et al. Ultrastrong Bioinspired Graphene-Based Fibers via Synergistic Toughening［J］. Advanced Materials, 2016, 28（14）: 2834–2839.

［21］Li M, Zhang X, Wang X, et al. Ultra-Strong Graphene-based Fibers with Increased Elongation［J］. Nano Letters, 2016, 16（10）: 6511–6515.

［22］Fang B, Xiao Y, Xu Z, et al. Handedness-controlled and solvent-driven actuators with twisted fibers［J］. Materials Horizons, 2019, 6（6）: 1207–1214.

［23］于小龙. 王成斌: 发展石墨烯要抓住核心［J］. 中国经济和信息化, 2014（13）: 42–44.

［24］Xu Z, Gao C. Graphene in macroscopic order: liquid crystals and wet-spun fibers［J］. Accounts of Chemical Research, 2014, 47（4）: 1267–1276.

［25］Xu Z, Gao C. In situ Polymerization Approach to Graphene-Reinforced Nylon-6 Composites［J］. Macromolecules, 2010, 43（16）: 6716–6723.

［26］贺福. 碳纤维及石墨纤维［M］. 北京: 化学工业出版社, 2010.

［27］Xu Z, Sun H, Zhao X, et al. Ultrastrong Fibers Assembled from Giant Graphene Oxide Sheets［J］. Advanced Materials, 2013, 25（2）: 188–193.

［28］Kim T Y, Park C H, Marzari N. The Electronic Thermal Conductivity of Graphene［J］. Nano Letters, 2016, 16（4）: 2439–2443.

［29］Tavman I H, Akinci H. Transverse thermal conductivity of fiber reinforced polymer composites［J］. International Communications in Heat and Mass Transfer, 2000, 27（2）: 253–261.

［30］Liu K, Chen L, Chen Y, et al. Preparation of polyester/reduced graphene oxide composites via in situ melt polycondensation and simultaneous thermo-reduction of graphene oxide［J］. Journal of Materials Chemistry, 2011, 21（24）: 8612–8617.

［31］Parviz D, Metzler S D, Das S, et al. Tailored Crumpling and Unfolding of Spray-Dried Pristine Graphene and Graphene Oxide Sheets［J］. Small, 2015, 11（22）: 2661–2668.

［32］Chang C, Song Z, Lin J, et al. How graphene crumples are stabilized?［J］. RSC Advances, 2013, 3（8）: 2720–2726.

［33］Kawahara Y, Takarada W, Yamamoto M, et al. Fiber Structure, Tensile Behavior and Antibacterial Activity of Polylactide/Poly（butylene terephthalate）Bicomponent Fibers Produced by High-Speed Melt-Spinning［J］. Journal of Macromolecular Science（Part B）, 2020, 59（7）: 440–456.

第三章

石墨烯应用技术发展现状与趋势

第一节　石墨烯电子信息技术

一、技术简介

石墨烯由于结构独特，具有许多优异的特性：①力学性质：石墨烯中每个碳原子均是以 σ 键的形式与周围三个碳原子结合，因此石墨烯具有优异的力学性能，其杨氏模量高达 1 TPa[1]；②石墨烯平面存在离域大 π 键，电子可在其中自由移动，有极高的电导率，室温下载流子迁移率达 1.5×10^4 cm²/(V·s)[2]（理论值为 2.0×10^5 cm²/(V·s)[3]）；③石墨烯的每个原子都裸露在表面，其比表面积可至 2630 m²/g；④在电子器件运行过程中，需要释放大量的热，良好的散热能力对于电子器件的稳定性具有重要意义。石墨烯作为一种优良的热导体，其导热系数高达 5300 W/(m·K)[4]；⑤石墨烯对光的显著吸收表明其与传统的半导体材料相比，具有更低的饱和强度或更高的光载流子密度，这就意味着石墨烯在从可见光到近红外光波段的光照下很容易达到饱和，有极好的光透射性（97.3%）[5]。

相较于传统的材料，石墨烯在力学、热学、电学、光学等特性上展示了极大的优势，这就使得石墨烯在相关电子器件以及传感器的应用中具有很大的潜力。例如，超高载流子迁移率和一个原子厚度的石墨烯可以提高场效应晶体管的响应速度；零带隙及高载流子迁移率使得石墨烯在射频电路中有极大的应用潜力；大比表面积以及高电子迁移率可以更好地吸附气体分子、生物分子以及液体中离子等，可以提升气体、离子传感器的性能；在光学上，石墨烯无间隔的光谱吸收特性使得石墨烯很适合作为广谱光电探测器的敏感材料，目前已经报道的石墨烯基光电探测器，其探测范围可以覆盖可见光波段到中红外光波段，这种传感器同时兼具广的光谱探测范围和高的光响应。另外，石墨烯还具有稳定的物理化学性质以及良好的室温导电性，能够克服传统金属氧化物半导体材料的缺点，为开发新型高性能电子器件及传感器提供了新的途径。石墨烯的诸多本征特性在电子信息技术领域有着广阔的应用前景，这也是人们关注最早、进展迅速的石墨烯应用领域之一。从某种意义上讲，该领域的发展决定着石墨烯产业的未来。目前，人们关注最多的石墨烯基电子信息技术有：石墨烯集成电路和石墨烯基电子器件等[6]。

（一）技术分类及进展

1.石墨烯基集成电路

（1）石墨烯基高频场效应晶体管

2009年3月，美国麻省理工学院Palacios等[7]报道了石墨烯倍频器件的突破性进展，研究表明，10 kHz输入信号的倍频，在20 kHz频率下有超过90%的射频功率，有望打破高频应用极限、解决通信速度极限问题。Cheng等[8]研发出了一种用于可转移栅叠层的高性能石墨烯晶体管的新方法，首先在牺牲基板上图案化栅极堆叠阵列，然后将其转移到具有石墨烯的任意衬底上，通过传输的栅极叠层的独特结构实现自对准，用于精确定位源电极和漏电极，同时使通路阻力或寄生电容最小化。实验证明，此方法制造的石墨烯场效应晶体管的截止频率高达472 GHz，同时发现截止频率是栅极长度的函数。

（2）石墨烯基三维集成电路

目前，市场主要使用硅基集成电路，工艺成熟、价格便宜。但随着集成电路集成度不断提高，芯片上的器件单元数量急剧增加，芯片面积增大，单元间连线的增长既影响电路工作速度又占用很多面积，严重影响集成电路进一步提高集成度和工作速度，且集成电路面积单纯的二维缩小已经达到摩尔极限，因此，集成电路纵向三维发展吸引了人们的目光。由于三维集成电路存在散热、电路串扰及制造工艺难度高等问题，而石墨烯具有出色的导电导热性能，因此石墨烯在集成电路，特别是三维电路中的应用引起了研究人员的关注。

2011年，美国IBM公司Lin等[9]首次研制成功由石墨烯圆片制成的集成电路，该集成电路作为宽带射频混频器工作，频率高达10 GHz，自此开启了石墨烯集成电路的发展时代。2014年，Guo等[10]在专利中提出了两种三维集成电路的方法，在基底上转移第一层石墨烯，于第一层石墨烯上制作一个或多个有源器件，有源器件上形成一层钝化层，在钝化层上转移第二层石墨烯，再在第二层石墨烯上制作一个或多个有源器件，通过导电物质将其连接，为石墨烯三维集成电路的制作作出了重要贡献。

2. 石墨烯基电子器件

在电子技术中，电信号更易于处理，因此人们常常将各种传感信号（气体、光、力）转换成电信号处理。石墨烯独特的能带结构使其具有优异的电学特性。由于原子裸露在表面上，石墨烯的能带结构或电子态很容易受到外界信号的调制，从而导致电学性质的变化。这一特性赋予石墨烯在传感器领域强大的生命力和吸引力。

（1）石墨烯基传感器

在 2006 年，曼彻斯特大学的 Novoselov 和 Geim 首次用石墨烯制造出了基于霍尔效应的单气体分子传感器[11]。使用机械剥离出的少数层石墨烯作为敏感材料，再引入高达 1 T 的磁场，利用霍尔效应，发现单个 NO_2 气体分子吸附所产生的离散电阻值改变的现象。

2011 年，Hill 等[12]人指出要进一步提升传感性能，必须把研究重心放在石墨烯的表面修饰上。Hill 等认为高比表面积的材料会提供更多的吸附点，灵敏度会得到更大的提升，具体体现为更短的检测响应时间以及更快的检测速度。之后几年的研究重点转移到石墨烯表面修饰。大体上来说，石墨烯基气体传感器的发展，主要是对敏感材料的表面调制与复合来展开。

Chung 等[13]发现，将石墨烯置于臭氧环境中处理使其对 NO_2 的传感性能有了全面的提升，如响应等级、响应时间、动态范围。Chung 认为石墨烯表面氧化官能团的最优密度可以通过控制臭氧处理时间来调控。

除了上述对石墨烯表面进行功能化处理，还可以将石墨烯与其他敏感材料相复合，比较常见的是把石墨烯与金属 / 金属氧化物进行复合，这样的操作可以提升传感器对不同气体的灵敏度[14~17]。

与气体传感器一样，敏感材料的发展是湿度传感器发展的核心。石墨烯材料，特别是改性石墨烯材料，由于其特殊的物理、化学和电学性质，尤其是改性石墨烯（以氧化石墨烯为代表）具有极大的比表面积以及良好的水分子吸附能力，引起了研究者的广泛关注。通常根据工作原理的不同，研究者可以将目前报道的湿度传感器分为电阻型湿度传感器（质子导电型）、电容型、场效应晶体管型湿度传感器（水分子对于石墨烯是一种 p 型掺杂）以及质量敏感型湿度传感器（使用体表面波和石英晶体微天平作为工作原理）。

为了满足湿度传感器的应用要求，敏感材料的制备和器件加工技术是湿度传感器的关键技术。敏感材料本身的物理、化学性质的改进是提高湿度传感器性能的一个重要发展方向。另外，器件加工工艺的改进以及敏感材料保护层的引入可以在一定程度上提高器件的稳定性。湿度传感器的柔性化也是一个重要的发展趋势。柔性器件在人机交互以及健康医疗监护方面有着重要的应用，而在一些应用领域中，对空气中的温度、湿度的监测具有一定的要求。因此，针对柔性器件的敏感材料，还需要与柔性衬底具有良好的匹配，在柔性器件发生弯曲拉伸时也要具有良好的感湿性能。

石墨烯由于具有大比表面积，易于负载多种生物探针，在生物传感器领域有着很大的应用潜力。2009 年，Lu 等人[18]率先报道了使用石墨烯制造而成的 FRET 生物传感器。这种传感器是由标记了羧基荧光素（FAM）的单链 DNA（ssDNA）与氧化石墨烯（GO）构成。在没有目标 DNA 时，FAM-ssDNA 会吸附到 GO 表面，造成 FAM 与 GO 之间发生荧光能量共振转移，使羧基荧光素中的荧光团的荧光被迅速猝灭；而当 FAM-ssDNA 与目标 DNA 杂交后，会改变双链 DNA 的构型并削弱 FAM-ssDNA 与 GO 之间的相互作用，这就造成 FAM-ssDNA 从 GO 表面释放出来，增大 FAM 与 GO 之间的距离，阻碍了荧光能量共振转移这一过程，造成 FAM 荧光的恢复。这种方法提供了一种用于检测特定 DNA 序列的高灵敏度及选择性的荧光恢复检测的手段。自此之后，使用石墨烯与生物活性物质复合的方式被大量研究。除了 DNA 外，核酸适配体也是一种常用的生物活性物质，核酸适配体是一种功能性核酸，它是一段筛选出来的 ssDNA 序列，能够特异性结合蛋白质、小分子或者离子，可作为方便的感应元件使用。

石墨烯在生物传感领域中最引人注目的应用是 DNA 测序。快速、可靠、低成本的 DNA 测序是生物学家长久以来的梦想。使用石墨烯作为 DNA 测序的探针材料从理论上讲是完全可行的。四种碱基（A：腺嘌呤，T：胸腺嘧啶，C：胞嘧啶，G：鸟嘌呤）是构成 DNA 的基本单元，单层石墨烯的厚度（0.34 nm）与 DNA 中碱基对之间的间距接近，研究者构想在单层石墨烯上构造出一个很小的纳米孔，这个纳米孔只能让一条 DNA 单链通过，由于厚度与单层石墨烯匹配，碱基可以逐个通过纳米孔，就像一串珠子穿过细小的铁丝网孔。例如，研究者利用 GFET 作为探针，显示吸附在石墨烯表面的 DNA 碱基的存在[19, 20]。GFET 能够在吸附四种不同的 DNA 碱基后，测定不同的电导特征。这是由于纳米孔附近的碳原子产生了偶极场。从初步的研究成果来看，石墨烯 DNA 测序具有实现实时、高通量以及低成本等优点。然而，想要真正实现产业化还有诸多的问题，例如石墨烯纳米孔大小的控制、抑制 DNA 单链的打结等实际问题。

（2）石墨烯柔性电子器件

随着电子器件技术的发展，柔性电子器件越来越受到重视。人们希望电子器件能够在一定范围的形变（弯曲、折叠、扭转、压缩或拉伸）条件下仍正常工作。石墨烯作为超薄柔性的二维纯碳材料，具有优异的力学性质，同时兼具超高载流子迁移率和透光性，因此是理想的柔性透明导电薄膜材料，可用于制作新一代柔性电子器件，包括石墨烯柔性显示、石墨烯柔性照明、石墨烯触摸屏等。

石墨烯柔性电子器件相关研发工作开展较早，产业化进展相对较快。2010年，韩国三星电子公司制备出30 in石墨烯柔性透明导电薄膜，通过硝酸掺杂提升石墨烯的导电性，率先制作出石墨烯触摸屏[21]。在石墨烯OLED研究方面，2012年韩国浦项工科大学Tae-Woo Lee课题组通过氯金酸掺杂降低石墨烯面电阻，并采用功函匹配的空穴传输层，制备出发光效率相当高的OLED器件[22]。为进一步提升石墨烯柔性透明导电薄膜的性能，2015年，北京大学彭海琳/刘忠范研究团队通过采用银纳米线与石墨烯复合的办法，将石墨烯透明导电薄膜的面电阻降低至10 Ω/sq量级，并成功制备出电致变色原型器件[23]。2017年，中国科学院沈阳金属研究所成会明研究团队采用松香对大面积石墨烯进行转移，通过降低转移媒介——高聚物在石墨烯电极上的残留，有效提升了石墨烯基LED器件的稳定性[24]。2019年，北京大学和北京石墨烯研究院刘忠范/彭海琳团队通过在石墨烯生长中引入特殊前驱体，制备出高导电氮掺杂石墨烯薄膜，并研制出高性能石墨烯触摸屏原型器件[25]。

（二）技术主要应用

石墨烯在电子信息领域的研究热点主要围绕着制备、显示和触摸屏、散热、发声元件、传感器（包括电磁波检测器、光探测器等）、RFID和半导体器件（包括场效应景观和栅电极、电调制器和太赫兹、源极电极和标签）等领域。

在民用领域，石墨烯技术无处不在，与人们的日常生活紧密联系的手机、电脑、健康检测仪、超市购物等等都会运用到石墨烯的相关技术。在工业和环境检测中，包括对大气、水体、土壤中的有毒害气体、重金属离子、有机污染物等监测，都会对传感设备提出高灵敏度、低限值、高选择性、高稳定性等要求，而这些通过石墨烯技术改性后是可以实现的。

随着物联网大潮的到来，传感器的无线化与网络化势必成为趋势。对于气体传感器而言，作为数据节点在现场检测并传输实时的空气状况，是未来的大气情况检测等应用领域发展的必然结果。同样的，对于应用在人体健康诊断的气体传感器而言，无线数据传输以及长期数据存储也是有着现实的需求的，因为这样可以有效地帮助医院等治疗机构跟踪患者的健康信息并制定个性化的诊疗方案。

在军用领域，电磁波检测器、光探测器、红外探测器等在雷达、舰艇、导弹、飞机等具有很好的应用场所。

二、国内外发展现状

（一）国外发展现状

石墨烯在电子信息领域的应用研究得到了各国政府的广泛关注，美国国防部高级研究计划局、国家科学基金会、欧盟"未来新兴技术""石墨烯旗舰计划""地平线2020"等均投入了大量的经费支持石墨烯基电子器件及传感的研发，并且已经取得了若干成果。科技界的公司例如韩国三星、LG、美国 IBM 等也对相关领域进行了大量投入。2011 年，美国 IBM 公司 Lin 等首次研制成功由石墨烯圆片制成的集成电路，该集成电路作为宽带射频混频器工作，频率高达 10 GHz，自此开启了石墨烯集成电路的发展时代[8]。

国外高校和研究机构研发了很多石墨烯基传感器的原型以及新应用领域。例如，曼彻斯特大学的气体单分子传感器、高灵敏度的石墨烯晶体管压力传感器等都是相关传感领域的开辟性的创新或者在传感器性能指标上是行业的标杆；2009 年 3 月，美国麻省理工学院 Palacios 等[7]报道了石墨烯倍频器件的突破性进展，研究表明，10 kHz 输入信号的倍频，在 20 kHz 频率下有超过 90% 的射频功率，有望打破高频应用极限、解决通信速度极限问题。Lin 等[25]通过高温热分解 SiC 外延生长法制备石墨烯，以 H_fO_2 为顶栅介质，在 2 in 的晶圆上制造出了截止频率达 100 GHz，栅极长度 240 nm 的高性能石墨烯场效应晶体管，其频率超越了相同栅长度的 Si 金属氧化物半导体场效应晶体管（MOSFETs）的频率，是石墨烯应用的重要里程碑。IBM 研制成功新的石墨烯晶体管，其截止频率为 155 GHz[27]。Cheng 等[8]研发出了一种用于可转移栅叠层的高性能石墨烯晶体管的新方法，首先在牺牲基板上图案化栅极堆叠阵列，然后将其转移到具有石墨烯的任意衬底上，通过传输的栅极叠层的独特结构实现自对准，用于精确定位源电极和漏电极，同时使通路阻力或寄生电容最小化，实验证明此方法制造的石墨烯场效应晶体管的截止频率高达 472 GHz，同时发现截止频率是栅极长度的函数。

在石墨烯柔性电子方面，2010 年，韩国三星电子公司制备出 30 in 石墨烯柔性透明导电薄膜，通过硝酸掺杂提升石墨烯的带电性，率先制作出石墨烯触摸屏[21]。在石墨烯 OLED 研究方面，2012 年韩国浦项工科大学 Tae-Woo Lee 课题组通过氯金酸掺杂降低石墨烯面电阻，并采用功函数匹配的空穴传输层，制备出发光效率相当高的 OLED 器件[22]。2019 年，来自意大利的研究人员成功开发了基于 CVD 石墨烯片的新型有机 n 型 FET 晶体管（OFET）。采用的新工艺和材料可以在未来用于 OLED 或 OLET 显示器有所应用[28]。

在传感器方面，2009 年，Wehling 等给出了一个新的观点，被当前学术界广泛接受[29, 30]。一些开壳①的吸附物，如 NO_2 或碱金属原子，这些吸附物可以在石墨烯表面产生直接的电荷转移，除非与石墨烯形成较强的共价键（–H、–F、–OH），这种较强的共价键不允许直接产生电荷转移，否则在室温下石墨烯对这些吸附物束缚力较弱并且会发生相对运动；而一些闭壳②的吸附物，典型如 H_2O 和 NH_3，并没有直接改变石墨烯的能带结构，而是影响石墨烯内部电荷的分配及衬底对石墨烯的掺杂。其中，吸收的水分子是一种普遍的表面杂质，尤其吸附在石墨烯和衬底之间的，会造成衬底的杂质能级转移到石墨烯的费米能级附近，从而导致石墨烯的间接掺杂。2016 年，来自韩国首尔国立大学的研究团队[31]研发出了一种基于石墨烯的电化学的可穿戴传感器，可用于对血糖浓度的监控（图 3-1）。他们使用了包含金蛇形线网状结构和金原子掺杂的石墨烯层的双层结构以及葡萄糖氧化酶一道构成了葡萄糖电化学传感器，这里面使用的蛇形线结构可以增强器件整体的拉伸性。葡萄糖分子在葡萄糖氧化酶的作用下，产生的过氧化氢分子被石墨烯电化学传感器所捕捉，从而实现了对葡萄糖分子的检测。从报道的数据来看，这种传感器的性能已经可以与商用血糖计相比拟了。而相比于商用的 Ag/AgCl 电极，这种双层电极结构的拉伸

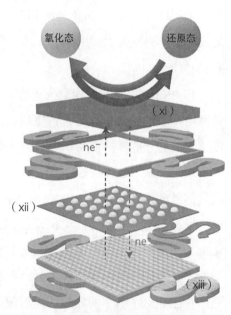

图 3-1　石墨烯 / 金蛇形线混合结构葡萄糖电化学传感器示意图

注：从上到下的结构依次是电化学活性物质（包含葡萄糖氧化酶）、蛇形线电极、金掺杂的石墨烯电极、蛇形金网络电极

---

① 开壳：openshell，在原子轨道理论中，开壳是不完全由电子填充或者在化学反应期间没有通过与其他原子或分子的化学键给予其所有价电子的价电子壳。

② 闭壳：closedshell，与开壳相反，闭壳是一种完全由电子填充的价电子壳。

性能更强，能更好地贴合在人体皮肤上，更能符合于可穿戴设备的需求。

2015 年，欧洲"石墨烯旗舰计划"提出了未来 10 年的石墨烯科学技术路线图，路线图确定了 11 个科技领域的任务分工，其中包括电子信息行业（柔性电子和传感器领域）的发展情况（图 3-2）。根据诺贝尔奖获得者 K. S. Novoselov 等[32]的预测，2015—2021 年，基于石墨烯材料的触摸屏、可卷式电子纸、可折叠有机发光二极管（OLED）产品将逐渐出现并慢慢成熟；2025—2030 年，石墨烯基高速电子器件、光电子器件、太赫兹器件技术等将逐渐成熟。至 2035 年石墨烯将会在未来电子器件中有长足的发展。

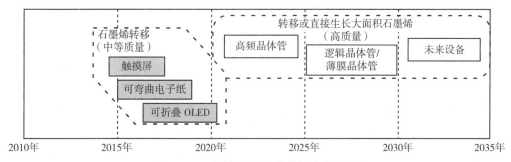

图 3-2　石墨烯在电子信息领域发展预测

欧盟在 2018 年年报展示了 2019—2030 年石墨烯应用路线图，预测了 2019—2030 年石墨烯在电子信息领域的发展情况，具体如表 3-1 所示。路线图中石墨烯电子器件方面的应用在 2020 年及以前需解决的是低成本可打印电子器件，高频电子器件柔性设备/器件在 2023—2029 年内实现，最后全自旋逻辑器件在 2030 年后实现应用。而在传感器方面，在 2020 年之前就实现了光探测器及物理/化学传感器的应用，目前这些都已经实现，只是在规模化应用方面还存在着一定的困难。随着技术的发展、性能的优化，规模化应用的时间即将到来。

表 3-1　石墨烯在电子信息领域应用目标

	电子器件	传感器
2020 年及以前	低成本可打印电子器件	光探测器接物理/化学传感器
2023—2029 年	高频电子器件 柔性设备/器件	—
2030 年及以后	全自旋逻辑器件	—

（二）国内发展现状

目前在国内，石墨烯基电子器件、传感器主要研究机构是高校和研究所。我国科研单位在石墨烯基电子器件、传感器领域的研究起步与国外的单位几乎同时。而在企业方面，关于石墨烯基电子器件、传感器也有一些相应的研发、校企合作的计划。例如华为这样的高新企业也将注意力投向了石墨烯和石墨烯基电子器件、传感器的预研上。习近平总书记在 2015 年访问英国期间，与曼彻斯特大学国家石墨烯研究院签订了多项合作协议，同时石墨烯以及石墨烯基电子器件、传感器的相关研发也成了我国"十三五"规划中新材料的发展重点。在我国各地方政府政策的大力扶持下，我国江苏常州、山东青岛、四川成都、重庆等地已经建成或预备建设石墨烯高新产业园，大量石墨烯相关的高新企业如雨后春笋般涌现出来，极大地促进了我国石墨烯以及石墨烯基电子器件、传感器的发展。

在柔性电子中，为了提升石墨烯柔性透明导电薄膜的性能，2015 年，北京大学彭海琳/刘忠范研究团队通过采用银纳米线与石墨烯复合的方法将石墨烯透明导电薄膜的面电阻降低至 10 Ω/sq 量级，并成功制备出电致变色原型器件[23]。2017 年，中国科学院沈阳金属研究所成会明研究团队采用松香对大面积石墨烯进行转移，通过降低转移媒介高聚物在石墨烯电极上的残留，有效提升了石墨烯基 LED 器件的稳定性[24]。2019 年，北京大学和北京石墨烯研究院刘忠范/彭海琳团队通过在石墨烯生长中引入特殊前驱体，制备出高导电氮掺杂石墨烯薄膜，并研制出高性能石墨烯触摸屏原型器件[25]。

2013 年，常州二维碳素科技股份有限公司宣布突破了石墨烯薄膜应用于手机触摸屏工艺，实现了石墨烯薄膜材料和现有 ITO 工艺线的对接，并在 2014 年 5 月宣布其第一条年产能 3 万 m^2 石墨烯透明导电薄膜生产线实现量产。同一时期，无锡格菲电子薄膜科技有限公司也成功量产石墨烯触控产品，于 2013 年 12 月实现年产 500 万片石墨烯触控产品的生产，2014 年 9 月实现产量翻番。2015 年 3 月，重庆墨希科技有限公司发布首批量产石墨烯触摸屏手机。2016 年 5 月 2 日，广州奥翼电子科技股份有限公司与重庆墨希科技有限公司在广州联合召开新闻发布会，宣布成功研发出全球首款石墨烯电子纸。

在传感器领域，东南大学的孙立涛课题组[33,34]使用氧化石墨烯薄膜作为湿度传感材料，制作出电容式的湿度传感器，基于 GO 的湿度传感器在相对湿度 15%～95% 下的灵敏度高达 37800%，是当时最好的商用传感器的 10 倍。此外，该传感器具有超快的响应时间（商用的 1/4）和恢复时间（商用的 1/2）。武汉理工大学何大平教授课题组[35]利用厚度为 30 μm、导电率高达 10^6 S/m 的多层石墨烯薄膜，设计了一种新型环保、低成本纸基柔性天线压力传感器。2019 年，清华大学刘泽文和北京交通大学邓涛副教授[36]利用自卷曲方法制造了一种微管式三维石墨烯场效应管，可做光电传感器，实现对紫外线、可见光、中红外光、太赫兹波的超高灵敏度、超快探测。新型的人机交互方式也是石墨烯力敏传感器的重要的应用方向，将石墨烯可穿戴力敏传感器贴合在人体皮肤上，可以将某些人体关节运动转化成控制信号用来与机器进行交互。图 3-3（a）就是这一思路的示意图，石墨烯应变传感器贴合在人体指关节上，人的指关节的弯曲会导致传感器的电阻发生变化，再通过数模转化技术将指关节运动的模拟信号转化为数字信号，这样手指的弯曲就可以用来控制程序中的虚拟角色的运动了（这里以贪吃蛇游戏为例）。图 3-3（b）和 3-3（c）分别是实现人机交互的电路图和控制的逻辑图。最终的显示效果由图 3-3（d）中的一系列照片呈现，从这些照片可以看出，虚拟角色的运动完全是根据现实中操作者不同指关节的弯曲来实现[37]。

石墨烯在传感器领域已经在国内得到广泛应用。在压力传感器方面，常州二维碳素科技股份有限公司于 2015 年 11 月发布了世界首款石墨烯压力触控传感器及石墨烯压力触控解决方案，充分发挥了石墨烯的高柔韧性、超高灵敏度、易于进行图案功能化加工工艺等特性。无锡格非电子薄膜科技有限公司在触控传感器、触摸屏、加热膜、工控等领域，取得多项技术突破，已建成年产 8 万 m^2 的石墨烯薄膜生产线及国内首条自主设计的石墨烯触控传感器和触摸屏生产线，并实现了满产。中国科学院苏州纳米技术与纳米仿生研究所张珽团队则结合微电子机械系统微加工技术，设计出微控

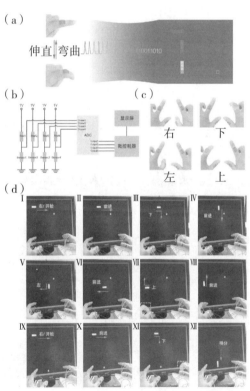

图 3-3　石墨烯应变传感器辅助的人机交互
（a）人机交互（贪吃蛇游戏）实现的示意图；（b）人机交互实现的电路图；（c）人机交互的控制逻辑；（d）指关节操控虚拟角色的实际照片，Ⅰ～Ⅷ图显示了虚拟角色的运动会根据不同指关节的弯曲而相应的作出改变

阵列，以提升石墨烯传感器性能，但尚未推出相关产品。此外，2019年8月，东旭光电公司开始和英国曼彻斯特大学合作，致力于悬浮石墨烯传感芯片产品的研发和商业化应用。该技术在力学、温度、湿度检测领域具有广泛应用前景。图3-4是中投顾问产业研究中心整理的石墨烯基传感器件的产业规模，到2020年已经达到了25亿元规模，随着技术发展、互联网的提升、人们对健康生活的向往，这一产业规模将会继续爆发式增长。

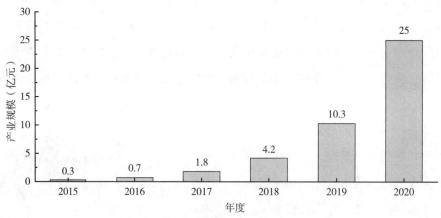

图3-4   国内石墨烯基传感器的产业规模
（数据来源：中投顾问产业研究中心）

三、关键技术瓶颈及存在问题

石墨烯虽然具有优异的物理特性，并且展示了广阔的应用前景，但是在真正应用于电子信息领域时，仍存在着诸多问题和挑战。任何一款新的材料想要真正应用起来，需要多方面的支持，如理论支持、工艺优异、性能优势、价格优势等。石墨烯在电子信息领域的理论研究目前还有很多不明确之处，且研究目前仍以国内外高校和科研机构为主，而参与其中的大型电子信息领域企业更多的是处于观望状态，这对新材料的应用中的工艺优化、价格调整等是不利因素。除此之外，石墨烯材料真正应用于电子信息领域单纯材料方面还有诸多的问题，其主要可以归结于以下几个方面：①石墨烯自身性质存在不足之处，需要对结构进行针对性的调控和改性；②目前石墨烯材料的品质无法达到产业要求，需要改进制备方法，完善制备工艺；③单层石墨烯微观尺度的特异性质难以在宏观使用条件下继续稳定地保持下来；④成本高，与现有材料相比，市场竞争优势不足等。具体可以从以下几项技术详细说明。

石墨烯在三维集成电路上取得了许多进展与突破，但以目前的技术取代硅还有很大差距，硅最大的优势是技术成熟、获取方便、价格低廉，而三维集成电路中的石墨烯只能用 CVD 法制备，价格昂贵、成品率低，如何实现石墨烯规模化生产是个亟待解决的问题；石墨烯作为一种二维平面材料，有较严重量子效应，边缘态和晶态均很大程度影响电子结构和电性质。此外，需要深入研究石墨烯的导电性，使石墨烯集成电路有更优异的性能。

对于柔性电子器件市场来说，石墨烯主要用于透明导电薄膜。虽然石墨烯的迁移率很高，但是其载流子浓度很低，因此其导电性并不高。这时需要通过增加层数、掺杂或者金属网络复合，来提升导电性。但是在进行这些改进时，容易影响其透光性质，这是目前该领域所面临的主要挑战。对于导电薄膜来说，石墨烯晶体的缺陷将会影响其使用领域，因此快速、低成本、大面积生长大尺寸单晶石墨烯对今后的柔性电子器件来说尤为重要。

对于石墨烯传感器件来说，其面临着与诸多现有技术的竞争问题。现阶段石墨烯材料的价格依然偏高，与现有技术的兼容性也是其短板。兼容问题也存在于光电红外成像领域，与 CMOS 工艺兼容难度大，量产困难。还有就是传感器件的机构、材料的灵敏度、高度选择性、低的检测限值以及传感机理的研究都存在着一定的困难。目前，欧美发达国家和地区有实力的大企业参与较多，可持续发展性很强。而这是国内企业的短板，竞争力不强。

在高速电子器件领域，石墨烯的高载流子迁移率使其有明显的优势，然而没有带隙的特性限制了其在逻辑电路中的应用。对于高频与射频电子器件来说，石墨烯的超高载流子迁移率造就了其理论上极高的截止频率。IBM 公司在石墨烯射频电路上布局很早，投入也很大，并且努力方向明确，包括：①降低石墨烯的本征缺陷；②降低石墨烯与栅极的杂质散射；③降低接触电阻。北京大学和北京石墨烯研究院刘忠范院士团队首创石墨烯薄膜的超洁净生长方法，并实现了 1 万 m^2 的年产能。这种超洁净石墨烯薄膜有接近理论值的最高导电、导热和力学性能，为我国石墨烯电子器件领域的快速发展提供材料基础。

四、石墨烯电子信息技术发展路线图

（一）石墨烯柔性电子设备

在柔性显示领域，石墨烯柔性市场规模的不断扩大，对于柔性显示的要求也将越来越高。研究人员发现，石墨烯透明导电薄膜的透明性及导电性都优于 ITO 材料，且具有 ITO 在柔性领域所不具备的特性，因此石墨烯被认为是柔性显示屏中可完美取代 ITO 的材料。目前及今后一段时间内将会在这三类透明膜进行深入研发、实现产业化。①石墨烯类透明导电膜：通过 CVD 法制备透明的石墨烯薄膜，而后通过卷对卷工艺将石墨烯转移到合适的衬底上，形成石墨烯透明导电薄膜；②石墨烯复合材料类透明导电薄膜：将石墨烯与其他材料结合成单一功能薄膜，也是透明导电薄膜的方法之一；③氧化石墨烯类透明导电膜：氧化石墨烯可以作为透明导电膜的一个组成部分，但是氧化石墨烯的边缘和基平面上存在着大量的含氧官能团，这些基团破坏了石墨烯的共轭结构，导致导电率低，不过氧化石墨烯可用于辅助其他导电透明材料形成透明导电膜的混合材料体系。

当前国内外已有企业在石墨烯柔性显示领域试验应用，且石墨烯柔性显示逐渐成为一种趋势。随着企业对石墨烯柔性显示技术难题的解决，未来会有越来越多的企业投入石墨烯柔性市场。石墨烯在柔性显示市场中的渗透率会逐渐增大，市场规模会快速增长。依据目前石墨烯研发速度，随着制备工艺的完善和石墨烯原材料价格的下降，预计到 2025 年石墨烯产品将占据柔性显示市场的 3% 左右，石墨烯柔性显示市场规模可达到 80 亿元。同时，石墨烯触摸屏在国内已具备一定的产业化基础，常州二维碳素在 2018 年时就已经实现了石墨烯触摸屏业务的收入，预计到 2025 年石墨烯触摸屏市场规模可达 120 亿元左右。《中国制造 2025》明确了石墨烯的发展目标，到 2025 年柔性电子用石墨烯薄膜产业规模达上亿平方米，实现 8 in 石墨烯芯片批量生产，突破石墨烯在电子信息领域的技术瓶颈。到 2025 年，石墨烯薄膜实现产业化并在柔性电子等领域得到规模化应用；到 2035 年，基本可以取代 ITO，全部采用石墨烯柔性电子设备。

（二）石墨烯传感器

随着近年来科学技术的不断进步，特别是微纳加工技术的蓬勃发展以及石墨烯制备加工技术的进步，这一系列的进步都极大地推进了传感器的基础研究以及应用推广，也为新型传感器的研发带来了灵感。但是，随着石墨烯传感器技术的进一步发展，特别是满足特殊要求，适用于特殊应用领域传感器的发展需求，将会对器件的制造工艺、结构以及性能提出更高的要求。未来石墨烯传感器将在以下九个方面进行发展：系统化、微型化、无源化、智能化、新型化、网络化、柔性化、敏感材料优化、传感机理研究等。

1）系统化。相比与目前注重单一石墨烯基传感器件的具体性能，以后的发展趋势是不再单独将传感器作为单一器件考虑，而是依据信息理论从系统的角度出发，强调传感器发展过程中的系统性和协同性。将传感器当作信息识别和信息处理的第一步，并与后继的信息处理技术、信息传输技术以及计算机技术的协同发展，有机结合。所谓的智能传感器网络正是这种发展趋势的产物。

2）微型化。与微电子领域的发展趋势一致，传感器本身的体积也要越小越好。所谓微型化是指传感器的特征尺寸从毫米级别缩小到微米级别，再到纳米级别。传感器的微型化不仅仅是特征尺寸的缩小，本质上是一种新机理、新结构和新功能的高科技技术，这项技术对制造、封装工艺提出了更高的要求，而且随着尺寸的进一步缩小，器件的表面效应越来越明显，这将会给设计者带来新的挑战。

3）无源化。传感器涉及将非电量转化为电量，往往离不开外部供电。随着传感器的应用场景越来越广泛，特别对于野外战场的环境，这些远离电网的地方，如果需要使传感器能够正常工作就需要使用电池或者太阳能电板。因此研究低功耗，甚至是无功耗的无源传感器成了研究热点，无源化将大大提高器件寿命，同时也能够节省能源。

4）智能化。传感器的智能化也是未来发展的一大趋势。不同于传统输出单一模拟信号类似与仪表的传感器，智能传感器将具有数据存储、数据处理、判断、自我诊断等功能，通过自身微处理器的处理，将外界激励信号转化为数字信号，并具有控制功能。

5）新型化。传感器的新型化是指采用新的感应原理、新技术、新型感应材料来制造器件。利用石墨烯基敏感材料，将会为传感器的制造带来很多新的方法和技术。

6）网络化。为了满足物联网的发展需求，传感器的网络化也是一项重要的发展目标。传感器在现场实现 TCP/IP 协议，使现场测到的数据能够登录到网络，实时地在网络上发布并共享信息，并入网络的每一个传感器都是一个数据节点。目前，已经发展了"有线网络传感器"和"无线网络传感器"两个门类。

7）柔性化。随着微纳加工技术的发展，特别是与微机械电子系统工艺结合，集成度更高、可批量化生产、更标准化的器件制造将是未来发展的重要方向。为适应可穿戴电子设备的发展需求，在柔性衬底上构建气体传感器也是一个重大的课题。从目前的研究成果来看，石墨烯基敏感材料相较于其他传统材料而言，能更好地与柔性衬底兼容，为新结构的柔性气体传感器的设计提供了新思路。

8）敏感材料优化。在传感器中，敏感材料是传感器的核心部件，得到选择性高、灵敏度高、敏感度高、稳定性好的敏感材料是形成优质传感器的前提条件。

9）传感机理研究。对传感器的传感机理的研究，不仅仅是一个基础科学问题，更是为了设计出更好性能的传感器的重要理论基础和科学依据。对传感器的机理分析一直是传感器领域研究的一项重大课题，由于受体与敏感材料表界面之间的相互作用是一个相当复杂的过程，涉及物理、化学、材料、电子等多学科的交叉，往往需要采用多种实验表征手段、理论计算模型（典型的，例如采用第一性原理，计算模拟气敏材料表面的态密度与气体分子的作用机制），理论计算与实验结果相结合，从多个方面来分析传感的机理。

传感器作为万物互联的基础，随着由物联网成就的新时代的到来，传感器被广泛应用于食品工业、电子科技、智慧城市、智慧农业、健康诊断等行业之中，这也意味着传感器的市场需求将与日俱增。

根据大观研究的报告可知，预计到 2027 年，全球气体传感器的市场规模将达到 41 亿美元。2019 年全球压力传感器的市场规模为 160.42 亿美元，预计今后的五年内的复合增长率将达到 5%。2019 年全球生物传感器的市场规模达到 196 亿美元，今后的五年内复合增长率近 8%。由于生物传感器在医学领域的各种应用，对微型诊断设备的高需求，以及技术的快速发展，对生物传感器的需求也在不断增加。

目前部分国内外企业已经实现了石墨烯压力传感器和生物传感器的小规模应用；部分仍处于研发和试验阶段，预计近几年能推向市场，如加州理工学院开发的石墨烯基压力传感器帮助美国国家航空航天局测试宇航员的焦虑程度；2016 年富士通开发出采用石墨烯的半导体其他传感器。全球石墨烯产业战略研究院预测，到 2025 年，石墨烯传感器行业市场规模将超过 84 亿元，其中气体传感器 4 亿元、压力传感器 50 亿元、生物传感器 30 亿元。

石墨烯潜力巨大，除了上述两种应用方式的发展之外，还可以在 RFID、通信、无源器件（电阻器、电容器）方面大有作为，有望在无线网络环境下运行柔性电路；在集成电路系统中引入基于石墨烯的分布式传感器、制动器和控制器等，实现家庭和办公自动化等。石墨烯在这些领域的市场价值将不可估量，在未来的十至十五年将会有质的飞跃。

（三）石墨烯电子信息技术发展路线图

石墨烯电子信息技术发展路线图见图 3-5。

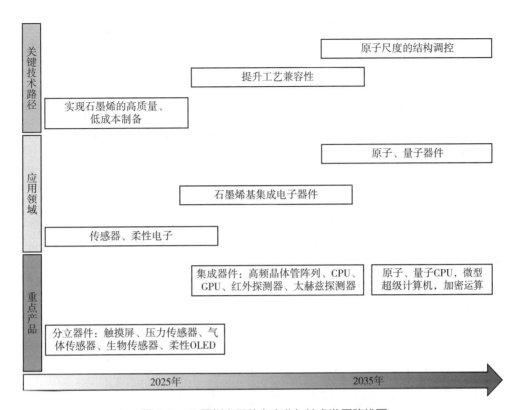

图 3-5 石墨烯电子信息产业与技术发展路线图

参考文献

[1] Lee C, Wei X, Kysar J W, et al. Measurement of the Elastic Properties and Intrinsic Strength of Monolayer Graphene [J]. Science, 2008, 321 (5887): 385-388.

[2] Geim A K, Novoselov K S. The rise of graphene [J]. Nature Materials, 2007 (6): 183-191.

[3] Du X, Skachko I, Barker A, et al. Approaching ballistic transport in suspended graphene [J]. Nature Nanotechnology, 2008, 3 (8): 491-495.

[4] Balandin A A, Ghosh S, Bao W Z, et al. Superior thermal conductivity of single-layer graphene [J]. Nano Lett, 2008, 8 (3): 902-907.

[5] Nair R R, Blake P, Grigorenko A N, et al. Fine Structure Constant Defines Visual Transparency of Graphene [J]. Science, 2008, 320 (5881): 1308.

[6] 孙立涛，万树. 石墨烯基传感器件 [M]. 上海：华东理工大学出版社，2019.

[7] Han W, Nezich D, Jing K, et al. Graphene Frequency Multipliers [J]. IEEE Electron Device Letters, 2009, 30 (5): 547-549.

[8] Cheng R, Bai J, Lei L, et al. High-frequency self-aligned graphene transistors with transferred gate stacks [J]. Proceedings of the National Academy of Sciences of the United States of America,

2012，109（29）：11588–11592.

［9］Lin Y M，Valdes–Garcia A，Han S J，et al. Wafer–Scale Graphene Integrated Circuit ［J］. Science，2011，332（6035）：1294–1297.

［10］Guo D，Hen S J，Lin C H，et al. Graphene Based Three–Dimensional Integrated Circuit Device 20110215300 ［P］. 2010–08–03 ［2011–08–09］.

［11］Schedin F，Geim A K，Morozov S V，et al. Detection of individual gas molecules adsorbed on graphene ［J］. Nature Materials，2007，6（9）：652–655.

［12］Hill，E W Vijayaragahvan，A Novoselov，et al. Graphene Sensors ［J］. IEEE Sensors Journal，2011，11（12）：3161–3170.

［13］Min G C，Dai H K，Lee H M，et al. Highly sensitive NO_2 gas sensor based on ozone treated graphene ［J］. Sensors & Actuators B Chemical，2012（166–167）：172–176.

［14］Yi J，Lee J M，Park W I. Vertically aligned ZnO nanorods and graphene hybrid architectures for high–sensitive flexible gas sensors ［J］. Sensors & Actuators B Chemical，2011，155（1）：264–269.

［15］Shafiei M，Arsat R，Yule J，et al. Pt/graphene nano–sheet based hydrogen gas sensor ［C］. IEEE Sensors，2009：295.

［16］Singh G，Choudhary A，Haranath D，et al. ZnO decorated luminescent graphene as a potential gas sensor at room temperature ［J］. Carbon，2012，50（2）：385–394.

［17］Cuong T V，Pham V H，Jin S C，et al. Solution–processed ZnO–chemically converted graphene gas sensor ［J］. Materials Letters，2010，64（22）：2479–2482.

［18］Lu G，Ocola L E，Chen J. Reduced graphene oxide for room–temperature gas sensors ［J］. Nanotechnology，2009，20（44）：445502.

［19］Traversi F，Raillon C，Benameur S M，et al. Detecting the translocation of DNA through a nanopore using graphene nanoribbons ［J］. Nature Nanotechnology，2013，8（12）：939–945.

［20］Xu G，Abbott J，Qin L，et al. Electrophoretic and field–effect graphene for all–electrical DNA array technology ［J］. Nature Communications，2014（5）：4866.

［21］Bae S，Kim H，Lee Y，et al. Roll–to–roll production of 30–inch graphene films for transparent electrodes ［J］. Nature Nanotechnology，2010，5（8）：574–578.

［22］Han T H，Lee Y，Choi M R，et al. Extremely efficient flexible organic light–emitting diodes with modified graphene anode ［J］. Nature Photonics，2012，6（2）：105–110.

［23］Deng B，Hsu P C，Chen G，et al. Roll–to–Roll Encapsulation of Metal Nanowires between Graphene and Plastic Substrate for High–Performance Flexible Transparent Electrodes ［J］. Nano Letters，2015，15（6）：4206–4213.

［24］Zhang Z，Du J，Zhang D，et al. Rosin–enabled ultraclean and damage–free transfer of graphene for large–area flexible organic light–emitting diodes ［J］. Nature Communications，2017（8）：14560.

［25］Lin L, Li J, Yuan Q, et al. Nitrogen cluster doping for high-mobility/conductivity graphene films with millimeter-sized domains［J］. Science Advances, 2019, 5（8）: eaaw8337.

［26］Lin Y M, Dimitrakopoulos C, Jenkins K A, et al. 100-GHz Transistors from Wafer-Scale Epitaxial Graphene［J］. Science, 2010, 327（5966）: 662-662.

［27］Wu Y, Lin Y M, Bol A A, et al. High-frequency, scaled graphene transistors on diamond-like carbon［J］. Nature, 2011（472）: 74-78.

［28］CGIA. 石墨烯电子信息行业研究报告［R］. 2020.

［29］Romero H E, Joshi P, Gupta A K, et al. Adsorption of ammonia on graphene［J］. Nanotechnology, 2009, 20（24）: 245501.

［30］Late D J, Panchakarla L S, Rao C, et al. NO_2 and humidity sensing characteristics of few-layer graphenes［J］. Journal of Experimental Nanoence, 2009, 4（4）: 313-322.

［31］Lee H, Choi T K, Lee Y B, et al. A graphene-based electrochemical device with thermoresponsive microneedles for diabetes monitoring and therapy［J］. Nature Nanotechnology, 2016, 11（6）: 566-572.

［32］Novoselov K, Fal'ko VI, Colombo L, et al. A roadmap for graphene［J］. Nature, 2012, 490（7419）: 192-200.

［33］Bi H, Yin K, Xie X, et al. Ultrahigh humidity sensitivity of graphene oxide［J］. Sci. Rep, 2013（3）: 2174.

［34］Wan S, Bi H, Zhou Y, et al. Graphene oxide as high-performance dielectric materials for capacitive pressure sensors［J］. Carbon, 2017（114）: 209-216.

［35］Tang D L, Wang Q, Wang Z, et al. Highly sensitive wearable sensor based on a flexible multi-layer graphene film antenna［J］. Science Bulletin, 2018, 63（9）: 574-579.

［36］Li S, Yin W, Li Y, et al. High sensitivity ultraviolet detection based on three-dimensional graphene field effect transistors decorated with TiO_2 NPs［J］. Nanoscale, 2019, 11（31）: 14912-14920.

［37］Wan S, Zhu ZH, Yin KB, et al. A highly skin-conformal and biodegradable graphene-based strain sensor［J］. Small Methods, 2018, 2（10）: 1700374.

第二节   石墨烯热管理技术

一、技术简介

（一）技术分类及进展

石墨烯作为典型的碳基材料，在近年来受到广泛关注。石墨烯拥有最高的本征热导率和电导率，一方面，大面积石墨烯薄膜的柔性和轻质特点使其具有便携、可承受较大应变量等特点；另一方面，石墨烯的热辐射效率高，可以有效实现电 – 热转换，促进热的高效利用，因此在热管理技术领域有着广阔的发展空间。从系统温度管理角度讲，石墨烯及其复合材料既可以用作散热材料，也可以用作加热材料。

石墨烯散热是指利用石墨烯面内高热导率、高辐射能力、热稳定性和化学稳定性等，以纯石墨烯膜或海绵、石墨烯复合材料、石墨烯涂层等形式，实现导热、散热、均热和提升热交换效率等。石墨烯散热涉及手机、笔记本电脑、显示器、家用电器、通信基站、超级计算机、新能源汽车、太阳能、风能等领域。石墨烯散热材料技术体系可以分为体相散热和界面散热（如图3-6所示），体相材料可以分为单组分的石墨

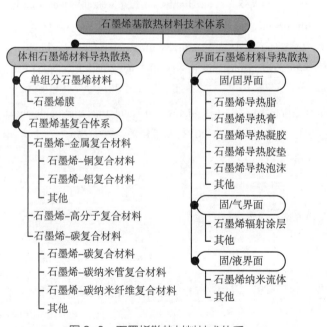

图 3-6   石墨烯散热材料技术体系

烯膜和石墨烯复合体系（石墨烯/金属复合材料、石墨烯/高分子复合材料、碳碳复合材料等），界面材料体系又分为固固界面（导热硅脂、导热膏、导热凝胶、导热泡沫等）、固气界面的热辐射涂层和固液界面的导热流体。在石墨烯散热材料体系中，目前学术界研究最多、产业界投入最大，并且未来市场空间最广的材料是由纯石墨烯层层堆叠而成的石墨烯导热膜。石墨烯合金、石墨烯/高分子复合材料、石墨烯界面材料等虽然也有一些应用，但还处于产业导入初期，未来市场规模存在不确定性。

在加热领域，不同的电加热方式对应具体的应用场景。对于需要长时间均质、温度加热且加热温度不高的应用场景下，电阻加热具有绝对的优势。通常，电加热元件是金属制成的，大多用于平面加热器、线加热器、家用热水器、工业加热等领域，但也存在一些问题，如氧化腐蚀、制造成本偏高、产生电磁波等问题。利用正温度系数聚合物材料实现电加热可以满足成本低、耐腐蚀、附着性好等应用需求，但其导电性并不好。随着碳基复合材料的不断发展和日趋成熟，基于具有优异导电性能的碳基复合材料实现电加热成为一种新选择。最常见的产品是石墨烯电热膜，这是一种通电后能发热的薄膜材料，它是由导电油墨通过凹印或丝印技术印刷而成。其中，导电油墨是通过石墨烯与聚酯类材料复合而成的浆料[1]。电热膜工作时以辐射的形式释放热量，其综合效果优于传统的对流供暖方式和传统发热材料。同样利用石墨烯电热性能的还有石墨烯玻璃纤维，合成方法主要是利用化学气相沉积技术在玻璃纤维表面生长高质量石墨烯[2]。石墨烯玻璃纤维形态可以是单束纤维、纤维布或者是三维织物，具有良好的导电和快速加热特性。

（二）技术主要应用

1. 电子设备散热领域

石墨烯导热膜目前已经用于手机散热，将石墨烯导热膜制作成厚度 $30 \sim 150 \, \mu m$，根据手机厂商要求，模切成特定规格，粘连在手机部件上，可以有效将芯片、摄像头等区域的热源快速扩散到石墨烯导热膜覆盖的区域，从而消除热点。目前，苹果、华为、三星、小米、OPPO、vivo、荣耀等手机厂商都在积极寻找更高质量的散热膜，满足 5G 手机的散热需求。手机导热膜的现有市场 100 亿元，2025 年将超过 2000 亿元。除了手机，笔记本电脑和通信基站也有类似需求。

除了手机散热，LED 散热需求明显、市场规模大。LED 因高亮度、低能耗、生命周期长等优点而风靡全世界，在很多应用领域迅速取代了白炽灯和荧光灯。但是 LED 不会自发向外辐射热量，LED 会在半导体的连接处产生大量热量，长时间的热量积累后，LED 的使用寿命会迅速衰减。由于 LED 灯的结构没有多余的散热结构件，只能依靠气体和外壳散热。石墨烯和金属复合后可以提升铝基壳体的导热性能，可使用石墨烯 / 高分子复合材料替代铝基壳体，同时可使用石墨烯涂层技术提升 LED 的散热性能。

2. 室内电采暖与家居穿戴领域

随着电子技术和材料科学的迅速发展，对面向室内供暖、柔性可穿戴设备等实现智慧人居的柔性加热设备的诉求越来越多。与金属类材料和导电高聚物等导电材料相比，碳材料具有热导率和电导率高、化学稳定性和热稳定性良好、密度小等优势。石墨烯是近年来的研究热点，近 20 年来在碳基柔性电加热元件研究中的占比达到了 35%，如：基于石墨烯复合的纺织布料已在服装领域产生一定的影响，基于石墨烯 / 高分子复合的熔喷布制备的石墨烯基口罩可有效防护病毒并通过电加热实现循环使用，基于石墨烯复合的电加热设备（如热疗贴以及小型加热片等）受到产业界广泛关注。

3. 极端工况下电加热

对于边疆地区，尤其是西部高原以及北部高寒环境下，多种电子设备会因为极端天气而不能正常工作，对于国防安全带来极大挑战。如作战飞机的除冰系统是不可或缺的重要部分，目前使用最广泛、最成熟的电加热除冰系统，其电热元件为金属材料，存在明显的缺陷：一是柔韧性差，无法长期贴合机翼保护层，易造成元件断裂，最终导致系统故障；二是金属元件属于线状发热，会引起加热区域的温度分布不均匀，这种局部过热易造成二次结冰，同时也对机翼局部材料造成损伤，减少寿命。采用石墨烯基柔性材料可代替目前的金属材料：一方面，石墨烯质量轻可有效降低机载重量；另一方面，石墨烯加热时为面状发热，温度分布均匀且柔韧性好，应用于飞机电加热除冰系统，十分有利于解决目前金属加热材料的缺陷。

二、国内外发展现状

（一）国外发展现状

从技术发展上来看，石墨烯热管理技术受到了国外研究机构的关注，但从产业化进程上来看，国外石墨烯热管理技术暂时还没有批量生产和商业推广进展。

在柔性器件散热和导热塑料方面。韩国延世大学的 Bae 等将化学气相沉积的石墨烯应用到柔性器件的散热，也取得了不错的效果[3]。美国加州大学河滨分校的 Balandin 研究组将石墨烯溶液涂覆在塑料基板表面，结果表明其热导率达到

40~90 W/（m·K），热导率比没有涂覆石墨烯膜的样品高了两个数量级[4]。韩国全北国立大学的 Han 等将 1100 ℃还原的单层氧化石墨烯应用到氮化镓（GaN）发光二极管中，结果表明，和传统的发光二极管相比，嵌入了石墨烯的二极管，其峰值温度从 58 ℃下降到 53.2 ℃，平均温度从 51.4 ℃下降到 47.1 ℃，温度的下降对提高二极管的使用寿命具有积极影响[5]。

飞利浦 MASTER LED MR16 新式灯具作为全球首例大功率 LED 应用，其铝制外壳已经被帝斯曼公司开发出的 Stanyl TC 导热塑料所取代，其效果不仅达到了同等级的散热目的，而且整个灯具更轻、耐腐蚀。而石墨烯导热塑料的导热率可从普通塑料的 0.2 W/（m·K）提高至 5~15 W/（m·K），且抗腐蚀。Blue Stone 公司开发出采用石墨烯导热塑料的大功率 LED 产品，并显示了优异的散热性能。此外，石墨烯制成的散热膜散热性能会大大优于石墨片，实测的热导率可达到 1000 W/（m·K）以上，同时膜片具有良好的柔韧性，易于加工。

在柔性透明电加热技术方面。2019 年韩国釜山大学的 Hyung Woo Lee 团队在 CVD 石墨烯电加热膜中添加了碳纳米管作为导电性的补充，石墨烯/碳纳米管/PET 复合加热膜可以在 12 V 电压下经过 25 s 升温至 89 ℃，柔性加热膜可以被弯曲成一个弯曲半径 3.2 mm 的圆弧，且在 1 万次循环测试后，电加热温度仅衰减了 2%，加热均匀性保持良好[6]。2011 年，韩国成均馆大学的 Jae-Boong Choi 团队利用 $AuCl_3-CH_3NO_3$ 层间掺杂后的 CVD 石墨烯与 PET 组成复合薄膜，透光率达到 89%[7]。在 12 V 电压下进行测试，掺杂后的石墨烯复合薄膜在 100 s 内可以加热到 100 ℃。在应变测试中，掺杂石墨烯透明薄膜的应变量达到 4% 时，其电加热温度仅变化了 9%；在 1.1% 的应变条件下，可实现 1000 次应变循环后电加热温度仅变化了 1.02 ℃。

在柔性电加热除冰技术方面。2018 年，英国曼彻斯特大学的 Kostya S. Novoselov 团队将剥离石墨烯负载到环氧树脂上制备了石墨烯复合电加热膜，在 10 V 电压驱动下，180 s 内升温至 100.8 ℃，后续实际融冰实验中，将石墨烯复合电加热膜放入冰桶，加热 30 min 后仍可保持 42.3 ℃，且融冰效果明显[8]。2019 年，意大利萨莱诺大学的 L. Guadagno 团队以剥离石墨烯和 PVA 为原料，与碳纤维增强板组成复合电加热膜，此复合材料可以在 -60~120℃的环境下工作[9]。在 -32 ℃的极端测试环境下，234 W 功率、4542 W/m² 的热通量下，石墨烯电加热膜 10 s 内可以升温至 34 ℃，90 s 可升至 91 ℃，电加热效果和功耗较硅胶橡胶加热器大幅降低。在实际的融冰测试中，石墨烯电加热膜 7 min 融化了 1 mm 厚的冰层。

（二）国内发展现状

石墨烯导热膜国内在基础研究和产业化方面都有较多单位参与。国内已报道石墨烯导热膜研究的科研单位有清华大学、中国科学院山西煤化所、复旦大学、上海大学、浙江大学、哈尔滨工业大学、中国科技大学、湖南大学、广州大学、吉林大学等10余家，国内已投入或拟投入石墨烯导热膜的企业已达20余家，包括常州富烯、中科悦达、深圳烯材、墨睿科技、东莞鹏威、斯迪克、中石伟业等。石墨烯导热膜的优势地区有珠三角和长三角两个区域。重点研究机构有中国科学院、清华大学等单位。研发团队有清华大学清华－伯克利深圳学院成会明院士团队、中国科学院上海微系统所丁古巧研究员团队、复旦大学卢红斌教授团队、浙江大学高超团队、中国科学院山西煤化所陈成猛团队、上海理工大学杨俊和教授团队等。重点技术包括氧化石墨烯成膜—还原—压延、不同稳定下石墨烯导热膜的导热性能、氧化石墨烯中加入其他材料对最终石墨烯导热膜性能影响、高质量石墨烯直接成膜等。石墨烯导热膜的主要装备是制浆设备、涂布干燥设备、高温热处理设备和压延设备，这四个工序段的装备都需要针对石墨烯导热膜的装备完善，从而实现高性价比的石墨烯导热膜。在制浆设备方面，重点是如何实现高浓度、高稳定性浆料同时保持石墨烯横向尺寸；在涂布干燥方面，现有涂布设备近百米，设备净高5米以上，耗能高达上千千瓦，能源使用效率很低，亟须改进装备；在热处理方面，现有装备需要进一步改进，实现导热膜的卷烧，而非目前的片烧，并提升导热性能。

石墨烯导热膜在手机领域已经处于产业扩张期。2018年，石墨烯已经在华为手机上实现应用，2019年实现批量应用。2020年，石墨烯在散热领域大放异彩，5月，华为发布的国内首款5G平板电脑搭载了超厚三维石墨烯散热技术，并在上半年投资了常州富烯科技（主导产品为石墨烯导热膜、石墨烯导热片等），布局石墨烯散热技术，在一定程度上引领了电子设备散热市场的发展趋势。同年10月，小米宣布正式完成对黑睿科技（覆盖石墨烯原料生产到导热膜制备全链条的公司）的追加投资，并预计2020年年底建成月产10万 m^2 的石墨烯导热膜生产线。由中国科学院上海微系统所和悦达集团组建的中科悦达，在2020年年底建成年产30万 m^2 的石墨烯导热膜生产线。其外，道明光学、斯迪克、贝特瑞、中石伟业等公司也纷纷在石墨烯导热膜领域加大投资，建设石墨烯导热膜生产线。

2021年，随着5G手机换机潮的到来，石墨烯在电子设备散热方案中的应用迅速扩大。除了智能手机外，5G基站、服务器以及笔记本电脑等许多领域的关键材料，在兼顾导热性能和成本的同时，对石墨烯的导热需求也越来越多。尤其随着华为、小米等头部企业持续加码石墨烯导热膜的投资与应用，必将带动其他厂商也加速在石墨烯散热材料、散热组件等领域的布局（见表 3-2）。预计石墨烯导热膜的市场规模在未来两到三年内有望达到 100 亿。

表 3-2 国内石墨烯散热产品代表企业

重点企业	相关介绍
富烯科技	2020 年 6 月，华为旗下哈勃科技投资有限公司已经入股了石墨烯企业——常州富烯科技股份有限公司，持股 10%。石墨烯散热膜已经搭载在包括 Mate20X、Mate30Pro、MatePadPro5G、P 系列、nova 系列等在内的华为终端产品上，目前富烯科技估值为 12 亿元
中科悦达	2019 年年底开始研发石墨烯导热膜，2020 年 8 月成立江苏烯望进行石墨烯导热膜批量生产，2020 年 12 月份实现了导热膜的批量生产，产能 30 万 m^2/年。批量生产的产品 100 μm 热导率 1300 ~ 1500 W/（m·K）
墨睿科技	2020 年 3 月，墨睿科技获得由深创投和小米产业基金领投的数千万元 A 轮融资。2020 年 6 月，墨睿科技将石墨烯导热膜应用在小米手机上
东莞市鹏威能源科技有限公司	企业核心研发生产以新型材料石墨烯为原料的产品。当前生产的石墨烯散热膜使用在手机、笔记本电脑等电子产品中，可大大提高其散热性能。目前石墨烯散热产品已经大批量用于小米、华为和 OPPO 等终端产品
深瑞墨烯	2020 年 7 月 8 日，永安市石墨和石墨烯产业园管委会、贝特瑞新材料集团股份有限公司、深圳市深瑞墨烯科技有限公司签订协议拟投资 1 亿元，在永安市石墨和石墨烯产业园建成年产 40 万 m^2 石墨烯导热膜生产线

石墨烯电加热技术也在快速发展之中。目前石墨烯电热膜主要应用于低温辐射领域，使用石墨烯导电浆料印刷制成的石墨烯电热膜，有效电热能总转换率达 99%以上。与此同时，凭借石墨烯超强的导电性能，石墨烯电热膜能够实现恒功率发热，100 ℃以内功率衰减小于 5%，具有良好的稳定性。然而，具有自限温功能的石墨烯电热膜还有待进一步研究，以提高材料的 PTC 性能，实现真正的恒温工作。

在智慧人居的柔性电加热方面，东华大学王宏志教授团队利用刮涂法制备厚度可调的大面积、独立式石墨烯纸（Graphene Paper，简称 GP）[10]。高度整齐的纳米结构，为 GP 带来了出色的机械性能，使其具有超过 500 次弯曲周期和超过 1500 min 洗涤时间的高耐久性；使用 3.2 V 左右的低电压，可快速达到稳定温度 42 ℃。相比普通棉纤维，它展现了其在个人热管理领域中的巨大潜力。江苏洛基木叶有限公司联合常州大学材料科学与工程学院研发石墨烯地板，以石墨烯电热涂层作为发热层的电热地板在工作时发热更加均匀，低温热辐射效率更高。选用高导电性的片层结构石墨烯与高质量的水溶性树脂复合制备石墨烯导电浆，采用低电压驱动智能采暖系统，有着极高的安全性。浙江大学高分子系高超课题组提出一种可扩展的制备石墨烯纤维织物的策略，实现坚韧、柔软、轻便且具有高导电性的石墨烯纤维织物的制备[11]。它们的电导率和热导率比以前的碳基织物甚至个别的石墨烯纤维高几倍，且具备快速热响应特性，在电加热领域有应用潜力。杭州高烯科技有限公司将这种石墨烯复合纤维制备技术应用于生活服装，其产品颇受消费者青睐。

在透明领域的柔性电加热方面，哈尔滨工业大学的王卫卫团队采用间隙涂覆法多次重复，将均匀的纳米石墨片（Graphite Nanoplate，简称 GNP）分散液涂覆在 PET 基板上升温固化成膜[12]。这样的涂覆方式使得石墨纳米片在薄膜中定向有序排列，保证了石墨烯薄膜拥有良好的导电性，得到的 GNP 电热（E-GNP）膜具有出色的加热能力，包括良好的加热均匀性和可重复性，弯曲状态下的加热稳定性以及快速的加热响应。而且，E-GNP 易于制备且成本低廉，制备方法环保无污染。宁波材料所的林正得团队利用表面张力的作用，使石墨烯以自组装的方式成膜，进一步还原、退火得到导电性良好的透明薄膜，大量的 GO 被还原成有导电性的 rGO，亲水性也由好变差[13]。接通直流电，显示出良好的电热性能。这种透明薄膜在汽车车窗等透明部件除冰上有着潜在的应用场景。

在除冰应用的柔性电加热方面，南京航空航天大学朱春玲团队采用结冰风洞实验技术对石墨烯电加热系统进行实验验证[14, 15]。使用石墨烯电加热系统对飞机进行除冰时热量传递更有效、融冰速度更快且加热后温度更均匀。为了进一步降低能耗，研究人员对加热模式进行了改进，结果表明采用间歇性加热可有效除冰且能防止二次结冰的发生。华北水利水电大学周国峰团队基于石墨烯的超疏水性和优异的导电特性制备了环氧树脂石墨烯电热涂层换热器，并应用于空气源热泵的外交换机除霜[16]。综合分析得出结果，利用环氧树脂石墨烯涂层的超疏水特性和高效除霜能力与空气源热泵系统结合能够减少机组的除霜频率，提高除霜效率与系统的低温制热稳定运行能力，不仅可以以较少能耗进行高效除霜，还能很好地改善空气源热泵机组冬季的连续供热能力。

石墨烯玻璃纤维是北京石墨烯研究院新近开发的新型电加热材料，其面电阻在 50 ~ 500 Ω/sq 范围可调，弯曲 1000 次情况下电阻变化不超过 10%。可用于航空、风电工程的防雷、除冰领域，防雷等级可达到 A 级，其自身升温速度达 100 ℃/min，功率密度 100~800 W/m² 可调。在工业红外电加热领域中，加入保护性气体后，功率密度可以高于 1000 W/m²。目前，北京石墨烯研究院已拥有年产 1 万 m² 的小规模生产能力。

长三角地区是我国石墨烯发展较早、产业链较为完善的集群地之一，产业链相对完善。常州市目前已形成较为完整的石墨烯产业链条，中游产业主要围绕 Top-Down 方法制备的石墨烯（即石墨烯纳米片）开展相关应用研发，涉及改性塑料、改性复合纤维、储能、电加热膜等领域。下游应用则主要集中在生活用品方面，如座椅内饰织物、保温服装、电加热产品等。国内部分石墨烯电热膜代表企业如表 3-3 所示。

表 3-3　国内部分石墨烯电热膜代表性企业

公司名称	主要产品	产能或产值
广东暖丰电热科技有限公司	石墨烯电热膜	年产电热膜达 2 亿片，超 5000 万 m²
常州二维暖烯科技有限公司	石墨烯发热膜、石墨烯发热墙画、石墨烯发热地板	年产 50 万 m² 石墨烯发热膜
深圳烯旺新材料科技股份有限公司	石墨烯智能理疗产品	在石墨烯发热领域的年销售额超过 5000 万元
济南圣泉集团股份有限公司	石墨烯改性纤维、石墨烯材料、石墨烯电热材料	石墨烯相关产品年销售额超过 1 亿元
无锡格菲电子薄膜科技有限公司	石墨烯加热膜、石墨烯触控传感器、石墨烯触摸屏	年消耗石墨烯膜 12 万 m²，产值超过 1500 万元
杭州高烯科技有限公司	单层氧化石墨烯、多功能石墨烯复合纤维、石墨烯电热膜	年产 10 万 m² 石墨烯电热膜
宝希（北京）科技有限公司	石墨烯电热膜、水性石墨烯导电油墨以及石墨烯水性散热涂层	——

三、关键技术瓶颈及存在问题

（一）关键技术瓶颈

1. 散热膜厚度与热导率的兼容问题

石墨烯导热膜产业最大的挑战在于制备厚度在 100 μm 以上且热导率在 1500 W/(m·K)

的石墨散热厚膜，而追求厚膜的原因也在于对更高热通量的追求。聚酰亚胺厚膜在石墨化过程中存在难以克服的晶格生长取向问题，这使得石墨散热厚膜在成品率上存在很大问题。类比到石墨烯散热膜的生产过程中，理论上，石墨烯本身的二维取向性能够很好解决石墨烯散热厚膜内部的晶格取向问题，有望实现超厚石墨烯散热膜的制备，但是目前仍鲜有无法满足商用要求的产品出现。这一厚度不兼容问题一部分源自声子在石墨晶格反转散射过程（Umklapp scattering），厚度越厚，平面外热激发的声子散射越严重，则会带来更多的能量损失，导致热导率降低[17]；另一部分原因源自制备工艺的不成熟，在实际生产过程中，烘干氧化石墨烯浆料，其溶液厚度一般需要最终膜厚的数十倍以上，如此厚的溶液会导致内部氧化石墨烯的取向变得杂乱无章，从而引发最终热导率的下降。另外，石墨烯散热膜的厚度变大也会带来柔性变低的问题。因此，无法兼容厚度与热导率是目前无论是石墨烯散热膜还是石墨散热膜生产中的一大瓶颈。

2. 石墨烯散热膜全流程卷对卷批量制备

石墨烯导热膜产业能够高速增长，并在未来实现百亿产值，最重要的是生产效率的大幅度提升，随之而来的是制备成本的显著下降，最终石墨烯导热膜的性能将全面超越现有的人工石墨膜（聚酰亚胺烧结），并且生产成本也将低于人工石墨膜。石墨烯导热膜目前生产效率最大的掣肘是涂布成膜后要裁切后进行堆叠烧结，而不是成卷烧结，其根源是涂布成膜的原料是氧化石墨烯浆料。氧化石墨烯在经历烘干、碳化、石墨化的过程中，含氧基团会不断被还原，并释放气体，由于氧化石墨烯的片层堆叠结构，原位产生的气体很难从内部快速逃逸出来，因而在微观上产生很多气泡和气孔，宏观上的表现是在碳化和石墨烯过程中，导热膜的体积膨胀数十倍，如果是成卷的样品将直接破裂损坏，只能以平面的形式进行多片堆叠烧结。要实现成卷烧结的关键是控制气泡释放过程从而抑制体积剧烈膨胀，或者抑制体积膨胀过程中石墨烯膜的破损。

3. 小尺寸石墨烯的高产高效制备技术

具有更好水溶性且片层间作用力较小的小尺寸石墨烯（横向尺寸在几十纳米到几微米之间）在面向应用时更容易进行分散和再利用，更适合制备高浓度石墨烯溶液，且小尺寸石墨烯的均匀性更好控制[18, 19]。鉴于其良好的分散特性和均匀性，使小尺寸石墨烯作为复合相而备受学术界和产业界关注。目前，小尺寸石墨烯主要依赖基于Hummers法的氧化还原法[20]、基于有机溶剂的液相超声剥离法[21]或基于电化学原理的气泡剥离法[22]来实现，仍有一些关键问题亟待突破。

　　首先，自上而下制备需要高质量的鳞片石墨，而在中国石墨储量有限，发展新的技术路径实现石墨微晶、人造石墨以及膨胀石墨等材料实现小尺寸石墨烯合成具有重要意义。对于氧化还原法，由于氧化过程中引入的缺陷造成还原后得到的小尺寸石墨烯结构不完整，且氧化得到的氧化石墨烯尺寸不均匀，需长时间的离心分离、过滤处理或后续的长时间高耗能机械破碎，严重影响了其制备的效率和产率[20]。其次，常用的 Hummers 法中涉及大量的危险强氧化剂，例如浓硫酸、高锰酸钾。随着产业化规模扩大到几十吨乃至几百吨，使用强氧化剂带来的危险系数也会越来越高，产生的工业废液难于处理，由此带来的后处理成本大大增加，对生态环境和生产工人的健康也会带来伤害。

　　对于液相剥离法，需较长时间的机械剥离处理来降低石墨原料的尺寸和层数。该策略虽避免了危化品的使用，减少了石墨烯的内部缺陷，保证了结构完整性，但仍需要经过长时间的机械剥离处理，以及离心和过滤分离除去未剥离石墨和较大尺寸石墨烯，降低了制备小尺寸石墨烯的效率，同时利用有机溶剂或表面活性剂，增加了制备的成本。为了减少机械剥离处理的时间，对石墨原料进行电化学预处理成为行之有效的处理方式。电化学剥离法虽有效降低了电化学剥离产物的机械剥离处理时间，提高了产率，但在扩大制备小尺寸石墨烯的产量方面仍无法避免长时间电化学处理的问题。因此小尺寸石墨烯无法高效高产制备的问题亟待解决。

（二）主要问题

1. 实验室研究与产业需求的协同性差

　　在实际的产品研发中同样存在实验室和产业发展不共振的情况。如作为与人体接触的纺织品，电加热纺织品的驱动电压过高，人体持续接触电压不得超过 24 V。但诸多研究论文中的复合纺织品使用电压均超过此安全电压，这类研究显然不利于产品安全性和通用性。此外，多数学术成果中对复合纺织品的洗涤测试只有 10～20 次，缺乏水温、洗涤方式等具体描述，这对于产品研发来说极为不利。再如，可穿戴电加热设备在使用过程中遇到较大应变时如何保证温度稳定性和均匀性，依旧是产业化转化时需要解决的问题。同时，实验室研发难以实现规模化验证，而产业发展最为重要的就是产品的稳定性和一致性。如石墨烯电加热膜在除冰领域的应用前景十分广阔，作为柔性轻质的电加热器件，可以促进多种设备在高寒环境下的稳定运行。相对于面向智慧人居的柔性电加热器件来说，面向除冰领域的大尺寸柔性器件需要兼顾大面积、稳定性和加热均匀性，而实验室测试时往往不能还原实际应用环境和少数极端恶劣情况，这需要产业界与学术界协同研发，促进产业转化。

2. 行业标准体系匮乏，产品可靠性易受质疑

石墨烯电加热领域，电加热膜的稳定性、轻薄性、多功能性、耐高温性、防水透气性和安全稳定性都是需要考虑的关键要素，而目前的测试标准不一，评价机制不完善。如在测试加热元件的加热性能这一关键指标上，研究者主要是采用红外摄像机采集织物加热后的表面最大平衡温度以及分析其温升速率，对于加热性能的评价较为单一且不全面。在石墨烯散热膜的测试衡量评价过程中也出现许多问题。在各大厂家以及测试机构中，由于测试仪器或测试方式的不同，会带来不同的测试结果。很多厂商宣称的石墨烯散热膜高导热系数极有可能通过热比较法得到，即通过对两个相同热源进行散热观察，以其中一种已知热导率的散热膜为基础进行对比计算，该方法忽略了环境、材料厚度等因素，虽然可用于工程性实际应用测试依据，但不能作为评价散热膜材料性能的方式。

3. 全流程和全生命周期的绿色、环保的制备

石墨烯导热膜 / 加热膜的原料是 Hummers 法制备的石墨烯及氧化石墨烯，但目前的制备技术是使用大量的浓硫酸和高锰酸钾等。随着石墨烯导热膜 / 加热膜的批量使用，未来 5 年内对氧化石墨滤饼或氧化石墨烯的需求量将达到 1000 t/ 年以上，将使用数万吨浓硫酸和数千吨高锰酸钾，有可能产生百万吨含有金属离子的废水。降低浓硫酸和高锰酸钾的用量、降低废酸废水的产生量、重复利用或无害化利用废酸废水、降低用电能耗、控制并减少碳化石墨化过程中的废气、减少并重复利用石墨烯导热膜废料等势在必行。

四、未来发展趋势及路线图

（一）技术路径

1. 厚度 100 μm 以上的石墨烯导热膜导热性能提升

热扩散系数和热导率是评价导热性能的关键指标。到 2025 年，100 μm 石墨烯导热膜的热扩散系数和热导率分别大于 850 mm^2/s 和 1500 W/（m·K）。2035 年，石墨烯导热膜的热扩散系数和热导率分别大于 1100 mm^2/s 和 2000 W/（m·K）。主要发展路径包括：①使用大尺寸石墨烯原料，减少热阻界面；②发展更先进的堆叠成膜技术，实现更加高效、有序的成膜技术；③发展先进热处理技术。

2. 卷对卷连续生产技术

目前通过石墨化聚酰亚胺膜生产人工石墨膜的卷对卷技术已经较为成熟，包括原膜成卷碳化、成卷石墨化和成卷压延等。由于在生产氧化石墨烯膜的过程中会产生大量的气体，这对成卷连续化操作造成了极大的困难。若能够实现石墨烯导热膜成卷制备的连续化商业设备的设计，将会最终导致石墨烯导热膜直接取代人工石墨膜的市场。2025 年，100 μm 石墨烯导热膜实现卷烧，导热膜的热扩散系数和热导率分别大于 850 mm²/s 和 1500 W/（m·K）。2035 年，100 μm 石墨烯导热膜实现卷烧，导热膜的热扩散系数和热导率分别大于 1100 mm²/s 和 2000 W/（m·K）。主要发展路径包括：①深入研究气体产生机制和释放机制，调控碳化石墨化过程中内部气体释放，抑制体积膨胀；②开发快速热处理装置和体积抑制装置，引导气体释放避免石墨烯导热膜破损。

3. 低功耗、高效率、安全稳定电热转化技术

石墨烯电加热薄膜，其电热性能根据石墨烯制备方法、与石墨烯复合的材料种类、薄膜厚度的不同而不同，方阻在 50～5000 Ω 不等，在低电压下均能实现 5 s 内的快速热响应，在 2 min 内达到平衡温度。在 36 V 电压下平衡温度可达 200 ℃，电热转化效率可达 90% 以上。在 2025 年，要实现石墨烯薄膜电热性能的进一步提高，降低方阻，提高产热效率。应用于人体时，要实现 6 V 以下快速升温并稳定在 50 ℃。应用于设备时，应达到更高的平衡温度，更广的温度区间以实现更大的应用范围。在 2035 年，要实现电热转化效率达到 98%，真正达到高效产热。

在纺织品领域，目前的石墨烯加热服装的性能根据复合纤维的不同而略有差异，但总体上来说，国内企业发售的石墨烯加热服装产品均能做到在人体安全电压 12 V 下 5 s 时间内快速升温至 60 ℃左右，该表面温度经过辐射散热后，体表温度能使人体感到舒适。当前石墨烯加热服装的加热性能足以满足人体需求，然而，由于电加热服装属于新兴产品，国际和国内均没有相关标准进行规范，容易忽视产品质量，导致产品存在风险。在 2025 年，依靠更低的功耗、更高的电热转换效率，实现 10 V 以下的驱动电压、长达数周的持续使用续航。耐用性方面，可以实现 50 次以上的反复洗涤，产品可靠性提升。在 2035 年，实现 6 V 以下的驱动电压、长达数月的持续使用续航。耐用性方面，可以实现 100 次以上的反复洗涤，产品可靠性显著提升。

（二）重点产品

重点产品 1：针对手机应用的石墨烯导热膜，厚度 30～300 μm。2025 年，100 μm

石墨烯导热膜的热扩散系数和热导率分别大于 850 mm²/s 和 1500 W/(m·K)。2035 年大于 1100 mm²/s 和 2000 W/(m·K)。

重点产品 2：面向高功率密度的高导热石墨烯界面导热材料，导热系数超过 100 W/(m·K)，可机加工成型。2025 年，对 100 W/cm² 热源进行热管理，降温幅度相比现有产品增加 20%，30 天连续工作导热系数衰减幅度小于 0.1%。2035 年，对 120 W/cm² 热源进行热管理，降温幅度相比现有产品增加 20%，30 天连续工作导热系数衰减幅度小于 0.1%。

重点产品 3：石墨烯/金属复合材料。石墨烯/铜复合材料、石墨烯/铝复合材料等在实验室已经获得较好的成果，烯合金的导热、导电性能都可以超过金属本体。2025 年，石墨烯铝合金的导热率超过铝本体 30%。2035 年，石墨烯铝合金的导热率超过铝本体 50%，石墨烯/铜复合材料热导率超过 600 W/(m·K)。

重点产品 4：面向透明领域的柔性电加热设备。透明电热膜加热器已被应用于许多生活场景，包括除雾窗、车窗除霜器、保温窗、户外显示器等。相比于受限制的 ITO，最新的研究表明，CVD 法生长的石墨烯和还原的氧化石墨烯（rGO）可以改善透明电热膜加热器的性能[23, 24]。根据复合材料的不同，薄膜的透光率、电热性能与柔性程度会有较大差异。目前文献报道的透明石墨烯加热薄膜主要通过是与 PET 或者玻璃（高纯度石英）复合制备而成，透光率在 70%~90% 不等，方阻 1~3 kΩ（当掺有 Cu 或 Ag 时方阻将大幅降低），可在 40 V 的安全电压下 60 s 内升温至 120 ℃，加热均匀性良好。结合实际的除霜除雾的使用需求，透明加热薄膜可在低电压实现 10~20 s 内的快速除雾除霜。

作为主要应用在窗户、显示器上的产品，透明电加热薄膜的透光率是最重要的参数，通过控制石墨烯层数或进行掺杂可以有效控制石墨烯薄膜的透光率。在 2025 年，薄膜的透光率要达到 90% 以上，在 2035 年要接近普通石英玻璃的透光率（95%）。其次，实验室的高质量薄膜的应变程度最高仅达 4% 的同时还伴随较大的温度变化，离实际应用还有一段距离。在 2025 年，透明电加热薄膜的尺寸预期要实现应变量超过 5% 的同时电加热温度的变化量控制在 10% 以内。在 2035 年，要实现平方米以上的大面积应用，同时控制应变时的温度变化率在 5% 以下，体现稳定性与耐用性。

（三）应用场景

1. 石墨烯导热膜

石墨烯在散热方面服务众多领域，包括消费电子、汽车、基站、服务器和数据中心等，市场空间在千亿级。聚酰亚胺基高定向石墨膜制备工艺复杂、成本昂贵，且高质量 PI 薄膜和人工石墨膜生产技术仍然为美国、日本等国控制。相比之下，石墨烯导热薄膜优势明显。2025 年，石墨烯导热膜在智能手机、笔记本电脑、LED 显示器、通信基站、电动汽车等领域得到广泛应用。2035 年，石墨烯导热膜在大功率激光装备、大功率芯片、超级计算机、卫星等领域得到应用。

2. 室内电采暖

作为轻质柔性电加热设备，面向智慧人居的柔性电加热设备具有安装成本低的巨大优势，利于其广泛普及。到目前为止，石墨烯复合材料的地暖和墙暖，已经在新疆、内蒙古等电价低廉的地区开始示范应用，并已形成上亿元的销售规模。预计在 2025 年，石墨烯电加热设备可成为电价低廉地区取暖设备中的重要选项。在 2035 年，石墨烯电加热设备有望成为室内电采暖的主流产品之一。

3. 纺织及服装

随着居民生活水平的不断提升，对于日常服装的要求不断提高，更希望得到在保暖的基础上兼具轻型化和智能化的服装产品。在这种条件下，在安全电压以下的可通电式服装满足智能化需求，同时通过可加热设备可以极大优化服装的保暖特性，而可加热设备轻质化、可折叠性是其集成在服装中的关键要素。基于以上要求，石墨烯复合纤维开始在纺织及服装领域崭露头角。近年来，石墨烯作为添加剂掺入纺织纤维中制成可加热服装已经在市场中受到一定程度认可，并在一些户外工作场景中有所应用。

随着石墨烯制备技术突破，电加热服装的制备成本下降及安全性提升，预计在 2025 年，石墨烯电加热服饰将进一步在民众中普及，寒冷天气下的户外工作者如交警、环卫工人、快递员以及高寒地区、高纬度地区持续户外作业的群体将能利用石墨烯电加热服装改善工作环境，提高人体舒适度，保障人身安全。在 2035 年，轻质的石墨烯电加热服装将进一步取代厚重的棉衣，成为民众保暖服装的主要选择。

4. 交通领域

目前，ITO 材料以其高透明率以及低面电阻的特点成为交通工具如汽车或飞机的挡风玻璃的主要材料。然而，ITO 的脆性较大，在受冲击过程中碎裂的可能性较高，且铟作为稀有金属会使得其成本增加。因此，发展一种类似于 ITO 性质的柔性透明材料来替代 ITO 是一项重要的应用场景。此外，对于高空飞行物如大型民航客机，其机体往往会面临结冰情况，需要附加除冰系统。目前通用的除冰系统多采用金属材质，会进一步增加飞机重量，提高能耗和飞行成本。因此，发展一种轻质、环境稳定性高的高效电加热系统非常必要。

大面积高质量石墨烯薄膜可满足该类需求，随着制备技术的日趋成熟，预计到2025年，石墨烯基透明柔性电加热膜将会取代部分ITO薄膜，应用到汽车和飞机的挡风系统实现电加热除雾等供暖，同时飞机上初步实现电加热除冰系统替代现有的热结冰防护系统。到2035年，将实现在交通领域中透明视窗以及电加热除冰系统的规模化应用。

（四）产业规模

随着2017年"煤改气""煤改电"双替代政策不断推进，北方地区供暖清洁能源改造成果显著。2020—2021年冬季，我国新增清洁取暖面积15亿m^2左右。根据《北方地区冬季清洁取暖规划（2017—2022）》，到2021年，清洁取暖率为70%，替代散煤1.5亿t。能源消费结构调整，对供热能源的清洁化具有重要的作用。综合来看，南北方城市对于电采暖的升级需求，预期在2025年会拉动新增投资几万亿，在2035年实现电采暖领域约十几万亿的新增和升级市场。在这其中，基于石墨烯的柔性电采暖设备以其安装简易、柔性轻质所带来的小占用空间等优势有望在电采暖市场取得一定的产业份额。

据2020年国家统计局数据，我国私人汽车保有量总量超2.4亿辆，随着我国城镇化发展以及人口要素的快速流通，参照发达国家每千人汽车保有量预计在2025年我国汽车保有量突破4亿辆，在2035年突破10亿辆。另外，据统计，截至2018年年底，我国民航客机接近4000架，且每年以5%的增长速度提升，预计在2025年民航客机接近5600架，在2035年接近9200架。考虑到这一新增规模，石墨烯透明电加热膜有望在电加热膜领域取得一定的产业份额。

对于石墨烯散热膜领域，2025年，在手机、笔记本电脑和新能源汽车等领域实现销售100亿元。2035年，随着性能提升和应用拓展，市场规模预计200亿元，年复合增长率5%左右。

（五）石墨烯热管理技术发展路线图

石墨烯导热膜产业技术路线图见图3-7，石墨烯加热膜产业技术路线图见图3-8。

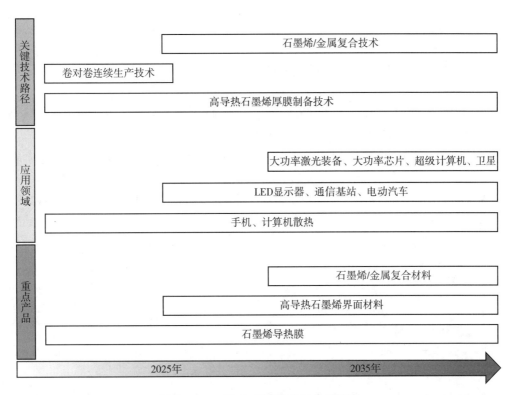

图 3-7　石墨烯导热膜产业技术路线图

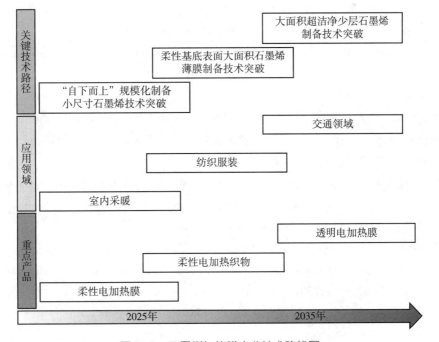

图 3-8　石墨烯加热膜产业技术路线图

参考文献

［1］Sui D，Huang Y，Huang L，et al. Flexible and transparent electrothermal film heaters based on graphene materials［J］. Small，2011，7（22）：3186–3192.

［2］Chen Y，Sun J，Gao J，et al. Growing Uniform Graphene Disks and Films on Molten Glass for Heating Devices and Cell Culture［J］. Advanced Materials，2015，27（47）：7839–7846.

［3］Bae S H，Shabani R，Lee J B，et al. Graphene-Based Heat Spreader for Flexible Electronic Devices［J］. IEEE Transactions on Electron Devices，2014，61（12）：4171–4175.

［4］Malekpour H，Chang K H，Chen J C，et al. Thermal Conductivity of Graphene Laminate［J］. Nano Letters，2014，14（9）：5155–5161.

［5］Han N，Cuong T V，Han M，et al. Improved heat dissipation in gallium nitride light-emitting diodes with embedded graphene oxide pattern［J］. Nature Communications，2013（4）：1452.

［6］Li L，Hong S K，Jo Y，et al. Transparent，Flexible Heater Based on Hybrid 2D Platform of Graphene and Dry-Spun Carbon Nanotubes［J］. ACS Applied Materials & Interfaces，2019，11（17）：16223–16232.

［7］Kang J，Kim H，Kim K S，et al. High-Performance Graphene-Based Transparent Flexible Heaters［J］. Nano Letters，2011，11（12）：5154–5158.

［8］Karim N，Zhang M，Afroj S，et al. Graphene-based surface heater for de-icing applications［J］. Rsc Advances，2018，8（30）：16815–16823.

［9］Vertuccio L，Santis F D，Pantani R，et al. Effective de-icing skin using graphene-based flexible heater［J］. Composites Part B：Engineering，2019（162）：600–610.

［10］Mu J，Hou C，Wang H，et al. Origami-inspired active graphene-based paper for programmable instant self-folding walking devices［J］. Science Advances，2015，1（10）：e1500533–e1500533.

［11］Wang R，Zu Z，Zhuang J，et al. Highly Stretchable Graphene Fibers with Ultrafast Electrothermal Response for Low-Voltage Wearable Heaters［J］. Advanced Electronic Materials，2016，3（2）：1600425.

［12］Jiang H，Wang H，Liu G，et al. Light-weight，flexible，low-voltage electro-thermal film using graphite nanoplatelets for wearable/smart electronics and deicing devices［J］. Journal of Alloys and Compounds，2017（699）：1049–1056.

［13］Sun H，Ding C，Chen Y，et al. Large-area self-assembled reduced graphene oxide/electrochemically exfoliated graphene hybrid films for transparent electrothermal heaters［J］. Applied Surface Science，2018（435）：809–814.

［14］田甜，王渊，陶明杰，等. 石墨烯复合材料电热除冰实验研究［J］. 科学技术与工程，2019，19（28）：390–395.

［15］钱梦霜. 石墨烯电加热除冰系统研究［D］. 南京：南京航空航天大学，2018.

［16］刘明辉. 石墨烯材料在空气源热泵除霜技术中的应用研究［D］. 郑州：华北水利水电大学，2019.

［17］Machida Y，Matsumoto N，Isono T，et al. Phonon hydrodynamics and record room-temperature thermal conductivity in thin graphite［J］. Science，2020（367）：309-312.

［18］Li D，M B Müller，Gilje S，et al. Processable aqueous dispersions of graphene nanosheets［J］. Nature Nanotechnology，2008，3，101-105.

［19］Hughes Z E，Walsh T R. What makes a good graphene-binding peptide？ Adsorption of amino acids and peptides at aqueous graphene interfaces［J］. Journal of Materials Chemistry B，2015，3（16）：3211-3221.

［20］Ji C，Yao B，Li C，et al. An improved Hummers method for eco-friendly synthesis of graphene oxide［J］. Carbon，2013，64（11）：225-229.

［21］Zhang C，Tan J，Pan Y，et al. Mass production of 2D materials by intermediate-assisted grinding exfoliation［J］. National Science Review，2020（7）：324-332.

［22］Tian S，He P，Chen L，et al. Electrochemical Fabrication of High Quality Graphene in Mixed Electrolyte for Ultrafast Electrothermal Heater［J］. Chemistry of Materials，2017，29（15）：6214-6219.

［23］Woo Y S. Transparent conductive electrodes based on graphene-related materials［J］. Micromachines，2018，10（1）：13.

［24］Sun H，Ding C，Chen Y，et al. Large-area self-assembled reduced graphene oxide/electrochemically exfoliated graphene hybrid films for transparent electrothermal heaters［J］. Applied Surface Science，2018（435）：809-814.

第三节 石墨烯复合增强技术

石墨烯是已知力学强度最高的材料，其弹性模量高达 1 TPa，拉伸强度高达 180 GPa，断裂强度高达 125 GPa，被认为是增强材料力学性能的理想添加剂，可在较小添加量的情况下显著提高材料的韧性、强度、刚度等力学性能[1, 2]。石墨烯复合增强技术就是利用石墨烯这些优良的力学特性，利用各种制备方法，将石墨烯增强体置于基体材料内，以实现特定性能的显著提升之目的。根据基体材料的不同，可将石墨烯复合增强材料分为石墨烯/聚合物复合增强材料、石墨烯/无机非金属复合增强材料、石墨烯/金属复合增强材料三类[3~5]。石墨烯的存在将使材料性能更强、更轻量化，在航空航天、国防军工以及诸多民生领域有着广阔的应用前景。

石墨烯复合增强材料的性能与很多因素有关，其中至关重要的是石墨烯在基体材料中的分散性和石墨烯与基体材料的界面性质[6, 7]。分散不均匀的石墨烯容易在基体中产生应力集中现象，从而降低石墨烯的增强效果。界面主要起到应力传递效应和阻断效应，即界面可将复合材料体系中基体承受的外力传递给石墨烯，起到基体与石墨烯的桥梁作用，并阻止裂纹扩展，缓解应力集中的作用。

在石墨烯/聚合物复合材料中，通常关注的是石墨烯与基体材料之间的界面强度。然而，在层状增强材料中，还需要考虑多层石墨烯片层之间的范德华力和石墨烯面内的强共价键。与石墨烯面内的强共价键相比，范德华力很弱。因此，当多层石墨烯用于聚合物复合材料时，其增强能力还受到层间易剪切的限制。对于无机非金属材料来说，由于已经具有较高的刚性和强度，石墨烯主要起到增强韧性或阻止裂纹增长的作用，其增韧机理主要是由于材料断裂时，石墨烯纳米片的拉出会增加能量耗散。而石墨烯材料在金属材料中的增强作用主要是通过界面作用有效阻止错位运动，从而强化金属基体。此时还要考虑金属与石墨烯的相互作用属性，有的很强（如镍或钌），有的较弱（如铂或铱），有的会形成碳化物（如铝）等。

橡胶材料由于其独特的高弹性、大变形能力，奠定了它在轮胎工业、密封行业、输送带行业、阻尼减震行业等诸多领域不可替代的地位。从航空航天、高铁、汽车，到建筑桥梁，再到舰船潜艇、深海探测，从衣食住行到生命健康，从电子通信到人工智能，橡胶材料无处不在。每年全世界的橡胶消耗量超过 2000 万 t，市场巨大。因此，橡胶材料也是我们的重要战略物资和工业原料。

石墨烯具有超薄、超柔韧、超高强度、超强导电性、优异的导热和透光性等可赋予橡胶材料的高性能以及新性能，因此，本节重点针对石墨烯橡胶复合材料进行介绍。

一、技术简介

（一）技术分类与进展

1. 导电增强橡胶复合材料

石墨烯的厚度理论是 1 个或多个碳原子层，碳原子间以 sp^2 杂化轨道相连，每个碳原子都有 1 个未成键的 p 电子，这些 p 电子可以在石墨烯中自由移动，赋予了石墨烯良好的导电性。因此石墨烯加入橡胶基体后，也赋予了橡胶复合材料良好的导电性，提升橡胶制品的导电性能、电磁屏蔽性能等[8, 9]。

类似于其他导电填料，石墨烯在橡胶基体中形成的完善填料网络是实现高导电性能的主要因素。因此，实现石墨烯在橡胶中的均匀分散和完善填料网络是研究者的主要目标，期望在很少的石墨烯用量下得到较高的导电性能以及较小的逾渗值。从目前文献中报道的数据来看，采用机械共混和熔融复合方法制备的复合材料发生逾渗现象时，其石墨烯含量都较高（15 Phr 以上）[10, 11]。这主要是因为石墨烯很难在橡胶基体中实现单片层的分散，聚集比较严重，因此需要很高的石墨烯含量才能形成较为完善的填料网络。而通过溶液复合和乳液共絮凝法得到的复合材料，石墨烯可以保持在混合液中的单分散状态，因此在很少的用量下就可以组建完善的填料网络[12, 13]。

在目前各种制备方法中，采用乳液复合结合真空自组装的方法可以得到高石墨烯含量的复合材料，其最大导电性能达到了 10^4 S/m，是目前报道的具有较高导电性能的石墨烯 / 弹性体复合材料[14]。此外，有研究者重点研究了制备过程工艺对导电性能的影响。有文献研究了不同的石墨烯制备工艺对石墨烯 / 天然橡胶（Natural Rubber，简称 NR）复合材料电性能的影响，发现和 Hummers 法制备的石墨烯（热还原）相比，通过 Brodie 法制备的石墨烯在 NR 基体中的分散更好，更易形成填料网络，复合材料的导电性能更好[15]。在复合材料制备工艺上，多数研究采用的制备工艺是将石墨烯和橡胶通过溶液或乳液复合后，在开炼机上再加入其他橡胶助剂，最后形成复合材料。但有研究发现，在石墨烯和橡胶通过乳液复合后，由于自组装的作用，石墨烯围绕着乳胶粒形成一个环路。这个石墨烯的环路有利于构建导电网络，提高导电性能[16]。

2. 导热增强橡胶复合材料

导热弹性体在电子元器件、集成电路、微电子封装等需要高散热的行业有着广泛的应用前景。此外导热弹性体也可应用于轮胎行业，在轮胎胎肩等高升热部位使用导热性能高的弹性体可明显降低胎体的温升，有利于轮胎运行过程中由内耗产生的热量及时散发出去，避免爆胎，延长轮胎使用寿命。石墨烯本身具有很高的热导率，高于碳纳米管等材料，因此在目前是理想的导热填料。

从文献报道的数据看，加入石墨烯后，橡胶复合材料的导热性能均得到了大幅度的提高。文献报道当 GnPs 填充量为 45%（体积分数）时，导热性提高 4 倍多[11]。在复合材料中，获得高导热性能的关键是要构建完善的导热网链，以及增强导热填料和橡胶分子链之间的相互作用，降低界面热阻。石墨烯本身具有较大的比表面积，其大片层结构与橡胶分子链之间易形成有效接触，降低界面热阻。有研究指出 GnPs 具有大尺寸结构以及很低的声子耗散效应，是复合材料具有高导热性能的重要因素。在微观结构方面，研究表明石墨烯在橡胶基体中的均匀分散以及改性石墨烯与橡胶基体之间较强的界面结合作用有利于导热性能的提高。有研究将甲基丙烯酸锌插入石墨烯片层之间，避免了石墨烯片层的聚集[17]。复合材料导热性能提高了 39%，主要归因于其共价交联网络和离子交联网络的形成，以及石墨烯与天然橡胶基体之间的有效界面相互作用和石墨烯在基体中的良好分散。这种相互作用有利于降低界面热阻和改善声子的传输。

3. 力学增强橡胶复合材料

影响橡胶复合材料力学性能的因素较多，包括填料类型、含量、填料在橡胶基体中的分散以及其与橡胶分子链的相互作用力、交联密度等。其中，填料网络的组合对力学性能的影响占主要因素。传统的增强填料主要包括炭黑、二氧化硅、短纤维、碳纳米管、黏土等。石墨烯 / 氧化石墨烯和这些传统的填料相比，具有超薄、比表面积大、表面易于化学修饰等优点，因此在很小的填充分数下就能形成完善的填料网络。而且表面具有化学基团的石墨烯与橡胶分子链有较强的相互作用，有利于增强橡胶复合材料的机械性能。

石墨烯 / 氧化石墨烯对于力学强度的提升与橡胶基体相关。对于非结晶性橡胶，石墨烯组成的填料网络在大变形时依然能够抵抗外力的变形。如在丁苯橡胶（SBR）基体中，含 7 Phr 石墨烯的复合材料的拉伸强度与不加石墨烯的复合材料相比能提高 7 倍左右[18]。对于结晶性橡胶如 NR，由于其本身具有拉伸结晶的能力，因此在高应变下具有自补强的性能，但加入石墨烯后，其拉伸强度也能提高30%[19]。此外，也有报道指出，石墨烯的尺寸对应变结晶也有影响，小尺寸的石墨烯更易产生诱导应变结晶[20]。也有研究者发现石墨烯和GO相比，石墨烯的引入会导致更快的应变诱导结晶率和更高的结晶度，从而更有益于拉伸强度的提高[21]。

4. 气液阻隔石墨烯橡胶材料

很多弹性体复合材料目前应用在密封领域，如轮胎的内胎或气密层，以及药物封装瓶以及其他一些需要隔绝的领域等。传统的密封材料大多采用卤化丁基橡胶，主要是因为卤化丁基橡胶分子链的排列较为紧密，分子链的自由体积较小，能阻碍其他小分子的穿越，因此具有较好的气密性。但其市场价格也较为昂贵。其他橡胶与卤化丁基橡胶相比，分子链的自由体积较大，气密性较差，需要填料复合。相对于球形填料和纤维状填料，片状填料更能提高橡胶复合材料的气密性。主要是片状填料在橡胶基体中形成填料网络后，气体分子很难穿越片状填料，只能在填料网络和橡胶分子链的边沿移动，极大延长了其活动路径[22]。

石墨烯和其他片状填料相比，其特点是厚度为单原子或多原子层厚度，且具有较大的比表面积，因此很容易在橡胶基体中以较小的含量形成较为完善的石墨烯网络。和传统的片状材料黏土相比，有研究者采用溶液法制备SGO/NR复合材料，发现添加质量分数0.3%的SGO复合材料的气密性相当于质量分数16.7%的黏土[23]。采用乳液复合法制备了GO/SBR复合材料，其气密性的逾渗值为体积分数0.4%，相比于黏土提高了40倍[24]。采用乳液共絮凝法结合原位还原的方法制备的石墨烯/SBR复合材料，石墨烯在SBR中能以单片层分散，绝大多数石墨烯片层沿一个方向取向；这种良好的分散和沿二维方向的取向给气体分子造成更加曲折的渗透路线，因而阻隔性能提高。在石墨烯含量7 Phr时，氧气的渗透率降低87.8%[13]。从统计数据看，无论采用何种复合方法，大部分均能在较小的石墨烯含量下，实现气体透过率的大幅度下降。同时石墨烯和橡胶分子链之间的界面作用以及石墨烯在橡胶中形成填料网络的特点，也影响着气体分子的穿越[25]。

（二）技术主要应用

1. 轮胎

轮胎是消耗橡胶材料最大的市场，占总消耗量的70%以上。目前，高性能轮胎发展的趋势是在实现低滚阻、高耐磨和抗湿滑的基础上，进一步实现轻量化和低噪声。特别是在新能源汽车市场占有率节节攀升的形式下，轮胎的轻量化对于延长电动汽车的行驶里程具有重要的意义。由于可以构建强石墨烯填料网络以及石墨烯与橡胶分子链的网络，相比其他纳米材料，石墨烯可以在很小的用量下大幅度提升橡胶材料的动静态性能。因此，目前市场上已经有多家轮胎公司开展了石墨烯轮胎的试制。

2. 弹性密封

弹性密封在各种航空航天、深海探索等高端领域扮演着重要的作用。高性能的密封圈要求在宽温域、高压、不同介质等苛刻环境下，长时间稳定地发挥作用。尤其是对气密性能、动态疲劳后的压缩永久变形、回弹性等要求更高。

如前所示，石墨烯加入后，在提升橡胶材料的气密性能，动态疲劳性能方面有着突出的表现。因此，在密封领域，石墨烯有着重要的应用前景。

3. 耐磨输送带

橡胶输送带在采矿领域有着重要的应用，其工况主要是高温，以及矿石棱角的切割等。石墨烯的耐裂纹萌生和扩展能力有助于提升输送带的承载能力以及耐磨、耐切割能力等。

4. 柔性电磁屏蔽制品

石墨烯高导电性赋予其在电磁屏蔽领域的应用价值。高质量的石墨烯可以和其他高导电填料，如金属银、碳纳米管等复合，更高程度实现导电网络。柔性高导电材料可以对一些重要的电子设备实现电磁屏蔽，保障仪器的正常运转。

5. 柔性高导热制品

高质量的石墨烯具有高的导热率，和一些耐热的合成橡胶复合后，能够应用在一些高生热环境中，如微电子器件、核心交换机等产品周围，及时将热量导出，提高设备的运行效率。

二、国内外发展现状

（一）国外发展现状

国外石墨烯橡胶复合材料研究团队的研究技术主要集中两个方面：①石墨烯原材料的制备，主要包括石墨烯的功能化改性以及低成本石墨烯纳米片的开发制备；②石墨烯橡胶复合材料的应用研究，包括轮胎、乳胶制品、橡胶鞋底等制品，聚焦在石墨烯对橡胶材料的增强、耐磨、阻隔、导电、导热、电磁屏蔽等性能方向。

国外石墨烯在橡胶领域研究团队主要集中在美国、印度、韩国、澳大利亚等国家。印度圣雄甘地大学的 Sabu Thomas 教授团队集中研究了石墨烯及其衍生物在弹性体复合材料中的应用，主要侧重于提升橡胶复合材料的力学强度、电磁屏蔽、阻隔性能等[26~30]。印度理工学院橡胶技术中心 Anil K. Bhowmick 团队研究涉及石墨烯的功能化改性，并将其应用在新型聚丙烯酸酯弹性体及其硫化胶的耐热性和老化性能、溴化丁基橡胶气体阻隔性能、羧基丁腈橡胶动静态力学性能和热稳定性能等[31~33]。英国曼彻斯特大学国家纳米石墨烯研究所 Young Robert J 团队主要围绕石墨烯聚合物纳米复合材料上展开研究，涉及石墨烯弹性体密封应用，石墨烯增强弹性体，石墨烯基热塑性弹性体等方面的研究[34~38]。Arvind Vijayaraghavan 教授研究石墨烯乳胶薄膜复合材料，石墨烯增强聚氨酯弹性体涂层材料等，并致力于石墨烯弹性体复合材料产业化研究[39~41]。

曼彻斯特大学在石墨烯橡胶领域研究产业化进程较快，曼彻斯特大学成立校资公司，建立了石墨烯橡胶应用开发的 Grafine 有限公司，重点突破石墨烯在橡胶制品领域的应用研究，已经进入了实验工厂（小试）阶段。意大利 Vittoria 公司在 2019 年推出第二代石墨烯山地自行车轮胎，产品已经上市。其他国家研发团队及企业也已初步形成专利布局，但是相关石墨烯橡胶应用产品仍未发布。

国外材料领域企业也纷纷布局石墨烯在橡胶复合材料领域的相关专利。图 3-9 是 2010—2020 年石墨烯橡胶复合材料领域国际专利申请数量，从专利数量上来看，在 2018 年之前石墨烯橡胶复合材料领域国际专利申请量逐渐上升，在 2018 年时达到顶峰，随后专利申请量逐渐下降。国外专利申请人主要为下游应用企业，主要包括：固特异轮胎、韩泰轮胎、米其林轮胎、日本住友橡胶工业株式会社、美国埃克森美孚化学公司等。综合来看，国外的专利总量并不是很多，但是相关专利技术主要集中在下游应用企业，有利于快速实施石墨烯在橡胶复合材料领域的产业化应用。

在产业化方面，主要集中在：石墨烯轮胎、石墨烯鞋底材料、石墨烯乳胶制品、石墨烯橡胶输送带和石墨烯橡胶传感器等方向。意大利轮胎生产商 Vittoria 早在 2013 年便致力于研发自行车用石墨烯轮胎技术，在 2015 年推出了量产轮胎，加入了石墨烯技术的轮胎在市场上引起了非同一般的反响；2019 年 Vittoria 又推出了第二代的石墨烯轮胎技术，在 50 km 测试中，应用了第二代石墨烯技术的 Corsa 轮胎比第一代轮胎快了 1.2 min，同时在耐用性、速度、抓地力、气密性、防扎性等方面得到了提升，石墨烯还可以改善车轮散热（降低 15~30 ℃）、增加横向刚度（50%）等。目前，Vittoria 已将最新的石墨烯二代技术应用于旗下大多数的公路和山地轮胎中。

加拿大 Graticmic 公司的最新研究技术显示在轮胎胎面胶中加入少于 10 层的石墨

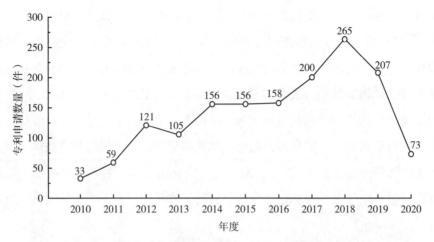

图 3-9   国外石墨烯橡胶复合材料领域专利申请数量的年度分布

烯可以有效改善轮胎的使用寿命和滚动阻力，与大众市场的轮胎和高档品牌的轮胎相比，石墨烯增强的轮胎性能得到了显著改善，其中湿制动和冰制动的改善都超过了40%；在气密层胶料中使用石墨烯会降低透气性，降低气密层厚度，有利于轻量化轮胎的生产制备。著名的轮胎和橡胶公司固特异推出了两种新的自行车轮胎，Eagle F1和 Eagle F1 Supersport，两款轮胎均利用石墨烯技术，重量仅为 180 g（直径 23 mm），具有更好的强度和更低的滚动阻力，改善干湿抓地力和长期耐用性。

俄罗斯 OCSiAl 公司最近利用石墨烯纳米管有效解决了生产无痕抗静电实心轮胎的问题，通过避免静电积聚来确保军用车辆、工业卡车、叉车和手推车的安全运行。这种石墨烯纳米管易于与标准工艺设备结合使用，并且不会导致成本的显著增加，无须额外设备或改变轮胎胶料制造工艺。石墨烯增强的轮胎产品有望推广到全球轮胎市场，实现轮胎技术和安全性的突破。

在石墨烯鞋底材料产业化中，英国运动服装公司与曼彻斯特大学合作生产的新型跑步鞋和健身鞋，将石墨烯融入了鞋底的设计中，使橡胶外底更牢固，更具伸缩性，更耐磨。这些鞋在测试中可以持续穿着超过 1000 mi（1 mi=1609.344 m），并且经过科学证明其寿命比普通跑鞋延长了50%。其中，Inov-8 G-SERIES 系列的运动鞋从 2018年 7 月 12 日开始销售。此外，First Graphene 公司宣布与 SteelBlue 公司一起生产石墨烯热塑性弹性体鞋底和聚氨酯泡沫内底，石墨烯的加入可以改善机械性能，同时在热传递、耐化学性和渗透性等方面显示优势。

在石墨烯橡胶器件产业化中，2014 年 8 月 19 日爱尔兰科学家制备了一种石墨烯导电橡胶复合材料，从而制造出用于可穿戴设备的橡胶传感器，这是世界上首个石墨烯橡胶传感器。2020年3月，加拿大滑铁卢大学的工程师利用三维打印技术，将硅橡胶和超薄石墨烯结合在一起，实现了复杂的结构设计。橡胶/石墨烯传感器可以与电子组件配对，以制造可穿戴设备，记录心脏和呼吸频率，记录运动员跑步时施加的力，允许医生远程监控运动员身体状况。

此外，石墨烯橡胶在电磁屏蔽、介电弹性体、自愈合涂层和密封阻隔等方面也极具产业化前景。随着橡胶制品的多样化，很多应用领域需要橡胶制品具有抗静电、导电性或气体阻隔性等其他性质，石墨烯的各项优异性能为橡胶制品满足各类需求提供了可能。

（二）国内发展现状

对我国在石墨烯橡胶复合材料领域专利统计（图3-10）发现，专利申请数量在2018年之前曾迅速增加，在2018年之后逐渐降低。目前，国内石墨烯橡胶领域的基础研究仍然以高校和科研机构为主，主要包括北京化工大学、四川大学、华南理工大学、青岛科技大学等。虽然国内高校或企业在石墨烯橡胶领域申请专利保护，但是在产业化进程方面明显滞后。

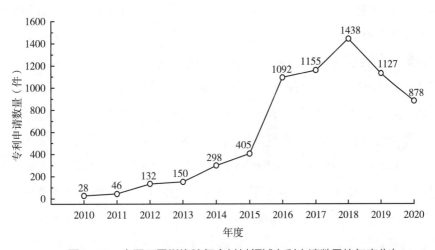

图3-10　中国石墨烯橡胶复合材料领域专利申请数量的年度分布

北京化工大学先进弹性体材料研究中心在石墨烯橡胶复合材料领域做了全面的研究工作，主要集中在石墨烯增强橡胶复合材料、石墨烯导电橡胶复合材料、石墨烯导热橡胶复合材料、石墨烯阻隔橡胶复合材料等领域[24, 42~49]。为了克服石墨烯在橡胶基体中的分散问题，研究团队开展了不同石墨烯橡胶复合方法，其中包括机械共混法、乳液复合法、溶液复合法等加工手段。在这些方法中，乳液复合和溶液复合这类湿法复合技术具有明显的技术优势，将均匀分散的石墨烯分散液与橡胶乳液或橡胶有机溶液进行充分混合，并且可以在复合过程中对石墨烯进行改性或原位还原，经过絮凝技术制备得到高浓度石墨烯橡胶预分散母胶。将石墨烯预分散母胶作为添加剂加入橡胶产品配方中，从而实现橡胶复合材料的性能提升。华南理工大学郭宝春教授团队在石墨烯橡胶界面设计方法、杂化增强原理以及石墨烯橡胶复合工艺等领域进行研究[50~53]。在 2016 年，北京化工大学联合华南理工大学和山东玲珑轮胎股份有限公司共同开发了石墨烯橡胶轮胎，测试结果表明，轮胎的滚动阻力接近欧盟 A 级标准[54]。此外，该联合团队还开发了"淤浆复合"工艺实现石墨烯与橡胶基体的机械共混复合，为石墨烯在橡胶领域的应用提供了新策略[55, 56]。

四川大学依托国家级高分子材料与工程国际联合研究中心平台，与意大利研究机构在石墨烯复合材料研究方面建立国际合作项目，针对石墨烯在橡胶基体中难以分散、石墨烯橡胶复合材料难以规模化制备等技术难题，提出了超声剥离、胶乳混合及原位还原新方法，制备了含均匀分散石墨烯和石墨烯隔离网络的橡胶纳米复合材料，拓展了石墨烯用于橡胶复合材料的应用[57~59]。该技术制备的石墨烯橡胶复合材料力学性能优异，且具有高的电导率和气体阻隔性，可广泛应用于高品质轮胎、特殊密封圈、高性能减震器和橡塑复合材料等。四川大学与成都创威新材料有限公司在石墨烯／橡胶复合材料制备新技术方面签订了专利实施许可及转让协议，有望加快石墨烯／橡胶复合材料技术产品推向市场。上海交通大学张勇教授团队开展石墨烯以及石墨烯杂化填料在橡胶复合材料导电、导热等领域的应用研究[60~62]。

在下游应用企业中，山东玲珑轮胎股份有限公司申请专利报道石墨烯在高耐磨、抗湿滑以及低滚动阻力的轮胎胎面胶、气密层橡胶以及石墨烯导热胶囊等多个产品中的应用技术。青岛双星轮胎工业有限公司在专利 CN105348604A 中公开了一种采用石墨烯材料的高性能轮胎，其胎面具有高耐磨性能、导热性能、抗撕裂性能和抗刺扎性能，防止崩花掉块，其基部胶和三角胶具有低生热、高导热等优点。中国化工集团曙光橡胶工业研究设计院有限公司在专利 CN104262700A 中公开了一种二氧化硅接枝氧化石墨烯／橡胶复合材料的制备方法，该复合材料具有生热低、拉伸强度和撕裂强度高、耐磨性和热稳定性好等特点，应用于航空轮胎胎面胶时，相对于传统的胎面胶，其使用安全性提高，使用寿命延长。中国石油化工股份有限公司在专利

CN105368097A 中公开了一种橡胶纳米复合材料及其制备方法及其应用。该纳米复合材料中含有白炭黑、氧化石墨烯和附着在白炭黑和氧化石墨烯表面的表面改性剂。该纳米复合材料具有优良的分散性和相容性，其硫化橡胶具有良好的拉伸性能、耐磨性能及动态力学性能。

由于石墨烯轮胎具有众多优点，近年来，国内新材料企业和橡胶企业争先恐后地加入开发研制的行列。国内石墨烯橡胶复合材料产业化主要以石墨烯轮胎、石墨烯乳胶制品以及石墨烯鞋底材料为主。近年来，国内涌现一些石墨烯橡胶母胶原材料开发企业，如成都创威新材料有限公司、多凌新材料科技股份有限公司、河北西姆克科技股份有限公司等，将石墨烯预分散橡胶基体中制备得到高浓度的石墨烯橡胶母粒，与下游应用企业合作拓展石墨烯在轮胎、密封、减震等多个领域的应用。但是由于当前石墨烯原材料成本较高、石墨烯与橡胶复合工艺复杂等因素，国内石墨烯橡胶领域技术发展仍然以实验室研发和实验室小试为主，石墨烯在橡胶领域的产业化应用进程相对缓慢。

早在 2012 年，山东玲珑轮胎股份有限公司率先与北京化工大学达成合作，共同开展石墨烯轮胎的基础和应用研究。在研究后期，山东玲珑股份有限公司推出石墨烯增强纳米复合材料胎面半钢子午线轮胎。

2016 年 3 月 28 日，双星全球研发中心暨石墨烯轮胎中心实验室举行奠基仪式，建立全球开放的高性能轮胎研发、检测、认证平台和全球领先的石墨烯轮胎中心实验室，实现高端石墨烯轮胎的超前研发和产业化。2016 年 9 月 14 日，青岛华高墨烯科技股份有限公司与青岛森麒麟轮胎股份有限公司合作，采用石墨烯与橡胶复合改性制备技术，生产出了石墨烯导静电轮胎。

2017 年 4 月 13 日，正新轮胎还推出石墨烯 C922F 轮胎。这款轮胎具备优异的强度、柔韧等特性，湿地抓地力和低滚阻性得到提升。10 月 27 日，青岛森麒麟轮胎股份有限公司和青岛华高墨烯科技股份有限公司合作生产的"石墨烯导静电轮胎"产品，获得科技成果鉴定证书。

2018 年 10 月 8 日，工业与信息化部公示《重点新材料首批次应用示范指导目录（2018 版）》，石墨烯导静电轮胎位列其中。10 月 10 日，青岛双星股份有限公司宣布石墨烯轮胎已经研发成功，但因涉及材料、成本及更好地满足用户等问题，目前还正在进一步优化并且推进研发的商品化。11 月 26 日海南天然橡胶产业集团股份有限公司与中国航发北京航空材料研究院签订了合作框架协议，共同揭牌成立特种天然橡胶联合实验室，双方提出了将攻关首个高端材料研发项目——石墨烯 / 天然橡胶复合材料，致力于打造国内第一条石墨烯 / 天然橡胶复合材料生产线。双方将在中国航发航材院石墨烯基础研究及应用的基础上，结合海胶集团天然橡胶复合材料湿法混炼技术，将石墨烯引入天然橡胶材料，提升天然橡胶物理性能的同时，实现天然橡胶的功能化。

2019 年 5 月 20 日，江苏通用科技股份有限公司，投资中航装甲科技有限公司新材料（石墨烯）及环保领域项目，进军石墨烯新材料行业。

2020 年 8 月 14 日，北京石墨烯研究院与宁夏神州轮胎公司达成合作，将石墨烯应用在航空胎、载重胎、半钢胎、工程胎各部位胶料中，提升轮胎的各种性能。

森麒麟股份有限公司的石墨烯轮胎产品自 2016 年已经开始进行批量试制，一期 5 年计划生产 500 万条，二期 5 年计划生产 1000 万条，主要生产 17 in 以上的轮胎。

在石墨烯鞋底材料领域，2019 年 7 月 24 日贵人鸟股份有限公司与晋江市石墨烯产业技术研究院研发一双 120 g 的石墨烯运动鞋，石墨烯橡胶发泡因其突出的弹力、耐磨、止滑等性能，可以广泛应用于皮鞋、运动鞋、拖鞋等多个品种。

在装备方面，近年来，国内橡胶领域为了能够发挥石墨烯在橡胶中的优势，发展了液相复合工艺，实现石墨烯在橡胶基体中的良好分散。北京化工大学先进弹性体材料研究中心团队已经形成了石墨烯橡胶乳液复合 / 絮凝工艺产线装备，实现石墨烯在橡胶基体中的均匀分散，开发的石墨烯母胶产品可在轮胎、减震制品等领域应用。四川大学夏和生教授团队联合成都创威新材料有限公司开发了乳液复合原位还原石墨烯橡胶复合材料复合装备，解决石墨烯在橡胶基体中难以分散的难题，实现技术转化，建立了示范生产线，开发了石墨烯橡胶复合材料母料系列产品，在轮胎、鞋类产品中得到应用。

三、关键技术瓶颈及存在问题

（一）关键技术瓶颈

1. 石墨烯材料制备技术及成本控制

经过多年的自主研发，我国在石墨烯规模化生产技术和工艺装备等方面均取得重大进展，但低成本规模化制备技术、绿色制备技术等方面仍存在技术瓶颈。目前商业化的石墨烯产品普遍存在尺寸和层数不均匀、单层石墨烯含量低、比表面积远低于理论值、没有分级、成本高等问题。市场产品普遍存在不同批次石墨烯产品质量不稳定、性质差异性大的问题，无法真正体现石墨烯的各种优异性能，这些问题都阻碍了石墨烯进一步走向市场。尤其对于橡胶制品企业利润较低、石墨烯原材料的不同批次产品品质变化以及高成本会让橡胶制品生产企业望而却步。

2. 石墨烯分散技术

传统的橡胶材料加工主要依靠橡胶机械完成橡胶与各种助剂的混合，石墨烯材料仅依靠橡胶机械剪切力难以在高黏度的橡胶基体中实现良好分散，石墨烯聚集体成为应力集中点，诱导缺陷产生，影响产品性能。石墨烯在橡胶中的高效分散技术仍然是目前的关键技术难题，今后仍然是石墨烯橡胶复合材料领域应用研究的主要攻关项目。

3. 石墨烯的表面物理化学性质调控设计技术

橡胶复合材料用途广泛，在不同的应用场合需要橡胶制品具有不同的性能要求，比如橡胶材料的力学强度、导热、导电、阻隔等性能，这些不同性能对石墨烯的表面化学性质都具有独特的要求。因此，需要对石墨烯表面物理化学性质进行针对性的调控设计，实现提升橡胶制品某一项性能。

（二）产业发展存在的问题

1. 低成本石墨烯材料的供给

目前市场上质量较高的石墨烯的价格在 20～100 元 / g，这远远超过轮胎行业能够承受的极限。因此，如何在保证石墨烯品质的前提下，大幅度降低石墨烯的成本是产业发展的重中之重。

2. 低成本石墨烯与橡胶材料的复合技术

由于石墨烯在粉体状态下极易聚集，因此采用传统的机械混合方法很难实现石墨烯的高分散，难以发挥石墨烯的单片层优势，进而无法实现石墨烯轮胎性能的提升。因此，如何开发环保、低成本、高性能的石墨烯预分散体是目前产业发展的存在的一个重要问题。

四、石墨烯橡胶复合材料发展路线图

（一）重点发展技术

1. 低成本高品质石墨烯制备技术

目标：在保证石墨烯片层结构完整的基础上，通过有效平衡石墨烯的尺寸、比表面积、导电和导热性能和成本之间的平衡，发展低成本的石墨烯，获得有商业利润价值的石墨烯／橡胶产品。

发展路径：预计 2025 年实现轮胎橡胶材料用石墨烯价格 1 元／g；2035 在 0.5 元／g。

2. 石墨烯在橡胶中高效分散技术

目标：利用石墨烯表面化学性质调控或石墨烯橡胶母胶复合制备技术，将改性石墨烯或石墨烯母胶粉体直接经过常规橡胶加工机械途径实现与橡胶复合，简化石墨烯与橡胶复合工艺，降低工艺成本。

发展路径：预计 2025 年实现千吨级高分散石墨烯生产线；2035 年实现万吨级高分散石墨烯生产线。

3. 石墨烯界面修饰技术

目标：为了发挥石墨烯的特点，需要重点解决石墨烯与橡胶材料体系中其他组分间的界面关系，尤其是强化石墨烯与橡胶分子链界面作用，提升橡胶材料的模量、耐磨性能等。

发展路径：预计 2025 年，针对具体的橡胶产品，能够实现稳定的界面修饰技术，并实现正常生产；2035 年，相关石墨烯厂家能够实现稳定的表面修饰石墨烯的牌号并实现大量市场供应。

4. 石墨烯在橡胶中的取向技术

目标：石墨烯作为一种各向异性材料，且具有高长径比。因此，实现石墨烯在某一方向上的定向排列将有助于排列方向上性能的提升。

发展路径：预计 2025 年，形成成熟的石墨烯在橡胶中的取向技术；2035 年，石墨烯取向技术能够实现具体的应用。

5. 石墨烯与其他纳米填料的复合技术

目标：为了发挥石墨烯与其他纳米填料的协同效应，开展石墨烯与炭黑、白炭黑、碳纳米管以及其他橡胶助剂的复合具有重要的应用意义。石墨烯复合填料将优化橡胶纳米复合材料的微观结构，从而提高橡胶复合材料的性能。

发展路径：预计 2025 年，将形成石墨烯与所有橡胶用纳米填料的复合技术，形成系列化产品；2035 年，将在橡胶大宗产品中获得应用。

（二）重点产品及应用

2025 年：石墨烯轿车轮胎、石墨烯载重轮胎、柔性导电制品、柔性导热制品、密封制品、胶乳制品均可实现应用。

2035 年：石墨烯航空轮胎、石墨烯月球（火星等）车轮胎、宽温域橡胶密封制品等可实现应用。

石墨烯橡胶产品产能与市场预测见表3-4。

表3-4　石墨烯橡胶产品产能与市场预测

重点产品	2025 年	2035 年
轿车及卡车胎用石墨烯轮胎	小轿车用石墨烯轮胎性能达到欧盟标签法的双 A 标准。产能达到 2000 万条，销售额 100 亿元	载重轮胎性能提升 50%，产能达到 5000 万条，销售额 300 亿元
石墨烯航空轮胎	国产石墨烯航空轮胎起落寿命提升 30%，产能 50 万条，销售额 25 亿元	国产石墨烯航空轮胎起落寿命提升 60%，产能 100 万条，销售额 50 亿元
石墨烯密封制品	石墨烯橡胶产品的密封性能提升 50%，产能 100 亿元	石墨烯橡胶产品的密封性能提升 80%，产能 200 亿元
柔性石墨烯导电制品	石墨烯导电橡胶的性能提升 20%，产能 20 亿元	石墨烯导电橡胶的性能提升 50%，产能 50 亿元
柔性石墨烯导热制品	石墨烯导热橡胶的性能提升 30%，产能 30 亿元	石墨烯导热橡胶的性能提升 60%，产能 60 亿元

（三）石墨烯橡胶复合材料发展路线图

石墨烯橡胶复合材料发展路线图见图3-11。

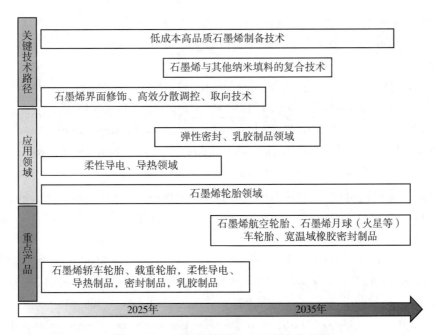

图 3-11　石墨烯橡胶复合材料发展路线图

参考文献

［1］Lee C，Wei X，Kysar J W，et al. Measurement of the Elastic Properties and Intrinsic Strength of Monolayer Graphene［J］. Science，2008，321（5887）：385-388.

［2］Geim A K，Novoselov K S. The rise of graphene［J］. Nature Materials，2007（6）：183-191.

［3］Kumar H，Xavior M A. Graphene Reinforced Metal Matrix Composite（GRMMC）：A Review［J］. Procedia Engineering，2014（97）：1033-1040.

［4］Kim H，Abdala A A，Macosko C W. Graphene/Polymer Nanocomposites［J］. Macromolecules，2015，43（16）：6515-6530.

［5］Bai S，Shen X. Graphene-inorganic nanocomposites［J］. Rsc Advances，2011，2（1）：64-98.

［6］Tang L C，Wan Y J，D Yan，et al. The effect of graphene dispersion on the mechanical properties of graphene/epoxy composites［J］. Carbon，2013（60）：16-27.

［7］Hu K，Kulkarni D D，Choi I，et al. Graphene-polymer nanocomposites for structural and functional applications［J］. Progress in Polymer Science，2014，39（11）：1934-1972.

［8］Jia Z，Zhang M，Liu B，et al. Graphene Foams for Electromagnetic Interference Shielding：A Review［J］. ACS Applied Nano Materials，2020，3（7）：6140-6155.

［9］Papageorgiou D G，Kinloch I A，Young R J. Graphene/elastomer nanocomposites［J］. Carbon，2015（95）：460-484.

［10］Araby S，Zhang L，Kuan H C，et al. A novel approach to electrically and thermally conductive elastomers using graphene［J］. Polymer，2013，54（14）：3663-3670.

［11］Araby S，Zaman I，Meng Q，et al. Melt compounding with graphene to develop functional，high-performance elastomers［J］. Nanotechnology，2013，24（16）：165601-165601.

［12］Araby S，Meng Q，Zhang L，et al. Electrically and thermally conductive elastomer/graphene nanocomposites by solution mixing［J］. Polymer，2014，55（1）：201-210.

［13］Xing W，Tang M，Wu J，et al. Multifunctional properties of graphene/rubber nanocomposites fabricated by a modified latex compounding method［J］. Composites Science & Technology，2014（99）：67-74.

［14］Yang H，Liu P，Zhang T，et al. Fabrication of natural rubber nanocomposites with high graphene contents via vacuum-assisted self-assembly［J］. Rsc Advances，2014，4（53）：27687-27690.

［15］Aguilar-Bolados H，Lopez-Manchado M A，Brasero J，et al. Effect of the morphology of thermally reduced graphite oxide on the mechanical and electrical properties of natural rubber nanocomposites［J］. Composites Part B Engineering，2016（87）：350-356.

［16］Potts J R，Shnankar O，Du L，et al. Processing-morphology-property relationships and composite theory analysis of reduced graphene oxide/natural rubber nanocomposites［J］.

Macromolecules, 2012, 45 (15): 6045–6055.

[17] Lin Y, Liu K, Chen Y, et al. Influence of graphene functionalized with zinc dimethacrylate on the mechanical and thermal properties of natural rubber nanocomposites [J]. Polymer Composites, 2015, 36 (10): 1775–1785.

[18] Liu X, Kuang W, Guo B. Preparation of rubber/graphene oxide composites with in-situ interfacial design [J]. Polymer, 2015 (56): 553–562.

[19] Xie Z, Luo M, Huang C, et al. Effects of graphene oxide on the strain-induced crystallization and mechanical properties of natural rubber crosslinked by different vulcanization systems [J]. Polymer, 2018 (151): 279.

[20] Wu X. Natural rubber/graphene oxide composites: Effect of sheet size on mechanical properties and strain-induced crystallization behavior [J]. Express Polymer Letters, 2015, 9 (8): 672–685.

[21] Li F, Yan N, Zhan Y, et al. Probing the reinforcing mechanism of graphene and graphene oxide in natural rubber [J]. Journal of Applied Polymer Science, 2013, 129 (4): 2342–2351.

[22] Wen S, Zhang R, Xu Z, et al. Effect of the Topology of Carbon-Based Nanofillers on the Filler Networks and Gas Barrier Properties of Rubber Composites [J]. Materials, 2020, 13 (23): 5416.

[23] Wu J, Huang G, Li H, et al. Enhanced mechanical and gas barrier properties of rubber nanocomposites with surface functionalized graphene oxide at low content [J]. Polymer, 2013, 54 (7): 1930–1937.

[24] Mao Y, Wen S, Chen Y, et al. High Performance Graphene Oxide Based Rubber Composites [J]. Scientific Reports, 2013 (3): 2508.

[25] Zheng L, S Jerrams, Xu Z, et al. Enhanced gas barrier properties of graphene oxide/rubber composites with strong interfaces constructed by graphene oxide and sulfur [J]. Chemical Engineering Journal, 2019 (383): 123100.

[26] Thomas B, Maria H, George G, et al. A novel green approach for the preparation of high performance nitrile butadiene rubber-pristine graphene nanocomposites [J]. Composites Part B, 2019, 175 (15): 107174.

[27] Ponnamma D, Sadasivuni K K, Strankowski M, et al. Synergistic effect of multi walled carbon nanotubes and reduced graphene oxides in natural rubber for sensing application [J]. Soft Matter, 2013, 9 (43): 10343–10353.

[28] Jibin K P, Prajitha V, Thomas S. Silica-graphene oxide reinforced rubber composites [J]. Materials Today Proceedings, 2021 (34): 502–505.

[29] Yaragalla S, Chandran C S, Kalarikkal N, et al. Effect of reinforcement on the barrier and dielectric properties of epoxidized natural rubber-graphene nanocomposites [J]. Polymer Engineering & Science, 2015, 55 (11): 2439–2447.

[30] Yaragalla S, Sindam B, Abraham J, et al. Fabrication of graphite–graphene–ionic liquid modified carbon nanotubes filled natural rubber thin films for microwave and energy storage applications [J]. Journal of Polymer Research, 2015 (22): 137.

[31] Kotal M, Banerjee S S, Bhowmick A K. Functionalized graphene with polymer as unique strategy in tailoring the properties of bromobutyl rubber nanocomposites [J]. Polymer, 2016 (82): 121–132.

[32] Sreenath P R, Mandal S, Singh S, et al. Remarkable synergetic effect by in–situ covalent hybridization of carbon dots with graphene oxide and carboxylated acrylonitrile butadiene rubber [J]. Polymer, 2019 (175): 283–293.

[33] Saha T, Bhowmick A K, Oda T, et al. Influence of layered nanofillers on the mechanical properties and thermal degradation of polyacrylicester polymer: Theoretical and experimental investigations [J]. Composites Part B: Engineering, 2019 (169): 65–78.

[34] Li S, Li Z, Burnett T L, et al. Nanocomposites of graphene nanoplatelets in natural rubber: microstructure and mechanisms of reinforcement [J]. Journal of Materials Science, 2017 (52): 9558–9572.

[35] Young R J, Liu M, Kinloch I A, et al. The mechanics of reinforcement of polymers by graphene nanoplatelets [J]. Composites Science and Technology, 2018 (154): 110–116.

[36] Liu M, Papageorgiou D G, Li S, et al. Micromechanics of reinforcement of a graphene–based thermoplastic elastomer nanocomposite [J]. Composites Part A, 2018 (110): 84–92.

[37] Liu M, Cataldi P, Young R J, et al. High–performance fluoroelastomer–graphene nanocomposites for advanced sealing applications [J]. Composites Science and Technology, 2020 (202): 108592.

[38] Liu M, Hui J H, Kinloch I A, et al. Deformation and tearing of graphene–reinforced elastomer nanocomposites [J]. Composites Communications, 2021 (25): 100764.

[39] Iliut M, Silva C, Herrick S, et al. Graphene and water–based elastomers thin–film composites by dip–moulding [J]. Carbon, 2016 (106): 228–232.

[40] Alberto M, Iliut M, Pitchan M K, et al. High–grip and hard–wearing graphene reinforced polyurethane coatings [J]. Composites Part B: Engineering, 2021, 213 (5): 108727.

[41] Nwosu C N, Iliut M, Vijayaraghavean A, et al. Graphene and water–based elastomer nanocomposites–a review [J]. Nanoscale, 2021, 13 (21): 9505–9540.

[42] Dong B, Liu C, Zhang L, et al. Preparation, fracture, and fatigue of exfoliated graphene oxide/ natural rubber composites [J]. RSC Advances, 2015, 5 (22): 17140–17148.

[43] Tian M, Zhang J, Zhang L, et al. Graphene encapsulated rubber latex composites with high dielectric constant, low dielectric loss and low percolation threshold [J]. Journal of Colloid & Interface Science, 2014 (430): 249–256.

[44] Lei W, Wang W, Ye F, et al. Enhanced electrical and mechanical properties of rubber/graphene

film through layer-by-layer electrostatic assembly [J]. Composites Part B Engineering, 2016 (90): 457-464.

[45] Guo H, Jerrams S, Xu Z, et al. Enhanced fatigue and durability of carbon black/natural rubber composites reinforced with graphene oxide and carbon nanotubes [J]. Engineering Fracture Mechanics, 2019 (223): 106764.

[46] Xu Z, Jerrams S, Guo H, et al. Influence of graphene oxide and carbon nanotubes on the fatigue properties of silica/styrene-butadiene rubber composites under uniaxial and multiaxial cyclic loading [J]. International Journal of Fatigue, 2020 (131): 105388.

[47] Li J, Zhao X, Wu W, et al. Bubble-templated rGO-graphene nanoplatelet foams encapsulated in silicon rubber for electromagnetic interference shielding and high thermal conductivity [J]. Chemical Engineering Journal, 2021 (415): 129054.

[48] Zheng L, Wang D, Xu Z, et al. High barrier properties against sulfur mustard of graphene oxide/butyl rubber composites [J]. Composites Science and Technology, 2018 (170): 141-147.

[49] Li J, Zhao X, Zhang Z, et al. Construction of interconnected Al_2O_3 doped rGO network in natural rubber nanocomposites to achieve significant thermal conductivity and mechanical strength enhancement [J]. Composites Science and Technology, 2020 (186): 107930.

[50] Tang Z, Zhang L, Feng W, et al. Rational Design of Graphene Surface Chemistry for High-Performance Rubber/Graphene Composites [J]. Macromolecules, 2014, 47 (24): 8663-8673.

[51] Tang Z, Wu X, Guo B, et al. Preparation of butadiene-styrene-vinyl pyridine rubber-graphene oxide hybrids through co-coagulation process and in situ interface tailoring [J]. Journal of Materials Chemistry, 2012, 22 (15): 7492-7501.

[52] Yang G, Liao Z, Yang Z, et al. Effects of substitution for carbon black with graphene oxide or graphene on the morphology and performance of natural rubber/carbon black composites [J]. Journal of Applied Polymer Science, 2015, 132 (15): 41832.

[53] Tang Z, Wei Q, Lin T, et al. The use of a hybrid consisting of tubular clay and graphene as a reinforcement for elastomers [J]. Rsc Advances, 2013, 3 (38): 17057-17064.

[54] Yang Z, Liu J, Liao R, et al. Rational design of covalent interfaces for graphene/elastomer nanocomposites [J]. Composites Science and Technology, 2016 (132): 68-75.

[55] Yang Z, Xu Z, Zhang L, et al. Dispersion of graphene in chlorosulfonated polyethylene by slurry compounding [J]. Composites Science and Technology, 2018 (162): 156-162.

[56] Tang Z, Liu X, Hu Y, et al. A slurry compounding route to disperse graphene oxide in rubber [J]. Materials Letters, 2017 (191): 93-96.

[57] Zhan Y, Lavorgna M, Buonocore G, et al. Enhancing electrical conductivity of rubber composites by constructing interconnected network of self-assembled graphene with latex mixing [J]. Journal of Materials Chemistry, 2012, 22 (21): 10464-10468.

［58］Zhan Y，Wu J，Xia H，et al. Dispersion and Exfoliation of Graphene in Rubber by an Ultrasonically-Assisted Latex Mixing and In situ Reduction Process［J］. Macromolecular Materials & Engineering，2011，296（7）：590-602.

［59］Zhan Y，Wang J，Zhang K，et al. Fabrication of a flexible electromagnetic interference shielding Fe_3O_4@reduced graphene oxide/natural rubber composite with segregated network［J］. Chemical. Engineering Journal，2018（344）：184-193.

［60］Song S，Zhang Y. Carbon nanotube/reduced graphene oxide hybrid for simultaneously enhancing the thermal conductivity and mechanical properties of styrene-butadiene rubber［J］. Carbon 2017（123）：158-167.

［61］Song J，Zhang Y. Vertically Aligned Silicon Carbide Nanowires/Reduced Graphene Oxide Networks for Enhancing the Thermal Conductivity of Silicone Rubber Composites［J］. Composites Part A Applied Science and Manufacturing，2020（133）：105873.

［62］Liu Z，Zhang H，Song S，et al. Improving thermal conductivity of styrene-butadiene rubber composites by incorporating mesoporous silica@solvothermal reduced graphene oxide hybrid nanosheets with low graphene content［J］. Composites Science & Technology，2017（150）：174-180.

第四节 石墨烯储能技术

一、技术简介

（一）技术分类及进展

碳的应用，是解决非碳电极材料问题的重要手段。传统的碳材料如石墨、软碳、硬碳等直接作为锂离子电池负极材料受限于插层反应机制导致本身容量较低，而作为非活性物质如导电添加剂往往又因其零维结构很难最大程度地发挥电子导电作用。石墨烯作为 sp^2 杂化的碳质材料的基本组成单元，自 2004 年经由机械剥离法被成功制备以来，因其独特的力学、电学、热学、光学和化学性质，在电储能、热储能、氢储能方面展现出巨大的应用潜力，目前能够实现商业化应用主要集中在电化学储能，主要包括：锂离子电池、超级电容器、铅酸电池、锂金属二次电池、锂－硫电池和锂－空气电池等[1~15]，但目前能够实现商业化应用的仅为锂离子电池、铅酸电池和超级电容器三个方向。

1. 锂电池

锂电池（包括锂离子电池或锂金属二次电池）是当前应用最为广泛的电化学储能技术，涵盖 3C 电子产品、电动汽车与规模储能等众多领域，尤其是近年来步入高速增长期的电动汽车产业更是带动了锂离子电池产业的蓬勃发展，同时也对锂离子电池的性能提出了更高要求，而发展新型电极材料是实现锂离子电池性能跃升的必由之路。石墨烯优异的导电性和柔性薄片结构在助力电极材料创新设计与性能提升方面可发挥重要作用，例如对于行业公认的取代现有石墨负极的下一代高容量硅负极材料，通过石墨烯复合可以显著缓解其体积膨胀，大幅延长其循环寿命，有望为行业急需的高比能锂离子电池提供材料解决方案[16~19]。此外，石墨烯作为电极的导电添加剂可广泛应用于各种类型的锂离子电池，起到降低极片电阻，提升电池倍率性能和循环寿命的作用[20~22]，目前已逐步开始商业应用。

此外，鉴于锂离子电池的能量密度已逐渐逼近其理论值（约 400 Wh/kg），具有更高能量密度的锂金属二次电池（＞500 Wh/kg）近年来备受关注。但由于金属锂负极存在的可逆性与稳定性差等问题导致锂金属二次电池的循环寿命与安全性等远远无法满足实际应用需要，通过石墨烯对金属锂进行复合改性有望改善锂的可逆沉积，从而为锂金属二次电池技术发展提供助力[14, 15, 23~26]。

2. 超级电容器

超级电容器是一种介于传统电容器和二次电池之间的新型储能器件，通过电极材料与电解质之间形成的界面双电层来存储能量。该储能机制决定了超级电容器在能量密度上不及锂离子电池的1/10，但却具有极其优异的功率特性和超长的循环寿命，因此与锂离子电池形成了很好的互补，在电网调频、大功率工程机械及电磁武器等需要超高功率的应用领域具有独特优势。尽管如此，提高能量密度始终是超级电容器技术的重要发展方向，以此能够不断拓展其应用局限性。基于双电层储能机制，超级电容器电极材料的比容量很大程度上取决于其比表面积，而具有超高比表面积的石墨烯被认为是理想的电极材料，有望为超级电容带来新的技术变革[3, 4, 7, 27~30]。

3. 其他电化学储能技术

由于锂元素储量有限，发展其他非锂的离子电池近年来成为电化学储能领域新的研究方向，目前主要研究体系包括钠、钾、铝、锌和镁离子电池。各个体系由于其电化学反应动力学、阳离子尺寸及其溶剂化问题的不同，在电池材料体系上存在差异，但其工作原理和锂离子电池类似，待解决的关键科学问题也与锂离子电池殊途同归。石墨烯作为导电和高机械强度的二维材料，其在锂离子电池中的应用研究成果可以在很大程度上借鉴应用到其他离子电池研究中，为电池关键材料创新提供可能的解决方案，为实现高功率、高能量密度以及长循环寿命的新型储能体系奠定基础。

液流电池由于其正负极材料分布于电解液中，可以实现电化学反应和活性物质储存空间的分离，且具有电化学反应可逆性好、容量高与循环寿命长的优势，因此适用于规模储能。目前常见的液流电池包括全钒液流电池、锂离子液流电池、锌溴液流电池、多硫化钠/溴液流电池等，未来需要对正负极材料、离子交换膜以及新型绿色廉价电解液等关键材料，包括电池构造等方面进行研究，以满足大规模、高效的储能技术，而石墨烯材料有望为解决电极材料的可逆性以及制备高性能离子交换膜带来新的机遇[31~35]。

近年来，可穿戴电子设备的研究日新月异，其对于电化学储能器件提出了新的要求，不仅需要有高能量密度和功率密度，还需具备机械柔韧性和形状适应性。不论是电池或超级电容器，提升电极的强度与认识是实现器件可弯折性能的重要前提。二维片状结构的特性赋予石墨烯材料在改善柔性电极力学特性方面的能力，而且石墨烯还可作为提升活性材料层电化学性能以及稳定性的关键支撑材料，为构筑高性能柔性储能器件提供创新解决方案[7, 36~41]。

经过十几年发展，石墨烯在储能领域所具备的巨大应用潜力已得到学术界与产业界的广泛共识，全球范围内的持续研究投入也不断拓展着石墨烯在各种电化学储能器件中的应用可能性，并在若干技术领域已经展现出可能的商业化应用前景。但总体而言，目前石墨烯在储能领域的应用技术成熟度并不高，除了用于锂离子电池的石墨烯导电添加剂等少数应用已经实现产业化之外，其他技术方向多处于基础研究阶段，或基础研究向工程化技术转化的过渡期，尚需较长时间的培育与孵化方能实现商业化应用。

（二）技术主要应用

1. 新能源汽车

新能源汽车产业无疑是电化学储能最为重要的应用领域，产业规模巨大。追求更长续航里程、更快充电速度和更好安全性始终是新能源汽车产业的核心技术目标，其关键在于不断提升动力锂离子电池的综合性能。石墨烯凭借其优异的导电性能和独特的柔性薄片状结构有望为高比能、高功率和长寿命锂离子电池技术提供关键材料解决方案，从而有力推动新能源汽车产业发展。

2. 规模储能

大规模能源存储在智能电网和能源互联网中发挥着重要作用，能极大提升电网利用风能、太阳能等可再生能源的效率，在调控峰谷电力储存上也有不可或缺的作用。锂离子电池与超级电容器等储能技术如今已经在该领域得到广泛应用，同样的，利用石墨烯有望全方位提升其能量密度、功率密度以及使用寿命等关键技术指标，从而实现规模储能技术升级。

3. 3C 电子产品

便携式电子产品的普及对电池体积与质量能量密度、充电速度及使用寿命等提出了更高的要求，石墨烯同样有望提供材料端的解决方案。例如，石墨烯优异的机械性能可以为下一代高容量硅负极提供抑制体积膨胀和电极粉化的解决方案，助力开发出下一代高比能、长寿命消费类锂离子电池产品。

4. 可穿戴电子设备

可穿戴设备是电子产品的重要发展趋势，而柔性储能器件则是重要组成部分。柔性储能对于材料与器件在反复形变工况下的稳定性提出了更为严苛的要求，与现有静态储能器件相比需要在材料匹配与器件设计等方面进行全面创新。石墨烯兼具高强度与柔性，并具有轻质和高导电等优势，有望在面向未来的柔性储能器件设计构建中发挥重要作用。

二、国内外发展现状

（一）国外发展现状

中国科学院宁波材料所发布的《2021 石墨烯储能领域应用专利分析报告》显示，全球在石墨烯储能领域应用相关专利至今共计 6415 件（如图 3-12）。专利申请开始于 2003 年，到 2009 年每年相关专利申请量较少；2010 年，诺贝尔物理学奖颁给两位石墨烯发现者，全球范围内掀起了石墨烯研究的热潮。同时，随着石墨烯规模化制备工艺的突破，各国政府相继出台政策支持石墨烯相关研究，大量的研究团队涌进石墨烯储能领域，石墨烯在储能领域应用相关专利申请进入快车道。2018 年当年，相关专利申请量达到 1136 件，达到历年最高点。

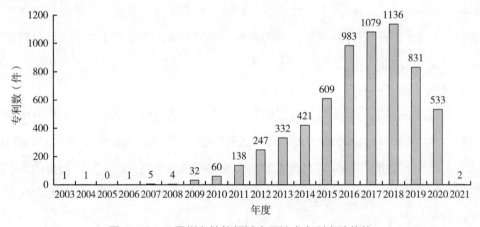

图 3-12　石墨烯在储能领域应用技术专利申请趋势

石墨烯储能领域应用技术研究的优势国家和地区包括中国、美国、韩国、日本、德国、印度等。如图 3-13 所示，中国（不含港澳台）申请人在相关领域专利申请量最多，占比达 81.6%。专利申请数量排名第二、第三的为美国、韩国，占比分别为 7.3% 和 4.9%。

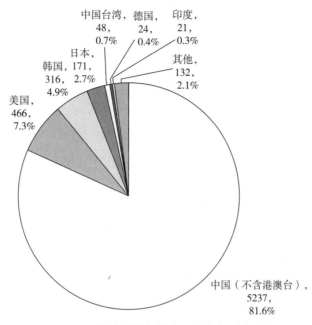

图 3-13　石墨烯在储能领域应用技术专利申请来源

　　目前，国际上对石墨烯储能领域应用研究主要集中于基础原理探索，且研究多以高等院校和科研院所为主，少数企业（如三星研究院）会以前瞻性研究作为切入点。主要的研究方向包括锂离子电池、锂金属二次电池、金属空气电池、水系电池以及诸多新型的储能体系。优势国家和地区的主要研究团队及其重点技术介绍如下。相比于在应用基础研究方面取得的成果，目前国外在石墨烯储能领域应用的产业化进程相对较为缓慢。

　　欧洲的石墨烯旗舰计划专门设立了能源与储能两个工作组，用于开展石墨烯在储能与新能源发电方面的研究与布局，表 3-5 总结了欧洲在石墨烯储能领域应用研究重点单位及重点技术布局。

表 3-5　欧洲石墨烯储能领域应用研究重点单位及重点技术布局

代表单位	重点专利布局方向
英国曼彻斯特大学	主要以石墨烯工程创新研究所（GEIC）、国家石墨烯研究院（NGI）两个机构为主。其石墨烯能源方面的研究主要围绕三个方面，一个是改进传统锂电池，提升其能量密度、寿命、安全性等性能，主要涉及硅碳负极、锂硫电池、固态电池等方面研究；二是石墨烯超级电容器电池，致力于开发用于汽车及飞机等交通运输领域；三是与合作伙伴一起开发与太阳能、风能相匹配的新能源储能系统[42~48]

续表

代表单位	重点专利布局方向
英国帝国理工学院	氮掺杂石墨烯材料改进混合液流电池[49]
德国弗劳恩霍夫应用研究促进协会	固态电解质、锂电池的阴极和其无溶剂生产工艺、锂硫电池阴极[50~54]
慕尼黑工业大学	基于微孔 MOFs 和导电石墨烯的超级电容器电池[55, 56]
瑞士洛桑联邦理工学院	基于无机空穴导体的钙钛矿、氧化钛气凝胶复合材（染料敏化电池）[57, 58]

　　美国在石墨烯储能领域应用方面的研究主要集中在高性能锂电池材料、锂硫电池、固态电池、新型超级电容器电池、钙钛矿太阳能电池、燃料敏化太阳能电池、钠离子电池等方面，这其中涉及多个由美国能源部、太空总署、国防部、海军研究办公室支持的储能项目。代表机构有宾夕法尼亚州立大学、加利福尼亚大学、西北大学、莱斯大学、斯坦福大学等，其中斯坦福大学的崔屹教授在锂硫电池方面的研究在全球都具有重要影响，表 3-6 总结了美国在石墨烯储能领域应用研究重点单位及重点技术布局。

表 3-6　美国石墨烯储能领域应用研究重点单位及重点技术布局

代表单位	重点专利布局方向
宾夕法尼亚州立大学	基于石墨烯的微型超级电容器、新型高性能非对称超级电容器（氧化锰和氧化锰钴为正极，氧化石墨烯为负极）[59, 60]
加利福尼亚大学	多孔碳涂覆的氟磷酸钒锂材料的锂离子电池阴极、碳/硫电极材、溶剂化石墨烯骨架作为锂离子电池的高性能阳极、二氧化硅涂覆的硫粒子混合氧化石墨烯电极、新型石墨烯支架电容器、钙钛矿太阳能电池、太阳能电池用石墨烯核/壳纳米透明导体[3, 37, 61~67]
加州理工学院	锂硫电池用碳纳米管/石墨烯/硅负极、固体聚合物电解质、无隔膜硅硫电池的碳纳米管石墨烯混合结构、基于石墨烯的异质结柔性太阳能电池[68, 69]
西北大学	石墨烯包覆纳米粒子的锂电池阳极、含石墨烯的电极复合材料、石墨烯涂覆锂锰氧化物尖晶石阴极、纳米立方四氧化三钴/少层石墨烯阳极、染料敏化太阳能电池用碳/二氧化钛纳米复合薄膜[25, 70~73]
莱斯大学	三维石墨烯材料、高表面积多孔碳材料电极、含硫碳纳米管/石墨烯阵列电极[28, 74~76]
斯坦福大学	锂硫电池、硅碳负极、柔性锂硫电池、锂硅合金/石墨烯箔片负极（高性能锂硫电池）、锰氢电池、高可逆容量钠离子电池等[16, 77~82]

续表

代表单位	重点专利布局方向
耶鲁大学	基于氧化石墨烯的超薄涂层材料，该材料具有延长锂硫电池寿命并提高其效率的潜力[83]
华盛顿州立大学	石墨烯钠离子电池[84]
麻省理工学院	有机钙钛矿太阳能电池[85]
普林斯顿大学	含功能化石墨烯三维结构材料的染料敏化太阳能电池、太阳能电池的石墨烯电极[86, 87]

韩国在石墨烯储能领域应用方面的研究主要集中在锂离子电池、锂金属电池、钙钛矿太阳能电池、燃料敏化太阳能电池等领域，重点方向在固态电池这类新型电池。日本致力于降低电池的成本和提高电池的使用寿命，因此展开了多个项目进行技术研发，包括风电项目、车载电池、固定式储能电池、电池材料技术评价等，涉及的储能技术有锂电池、镍氢电池、钠硫电池、锂硫电池、全钒液流电和钙钛矿太阳能电池等，表 3-7 总结了日韩储能领域重点单位及重点技术布局。

在石墨烯储能技术产业化方面，韩国 LG 化学、三星、韩国电力公社、现代集团都有专利布局，但都在谨慎推进，涉及新能源端的太阳能电池组件（钙钛矿太阳能电池、染料敏化太阳能电池）、储能端的锂离子电池（含硅碳负极、集流体、添加剂等）、全固态电池（含固体电解质、电极材料）、锂空气电池等高性能电池，但目前也还在产业化推进阶段，没有正式进入市场。日本以东丽、日本电气株式会社、日产、积水化学、丰田和松下等企业为代表，其中，东丽主要关注石墨烯对锂离子电池的电极的改性提升，日本电气株式会社主要布局锂离子电池和染料敏化太阳能电池，通过新型导电添加剂、石墨烯改性负极材料及硅碳负极等改性电池材料来提高锂离子电池的能量密度和快充性能。

表 3-7　日韩石墨烯储能领域应用研究重点单位及重点技术布局

代表单位	重点专利布局方向
韩国科学技术院	锂离子电池：石墨烯锂离子电池电极、石墨烯多孔异质结构、卤化碳材料的能量装置、含石墨烯涂层的集流体、石墨烯活化碳复合材料、聚多巴胺功能化氧化石墨烯负载 TNO 负极、纳米多孔金、由二氧化碳制造石墨烯和碳纳米纤维的复合材料的方法、柔性电极的储能装置[88~90]； 锂金属电池：氮掺杂石墨烯纳米颗粒的固体电解质界面保护层、磷掺杂的还原氧化石墨烯人造固体电解质中间相、锂-硫电池的隔板[91, 92]； 太阳能电池：薄膜太阳能电池、基于二维材料钝化的卤化钙钛矿的光电器件、自修复光敏层的有机太阳能电池、太阳能电池模块的散热背板[93~96]

续表

代表单位	重点专利布局方向
成均馆大学	含镍泡沫 / 石墨烯 / 镍钴氧化物复合物高性能超级电容器电极材料的储能装置、三维石墨烯 / 碳纳米管 / 无机氧化物结构，氮掺杂石墨烯 / 金属复合制造方法、钙钛矿太阳能电池、染料敏化太阳能电池的集电极保护层[97~102]
蔚山科学技术院	可折叠电极结构、含生物分子碳水性黏合剂的阳极浆料、三维结构的电极，使用金属栅 / 石墨烯透明电极的钙钛矿太阳能电池、柔性有机太阳能电池、增强耐久性的太阳能电池、石墨烯金属氧化物材料[103~111]
大邱庆北科学技术院	氮掺杂石墨烯量子点涂层的钛酸锂负极、硅 / 石墨烯复合物、新型石墨烯超级电容器[112~115]
首尔大学	二次电池的负极材料、图案化的石墨烯 / 石墨碳复合层的电极、杂原子掺杂石墨烯，钙钛矿太阳能电池的石墨烯导电透明电极、稳定的钙钛矿太阳能电池[116~120]
浦项工科大学	同时收集雨水能量和太阳能的混合能量收集装置、具有柔性基板的石墨烯层压体、染料敏化太阳能电池、石墨烯 / 金属络合物[121~125]
汉阳大学	石墨烯 / 量子点纳米复合结构太阳能电池、三维结构的复合结构、涂有胆汁酸或胆汁盐的氧化石墨烯薄膜[126~128]
株式会社半导体能源研究所	磷酸锂和锂离子电池、正极活性物质、锂离子电池负极、石墨烯和蓄电装置及其制造方法
国立大学	钙钛矿太阳能电池、具有高光电转换效率的硅基板层压板有机 / 无机混合太阳能电池，锂硫电池的阴极材料的制造方法、锂硫电池的正极材料

（二）国内发展现状

1. 技术研发现状

我国是全球较早开展石墨烯储能应用的国家之一，在应用基础研究与产业化技术研发方面均走在了全球前列。国内在该领域的主要研究机构包括中国科学院、清华大学、浙江大学、中国科学技术大学等高校与科研院所，技术方向涵盖了锂离子电池、锂金属二次电池、超级电容器等多种储能技术（见表3-8）。

在正极材料方面，锂离子电池正极材料常采用钴酸锂、锰酸锂、磷酸铁锂和三元材料作为活性物质，目前三元材料和磷酸铁锂为正极材料主流技术路线。石墨烯比表面积大，具有导电性高、结构十分灵活、化学性质稳定等特点，在钴酸锂、锰酸锂、磷酸铁锂和三元材料方面均有研究。

在负极材料方面，电池能量密度需求不断提升，目前负极材料正由石墨负极向硅碳负极转型，未来有望再转向金属锂（合金）负极。石墨烯具有很高的电子导电能力，有利于电子的转移，具有孔道结构，能提供较大的储锂空间和更快的锂离子传输通道；由于在石墨烯片层间存在有机碳源炭化后骨架，可以有效地缓冲充放电过程中的体积变化，防止充放电过程对结构的破坏，使得该材料的循环性能优异，可作为锂离子电池的负极材料，其理论比容量为 740~780 mAh/g，为传统石墨材料的 2 倍多。目前，国内已有几家企业从事石墨烯负极材料的研发生产，但距大规模商业化尚需一段时间。

在隔膜方面，隔膜浸渍在电解液中，位于正负极材料之间，起到避免正负极材料接触导致短路的作用。隔膜生产工艺主要为干法和湿法两种，但应用仍将以湿法隔膜（例如湿法涂覆隔膜）为主。目前石墨烯在隔膜领域的研究集中在石墨烯复合隔膜在锂硫电池的应用方面，主要围绕三个方面开展：①通过抑制多硫化物的跨膜扩散，阻止"穿梭效应"的发生，提升锂硫电池的库伦效率；②通过改善正极隔膜界面的设计，降低正极侧界面电阻，同时实现含硫组分的回收利用，大幅提升锂硫电池的循环稳定性；③通过改善负极隔膜界面的设计，稳定金属锂负极表面结构，获得具有更高循环稳定性或抑制枝晶生长的高安全性金属锂负极。当前，石墨烯在隔膜材料领域的应用仍处于理论研究阶段，关键技术有待突破。

在导电剂方面，石墨烯由于其独特二维形貌所具有的"面–点"接触、高电导率、良好分散性等特点，用作锂离子电池正极导电剂较之于炭黑、石墨、纳米碳纤维和碳纳米管等传统的导电剂具有显著的优势。高导电性的石墨烯基复合导电剂的应用，可以显著提高动力电池的功率特性；而对于能量型电池来说，则可降低导电剂的用量，增加活性物质在电极中的含量，从而有利于电池能量密度的提高。石墨烯基导电剂在锂离子电池正极中的添加比例一般在 0.5%~2%，即可获得优异的导电效果。目前石墨烯导电剂产品已实现规模化商用，但当前能够进入主流电池企业供应商名录的石墨烯导电剂企业主要包括青岛昊鑫、东莞鸿纳、江苏天奈和万鑫石墨谷，四强割据局面逐渐形成。

表 3-8 我国石墨烯储能领域应用主要研究团队

研究团队	研究方向及进展
中国科学院金属所成会明院士团队	国内最早开展石墨烯储能技术应用研究的团队之一，其研究方向涵盖了锂离子电池、超级电容器与锂金属电池等多个领域。在锂离子电池领域，开展了石墨烯对金属氧化物电极材料的复合改性研究，设计并制备了一系列具有优异电化学性能的石墨烯复合电极材料；在锂硫电池领域，通过构筑不同的石墨烯三维网络结构，实现了高面积硫载量的石墨烯改性硫正极材料的制备，显著提升了锂硫电池的循环稳定性[41, 129~132]

续表

研究团队	研究方向及进展
中国科学院宁波材料所刘兆平团队	近十年来，开展了一系列石墨烯复合电极材料的创新研究，研发出石墨烯复合磷酸铁锂正极材料和石墨烯复合硅碳负极材料等，开展石墨烯复合电极材料技术的工程化技术研发，实现了石墨烯复合磷酸铁锂正极材料的产业化以及石墨烯复合硅碳负极材料百吨级中试生产，应用石墨烯复合硅碳负极材料研制出能量密度达到 350 Wh/kg 以上，循环寿命超过 500 次的软包锂离子电池[133~137]
清华大学深圳研究生院康飞宇教授团队	将天然石墨及石墨烯应用于锂离子电池，长期从事新型碳材料的设计、制备及能源环境应用研究，解决了天然石墨及石墨烯应用于锂离子电池的科学问题和技术瓶颈，发明了水系锌离子电池，推动了我国天然石墨深加工技术和高安全性可充电电池的发展[22, 138~143]
天津大学杨全红教授团队	石墨烯和碳纳米材料，锂离子电池等先进电池电极材料，超级电容器材料及锂硫、锂空电池电极材料。以碳功能材料为研究入口，以高性能电化学储能为应用出口，研究碳功能材料结构设计、制备科学和能量存储与转化机制，实现从策略、方法、材料、电极、器件全链条构建致密储能器件的研究思路[144~152]
中国科学院大连化学物理研究所吴忠帅团队	先进二维能源材料与高效电化学能源创新体系的基础性与前瞻性研究。团队从事高质量石墨烯材料的可控制备、连续化吨级生产与储能应用基础研究，构建出不同维数石墨烯宏观体材料，研制出多种高性能电化学储能器件，包括微型储能器件、超级电容器、锂电池（锂硫、金属锂负极）和新型电池（钠/钾/铝/锌离子）中应用[153~157]
复旦大学纤维电子学研究中心的彭慧胜教授团队	将显示器件的制备与织物编织过程实现融合，在高分子复合纤维交织点集成多功能微型发光器件，揭示了纤维电极之间电场分布的独特规律，实现了大面积柔性显示织物和智能集成系统[158~162]
国家纳米科学中心智林杰研究员课题组	研究以高效、清洁能源为应用背景的多功能富碳纳米材料的设计、制备、组装及其化学及物理性质的调节和控制。主要涉及富碳超分子材料、有机/无机杂化材料、碳基材料及碳/金属杂化材料等[163~166]
中国科学院山西煤化所陈成猛团队	致力于超级电容器技术研发，发展了石墨烯/电容活性炭复合电极材料技术，通过石墨烯复合显著提升了电容活性炭的导电性，有助于降低超级电容器内阻，提高其大功率充放电性能与循环寿命，并建成百吨级中试生产线[167~169]

2. 产业发展现状

国内外一些知名的企业和研究机构，正在加大对石墨烯/锂电池的资金和研究投入，以期望率先占领该行业的市场高地。华为 2020 年新通过一项锂离子电池导电黏结剂专利，其中使用石墨烯作为导电材料。

在 2019 科技周上，广汽新能源的工程师展示了自行研发的石墨烯材料，以及添加了石墨烯材料的软包电池，8 min 就可以充满电，5 min 可以充到 80%。2020 年 8 月 11 日，小米推出小米 10 至尊纪念版，该款手机采用石墨烯基电池，在电池正极添加了全新的高导电材料——石墨烯，导电性能是传统炭黑材料的 1000 倍，大大提升了电池的充电效率。

　　浙江、江苏、广东、山东等东部沿海地区是我国在石墨烯储能领域产业发展态势相对较好的区域。一方面，是由于上述地区在石墨烯原材料生产制造方面起步早、基础好；另一方面，上述地区相对发达的制造业，尤其在电池与新能源汽车产业领域的雄厚基础也为产业发展提供了有力的支撑。

　　（1）石墨烯导电剂

　　石墨烯导电剂是目前相对最为成熟的产品之一，并已经实现商业应用。产品形态包括油性浆料、水性浆料和粉体等，且多采用石墨烯与其他导电碳材料（如碳纳米管、炭黑等）的复合体系，以在电极中构建最佳的导电网络，达到降低极片与电池内阻、提升电池倍率性能与循环寿命的目的，目前主要应用于锂离子电池正极（包括磷酸铁锂和三元正极），石墨负极中应用相对较少。主要生产企业（见表3-9）包括宁波墨西科技有限公司、宁波杉元石墨烯科技有限公司、厦门凯纳石墨烯技术股份有限公司、鸿纳（东莞）新材料科技有限公司、青岛昊鑫新能源科技有限公司、哈尔滨万鑫石墨谷科技有限公司等。需要指出的是，很多企业的导电剂产品中石墨烯占总导电剂的含量很低，甚至不足总导电剂的5%，存在借用石墨烯做夸张宣传的嫌疑；同时，很多企业使用的石墨烯品质不高，层数远超10层，石墨烯的导电效应发挥不足。

表3-9　我国从事石墨烯导电浆料主要生产厂家及产品

公司名称	产品	型号	质量组成	用量（质量分数）
宁波墨西	锂电池用石墨烯复合导电浆料	GC-Paste4B	石墨烯（4±0.1）%；SuperP（4±0.1）%	—
第六元素	石墨烯导电浆料	SE4101-01	总固含（5±0.2）%；石墨烯固含（4±0.1）%	—
		SE4101	总固含（5±0.2）%；石墨烯固含（4±0.1）%	—
东莞鸿纳	锂离子电池专用石墨烯复合导电添加剂	SCPas1002	石墨烯、NMP、炭黑固含量（5±0.2）%；导电剂（4±0.2）%	LFP：0.5%~1.5%
		SCPas1003	石墨烯、点状导电剂及线状导电剂、NMP固含量（5±0.2）%；导电剂（4+0.2）%	NCM，LCO：0.5%~2.0%
		SCPas1004	石墨烯、点状导电剂及线状导电剂、NMP固含量（6±0.2）%；导电剂（5±0.2）%	LFP：0.5%~1.2%；NCM：0.5%~2.0%
青岛昊鑫	石墨烯导电浆料	HX-G8	石墨烯含量4.0±0.1%	建议添加量为0.2%~1%

数据来源：CGIA Research。

（2）石墨烯涂层改性集流体

该产品是通过将含石墨烯的浆料涂布在铝箔或铜箔上，干燥后在集流体表面形成超薄的石墨烯改性涂层，其作用在于降低活性材料与集流体之间的接触电阻，提高两者间的结合强度，并抑制电解液对铝箔的腐蚀，从而达到提升锂离子电池循环稳定性与倍率性能的目的。该技术的核心专利由中国科学院宁波材料所掌握，并于宁波墨西科技有限公司实施产业化。北京石墨烯研究院设计研发了可与现有电池正极涂布式产线相适配的卷对卷 PECVD 烯铝集流体连续制备设备及工艺。目前已能制备出质量均匀的 100 mm × 100 m 烯铝集流体，其电化学活性面积大于 40 m²/g，同时界面电阻低于 20 mΩ·cm²，并且可调变工艺获得系列可标号化样品。

（3）石墨烯负极材料

在负极材料方面，按照国家对动力电池能量密度的发展要求、高镍三元正极工艺的成熟和放量，以及下游新能源汽车对动力电池能量密度要求的不断提高，相较于传统石墨，新型负极材料尤其是硅碳负极是未来发展的必然趋势。目前国内已有多家电池企业从事石墨烯负极材料的研发生产，但距大规模商业化尚需一段时间（表 3-10）。

表 3-10　部分石墨烯 / 锂电池负极材料企业产品性能对比

企业	产品	型号	粒径 D50/μm	振实密度 / (g/cm³)	压实密度 / (g/cm³)	比表面积 / (m²/g)	容量 / (mAh/g)	效率 /%
本征方程	石墨烯包覆石墨负极	GCG	9.50 ± 1.00	~ 0.60	1.50 ~ 1.60	≤6.00	450.0（0.1C）	≥92
	石墨烯包覆硅基负极材料	GGCSi	0.5 ± 0.01	≥0.8	1.5	—	>1500（0.1C）；>1000（1C）	>88
青岛昊鑫	天然石墨烯负极	HX-F1	17 ~ 20	>1.2	1.55 ~ 1.65	2 ~ 3	≥365	≥93
		HX-F2	16 ~ 19	>1.1	1.55 ~ 1.60	1.5 ~ 2.5	≥355	≥93
		HX-P1	11 ~ 14	>0.95	1.55 ~ 1.65	2.5 ~ 3.5	≥360	≥92
翔丰华	石墨烯包覆石墨负极	—	16 ~ 20		1.65 ~ 1.7	—	420	—

数据来源：CGIA Research。

（4）石墨烯基锂离子电池

过去几年，石墨烯基电池的概念屡见报道，包括早期的具有超快充电性能的石墨烯基充电宝，以及最近广汽新能源公布的利用其自主研发的三维结构石墨烯材料技术，研制出可在 8 min 充满 80% 的石墨烯基超级快充电池。从技术上分析，上述电池应该都仅仅是将石墨烯作为导电功能的添加剂来部分改善电池性能，而未有从根本上改变电池的关键材料体系。未来，基于石墨烯复合电极材料的高比能锂离子电池有望给行业带来真正的技术变革。

（5）石墨烯基超级电容器与电池电容

宁波中车新能源科技有限公司通过石墨烯对传统电容活性炭的复合改性，开发出兼具高能量密度与高功率密度的石墨烯基超级电容器，进而通过石墨烯基超级电容材料与锂电池电极材料的复配应用，开发出具有更高能量密度的电池电容产品。

三、关键技术瓶颈及存在问题

（一）关键技术瓶颈

1. 总体技术成熟度较低，具有不可替代性的技术解决方案仍欠缺

石墨烯在储能技术领域的研究已历经十余年时间，全球都投入了大量创新资源，我国也同样如此。但客观而言，现阶段应用石墨烯的储能材料与储能技术的总体技术成熟度仍然较低，除了石墨烯导电添加剂等技术门槛相对较低的细分领域之外，大部分研究仍处于实验室阶段或实验室向工程化转化的阶段，离商业应用仍有一段距离，需要更长时间的培育孵化方能实现实用化。一方面，是由新材料与电池行业的固有特点所决定的，尤其是电池行业，由于涉及安全性等问题，对其技术要求更为严苛，对于新材料的导入相对谨慎，而且技术验证周期长，研发投入大，从小样验证到批量应用往往需要耗费数年时间；另一方面，目前所研发的石墨烯在储能领域应用技术多为替代型方案，即对现有材料体系的升级换代，这不仅仅是技术指标上的比拼，还需要综合考量成本、可靠性与稳定性等多方面因素。同时，新材料应用与新技术发展也令石墨烯的竞争对手不断涌现，在这种情况下石墨烯的竞争优势往往被削弱，无法体现其不可替代的价值。

2. 与各类型储能应用具有良好适配性的石墨烯原材料体系尚未建立

在物理概念上，石墨烯是一个简单的定义，即单层石墨；而在实际应用中的石墨烯材料则是一个复杂的材料体系，包括通过不同方法制备得到的具有不同微观结构与宏观形态的石墨烯，以及各类型的石墨烯衍生物。石墨烯材料在结构上的些微变化都会引起应用效果的差异。而储能技术本身涵盖的领域又十分广泛，不同的细分应用技术领域对于石墨烯材料的特征结构参数，例如层数、结晶性、径向尺寸、表面官能团等均有特

定需求。两者之间的适配性不佳会严重影响石墨烯的应用效果，甚至会带来负面作用。例如，在锂离子电池应用中，当石墨烯用作导电添加剂时，要求其结晶性好、结构缺陷少，尽可能避免表面官能团的存在，以最大程度发挥石墨烯高电导率的优势；而当石墨烯被用于对电极活性材料进行复合改性时，很多情况下则希望石墨烯表面有更多的官能团以增强与活性材料的相互作用力与亲和性，从而提升复合均匀性，同时还需要根据活性材料的颗粒尺寸与形态来优选石墨烯的径向尺寸，以达到最佳匹配性；当石墨烯作为超级电容器活性材料时，为了尽可能增大其比表面积以提高超级电容器的能量密度，在常规制备技术基础之上还需进一步对石墨烯进行化学活化处理，以制造更大的比表面积与孔隙率。因此，为满足不同储能技术的特定应用要求，乃至同一储能技术中的不同应用场景，需要为其匹配相适应的石墨烯原材料。但当前，石墨烯原材料的种类依然有限，尤其是具备批量生产能力的石墨烯材料类型很少，对于石墨烯的精细调控在工程上依然是一个技术难点。另外，目前科学界对于石墨烯的结构特征与其在储能材料与储能器件中的内在关联的认识还不够深入，多为经验性判断，欠缺系统性与规律性的科学认知。因此，上述原因造成现阶段在很多储能技术领域，石墨烯原材料与应用需求间的匹配性仍未达到最佳，发展满足特定应用需求的定制化石墨烯材料体系是实现石墨烯在储能技术领域大规模应用必须要解决的一个重要瓶颈。

3. 石墨烯在储能应用中可能带来的劣势与问题有待解决

石墨烯一经发现就被认为是有望推动新一轮产业变革的战略性新材料，受到了全社会前所未有的关注，对其的期望值也不断提升。虽然石墨烯确实具备很多传统材料所不具有的优异性质，但客观而言，任何材料都不是万能的，石墨烯同样如此，在不同的应用场景间同一个物性甚至会带来截然相反的应用效果，优势甚至会变成劣势，因此必须结合具体应用需求来分析其优势，规避其问题。同时，储能器件是一个复杂的系统，不能仅仅追求单一指标的先进性，最终体现的是一个实现最佳平衡的解决方案，这也就要求在新材料的导入过程中必须全面分析利弊，并寻求最佳的应用方案。因此，石墨烯在储能技术中应用时，除了充分发挥其优势性能之外，同样需要考量潜在的不利影响，并通过具体分析加以规避与解决。例如，当应用于锂离子电池或超级电容器的电极中时，具有巨大比表面积和柔性薄层结构的石墨烯很容易贴附于活性材料颗粒的表面，由于结构完整的石墨烯理论上可以阻挡任何离子和分子的穿越，因此，在这种情况下有可能对电极中的离子传输造成阻碍，导致阻抗增加，造成电池性能劣化。为此，需要根据特定的活性材料体系与电极设计方案，从石墨烯原材料选型、复合方式优化以及其他功能组分协同等多种策略的综合运用来加以解决。又例如，石墨烯的结构特点决定了其往往具有较低的宏观密度，将其与电极活性材料复合时，往往导致复合电极材料的堆积密度与压实密度降低，进而引起储能器件体积能量密度的降低，不利于实际应用，这是很多目前研究中切实存在但又容易忽视的共性问题。

我国在基础研究中表现得十分活跃，多项储能技术核心科技论文发表数位于前列，特别是在锂离子电池、超级电容器、钠离子电池等领域；而在技术开发应用中，锂硫电池、固态电池、钠离子电池、钠硫电池、液态金属电池、空气电池等技术成果累积相对单薄，专利拥有数和专利完整度方面不完善。

电池的使用寿命对于储能系统至关重要，而决定电池使用寿命的关键技术就是储能材料的创新。在锂电池的材料成本构成中，电极材料约占据 45% ~ 61%，而超级电容器的电极材料成本更是占整个材料成本的 70% 以上。同时锂离子电池的能量密度、循环性能、倍率性等电化学性能主要取决于电池的电极材料。锂离子电池能量密度达到《中国制造 2025》的要求，需要在正极材料上进行比较大的技术变革以及负极材料上进一步开展研究。石墨烯基电极材料的研究是提高锂离子电池理论容量、解决超级电容器能量密度低的关键技术路线。然而，碳基超级电容器的能量密度仍较低，约为商业锂离子电池的 1/20，难以满足储能器件实际应用的需求。提高碳基材料的比表面积、调整颗粒尺寸、改善孔径分布和修饰表面状是提高其能量密度的关键因素所在。

在产业化生产的实际应用中，石墨烯在制备电极的过程中还存在着一些工艺技术上的难题，主要包括：①无论是石墨烯还是氧化石墨烯，其堆密度非常低（大约 0.003 ~ 0.005 g/cm³），因此降低了可涂覆在集流体上的电极材料的质量，使器件体积比容量低，如对于超级电容器，涂敷厚度同为 80 μm 的电极片，活性炭面密度达 30 g/cm²，而石墨烯仅为 10 g/cm²，导致电容量密度降低；②石墨烯蓬松的结构与集流体之间的附着力变差，电极涂覆浆料中需增大黏结剂的添加量，致使其内阻显著增加；如活性炭仅需 5% 黏结剂，而石墨烯则需更多；③石墨烯成本较高，性价比较低，作为主体材料，日本可乐丽活性炭价格 30 万元/t，而目前石墨烯粉体约为 100 万 ~ 1000 万元/t，即使按最低价来算也是活性炭的 3 倍；作为导电材料，最好的科琴黑 600 GD 价格为 60 万元/t，一般添加量为 7.5%，对于活性炭电极来说，其添加成本为 4.5 万元/t；而活性炭电极中石墨烯一般添加量为 2%，其添加成本约为 4 万 ~ 6 万元/t；④石墨烯等纳米材料低体密度使现有的工艺和设备兼容难，存在浆料不易分散、车间粉尘难控制、掉渣等问题。

（二）产业发展存在问题

1. 存在过度宣传，不利于产业健康发展

石墨烯因其集众多优异性质于一身，被认为是有望引发新一代产业革命的战略性新材料，因此一经发现就在全球范围内受到高度关注与热捧，并迅速形成了全民热度。各界对于石墨烯的高度期待一方面加速了石墨烯从实验室走向市场的进程，但另一方面也造成了出于商业利益考虑的过度甚至虚假宣传行为，不利于行业健康发展。这一现象在储能技术领域同样突出，尤其是伴随着新能源汽车产业的蓬勃发展，"石墨烯电池"一词近年来频频亮相网络与媒体，吸引了广泛关注，但从科学的角度而言缺乏严谨性，甚至存在虚假宣传，误导了社会公众。一方面，当前市面上所谓的"石墨烯电池"产品，其实绝大部分仅仅使用了极少量的石墨烯作为电池的导电添加剂，正负极活性材料依然采用常规材料体系，而严格意义上的"石墨烯电池"应该是指以石墨烯为主要活性材料或对活性材料起到关键改性作用的电池，因此显然存在夸大宣传的成分；另一方面，很多宣传中，将实验室层面克级样品的测试结果通过简单的推算就变为了产品数据，而不加以任何说明，例如"充电8分钟，跑1000公里"的宣传话术就存在很大的误导性。事实上，实验室扣式电池测得的单一电化学数据与真实电池系统的性能表现之间存在巨大的差异性，不具备类比性，简单的数据推算显然是不科学与不负责任的。类似的过度与夸大宣传近年来在石墨烯储能应用领域层出不穷，虽然对于宣传方来讲可能会有短期利益上的收获，但对于产业的整体健康发展而言，显然带来了很多负面影响，令公众难以辨别技术真伪与技术水平，以至于影响了石墨烯产业的声誉。因此，有必要从国家与行业标准角度来约束相关行为，形成行业自律。

2. 产业上下游协同不足，成果转化不畅

从实验室的基础原理到最终实现商业化应用，需要充分发挥创新链条与产业链条上下游各主体的协同效应。我国在石墨烯储能领域的应用基础研究方面参与人数众多，研究基础扎实，而我国动力电池和新能源汽车产业同样技术基础雄厚，规模庞大，但两者之间的衔接并不顺畅。一方面，如前所述，基础研究与产业化需求之间的脱节较为严重，高校与科研机构的研究往往基于自身兴趣或发表高水平论文的诉求，缺乏与产业实际需求的结合，所针对的科学问题不具有现实意义，导向不明确，导致研究成果无法向下游输出；另一方面，创新链条中承担工程化与产业前技术研发的环节缺失，高校与科研机构由于人力、财力与物力资源的限制，研究通常停留在论文发表阶段，难以进一步开展技术放大与应用验证，而对于成熟度不高的实验室技术，动

力电池或电池材料企业又往往不愿意主动承担工程化技术研发的风险。当前，通过科研机构技术转移孵化的初创型小微企业是承担这一关键创新环节的主体，由于前期仍需要较大的资金投入，而且考虑到石墨烯作为尚未大规模商业应用的新材料，技术风险与不确定性高，现有市场环境对于这类企业的包容度较低，企业的生存压力大，不利于新技术的快速培育孵化，因此成果转移转化的成功率相对较低，影响了石墨烯在储能技术领域的商业化应用进程。

四、石墨烯储能技术发展路线图

得益于中国在石墨烯原材料产业化中的先发优势与深厚基础，以及中国新能源汽车与电池产业近年来的快速崛起，中国在石墨烯储能应用方面的产业化进程也走在了全球前列，在世界范围内率先实现了应用石墨烯的电池材料产业化。其中，石墨烯导电剂与石墨烯涂层改性铝箔集流体等技术门槛相对较低、应用导入相对便捷的辅助性材料早已开始在动力电池中的商业化应用，石墨烯复合硅碳负极材料等电池主材料也已进入产业化前期阶段，有望在2025年前实现产业化。石墨烯在储能技术领域的产业规模相对仍较小，主要市场来源于锂电池用石墨烯导电剂与石墨烯涂层改性铝箔集流体。未来几年，石墨烯在该领域的产业规模将呈现快速增长态势，一方面，是前述的几类电池辅材的市场渗透率将大幅攀升，有望在锂离子电池中得到广泛应用；另一方面，随着石墨烯在电池中所占比重更大的电极活性材料方面的应用技术逐渐成熟，以石墨烯复合硅碳负极为代表的新一代高容量电极材料有望在2025年前后实现规模量产与商业化应用，推动石墨烯在锂电池产业中的市场规模攀升。此外，石墨烯在超级电容器等其他储能技术领域的应用也将逐步走向市场。

（一）技术路径

1.锂电池

充分发挥石墨烯优异的导电导热性能与独特的柔性薄片状结构，重点发展面向锂离子电池的石墨烯基电池材料体系（包括石墨烯复合电极材料与石墨烯导电剂等），满足终端应用对于锂离子电池高比能、高功率、快充和长寿命的需求，同时创制面向超高比能锂金属二次电池的石墨烯基电极材料，培育突破锂离子电池能量密度极限的下一代电池技术。

总体目标是建立具有高容量、长寿命、快充型石墨烯复合电极材料体系，实现规模生产，突破具有高比能、高功率与长寿命的石墨烯基锂离子电池新体系，并实现在新能源汽车、规模储能、3C 电子产品与可穿戴电子设备等领域的应用。

（1）石墨烯复合电极材料

重点发展用于锂离子电池的高容量 / 长寿命石墨烯复合硅碳负极材料与高倍率石墨烯改性石墨负极材料，与用于超高比能锂金属二次电池的石墨烯复合金属锂负极，突破材料的规模化制备技术，并实现在电池中的规模应用。

2025 年：实现石墨烯复合硅碳负极材料与石墨烯改性石墨负极材料的规模化生产及其在 3C 与动力电池中的商业化应用；突破石墨烯复合金属锂负极的批量化制备关键技术，实现在锂金属二次电池中的应用验证。

2035 年：石墨烯复合金属锂负极实现规模化生产，并在固态锂金属二次电池中得到广泛的商业化应用。

（2）石墨烯导电剂

针对导电剂应用要求，完善高导电石墨烯原材料量产技术，优化石墨烯导电剂配方与应用工艺，形成成熟的产品及其应用方案，实现大规模应用。

2025 年：针对不同正负极材料体系与电池工艺，形成石墨烯导电剂的系列化产品体系与应用方案，实现在圆柱、软包与方壳等各类型锂离子电池中的全面应用，成为锂离子电池导电剂的通用型方案。

（3）石墨烯涂层改性集流体

通过配方优化，改善石墨烯涂层浆料印刷适应，并进一步提高印刷速度，降低综合成本，进而形成完善的产品体系与技术应用方案，实现大规模应用。

2025 年：石墨烯涂层改性集流体实现在各类型锂离子电池中的全面应用。

（4）高比能锂离子电池

应用高容量石墨烯复合电极材料、石墨烯导电剂与石墨烯涂层改性集流体等基于石墨烯的综合性技术方案，开发出能量密度较现有水平提升 30% 以上，循环稳定性优异，且安全性良好的新一代高比能锂离子电池，满足长续航新能源汽车的对于动力电池的技术需求。

2025 年：建立完善的石墨烯复合硅碳负极材料应用技术，匹配高容量正极材料，实现 350 Wh/kg 石墨烯基高比能锂离子电池实现商业化应用，400 Wh/kg 电池完成技术验证。

（5）锂金属二次电池

应用石墨烯复合金属锂负极，搭配高容量正极材料，建立比能量超过 500 Wh/kg

的锂金属二次电池工艺，进而匹配固态电解质，解决高比能电池的安全性问题，实现电池技术革新。

2025年：完成500 Wh/kg级石墨烯基锂金属二次电池样机研制，并实现在军用无人机中的小批量应用，并形成固态锂金属二次电池技术方案。

2035年：实现600 Wh/kg以上石墨烯基固态锂金属二次电池的大规模商业应用。

（6）柔性电池

利用石墨烯高强度与柔性结构特征，发展具备可弯折与可拉伸性能的石墨烯基柔性电池技术，建立有别于传统电池的全流程工艺路线，并设计开发面向不同应用场景的柔性电池产品，实现在可穿戴电子设备中的应用。

2025年：建立石墨烯基柔性电池的初步技术方案，开发出能量密度、循环寿命与弯折性能等满足特定应用场景的电池原型样机，并实现应用示范。

2035年：建立完善的石墨烯基柔性电池生产工艺，形成系列化产品体系，并实现在可穿戴电子设备中的全方位应用。

2. 超级电容器（或电容电池）

充分利用石墨烯高电导率与超高比表面积的优势，发展基于石墨烯的新一代超级电容器电极材料（包括石墨烯改性电容活性炭与多孔石墨烯电极材料等），在此基础上，研制出能量密度较现有超级电容器有显著提升，且兼具高功率密度和超长循环寿命的新一代石墨烯基超级电容器，并实现在轨道交通、电动公交、超高功率武器装备与工程机械等领域的应用。

（1）石墨烯改性电容活性炭

利用石墨烯的超高电导率，通过与传统化学活化电容活性炭材料复合，提高材料导电性，降低超级电容器内阻，提升超级电容器在高功率下的容量发挥，实现更优异的能量与功率输出特性。

2025年：建立石墨烯改性电容活性炭的规模量产技术，并替代现有进口电容活性炭，实现在超级电容器中的应用。

（2）多孔石墨烯电极材料

利用化学活化对石墨烯（氧化石墨烯）进行结构重塑和孔隙再造，实现比表面积与孔隙率均超越传统活性炭电极材料，且具有更有利于离子传输的孔径分布，从而可大幅提升超级电容器的能量密度与功率密度。

2025年：建立多孔石墨烯电极材料的小试制备工艺，实施在超级电容器中的应用验证。

2035 年：实现多孔石墨烯电极材料规模量产，并实现在高比能超级电容器中的商业应用。

（3）石墨烯基高比能超级电容器

应用石墨烯改性电容活性炭与多孔石墨烯电极材料，实现超级电容器能量密度与功率密度的显著提升，扩大超级电容器应用领域。

2025 年：建立完善的石墨烯改性电容活性炭应用技术方案，实现应用该材料的高比能超级电容器的商业化应用。

2035 年：实现应用多孔石墨烯电极材料的高比能超级电容器的商业化应用。

（4）石墨烯基超级电容电池

将石墨烯基电容活性炭材料与锂离子电池电极材料复配使用，通过内部串联与内部并联等方案，发展兼具高能量密度与高功率密度的石墨烯基超级电容器电池。

2025 年：石墨烯基超级电容电池能量密度达到商用超级电容器 3 倍以上，实施应用验证。

2035 年：实现 150 Wh/kg 石墨烯基超级电容的商业化应用。

（二）重点产品

1. 材料产品

（1）石墨烯复合硅碳负极材料

2025 年：比容量＞1200 mAh/g，与石墨负极复配应用时负极比容量＞700 mAh/g，循环寿命＞1000 次。产能规模达到千吨。

2035 年：比容量＞2000 mAh/g，循环寿命＞5000 次。产能规模达到 10 万 t。

（2）石墨烯复合金属锂负极

2035 年：积容量≥5 mAh/cm²，库伦效率≥99.99%，可稳定循环 2000 次以上。产能达到千万平方米。

（3）石墨烯改性电容活性炭

2025 年：比表面积＞1600 m²/g，孔容≥0.6 cm³/g，比容量≥120 F/g。年产能达到 500 t。

2035 年：比表面积＞1800 m²/g，孔容≥0.7 cm³/g，比容量≥150 F/g。年产能达到 1 万 t。

（4）多孔石墨烯

2035 年：比表面积＞2500 m²/g，比容量≥200 F/g。年产能达到 5000 t。

（5）石墨烯复合导电浆料

2025 年：总导电固含≥4%，石墨烯占总导电固含≥50%。产能达到 1 万 t。

（6）石墨烯涂层改性集流体

2025 年：涂层厚度≤1 μm，电导率≥50 S/cm。产能达到 1000 万 m²。

2. 电池产品

（1）石墨烯基锂离子电池

2025 年：质量比能量≥350 Wh/kg，体积比能量≥700 Wh/L，可实现 3C 稳定放电，循环寿命≥1000 次。年产能达到 5 GWh。

2035 年：质量比能量≥400 Wh/kg，体积比能量≥800 Wh/L，可实现 3C 稳定放电，循环寿命≥1000 次。年产能达到 100 GWh。储能电池度电使用成本≤0.2 元，储能寿命延长到 15～20 年，材料及电池生产设备全部实现国产化。

（2）石墨烯基锂金属电池

2025 年：质量比能量≥500 Wh/kg，可实现 0.5C 倍率放电，循环寿命≥200 次。

2035 年：质量比能量≥600 Wh/kg，可实现 2C 倍率放电，循环寿命≥1000 次。年产能达到 50 GWh。

（3）石墨烯基超级电容器

2025 年：质量比能量≥15 Wh/kg，功率密度≥10 kW/kg，循环寿命≥50 万次。年产能达到 5 GWh。

2035 年：质量比能量≥30 Wh/kg，功率密度≥30 kW/kg，循环寿命≥50 万次。产能预计将达到 50 GWh。

（4）石墨烯基超级电容电池

2025 年：质量比能量≥50 Wh/kg，功率密度≥20 kW/kg，循环寿命≥3 万次。

2035 年：质量比能量≥150 Wh/kg，功率密度≥50 kW/kg，循环寿命≥3 万次。产能预计将达到 50 GWh。

（5）石墨烯基柔性电池

2025 年：质量比能量≥50 Wh/kg，可实现 3C 倍率放电，弯折 1000 次后容量保持率≥80%。

2035 年：质量比能量≥400 Wh/kg，可实现 3C 倍率放电，弯折 1 万次后容量保持率≥80%。产能预计将达到 50 GWh。

（三）应用场景

电能应用场景的多样化，对电力提出新的质量和服务标准。随着电能在能源结构的占比不断提升，电气化革命的加速推进，电能的使用场景已经不局限于工业取电用电，家庭终端等传统能源领域的用电需求。通信 5G、IDC、充电桩等高耗电行业对储能需求开始大幅提升，5G、数据中心等新基建的应用对能源服务提出新的要求和新的标准，带动对稳定电能的需求。

储能模块已不仅是能量流的中转站，更要满足信息流的适配，这对储能提出了新的要求，储能形态的多元化孕育而生。随着电能使用需求的多样性上升，对电能质量的要求逐步提高，传统电能即发即用的能力无法满足终端客户常态稳定的需求，储能的应用场景逐步多元化。储能模块应用从传统的发电侧、电网侧开始向用户端拓展出新的应用舞台。

发电侧：新能源＋储能降低新能源发电的波动性，提高风光电能质量。

电网端：提供调峰调频能力，平滑用电端和发电端的波动。

用电端：①户用光伏＋储能：削峰填谷，满足稳定电能需求；② 5G 基站＋储能：备用电源需求，保证基站稳定运行；③ IDC＋储能：备用电源需求，保证数据中心稳定运行；④充电桩＋储能：解决无序充电给电网带来的压力和高峰充电给成本带来的压力。

石墨烯储能电池在上述领域都将实现不同程度的应用，例如石墨烯基锂离子电池可应用于分布式基站、IDC、充电桩等，使备电单元轻量化、小型化，适应赤道、沙漠阳光直射等高温极端环境；石墨烯超级电容器作为一种很有前途的储能设备，在保留电极材料高比表面积的同时可增大其能量密度，可为智能手表、柔性电子屏、可折叠手机等可穿戴电子设备提供大功率电源。未来不仅可单独用在需要高功率输出的通信、轨道交通、启停控制等领域，还可与电池形成互补以同时实现高能量密度和高功率密度的电动汽车、交通运输和可再生能源领域。

1. 2025 年应用领域

（1）电动交通工具

石墨烯基高比能锂离子电池将在电动汽车和工程机械车辆领域（如叉车、装载车、推土车等）得到广泛应用，包括乘用车、商用车和工程车，同时还将在两轮电动车和电动自行车领域实现应用。

（2）3C 电子产品

主要应用领域为智能手机，通过石墨烯应用提升锂离子电池的体积能量密度与功率性能，从而延长手机续航时间，并增强快充性能。同时在笔记本电脑、平板电脑、智能手表、无线耳机等领域也将实现广泛应用。

（3）储能电站

通过石墨烯基锂离子电池与石墨烯基超级电容器等储能器件联用，建立百 MW 级储能电池，实现在电力消纳调度与电网调频控制中的应用。

（4）军用领域

石墨烯基高比能锂金属二次电池有望率先在军用投送无人机实现应用，石墨烯基高比能锂离子电池有望应用于野战方舱电源与单兵电源，石墨烯基超级电容器有望应用于高功率电磁与激光武器。

2. 2035 年应用领域

（1）电动交通工具

随着交通工具和工程机械的全面电动化时代来临，具有超高比能与高安全性的石墨烯基全固态锂金属二次电池将在各类型交通工具中得到普遍应用，包括电动汽车、电动叉车、电动飞机、电动船舶等。

（2）能源互联网

凭借石墨烯基储能器件的优异性能和匹配各种应用场景的广泛适应性，应用于各类型分布式能量储存装置，成为构建能源互联网的重要基础，实现能源革命。

（3）可穿戴电子设备

具有良好形状适应性的轻薄化高比能石墨烯基固态锂电池有望应用于各类可穿戴电子设备中，实现万物互联，改变人类的生活方式。

（4）军用领域

应用石墨烯的各类型储能器件广泛应用于各类型武器装备与作战保障系统，包括信息化单兵装备、超高功率武器装备和各类型自动驾驶武器（无人机、无人战车、无人战舰）等。

（四）产业规模

随着新基建通信 5G 基站建设加速，催生备用电源储能需求迅速提升，据相关机构统计，2020—2022 年，5G 基站建设持续高增长，2022 年达到顶峰年新建数量约为110 万站，三年建设规模将达 270 万站。同时 5G 基站相比 4G 功耗更高，华为、中兴

5G 基站典型功耗约 3000 W，最大功耗超过 4000 W，相较 4G 基站有超过一倍的提升，单站后备电源需求将翻倍。单站备用电源需求在 6～15 kW·h，预计 2021—2023 年基站备用电源需求在 12～15 GWh，以当前招标价格 0.7 元/Wh 进行测算，单年新增市场空间在 100 亿元左右。

充电桩＋储能，储能电池的使用有望大幅降低集中充电所带来的电网风险。根据《新能源汽车产业发展规划（2021—2035 年）》（征求意见稿），2025 年新能源汽车销量占比将达到 25%，预计 2030 年占比将提升至 40%。按相关机构对 2025/2030 年汽车总销量 3500 万/3800 万辆计算，对应新能源汽车销量为 875 万/1520 万辆。随着新能源汽车渗透率的逐步提升，公共充电桩与私人充电桩的车桩比将逐渐上升，假设 2025 年分别为 4∶1 与 2∶1，2030 年分别为 3∶1 与 1.5∶1。2025/2030 年对应的充电桩新增总需求为 656 万/1520 万个。

根据 CNESA 预计，我国电化学储能（见图 3-14）到 2024 年累计装机年化复合增速在 55%～65%。以 2 小时备电市场测算，预计 2019—2024 年累计新增电化学储能 27.64 GW（保守）～44.25 GW（乐观），以 1 元/Wh 进行测算，预计带来市场空间 276.4 亿～442.5 亿元。长期去看，在新能源和国内电网综合能源服务需求提升的背景下，储能装机有望持续高增长。同时，2021 年 4 月 21 日，《关于加快推动新型储能发展的指导意见（征求意见稿）》发布，到 2025 年，实现新型储能从商业化初期向规模

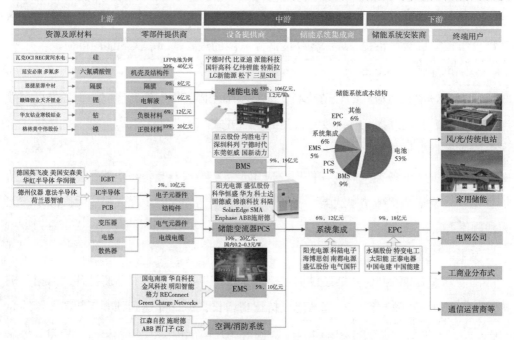

图 3-14 电化学储能产业链（预计市场空间 200 亿元）

化发展转变，装机规模达 3000 万 kW 以上。

结合 CGIA Research 对到 2025 年石墨烯基锂电池（72 亿元）、石墨烯基超级电容器（30 亿元）、石墨烯基铅酸电池（195 亿元）的市场测算，预计到 2025 年石墨烯基储能电池在石墨烯基电池占比 8.4% ~ 16.9%，预计到 2025 年石墨烯基储能电池市场渗透率为 5% ~ 10%，估计到 2025 年石墨烯在电储能领域的市场规模将达到 25 亿（保守）~ 50 亿元（乐观），石墨烯基燃料电池有望在 2030 年进入到市场。

到 2035 年，绿色电力驱动已广泛渗透到人类生活的方方面面，全球储能技术的产业规模将达到 5 万亿元，而石墨烯技术将在其中得到广泛应用，预计应用石墨烯的储能器件市场规模将达到 1 万亿元以上。

（五）石墨烯储能技术发展路线图

石墨烯储能技术发展路线图见图 3-15。

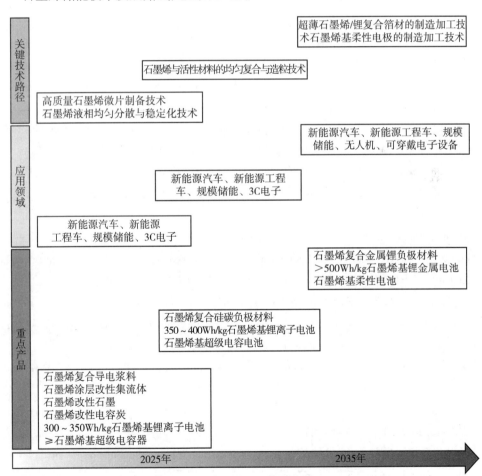

图 3-15　石墨烯储能技术发展路线图

参考文献

[1] Raccichini R，Varzi A，Wei D，et al. Critical Insight into the Relentless Progression Toward Graphene and Graphene-Containing Materials for Lithium-Ion Battery Anodes [J]. Advanced Materials，2017，29（11）：1603421.

[2] Raccichini R，Varzi A，Passerini S，et al. The role of graphene for electrochemical energy storage [J]. Nature Materials，2015，14（3）：271-279.

[3] El-Kady M F，Shao Y，Kaner R B. Graphene for batteries，supercapacitors and beyond [J]. Nature Reviews Materials，2016，1（7）：16033.

[4] Xu C，Xu B，Yi G，et al. Graphene-based electrodes for electrochemical energy storage [J]. Energy & Environmental Science，2013，6（5）：1388-1414.

[5] Bonaccorso F，Colombo L，Yu G，et al. Graphene，related two-dimensional crystals，and hybrid systems for energy conversion and storage [J]. Science，2015，347（6217）：41.

[6] Chabot V，Higgins D，Yu A，et al. A review of graphene and graphene oxide sponge：material synthesis and applications to energy and the environment [J]. Energy & Environmental Science，2014，7（5）：1564-1596.

[7] Shao Y，El-Kady M F，Wang L J，et al. Graphene-based materials for flexible supercapacitors [J]. Cheminform，2015，46（30）：3639-3665.

[8] Cong H P，Chen J F，Yu S Y，et al. Graphene-based macroscopic assemblies and architectures：an emerging material system [J]. Chemical Society Reviews，2014，43（21）：7295-7325.

[9] Chen K F，Song S Y，Liu F，et al. Structural design of graphene for use in electrochemical energy storage devices [J]. Chemical Society Reviews，2015，44（17）：6230-6257.

[10] Ji L W，Meduri P，Agubra V，et al. Graphene-based nanocomposites for energy storage [J]. Advance Energy Materials，2016，6（16）：1502159.

[11] Zhang Y，Xia XH，Liu B，et al. Multiscale graphene-based materials for applications in sodium ion batteries [J]. Advanced Energy Materials，2019，9（8）：1803342.

[12] Li G，Huang B，Pan Z，et al. Advances in three-dimensional graphene-based materials：configurations，preparation and application in secondary metal（Li，Na，K，Mg，Al）-ion batteries [J]. Energy & Environmental Science，2019，12（7）：2030-2053.

[13] Das S K. Graphene：A Cathode Material of Choice for Aluminum-Ion Batteries [J]. Angewandte Chemie International Edition，2018，57（51）：16606-16617.

[14] Zhang C，Huang Z，Lv W，et al. Carbon enables the practical use of lithium metal in a battery [J]. Carbon，2017（123）：744-755.

[15] Tao L，He L，Peng S，et al. Recent progress in carbon/lithium metal composite anode for safe lithium metal batteries [J]. Rare Metals，2018，37（6）：449-458.

[16] Li Y, Yan K, Lee H W, et al. Growth of conformal graphene cages on micrometre-sized silicon particles as stable battery anodes [J]. Nature Energy, 2016, 1（2）: 15029.

[17] Zhou X, Yin Y X, Wan L J, et al. Self-Assembled Nanocomposite of Silicon Nanoparticles Encapsulated in Graphene through Electrostatic Attraction for Lithium-Ion Batteries [J]. Advanced Energy Materials, 2012, 2（9）: 1086-1090.

[18] David L, Bhandavat R, Barrera U, et al. Silicon oxycarbide glass-graphene composite paper electrode for long-cycle lithium-ion batteries [J]. Nature Communications, 2016（7）: 10998.

[19] Hassan F M, Batmaz R, Li J, et al. Evidence of covalent synergy in silicon-sulfur-graphene yielding highly efficient and long-life lithium-ion batteries [J]. Nature Communications, 2015（6）: 8597.

[20] Tang R, Yun Q, Lv W, et al. How a very trace amount of graphene additive works for constructing an efficient conductive network in $LiCoO_2$-based lithium-ion batteries [J]. Carbon, 2016（103）: 356-362.

[21] Tang J, Zhong X, Li H, et al. In-situ and selectively laser reduced graphene oxide sheets as excellent conductive additive for high rate capability $LiFePO_4$ lithium ion batteries [J]. Journal of Power Sources, 2019（412）: 677-682.

[22] Su F Y, He Y B, Li B, et al. Could graphene construct an effective conducting network in a high-power lithium ion battery? [J]. Nano Energy, 2012, 1（3）: 429-439.

[23] Cheng X B, Zhang R, Zhao C Z, et al. Toward safe lithium metal anode in rechargeable batteries: a review [J]. Chemical Reviews, 2017, 117（15）: 10403-10473.

[24] Zhao J, Zhou G, Yan K, et al. Air-stable and freestanding lithium alloy/graphene foil as an alternative to lithium metal anodes [J]. Nature Nanotechnology, 2017（12）: 993-999.

[25] Shan L, Wang A, Li Q, et al. Crumpled Graphene Balls Stabilized Dendrite-free Lithium Metal Anodes [J]. Joule, 2018, 2（1）: 184-193.

[26] Mukherjee R, Thomas A V, Datta D, et al. Defect-induced plating of lithium metal within porous graphene networks [J]. Nature Communications, 2014（5）: 3710.

[27] Liu L, You Y, Yan C, et al. Wearable energy-dense and power-dense supercapacitor yarns enabled by scalable graphene-metallic textile composite electrodes [J]. Nature Communications, 2015（6）: 7260.

[28] Zhu Y, Li L, Zhang C, et al. A seamless three-dimensional carbon nanotube graphene hybrid material [J]. Nature Communications, 2012（3）: 1225.

[29] Kim H K, Bak S M, Lee S M, et al. Scalable fabrication of micron-scale graphene nanomeshes for high-performance supercapacitor applications [J]. Energy & Environ Sci, 2016, 9（4）: 1270-1281.

[30] Xiong G, He P, Lyu Z, et al. Bioinspired leaves-on-branchlet hybrid carbon nanostructure for

supercapacitors [J]. Nature Communications, 2018, 9 (1): 790.

[31] Han P, Yue Y, Liu Z, et al. Graphene oxide nanosheets/multi-walled carbon nanotubes hybrid as an excellent electrocatalytic material towards VO^{2+}/VO_2^+ redox couples for vanadium redox flow batteries [J]. Energy & Environmental Science, 2011, 4 (11): 4710-4717.

[32] Park M, In-Yup Jeon, Ryu J, et al. Exploration of the Effective Location of Surface Oxygen Defects in Graphene-Based Electrocatalysts for All-Vanadium Redox-Flow Batteries [J]. Advanced Energy Materials, 2015, 5 (5): 1401550.

[33] Munaiah Y, Ragupathy P, Pillai VK, et al. Single-step synthesis of halogenated graphene through electrochemical exfoliation and its utilization as electrodes for zinc bromine redox flow battery [J]. Journal of the Electrochemical Society, 2016, 163 (14): A2899-A2910.

[34] Venkatesan N, Archana K S, Suresh S, et al. Boron-Doped Graphene as Efficient Electrocatalyst for Zinc-Bromine Redox Flow Battery [J]. ChemElectroChem, 2019, 6 (4): 1107-1114.

[35] Zhang Y, Wang H, Yu W, et al. Structure and Properties of Sulfonated Poly (ether ether ketone) Hybrid Membrane with Polyaniline-Chains-Modified Graphene Oxide and Its Application for Vanadium Redox Flow Battery [J]. Chemistry Select, 2018, 3 (32): 9249-9258.

[36] Mo R, Rooney D, Sun K, et al. 3D nitrogen-doped graphene foam with encapsulated germanium/nitrogen-doped graphene yolk-shell nanoarchitecture for high-performance flexible Li-ion battery [J]. Nature Communications, 2017 (8): 13949.

[37] El-Kady M F, Kaner R B. Scalable fabrication of high-power graphene micro-supercapacitors for flexible and on-chip energy storage [J]. Nature Communications, 2013 (4): 1475.

[38] He Y, Chen W, Li X, et al. Free-Standing Three-Dimensional Graphene/MnO(2) Composite Networks as Ultra-Light and Flexible Supercapacitor Electrodes [J]. Acs Nano, 2013, 7 (1): 174-182.

[39] Niu Z, Li Z, Liu L, et al. All-solid-state flexible ultrathin micro-supercapacitors based on graphene [J]. Advanced Materials, 2013, 25 (29): 4035-4042.

[40] Guo X, Zheng S, Zhang G, et al. Nanostructured graphene-based materials for flexible energy storage [J]. Energy Storage Materials, 2017 (9): 150-169.

[41] Zhou G M, Li L, Ma C, et al. A graphene foam electrode with high sulfur loading for flexible and high energy Li-S batteries [J]. Nano Energy, 2015 (11): 356-365.

[42] Hao G P, Tang C, Zhang E, et al. Communication thermal exfoliation of layered metal-organic frameworks into ultrahydrophilic graphene stacks and their applications in Li-S batteries [J]. Advanced Materials, 2017, 29 (37): 1702829.

[43] Lu X, Yang F, Geng X, et al. Enhanced cyclability of amorphous carbon-coated SnO_2-graphene composite as anode for Li-ion batteries [J]. Electrochimica Acta, 2014 (147): 596-602.

[44] Ejigu A, Fevre L, Fujisawa K, et al. Electrochemically Exfoliated Graphene Electrode for High-

Performance Rechargeable Chloroaluminate and Dual-Ion Batteries [J]. ACS Applied Materials & Interfaces, 2019, 11 (26): 23261-23270.

[45] Huang Y, R Field, Chen Q, et al. Laser induced molybdenum sulphide loading on doped graphene cathode for highly stable lithium sulphur battery [J]. Communications Chemistry, 2019, 2 (1): 138.

[46] Cao J, He P, Brent J, et al. Supercapacitor Electrodes from the in Situ Reaction between Two-Dimensional Sheets of Black Phosphorus and Graphene Oxide [J]. ACS applied materials & interfaces, 2018, 10 (12): 10330-10338.

[47] Le F, Lewis W, Cao J, et al. Systematic Comparison of Graphene Materials for Supercapacitor Electrodes [J]. ChemistryOpen, 2019, 8 (4): 418-428.

[48] Zhuo Y, Kinloch I A, Bissett M A. Simultaneous Electrochemical Exfoliation and Chemical Functionalization of Graphene for Supercapacitor Electrodes [J]. Journal of The Electrochemical Society, 2020, 167 (11): 110531.

[49] Chakrabarti B, Rubio J, Kalamaras E, et al. Evaluation of a non-aqueous vanadium redox flow battery using a deep eutectic solvent and graphene-modified carbon electrodes via electrophoretic deposition [J]. Batteries-Basel, 2020, 6 (3): 38.

[50] Doerfler S, Hagen M, Althues H, et al. High capacity vertical aligned carbon nanotube/sulfur composite cathodes for lithium-sulfur batteries [J]. Chemical Communications, 2012, 48 (34): 4097-4099.

[51] Thieme S, Bruckner J, Bauer I, et al. High capacity micro-mesoporous carbon-sulfur nanocomposite cathodes with enhanced cycling stability prepared by a solvent-free procedure [J]. Journal of Materials Chemistry, 2013, 1 (32): 9225-9234.

[52] Drfler S, Strubel P, Jaumann T, et al. On The Mechanistic Role of Nitrogen-Doped Carbon Cathodes in Lithium-Sulfur Batteries with Low Electrolyte Weight Portion [J]. Nano Energy, 2018 (54): 116-128.

[53] Hagen M, Feisthammel G, Fanz P, et al. Sulfur cathodes with carbon current collector for Li-S cells [J]. Journal of the Electrochemical Society, 2013, 160 (6): A996-A1002.

[54] Bardenhagen I, Glenneberg J, Langer F, et al. Preparation of three-dimensional $LiMn_2O_4$/carbon composite cathodes via sol-gel impregnation and their electrochemical performance in lithium-ion battery application [J]. Journal of the Electrochemical Society, 2016, 163 (13): A2539-A2544.

[55] Jayaramulu K, Horn M, Schneemann A, et al. Covalent graphene-MOF hybrids for high-performance asymmetric supercapacitors [J]. Advanced Materials, 2021, 33 (4): 2004560.

[56] Drieschner S, Seckendorff M, Corro E, et al. Uniformly coated highly porous graphene/MnO_2 foams for flexible asymmetric supercapacitors [J]. Nanotechnology, 2018, 29 (22): 225402.

［57］Hadadian M, Correa-Baena J P, Goharshadi E K, et al. Enhancing Efficiency of Perovskite Solar Cells via N-doped Graphene: Crystal Modification and Surface Passivation［J］. Advanced Materials, 2016, 28（39）: 8681-8686.

［58］Zhang C Y, Wang S, Zhang H, et al. Efficient stable graphene-based perovskite solar cells with high flexibility in device assembling via modular architecture design［J］. Energy & Environmental Science, 2019（12）: 3585-3594.

［59］Song J, Yu Z, Gordin M L, et al. Chemically Bonded Phosphorus/Graphene Hybrid as a High Performance Anode for Sodium-Ion Batteries［J］. Nano Letters, 2014, 14（11）: 6329-6335.

［60］Zhao P, Yao M, Ren H, et al. Nanocomposites of hierarchical ultrathin MnO_2 nanosheets/hollow carbon nanofibers for high-performance asymmetric supercapacitors［J］. Applied Surface Science, 2019（463）: 931-938.

［61］Mo R, Tan X, Li F, et al. Tin-graphene tubes as anodes for lithium-ion batteries with high volumetric and gravimetric energy densities［J］. Nature Communications, 2020（11）: 1374.

［62］Xu Y, Lin Z, Zhong X, et al. Solvated Graphene Frameworks as High-Performance Anodes for Lithium-Ion Batteries［J］. Angewandte Chemie International Edition, 2015, 54（18）: 5345-5350.

［63］Mo R W, Li F, Tan Y Y, et al. High-quality mesoporous graphene particles as high-energy and fast-charging anodes for lithium-ion batterie［J］. Nature Communications, 2019（10）: 1474.

［64］Xu Y, Lin Z, Zhong X, et al. Holey graphene frameworks for highly efficient capacitive energy storage［J］. Nature Communications, 2014（5）: 4554.

［65］Xu Y, Lin Z, Huang X, et al. Flexible solid-state supercapacitors based on three-dimensional graphene hydrogel films［J］. Acs Nano, 2013, 7（5）: 4042-4049.

［66］Cheng Z, Liu T, Fang Q, et al. Supercapacitors Based on Three-Dimensional Hierarchical Graphene Aerogels with Periodic Macropores［J］. Nano Letters, 2016, 16（6）: 3448-3456.

［67］Xu Y, Shi G, Duan X. Self-Assembled Three-Dimensional Graphene Macrostructures: Synthesis and Applications in Supercapacitors［J］. Acc Chem Res, 2015, 48（6）: 1666-1675.

［68］Bagley J D, Kishorekumar D, See K A, et al. Selective formation of pyridinic-type nitrogen-doped graphene and its application in lithium-ion battery anodes［J］. RSC Advances, 2020（10）: 39562-39571.

［69］Pardo E, Thai E, Dunham N, et al. Incorporating graphene halides to improve Li/S batteries［J］. Abstracts of Papers of the American Chemical Society, 2017（254）: 2.

［70］Chattopadhyay S, Lipson A L, Karmel H J, et al. In Situ X-ray Study of the Solid Electrolyte Interphase（SEI）Formation on Graphene as a Model Li-ion Battery Anode［J］. Chemistry of Materials, 2012, 24（15）: 3038-3043.

［71］Lee J K，Smith K B，Hayner C M，et al. Silicon Nanoparticles–Graphene Paper Composites for Li Ion Battery Anodes［J］. Chemical Communications，2010，46（12）：2025–2027.

［72］Xu J，Wu J，Luo L，et al. Co_3O_4 nanocubes homogeneously assembled on few–layer graphene for high energy density lithium–ion batteries［J］. Journal of Power Sources，2015（274）：816–822.

［73］Jaber–Ansari L，Puntambekar K，Muratahan S，et al. Suppressing Manganese Dissolution from Lithium Manganese Oxide Spinel Cathodes with Single–Layer Graphene［J］. Advanced Energy Materials，2015，5（17）：1500646.

［74］Gao W，Singh N，Song L，et al. Direct laser writing of micro–supercapacitors on hydrated graphite oxide films［J］. Nature Nanotechnology，2011，6（8）：496–500.

［75］Yoo J J，Balakrishnan K，Huang J，et al. Ultrathin Planar Graphene Supercapacitors［J］. Nano Letters，2011，11（4）：1423–1427.

［76］Raji A，Salvatierra R V，Kim N D，et al. Lithium Batteries with Nearly Maximum Metal Storage［J］. ACS Nano，2017，11（6）：6362–6369.

［77］Wang H L，Yang Y，Liang Y，et al. Graphene–wrapped sulfur particles as a rechargeable lithium–sulfur battery cathode material with high capacity and cycling stability［J］. Nano Lett，2011，11（7）：2644–2647.

［78］Lin D，Liu Y，Chen W，et al. Conformal Lithium Fluoride Protection Layer on Three–Dimensional Lithium by Nonhazardous Gaseous Reagent Freon［J］. Nano Letters，2017：3731–3737.

［79］Wang H，Cao X，Gu H，et al. Improving Lithium Metal Composite Anodes with Seeding and Pillaring Effects of Silicon Nanoparticles［J］. ACS Nano，2020，14（4）：4601–4608.

［80］Chen H，Pei A，Wan J，et al. Tortuosity Effects in Lithium–Metal Host Anodes［J］. Joule，2020，4（4）：938–952.

［81］K Yan，Lee H W，Gao T，et al. Ultrathin Two–Dimensional Atomic Crystals as Stable Interfacial Layer for Improvement of Lithium Metal Anode［J］. Nano Letters，2014，14（10）：6016–6022.

［82］Wang H，Li Y，Li Y，et al. Wrinkled Graphene Cages as Hosts for High–Capacity Li Metal Anodes Shown by Cryogenic Electron Microscopy［J］. Nano Letters，2019，19（2）：1326–1335.

［83］Mi Y，Wen L，Li X，et al. High–performance Li–S battery cathode with catalyst–like carbon nanotube–MoP promoting polysulfide redox［J］. Nano Research，2017，10（11）：3698–3705.

［84］Lee J I，Song J，Cha Y，et al. Multifunctional SnO_2/3D graphene hybrid materials for sodium–ion and lithium–ion batteries with excellent rate capability and long cycle life［J］. Nano Research，2017，10（12）：4398–4414.

[85] Chen P Y, Qi J, Klug M T, et al. Environmentally responsible fabrication of efficient perovskite solar cells from recycled car batteries [J]. Energy & Environmental Science, 2014, 7 (11): 3659–3665.

[86] Roy-Mayhew J D, Bozym D J, Punckt C, et al. Functionalized graphene as a catalytic counter electrode in dye-sensitized solar cells [J]. Acs Nano, 2010, 4 (10): 6203–6211.

[87] Jo G, Choe M, Lee S, et al. The application of graphene as electrodes in electrical and optical devices [J]. Nanotechnology, 2012, 23 (11): 112001.

[88] Shin J, Park K, Ryu W H, et al. Graphene wrapping as a protective clamping layer anchored to carbon nanofibers encapsulating Si nanoparticles for a Li-ion battery anode [J]. Nanoscale, 2014, 6 (21): 12718–12726.

[89] Cho S H, Jung J W, Kim C, et al. Rational Design of 1-D Co_3O_4 Nanofibers@Low content Graphene Composite Anode for High Performance Li-Ion Batteries [J]. Scientific Reports, 2017 (7): 45105.

[90] Oh H S, Jeong H M, Park J H, et al., Hierarchical Si hydrogel architecture with conductive polyaniline channels on sulfonated-graphene for high-performance Li ion battery anodes having a robust cycle life [J]. J Mater Chem A, 2015, 3 (19): 10238–10242.

[91] Moorthy B, Ponraj R, Yun J H, et al. Ice-Templated Free-Standing Reduced Graphene Oxide for Dendrite-Free Lithium Metal Batteries [J]. ACS Applied Energy Materials, 2020, 3 (11): 11053–11060.

[92] Kim J S, Kim D W, Jung H T, et al. Controlled Lithium Dendrite Growth by a Synergistic Effect of Multilayered Graphene Coating and an Electrolyte Additive [J]. Chemistry of Materials, 2015, 27 (8): 2780–2787.

[93] Jun G H, Jin S H, Lee B, et al. Enhanced conduction and charge-selectivity by N-doped graphene flakes in the active layer of bulk-heterojunction organic solar cells [J]. Energy & Environmental Science, 2013, 6 (10): 3000–3006.

[94] Novak T G, Kim J, Song S H, et al. Fast P3HT Exciton Dissociation and Absorption Enhancement of Organic Solar Cells by PEG-Functionalized Graphene Quantum Dots [J]. Small, 2016, 12 (8): 994–999.

[95] Shim J, Kim J K, Lee K S, et al. A facile chemical synthesis of ZnO@multilayer graphene nanoparticles with fast charge separation and enhanced performance for application in solar energy conversion [J]. Nano Energy, 2016 (25): 9–17.

[96] Shin S R, Park J H, Kim K H, et al. Network of heterogeneous catalyst arrays on the nitrogen-doped graphene for synergistic solar energy harvesting of hydrogen from water [J]. Chemistry Materials, 2016, 28 (21): 7725–7730.

[97] Yoon Y, Lee K, Kwon S, et al. Vertical Alignments of Graphene Sheets Spatially and Densely Piled for Fast Ion Diffusion in Compact Supercapacitors [J]. Acs Nano, 2014, 8 (5): 4580–

4590.

［98］Pham D T，Lee T H，Luong D H，et al. Carbon nanotube-bridged graphene 3D building blocks for ultrafast compact supercapacitors［J］. Acs Nano，2015，9（2）：2018-2027.

［99］Yoon Y，Lee K，Baik C，et al. Anti-Solvent Derived Non-Stacked Reduced Graphene Oxide for High Performance Supercapacitors［J］. Advanced Materials，2013，25（32）：4437-4444.

［100］Lee K，Lee H，Shin Y，et al. Highly Transparent and Flexible Supercapacitors Using Graphene-Graphene Quantum Dots Chelate［J］. Nano Energy，2016（26）：746-754.

［101］Lee H，Kang J，Cho M S，et al. MnO_2/graphene composite electrodes for supercapacitors：the effect of graphene intercalation on capacitance［J］. Journal of Materials Chemistry，2011，21（45）：18215-18219.

［102］Mehmood K K，Khan S U，Lee S J，et al. Optimal sizing and allocation of battery energy storage systems with wind and solar power DGs in a distribution network for voltage regulation considering the lifespan of batteries［J］. IET Renew Power Generation，2017，11（10）：1305-1315.

［103］Lee M S，Lee K，Kim S Y，et al. High-Performance，Transparent，and Stretchable Electrodes Using Graphene-Metal Nanowire Hybrid Structures［J］. Nano Letters，2013，13（6）：2814-2821.

［104］Jo K，Lee T，Choi H J，et al. Stable aqueous dispersion of reduced graphene nanosheets via non-covalent functionalization with conducting polymers and application in transparent electrodes［J］. Langmuir，2011，27（5）：2014-2018.

［105］Jeon I Y，Ju M J，Xu J T，et al. Edge-fluorinated graphene nanoplatelets as high performance electrodes for dye-sensitized solar cells and lithium ion batteries［J］. Advanced Functional Materials，2015，25（8）：1170-1179.

［106］Seol M，Youn D，Kim J，et al. Mo-compound/CNT-graphene composites as efficient catalytic electrodes for quantum-dot- sensitized solar cells［J］. Advanced Energy Material，2014，4（4）：1300775.

［107］Jung S，Lee J，Seo J，et al. Development of Annealing-Free，Solution-Processable Inverted Organic Solar Cells with N-Doped Graphene Electrodes using Zinc Oxide Nanoparticles［J］. Nano Letters，2018，18（2）：1337-1343.

［108］Koo D，Jung S，J Seo，et al. Flexible Organic Solar Cells Over 15% Efficiency with Polyimide-Integrated Graphene Electrodes［J］. Joule，2020，4（5）：1021-1034.

［109］Jo K，Gu M，Kim B S. Ultrathin Supercapacitor Electrode Based on Reduced Graphene Oxide Nanosheets Assembled with Photo-Cross-Linkable Polymer：Conversion of Electrochemical Kinetics in Ultrathin Films［J］. Chemistry of Materials，2015，27（23）：7982-7989.

［110］Kim S W，Hwang J，JiHa S，et al. Ultrathin MoS_2 flakes embedded in nanoporous graphene films for a multi-functional electrode［J］. Journal of Materials Chemistry A，2021（2）：928-937.

［111］Jeong G, Seo J, Kim Y, et al. Graphene Antiadhesion Layer for the Effective Peel-and-Pick Transfer of Metallic Electrodes toward Flexible Electronics［J］. ACS Applied Materials & Interfaces, 2021, 13（18）: 22000-22008.

［112］Khan F, Oh M, Kim J H. N-functionalized graphene quantum dots: Charge transporting layer for high-rate and durable $Li_4Ti_5O_{12}$-based Li-ion battery［J］. Chemical Engineering Journal, 2019（369）: 1024-1033.

［113］Cong R, Choi J Y, Song J B, et al. Characteristics and electrochemical performances of silicon/carbon nanofiber/graphene composite films as anode materials for binder-free lithium-ion batteries［J］. Scientific Reports, 2021（11）: 1283.

［114］Panja T, Bhattacharjya D, Yu J S. Nitrogen and phosphorus co-doped cubic ordered mesoporous carbon as a supercapacitor electrode material with extraordinary cyclic stability［J］. Journal of Materials Chemistry A, 2015, 3（35）: 18001-18009.

［115］Joo H, Han H, Cho S. Fabrication of Poly（vinyl alcohol）-Polyaniline Nanofiber/Graphene Hydrogel for High-Performance Coin Cell Supercapacitor［J］. Polymers, 2020, 12（4）: 928.

［116］Kim Y, Ryu J, Park M, et al. Vapor-phase molecular doping of graphene for high-performance transparent electrodes［J］. Acs Nano, 2014, 8（1）: 868-874.

［117］Sung-Joo K, Han T H, Yeoung K T, et al. Extremely stable graphene electrodes doped with macromolecular acid［J］. Nature Communications, 2018, 9（1）: 2037.

［118］Jang Y, Kwon S J, Shin J, et al. Interface-Engineered Charge Transport Properties in Benzenedithol Molecular Electronic Junctions via Chemically p-doped Graphene Electrodes［J］. Acs Appl Mater Interfaces, 2017, 9（48）: 42043-42049.

［119］Lee K T, Jung Y S, Oh S M. Synthesis of tin-encapsulated spherical hollow carbon for anode material in lithium secondary batteries［J］. Journal of the American Chemical Society, 2003, 125（19）: 5652-5653.

［120］Lim S, Son D, Kim J, et al. Transparent and Stretchable Interactive Human Machine Interface Based on Patterned Graphene Heterostructures［J］. Advanced Functional Materials, 2015, 25（3）: 375-383.

［121］Kim J G, Kim Y, Noh Y, et al. Bifunctional Hybrid Catalysts with Perovskite LaCo0.8Fe0.2O3 Nanowires and Reduced Graphene Oxide Sheets for an Efficient $Li-O_2$ Battery Cathode［J］. Acs Applied Materials & Interfaces, 2018, 10（6）: 5429-5439.

［122］Lee S H, Noh Y, Jo Y R, et al. Carbon-encapsulated SnO_2 core shell nanowires directly grown on reduced graphene oxide sheets for high-performance Li-ion battery electrodes［J］. Energy Technology, 2018, 6（7）: 1255-1260.

［123］Kim Y, Noh Y, Han H, et al. Effect of N-doped carbon layer on Co_3O_4 nanowire-graphene composites as anode materials for lithium ion batteries［J］. Journal of Physics and Chemistry of

Solids，2019（124）：266–273.

［124］Ryu J，Kim S，Kim H I，et al. Self-assembled TiO_2 agglomerates hybridized with reduced-graphene oxide：A high-performance hybrid photocatalyst for solar energy conversion［J］. Chemical Engineering Journal，2015（262）：409–416.

［125］Kim H，Son Y，Park C，et al. Catalyst-free Direct Growth of a Single to a Few Layers of Graphene on a Germanium Nanowire for the Anode Material of a Lithium Battery［J］. Angewandte Chemie，2013，52（23）：5997–6001.

［126］Kwak W J，Park S J，Jung H G，et al. Optimized Concentration of Redox Mediator and Surface Protection of Li Metal for Maintenance of High Energy Efficiency in $Li-O_2$ Batteries［J］. Advanced Energy Materials，2018，8（9）：1702258.1–1702258.8.

［127］Xia F，Kwon S，Lee W W，et al. Graphene as an Interfacial Layer for Improving Cycling Performance of Si Nanowires in Lithium-Ion Batteries［J］. Nano Letters，2015，15（10）：6658–6664.

［128］Sudhagar P，Herraiz-Cardona I，Park H，et al. Exploring graphene quantum dots/TiO_2 interface in photoelectrochemical reactions：solar to fuel conversion［J］. Electrochimica Acta，2016（187）：249–255.

［129］Zhou G，Pei S，Li L，et al. Batteries：A Graphene-Pure-Sulfur Sandwich Structure for Ultrafast，Long-Life Lithium-Sulfur Batteries［J］. Advanced Materials，2014，26（4）：664.

［130］Zhou G M，Yin L C，Wang D W，et al. Fibrous hybrid of graphene and sulfur nanocrystals for high-performance lithium-sulfur batteries［J］. ACS Nano，2013，7（6）：5367–5375.

［131］Sun Z，Zhang J，Yin L，et al. Conductive porous vanadium nitride/graphene composite as chemical anchor of polysulfides for lithium-sulfur batteries［J］. Nature Communications，2017（8）：14627.

［132］Wen L，Hu X，Luo H，et al. Open-pore $LiFePO_4$/C microspheres with high volumetric energy density for lithium ion batteries［J］. Particuology，2015（22）：24–29.

［133］Fu R，Ji J，Yun L，et al. Graphene wrapped silicon suboxides anodes with suppressed Li-uptake behavior enabled superior cycling stability［J］. Energy Storage Materials，2021（35）：317–326.

［134］Deng W，Zhu W，Zhou X，et al. Graphene Nested Porous Carbon Current Collector for Lithium Metal Anode with Ultrahigh Areal Capacity［J］. Energy Storage Materials，2018（15）：266–273.

［135］Deng W，Zhou X，Fang Q，et al. Microscale Lithium Metal Stored inside Cellular Graphene Scaffold toward Advanced Metallic Lithium Anodes［J］. Advanced Energy Materials，2018，8（12）：1703152.1–1703152.10.

［136］Deng W，Zhu W，Zhou X，et al. Regulating capillary pressure to achieve ultralow areal mass loading metallic lithium anodes［J］. Energy Storage Materials, 2019（23）: 693–700.

［137］Xin X, Zhou X, Wang F, et al. A 3D porous architecture of Si/graphene nanocomposite as high–performance anode materials for Li–ion batteries［J］. Journal of Materials Chemistry, 2012, 22（16）: 7724–7731.

［138］Su F Y, You C, He Y B, et al. Flexible and planar graphene conductive additives for lithium–ion batteries［J］. Journal of Materials Chemistry, 2010, 20（43）: 9644–9651.

［139］Wang J G, D Jin, Zhou R, et al. Highly Flexible Graphene/Mn_3O_4 Nanocomposite Membrane as Advanced Anodes for Li–Ion Batteries［J］. Acs Nano, 2016, 10（6）: 6227–6234.

［140］Zhao Y, Liu M, Lv W, et al. Dense coating of $Li_4Ti_5O_{12}$ and graphene mixture on the separator to produce long cycle life of lithium–sulfur battery［J］. Nano Energy, 2016: 1–8.

［141］Wang J J, Wang J G, Liu H, et al. A Highly Flexible and Lightweight MnO_2/Graphene Membrane for Superior Zinc–Ion Batteries［J］. Advanced Functional Materials, 2021, 31（7）: 2007391.

［142］Zhang G Q, Lin K, Qin X, et al. Electrosprayed Robust Graphene Layer Constructing Ultrastable Electrode Interface for High–Voltage Lithium–Ion Batteries［J］. ACS Applied Materials And Interfaces, 2020, 12（33）: 37034–37046.

［143］Li H H, Dong J, Han D, et al. Simple synthesis of $K_{0.5}VOPO_4$ center dot 1.5H（2）O/graphene oxide composite as a cathode material for potassium–ion batteries. ACS Appl Energy Mater, 2021, 4（1）: 445–451.

［144］Xiao J, Han J W, Zhang C, et al. Dimensionality, function and performance of carbon materials in energy storage devices［J］. Advanced Energy Materials, 2021: 2100775.

［145］Han J W, Zhang C, Kong D, et al. Flowable sulfur template induced fully interconnected pore structures in graphene artefacts towards high volumetric potassium storage［J］. Nano Energy 2020（72）: 104729.

［146］Qin L, Lei Y, Wang H, et al. Capillary encapsulation of metallic potassium in aligned carbon nanotubes for use as stable potassium metal anodes［J］. Advanced Energy Materials, 2019, 9（29）: 1901427.

［147］Wei J, Luo C, Li H, et al. Direct assembly of micron–size porous graphene spheres with a high density as supercapacitor materials［J］. Carbon, 2019（149）: 492–498.

［148］Li P, Li H, Han D, et al. Packing activated carbons into dense graphene network by capillarity for high volumetric performance supercapacitors［J］. Advanced Science, 2019, 6（14）: 1802355.1–1802355.8.

［149］Lu Z, Liang Q, Wang B, et al. Graphitic Carbon Nitride Induced Micro–Electric Field for Dendriteree Lithium Metal Anodes［J］. Advanced Energy Materials, 2019, 9（7）: 1803186.1–1803186.8.

［150］Luo C, Lv W, Qi C, et al. Realizing Ultralow Concentration Gelation of Graphene Oxide with

Artificial Interfaces [J]. Advanced Materials, 2019, 31 (8): 1805075.1–1805075.7.

[151] Han J, Kong D, Wei L, et al. Caging tin oxide in three–dimensional graphene networks for superior volumetric lithium storage [J]. Nature Communications, 2018, 9 (1): 402.

[152] Li H, Tao Y, Zhang C, et al. Dense graphene monolith for high volumetric energy density Li–S batteries [J]. Advanced Energy Materials, 2018, 8 (18): 1703438.1–9.

[153] Feng Z, Huang H, Xiao C, et al. Electrochemically Scalable Production of Fluorine–Modified Graphene for Flexible and High–Energy Ionogel–Based Microsupercapacitors [J]. Journal of the American Chemical Society, 2018, 140 (26): 8198–8205.

[154] Wu Z S, Tan Y, Zheng S, et al. Bottom–Up Fabrication of Sulfur–Doped Graphene Films Derived from Sulfur–Annulated Nanographene for Ultrahigh Volumetric Capacitance Micro–Supercapacitors [J]. Journal of the American Chemical Society, 2017, 139 (12): 4506–4512.

[155] Shi H, Qin J, Huang K, et al. A Two–Dimensional Mesoporous Polypyrrole–Graphene Oxide Heterostructure as a Dual–Functional Ion Redistributor for Dendrite–Free Lithium Metal Anodes [J]. Angewandte Chemie International Edition, 2020, 59 (29): 12147–12153.

[156] Shi X, Wu Z S, Qin J, et al. Graphene–Based Linear Tandem Micro–Supercapacitors with Metal–Free Current Collectors and High–Voltage Output [J]. Advanced Materials, 2017, 29 (44): 1703034.1–1703034.9.

[157] Wu Z S, Zheng Y, Zheng S, et al. Stacked–Layer Heterostructure Films of 2D Thiophene Nanosheets and Graphene for High–Rate All–Solid–State Pseudocapacitors with Enhanced Volumetric Capacitance [J]. Advanced Materials, 2017, 29 (3): 1602960.1–1602960.7.

[158] Qu G, Cheng J, Li X, et al. A Fiber Supercapacitor with High Energy Density Based on Hollow Graphene/Conducting Polymer Fiber Electrode [J]. Advanced Materials, 2016, 28 (19): 3605–3605.

[159] Sun X M, Sun H, Li H P, et al. Developing polymer composite materials: carbon nanotubes or graphene? [J]. Advanced Materials, 2013, 25 (37): 5153–5176.

[160] Sun H, You X, Deng J, et al. Novel Graphene/Carbon Nanotube Composite Fibers for Efficient Wire–Shaped Miniature Energy Devices [J]. Advanced Materials, 2014, 26 (18): 2868–2873.

[161] Yang Z, Liu M, Zhang C, et al. Carbon Nanotubes Bridged with Graphene Nanoribbons and Their Use in High–Efficiency Dye–Sensitized Solar Cells [J]. Angewandte Chemie International Edition, 2013, 52 (14): 3996–3999.

[162] Yang Z, Sun H, Chen T, et al. Photovoltaic Wire Derived from a Graphene Composite Fiber Achieving an 8.45% Energy Conversion Efficiency[J]. Angewandte Chemie, 2013, 125(29): 7693–7696.

[163] Liang M, Zhi L. Graphene–Based Electrode Materials for Rechargeable Lithium Batteries [J].

Journal of Materials Chemistry，2009，19（33）：5871-5878.

［164］Kong D B，Li X L，Zhang Y B，et al. Encapsulating V$_2$O$_5$ into carbon nanotubes enables the synthesis of flexible high-performance lithium ion batteries［J］. Energy & Environmental Science，2016，9（3）：906-911.

［165］Chen S M，Cheng J Y，Ma L T，et al. Light-weight 3D Co-N-doped hollow carbon spheres as efficient electrocatalysts for rechargeable zinc-air batteries［J］. Nanoscale，2018，10（22）：10412.1- 9.

［166］Xiao Z，Kong D，Liang J，et al. Structure controllable carbon matrix derived from benzene-constructed porous organic polymers for high-performance Li-S batteries［J］. Carbon，2017（116）：633-639.

［167］Xie L，Su F，Xie L，et al. Effect of pore structure and doping species on charge storage mechanisms in porous carbon-based supercapacitors［J］. Materials Chemistry Frontiers，2020（4）：2610-2634.

［168］Li Q，Lu C，Chen C，et al. Layered NiCo$_2$O$_4$ /reduced graphene oxide composite as an advanced electrode for supercapacitor［J］. Energy Storage Materials，2017（8）：59-67.

［169］Kong Q Q，Liu Z，Gao J G，et al. Hierarchical graphene-carbon fiber composite paper as a flexible lateral heat spreader［J］. Advanced Functional Materials，2014，24（27）：4222-4228.

第五节　石墨烯节能环保技术

一、技术简介

石墨烯具有超大的比表面积、优异的化学稳定性和电、热性能，由其组装而成的石墨烯纤维、石墨烯膜、石墨烯气凝胶在节能环保领域获得了广泛研究。节能环保领域涵盖面很广，石墨烯的应用主要体现在水净化、空气净化、海水淡化、重防腐涂料等方面[1]。

（一）油及有机溶剂的去除

油及有机溶剂的排放或泄漏给水环境（海洋、河流）造成了巨大危害。在众多清理这些污染物的方法中，吸附法是一种简单、环保、低成本且高效的方法。传统的吸附材料如膨胀石墨、沸石、羊毛、粉煤灰、棉花纤维、活性炭等，虽然存在来源丰富、成本低、孔隙率高等优点，但自身存在吸附率低、选择性差、循环使用率低等致命缺点，从而限制了它们的广泛使用，很难满足环境修复的需求[2]。因此，为了能够有效清除油及有机溶剂，吸附材料应该具有高比表面积（增强吸附速率）、低比重、高孔隙率（提高吸附率）、疏水亲油（高选择性）、高循环使用率、高化学和热学稳定性。三维石墨烯及其衍生物氧化石墨烯由于其高比表面积、高孔隙率、多级孔结构和高度可调表面化学，在各类油如原油、柴油、汽油、真空泵油和有机溶剂如各类烷烃、甲苯、硝基苯、氯仿等污染物上展现出了巨大的吸附能力。氧化石墨烯具有丰富的官能团，可对氧化石墨烯进行不同的化学修饰以此来提高其对这类污染物的吸附性能。例如，三维的氧化石墨烯结构通过化学还原法如水热还原、还原剂还原等进行部分还原，可以转变为疏水亲油的石墨烯三维结构，适用于油及有机溶剂的高效选择性吸附。另外，化学气相沉积法制备的石墨烯由于不含有亲水基团，本身就拥有非常好的疏水亲油特性，非常适合吸附水中的油及有机溶剂。

（二）水中染料的去除

印染废水（含有多种有机染料）的排放对生态环境造成了严重的危害。一方面，有色印染废水的排放不仅会造成水体透光度的降低，造成水体缺氧；另一方面，大多有机染料生物毒性较大且难降解，具有致癌、致畸、致突变作用[3]。三维石墨烯基多孔结构包括氧化石墨烯海绵，具有丰富的含氧官能团和大比表面积，在对水体中各类染料吸附方面展现出了巨大潜力。氧化石墨烯对于染料的高效吸附是源于内因与外因的协同作用[4]。内因是氧化石墨烯自身荷电状态与结构，外因是染料的荷电状态与结构。对于带正电荷的阳离子染料，基于异性电荷相互吸引原则，要求氧化石墨烯海绵带有负电荷，而本征氧化石墨烯拥有丰富的吸附位点如羧基、羟基等含氧官能团，且这些官能团水解后的确赋予了氧化石墨烯片带有一定的负电荷（如羧酸根离子）[5]，因此，对于这类染料，氧化石墨烯海绵具有天生的吸附能力；对于带负电的阴离子染料，如曙红 Y（Eosin Y），为了提高对它们的吸附能力，需要通过修饰带有正电荷的官能团如胺基或复合带有正电荷的聚合物如壳聚糖的方式来赋予整个氧化石墨烯基海绵带有正电荷[6]；对于中性染料如吖啶橙（acridine orange），则要依赖于各自的结构，氧化石墨烯除了官能团和缺陷外，还具有苯环结构，而这类染料也具有类似的苯环结构，苯环和苯环结构之间具有较强的 π-π 相互作用，因此，利用这类相互作用也可以很好地吸附染料[7]。另外，对于某些染料来说，静电相互作用和 π-π 相互作用是共同存在的，这时二者就会起到相互增强的作用，极大提高三维石墨烯结构的吸附能力。除了上述的两种主要吸附作用外，某些染料如曙红 Y（Eosin Y）、钙黄绿素（Calcein）、罗丹名 B（rhodamine B）等，由于本身带有羧基和羟基官能团，可以和氧化石墨烯片形成氢键，促进吸附作用[8]。

（三）重金属的清除

水生环境中的重金属由于对人类及生态系统的高毒性而受到了广泛关注。正如在染料小节中所讲，氧化石墨烯片上具有丰富的可以水解而带负电的官能团如羧基水解后变为羧酸根离子，而这使得三维氧化石墨烯成为去除重金属离子如 Pb^{2+}、Cd^{2+}、Co^{2+} 等的理想材料[9~11]。三维石墨烯对于重金属的吸附能力主要归咎于丰富的吸附活性位点、超高的比表面积和交联的多孔结构，因为前者是对重金属离子的铆钉，后两者会为金属离子的吸附提供丰富的路径和吸附位点，在提高吸附能力的同时，还加快了吸附速率。另外，海绵表面的含氧官能团能够增强阴离子金属氧化物如 $Cr_2O_7^{2-}$ 的吸附，二者之间可以通过形成氢键或络合物来加强吸附。目前三维石墨烯对重金属的吸附选择性还比较差，也就是特异性比较差，未来可以在分子水平对其进行材料设计，也许可以制备出更具选择性吸附能力的氧化石墨烯片，从而帮助复杂水环境中重金属的高效去除。而那时三维石墨烯不仅可以用来针对性地去除特定重金属，还可以用来作为特异性敏感材料来监测特定重金属的含量，实现各种重金属的在线监测与处理相统一。

（四）海水淡化

石墨烯原子级别的平整度与厚度赋予了水能够超快地传输过石墨烯片的缺陷或片间纳米通道。目前发展了两种基于石墨烯基薄膜的脱盐策略：纳米孔单片石墨烯片结构和堆叠三维石墨烯结构。

纳米孔单片石墨烯结构：利用等离子体刻蚀[12]或离子轰炸[13]在单一石墨烯片上刻蚀出纳米孔，利用这些孔来截留水中的盐离子。已有计算表明[14]，这类单片石墨烯多孔膜对于脱盐可以提供优异的渗透率及选择性。

自组装或真空抽滤法可以提供一种相对于现有商业膜更加便宜且可行地堆叠三维石墨烯过滤膜。当堆叠石墨烯膜用于压力驱动的脱盐膜时，选择性主要取决于石墨烯膜中石墨烯片间层间距。调控石墨烯膜层间距可以允许尺寸比层间距小的物质通过，而截留尺寸大于层间距的离子或分子。因此，对于层间距的可控调控显得尤为重要。尽管在压力驱动脱盐膜的制备方面作出了很大努力，但目前三维石墨烯膜在渗透选择性方面还未能超过最新超薄脱盐膜。目前石墨烯纳米片修饰的膜展现了高的水渗透率和一般的盐选择性，制备的膜处于超滤或纳滤范围，没到反渗透膜的范畴。近期研究证实，对于压力驱动膜来说，决定脱盐过程能源效率和水质好坏的，最重要的是膜选择性，而不是水渗透率。因此，主要的挑战是如何在实验室制备薄的、无缺陷的纳米片基薄膜，以及如何开展随后的工业放大。其他的技术障碍还包括不可避免的污染及脱盐性能的恶化，所有这些因素在薄膜长期运行使用中都需要进行系统评估[4]。

（五）气体污染物去除

三维石墨烯对于气体污染物的净化性能主要依赖于其比表面积、孔隙率、孔径、表面化学及活性纳米材料和分子的修饰[15]。相比于水中污染物，空气中大多数污染物尺寸较小且移动快速，为了提高吸附能力，这就要求三维石墨烯的孔径尽可能多地分布在几个纳米和亚纳米范围。因此，研究人员发展了两类方法来增加三维石墨烯的比表面积和孔隙率，包括高温气体活化和化学刻蚀活化。在高温气体活化中，水蒸气[16]和二氧化碳[17]是常被用来膨胀堆叠致密的石墨烯纳米片，从而形成多孔的三维石墨烯结构，高温活化过程会引入大约 3 nm，甚至更小孔径的孔[17]。对于化学活化，常用硝酸（HNO_3）来选择性地刻蚀掉氧化石墨烯无定型的部分，从而产生多孔纳米片[18]。活化刻蚀形成的孔增加了三维石墨烯有效比表面积并且这些孔可以作为气体吸附的有效活性位点。

二、国内外发展现状

（一）国外发展现状

在环境净化方面，2017年曼彻斯特大学的研究人员在氧化石墨烯薄膜的两侧引入环氧树脂，能够有效地控制孔径的扩张。经试验证实，用此方法能够使氧化石墨烯薄膜对水中氯化钠的过滤效率高达97%，这意味着该膜系统能够很好过滤常见的盐离子[19]。同年，新加坡国立大学的研究人员发明出一种新型纳米纤维溶液，可以将无纺布网格转换成透明的空气过滤膜，这种新材料对严重威胁人体健康的PM2.5颗粒过滤效率高达90%，并能同时保证其空气流通量是当前呼吸器的2.5倍，也就是具备更好的透气性[20]。该团队还表示，改性材料的过滤效率仍有进一步提高的空间。2018年，西班牙加泰罗尼亚纳米科学与技术研究所、圣地亚哥·德·孔波斯特拉大学CiQUS研究中心和西班牙多诺斯蒂亚国际物理中心的研究人员合成了一种石墨烯膜，其孔径大小、形状和密度可以用纳米级的原子精度进行调整[20]。石墨烯纳米尺度的工程孔具有可渗透和筛状性质，可以选择特定的分子，加上石墨烯的内在强度和纳米纤薄，可作为室温气体、盐、生物分子等极其微小物质的高效过滤器，当孔隙间距足够小时可以转变为半导体，应用于电子元器件中。除此之外，这种可调纳米多孔石墨烯膜的实际应用是多方面的。它们的范围包括污染检测和缓解、水脱盐，甚至生物医学应用。2019年，欧盟的科研人员合作开发了石墨烯/二氧化钛催化剂，在实际污染物测试中，其降解的大气氮氧化物比标准二氧化钛纳米颗粒高出70%。催化剂可以涂在建筑物或者街道表面，以改善城市空气的质量[20]。在石墨烯涂料方面，PPG、GLOBAL GRAPHENE、阿克苏诺贝尔等国外企业在石墨烯涂料色散、表征、黏合剂组合物等方面均有研究，也都取得了稳定的性能及产品。

其中G2O水技术有限公司在降低水处理和过滤成本上进行了大量的研发工作，该公司使用成熟的科学技术，与许多行业和创新伙伴合作，以扩大技术规模并将其推向市场，最终为众多全球公司提供这种独特的新型过滤功能技术，主要包括油水分离、生活用水过滤、废水处理以及海水淡化。Graphene Lighting PLC开发了石墨烯灯泡（涂有石墨烯以用作散热器的LED照明设备），并于2019年在中国深圳开始大规模生产，主要是将石墨烯散热技术成功地应用在了55 W、发光效率为190 LM/W的高效率大功率灯泡。

（二）国内发展现状

从我国近年来石墨烯在节能环保领域中的海水淡化、水处理、涂料、染料去除、导热、重金属离子吸附、油水分离等几方面可以看出（图3-16），在涂料和导热两领域的专利数远远高于其他板块，这主要是由于这两板块在企业中研究和孵化得比较快、产业化也相对成熟，大量的专利是在企业中产生的，分别达到了6932件和7406件。而在基础研究领域中，如海水淡化、重金属离子去除、油水分离等领域，相关的专利数量还有待提升，这也意味着在这几个领域进行产业化，还需要一定的时间，需要大量的突破性的研究。而从石墨烯涂料以及导热中的应用专利申请数量来看，两者呈现出快速上升的趋势，2020年由于疫情的影响，石墨烯在涂料领域的专利数量有所回落，然而在导热方面由于上升势头较好仍保持一定的增长，随着疫情的稳定相信石墨烯在这两个领域的专利数量仍会保持着较快的上升趋势。

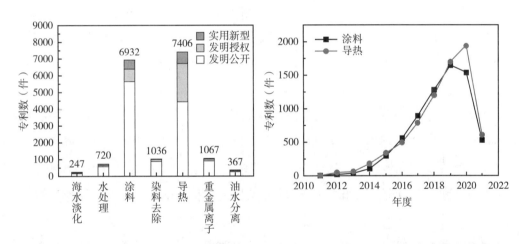

图3-16　国内石墨烯在节能环保各领域中的专利分布（左）；石墨烯在涂料与导热领域近几年的专利发展趋势（右）

1. 产业化方面[20]

南通强生石墨烯科技有限公司生产的石墨烯净水滤芯、石墨烯净水类产品，是将石墨烯与滤膜材质相结合，成功地研发出石墨烯PP棉滤芯、石墨烯压缩活性炭滤芯、石墨烯反渗透膜滤芯，用于取代传统净水器滤膜材料，取得非常显著的抗菌效果，强生石墨烯滤芯已于2019年5月投入量产，月产量10万支。常州碳星科技有限公司是一家致力于石墨烯在环保领域应用的企业，主要产品有石墨烯油水分离材料、空气净化材料、石墨基杀菌活性炭棒、石墨烯基光催化网、污水处理材料及设备等。目前已经建成 250 万平方米石墨烯空气滤材生产线、石墨烯基油水分离材料生产线、石墨烯基 VOC 吸附材料生产线并已经投入生产。江阴双良石墨烯光催化技术有限公司研发生产的石墨烯光催化网，可以实现"水美、河美、景美"的美丽城镇水环境有效治理的目的，其生产的石墨烯光催化网是以聚丙烯纤维材料做基材，上面涂覆石墨烯等多种特殊材料，形成可见光催化网，能对既然光全光谱有催化响应。当自然光照射光催化材料，形成大量的光生电子和空穴，能快速将水中的有机污染物催化降解，从而降低水中的 COD、BOD、氨氮等，达到治水的目的。厦门泰启力飞石墨烯基科技有限公司自主研发的专利技术——"石墨烯高导热复合材料"，成功实现对高分子基材的复合改性，并运用于工业产品的规模化生产。以此为基础，该公司开发的 LED 照明系列产品已达到国际先进水平。

2. 防腐涂料方面 [21]

中国在石墨烯涂料领域占领先地位，是排名首位的技术专利来源国家，占比超过 80%，美国、韩国、日本次之。石墨烯涂料技术研究主要以涂料组分研究、环氧树脂涂料、热交换、油墨及添加剂为主。国内石墨烯涂料技术及产品研发主要集中于长三角、珠三角地区，取得了重大突破，并成功应用于穿破、输电塔、航洋、室内等环境。如：成立于 2015 年的江苏道蓬科技有限公司主要生产石墨烯锌粉涂料 D30/60/80、高性能石墨烯涂料 G30/60，公司产品已经入选工业与信息化部推荐目录，成功地应用于我国东洋口港、扬州中集、中海油浙江宁波 LNG 等，及美国坦帕船厂、大加巴德海上风电场等。绵阳麦斯威尔科技有限公司是专业充实新型环保水性涂料的公司，主要产品有石墨烯基水性超疏水涂料、石墨烯水性超防腐涂料、石墨烯水性重防腐涂料等并成功应用于集装箱、汽车、集成电路板、高铁、暖通、空调等领域。青岛瑞利特新材料科技有限公司研发生产的石墨烯复合防锈浆料的耐盐水、盐雾能力都远高于同类产品。德阳烯碳科技有限公司的环氧石墨烯锌粉底漆、聚氨酯石墨烯面漆在耐盐雾方面均有很好的效果。

3. 水处理方面

据石墨烯联盟产业研究中心不完全数据统计可知，石墨烯在水处理领域的市场渗透率相对较低，2020 年，石墨烯膜元件市场渗透率仅为 1.3% 左右，预计 2025 年可达 2%。石墨烯在大气治理、VOCs 治理行业的渗透率相对较低，目前来说石墨烯在 VOCs 治理的市场渗透刚刚起步。然而在石墨烯涂料行业中，企业是技术研发的主力军，科研院所参与度不如其他领域高，目前石墨烯涂料以工业重防腐涂料为主要应用方向，大多以应用示范工程模式开展，在民用领域的应用市场还未完全打开。其中，2020 年 1 月工业与信息化部批准的《石墨烯锌粉涂料》（HG/T 5573—2019）行业标准于 2020 年 7 月正式实施。该行业标准规定了石墨烯锌粉涂料的术语和定义、产品分类、要求、试验方法、检验规则及标志、包装盒存储等内容，对国内石墨烯涂料市场有很好的规范和引导作用。

4. 环境净化方面[20]

2017 年，中国石油大学李永峰团队利用 MgO 模板通过化学气相沉积法制备了吸附量高达 156 g 柴油 /g 的石墨烯胶囊，可有效去除水中的污染。2016 年，中国碳谷科技公司开发的专业治理水质的石墨烯光催化网已经在江阴正式投产，该产品不受污染物影响，即使表面被包覆了一层污染物质，光催化效果仍然不受影响，其处理水体是原位处理，不换水不抽污泥，利用可见光将黑臭水处理成绿水、清水，是真正的节能环保的水处理方式。2017 年，中国科学院上海应用物理研究所方海平团队、上海大学吴明红团队、南京工业大学金万勤团队和浙江农林大学的学者多方面合作，提出并实现了用水和离子自身精确控制石墨烯膜的层间距，展示了其出色的粒子筛分和海水淡化性能，并用理论计算、X 射线小角散射和精细吸收谱实验阐明了机理。2019 年，武汉大学袁荃教授和加州大学洛杉矶分校的段镶锋教授等人报道了研制大面积石墨烯 / 纳米网、单壁碳纳米管杂化膜，有望更容易实现石墨烯纳滤膜的规模化生产。这种膜在拥有原子级厚度的同时，还具备优异的机械强度。其中，单层的 GNM 具有高密度的亚纳米孔，而这一 GNM/SWNT 杂化膜展现出高水渗透性以及对盐离子或者有机分子的选择性分离，在后续的管式模型中也保持着稳定的性能。

三、关键技术瓶颈及存在问题

（一）关键技术瓶颈

1. 有机溶剂、染料、重金属清除方面

油及有机溶剂的清除是三维石墨烯最有前景的环境应用之一，东南大学孙立涛团队已成功将该方面的科研进行了成果转化，目前已被广泛用于各种浮油及乳化油的分离。但是目前对于海洋漏油的大规模修复仍然存在需要解决的挑战。一方面，石墨烯海绵的抗磨损抗撕扯性需要进一步提高；另一方面，必须搞清楚恶劣的海洋化学环境对石墨烯基海绵润湿性与机械性能的影响。染料的脱附及氧化石墨烯三维结构的再利用不仅涉及相关染料的回收，而且可以进一步降低使用成本，因此显得非常重要，但目前这块内容研究还远远不够。另外，当利用染料作为模型来评估其他污染物时，需要特别注意的是：现有的大部分染料分子都是小分子，它们化学特性简单，在一定程度上并不能反映新兴有机污染物如药物、毒素、天然激素等的复杂性。对于重金属吸附或回收，三维石墨烯对于采矿渗出液中出现的各种金属的选择性吸附分离是一个亟须解决的关键问题。

2. 海水淡化方面

选择性的精准调控、工程放大、很难超越现有商业化脱盐膜的截盐率；堆叠石墨烯滤膜，存在的瓶颈：如何在实验室制备薄的、无缺陷的纳米片基薄膜，以及如何开展随后的工业放大，其他的技术障碍还包括不可避免的污染及脱盐性能的恶化，所有这些因素在薄膜长期运行使用中都需要进行系统评估；光热蒸发海水淡化，存在的瓶颈：处理量太小、长期稳定性需进一步评估、受天气影响较大等。

3. 气体污染物去除方面

气载纳米材料的生物安全性目前研究得还不是很多，因此对于空气处理应用，二维纳米片必须牢牢地固定在三维石墨烯结构中。尽管高温气体活化和化学刻蚀可以提高三维石墨烯的比表面积和活性位点，但其在一定程度上不可避免地会破坏三维石墨烯的完整性，带来二维纳米材料的脱落，严重影响了三维石墨烯的微观结构，对它们的宏观机械性能造成了一定破坏。大多数所报道的修饰技术并没有对三维石墨烯修饰前后的微观结构及机械性能进行分析，因此，经过这些策略处理后的宏观结构的完整性存在质疑。在对气体吸附性能研究中，更多的工作研究主要集中在理论上，实验上缺乏广泛系统深入的研究；在吸附完气体后，通过低压或用氩等惰性气体吹扫三维石墨烯的方式来脱附所吸附的气体，进而再生三维石墨烯，这种再生方式昂贵且耗时。

4. 重防腐涂料方面

1）目前，石墨烯的制备存在产量低、质量参差不齐等问题，石墨烯的加入导致防腐涂料成本上升，这限制了石墨烯改性防腐涂料应用。因此，探究高质量、高产率、成本低廉并可大规模生产的石墨烯材料制备工艺是解决其实际应用的关键之处。

2）石墨烯是单层碳原子构成的平面二维材料，具有超高的比表面积和范德华力，导致石墨烯在树脂涂层内部稳定性较差、易团聚，降低了对腐蚀介质的屏蔽作用。因此，实现石墨烯在树脂涂层中的均匀分散是发挥石墨烯作用的前提条件，物理分散和化学接枝是提高石墨烯分散性最常用且有效的方法。加强对石墨烯的改性研究，提高其在涂料中的分散性能，开发高性能的石墨烯涂料，拓展其应用领域是当前的研究方向。尽管有关石墨烯/有机涂层腐蚀防护性能的研究较多，但目前石墨烯剥离浓度低，在有机涂层中的分散和团聚仍然是当前研究的一大难题，仍需要进行大量的深入研究。

3）当石墨烯片层平行于基体表面更易形成迷宫效应，有效阻隔腐蚀介质进入，增强耐腐蚀性；而随着石墨烯片层与基体表面夹角增大，腐蚀介质通过石墨烯片层的路径变短，更易形成腐蚀通道。理想状态是涂层中纳米片的取向与被保护基底的表面平行，将最大限度地提高其阻隔性能，但在实际应用中，纳米片在涂层中的分散是无序的，因此，为尽可能发挥石墨烯的屏蔽作用，提高耐腐蚀性能，需对石墨烯进行定向排列。目前还没有简单有效的对准方法。

4）涂层一旦破损，腐蚀介质进入涂层与金属基体相连，涂层中高导电的石墨烯会与腐蚀介质接触，作为阴极的涂层与作为阳极的金属间产生局部电流，加速腐蚀，致使涂层剥落。研究者发现对石墨烯进行一定的绝缘化处理可以消除或减弱电偶腐蚀的发生，提升石墨烯涂层的防护效果。石墨烯的导电性对石墨烯/有机涂层防护性能的影响研究相对较少，相应的机理研究仍存在很大的争议，需要开展大量的研究，这对石墨烯的实际工程应用具有重大的现实意义。

5）当前海洋防腐涂层性能单一，而海洋环境多种多样、极具复杂性。单一的防腐涂层远不能满足现代海洋发展的要求，开发耐候性、抗菌性等多功能海洋防腐涂层势在必行，开发新型智能多样的涂层也将是大势所趋。同时，随着人们环保意识的增强，发展绿色环保、无溶剂、低能耗、低 VOC、高固型防腐涂层也将逐渐取代传统涂层。利用石墨烯及其衍生物特殊的结构和丰富的活性位点赋予涂层耐磨、抗菌、抗静电等更多维的功能是未来科研工作者在实现石墨烯基防腐涂料工业化过程中不断努力的方向。

6）石墨烯作为一类环保的纳米填料，可取代涂料中的防腐有机物和金属微粒，并延长涂料的使用寿命，减少防腐维护费用。目前石墨烯防腐涂料的研究仍以实验探索为主，对防腐机制的研究不足，有关其防腐机理的研究并不透彻，需要更深入全面地研究，进一步完善防腐机制。因此，在对石墨烯防腐过程深入表征的基础上，结合分子动力学模拟，对其防腐机理进行更加深入的研究是推动石墨烯在涂层防腐中发展的关键。

（二）产业发展存在的问题

节能环保领域处于产业发展初级阶段，还有很多需要解决的问题。首先是石墨烯原材料问题，如果不能控制规模化制备的性能稳定性，就很难避免当前存在的鱼目混珠的迹象。事实上，无论是在环保领域，还是在重防腐涂料上的应用，石墨烯的工艺稳定性和性能可重复性都有很大的提升空间，甚至在工作原理上也是各说各话，缺少严谨的科学态度。其次，节能环保领域都有成熟的商用技术，因此必须面对严酷的市场竞争，如果不能充分发挥石墨烯的特异性能，就很难在市场竞争中脱颖而出。就现状而言，该领域的基础研究和技术研发工作还不足，需要耐心和坚持，不能操之过急。最后是标准制定问题，目前石墨烯在节能环保领域的产品标准和检测标准尚未建立起来，需要组织权威机构尽快填补这个空白。

四、石墨烯节能环保发展路线图

石墨烯具有优异的力学性能、热学性能、电学性能及超大比表面积，基于这些特性，需要发展如下重点技术：石墨烯水、空气净化技术；石墨烯海水淡化技术；石墨烯重防腐涂料。石墨烯在大气治理、污水处理领域现虽有了不少的应用案例，且与目前的处理材料和设施相比有一定的技术优势，但是在价格方面还存在着一定的差距，依据欧盟石墨烯旗舰计划路线图中显示，目前来说石墨烯在节能环保领域中的防腐涂料、节能板块已经取得一定的进展，从国内相关专利的数量也可以证明这一点。随着技术的不断发展，石墨烯海水淡化膜技术在最近几年可能取得突破，未来 5～10 年石墨烯海水淡化膜将逐步步入市场并成功应用于海水淡化。

（一）环保型石墨烯防腐涂料新技术

目前石墨烯复合防腐涂料的研究主要以溶剂型复合材料为主，因含有大量的有毒重金属和挥发性有机物质（VOC），溶剂型防腐涂料的发展受到越来越多的限制。随着人们环保意识的不断提高，溶剂型防腐涂料在全球范围内被限制使用，世界各国对防腐涂料的发展提出越来越多的要求，防腐涂料正向高性能化、功能化、绿色化的方向发展，特别是发展水性涂料已成为重防腐蚀涂料的重要发展方向。因此，加快石墨烯在水性防腐涂料中的应用研究，开发低成本、高性能、绿色环保的新型石墨烯水性复合防腐涂料，具有深远的战略意义和广阔的发展前景。

（二）智能修复型石墨烯防腐涂料关键技术

石墨烯是一个巨大的多芳环平台，其开放式结构可用于化学反应的进行。高比表面积、优异的稳定性和突出的力学性能等特性，使石墨烯非常适合作为多功能改性基团的负载平台。屏蔽性、结合强度和自修复能力是决定防腐涂料性能和使用寿命的三个重要特性。最大程度地发挥石墨烯作为改性基团负载平台的功能，同时实现石墨烯的有效分散，提高涂层与金属的结合强度，改善涂层的自修复能力，是高性能长效智能防腐涂层的一种可行发展思路。

（三）石墨烯改性防腐涂料在长周期苛刻腐蚀环境下的寿命监测／预测技术

海上风能是对抗能源危机和全球暖化的重要途径，是抢占新一代能源技术的制高点。应用于海洋环境下的风力发电机组叶片，和内陆环境下有所不同，海洋环境下更注重材料的防腐、耐湿热、耐老化等性能，综合解决腐蚀防护、雨水和浪花冲击破坏、低温结冰等问题。相比海洋大气和浅海环境，深海环境更加严苛和复杂，有机涂层会在交变压力、溶解氧、低温等多耦合因素的作用下快速失效，导致服役性能下降，极易造成金属基底腐蚀，对于有机涂层服役于深海环境腐蚀行为和失效机制的认识非常缺乏。

针对海洋环境下，尤其是深海交变压力下，腐蚀介质在涂层中的扩散不满足菲克扩散定律，在交变压力下伴随着涂层中的裂纹等影响需要多个独立的菲克扩散过程叠加，此外涂层与金属基底的附着力，填料与树脂的界面性能等也影响这腐蚀介质的扩散过程，这造成了海洋环境下涂层材料寿命预测模型的复杂性。由于海洋环境的复杂性，精准预测涂层材料的使用寿命需要首先建立海洋环境下涂层服役信息数据库，而数据库的建立则需要对腐蚀数据进行可靠的实时采集，采用噪声微电机技术、模式识别数据快速处理方法建立适合于海洋环境下的数学模型，实现海洋苛刻环境下防护涂层服役性能的原位、快速评价。基于人工神经网络模型构建涂层服役寿命预测方法，从而实现在海洋环境如浪花飞溅区和深海交变压力下服役的有机防护涂层的理论寿命监测／预测技术。

（四）多维功能一体化石墨烯防腐涂料关键技术

石墨烯防腐－隐身一体化复合涂料。通过"自上而下"和"自下而上"方法制备的石墨烯材料具有一定的缺陷和残留的官能团，使得电导率降低；同时这些缺陷和官能团的出现可以产生费米能级的局域化态，有利于电磁波的吸收和衰减。且石墨烯基复合材料具有三维分层结构，易实现电子传输，具有强烈的极化损耗。利用其巨大的比表面积以及独特的分子结构与其他材料相结合得到协同增强复合材料，可以改善石墨烯阻抗匹配和分散特性等问题。

石墨烯防腐－耐磨一体化复合涂料。石墨烯由于其层间特殊的堆叠方式（碳固体润滑材料的基础结构单元）和稳定的杂化结构（物理阻碍层），在摩擦和防腐性能方面扮演着重要的角色。在制备石墨烯基防腐－耐磨一体化复合涂料过程中，需要注意的是利用物理、化学修饰手段对石墨烯进行修饰，以实现在树脂体系中的均匀分散。此外，要考察石墨烯材料的用量，在适宜的范围内，提高石墨烯及其衍生物在制备防腐耐磨涂料时的用量，可能会大幅度提高复合涂料的防腐耐磨性能。

此外，石墨烯防腐－抗菌、防腐－阻燃等功能涂料也具有很好的应用前景。目前关于石墨烯防腐涂料的研究趋于多样化，不仅石墨烯的选择多样，而且功能选择也是多样的，因此针对不同的腐蚀环境选择何种功能石墨烯和防腐涂料形成完整的配套体系是研究的重点。对此，有必要建立一个石墨烯及防腐涂料的综合评价体系，详细考察不同环境对不同功能防腐涂料防护性能的影响，深入探索其作用机理，为后续多功能防腐涂料专用石墨烯的选择提供理论和实验实践依据。

（五）石墨烯海水淡化膜及设备[20, 22]

石墨烯海水淡化膜材料在 2025 年时能够做到膜通量和膜压均应是目前数值的 10 倍级优化，这就需要从海水淡化膜的孔径大小、孔径均匀度、膜层厚度、膜层亲水性、耐冲击、抗衰老等方面进行优化，相信在石墨烯原材料的制备工艺的优化以及石墨烯后续加工的持续进步，在保证膜孔隙率足够大的条件下仍有均一尺寸膜孔的高强度分离膜，至 2035 年时能够形成规模化海水淡化设备。Aqua Membranes 数据显示，2010—2020 年海水淡化膜市场每年以 15% 的规模增长，到 2020 年淡化膜市场已经超过了 18 亿美元。由于石墨烯在海水淡化上的独特优势，石墨烯淡化膜技术有望在近两年取得突破，一旦进入市场，市场占有率将快速增加，而随着石墨烯海水淡化膜成本的降低以及海水淡化市场规模的扩大，石墨烯海水淡化将在 2035 年占据 50% 以上的淡化膜市场，石墨烯海水淡化膜市场将有望达到 37 亿美元。

（六）石墨烯节能材料[22]

2010—2020 年，全球节能环保投资达 2 万亿美元左右。石墨烯的光电热转换效率极高，研究表明，石墨烯可作为热水器的加热器件，在减小体积的同时能大大提高能量利用效率以及加热时间，若该项研究能顺利实现量产，仅这加热器件这一领域全球就将拥有数亿美元的市场空间。此外，石墨烯 LED 灯将很快面向市场，由于其节能效果理想、寿命长，未来必将占据巨大的市场份额。据石墨烯旗舰计划路线图预测，石墨烯节能改进剂将率先实现商业化，石墨烯润滑油则是节能改进剂的主要产品。而石墨烯作为添加剂用于润滑油在延长润滑油使用寿命的同时可以降低车辆的油耗。

（七）石墨烯 VOCs 吸附技术和催化技术[20, 22]

在 VOCs 控制治理中，研究指出吸附和催化氧化是去除 VOCs 前景较好的技术，可以通过氧化、还原和浸渍等改性处理吸附材料，调整 VOCs 吸附剂的表面结构性质和官能团，进一步改善对 VOCs 的吸附能力；作为一种超高比表面积的新材料，具有可调谐金属离子、有机连接物和官能团的金属有机骨架吸附材料对 VOCs 具有较高的吸附能力。石墨烯复合材料作为吸附材料在 VOCs 吸附 - 光催化氧化中的应用，石墨烯基纳米复合材料比表面积大、孔隙率丰富，具有独特的电子性质和表面功能基团，被认为是吸附 VOCs 分子的理想载体。并且石墨烯基纳米复合吸附材料比表面积大、吸附能力高、电子转移能力快，广泛应用于吸附 - 光催化组合去除 VOCs 技术中。控制 VOCs 在碳质吸附剂上吸附的关键因素有吸附材料的比表面积、孔径、化学官能团，吸附质的分子结构、分子大小、分子极性以及分子沸点，吸附环境如吸附温度、湿度及流量等；石墨烯表面的酸性基团更适合吸附极性 VOCs 气体；石墨烯表面的碱性基团适于吸附非极性 VOCs 气体；吸附容量与 VOCs 分子尺寸呈负相关性；高沸点 VOCs 比低沸点 VOCs 优先吸附在吸附剂上，前者比后者更难被解吸；低温有利于 VOCs 吸附，水蒸气存在会降低 VOCs 的吸附能力。

此外，除了催化氧化技术外，催化燃烧治理技术最为广泛，但高能耗的催化燃烧所用的化石燃料，导致能源危机以及燃料燃烧引起的环境污染问题。太阳能构建的可再生绿色清洁能源系统，代表能源革命的方向。传统太阳光催化降解 VOCs，受限于半导体材料的带隙能，仅紫外和部分可见光被利用，占太阳光能量 48% 的大部分红外光以热辐射的形式损失，导致太阳能量子效率低。同时，能耗需求高是制约传统催化燃烧技术发展的重要因素，利用太阳能转化储存为热能来驱动催化反应，有望替代传统的热催化技术，从而实现低能耗的工业应用。面临的科学问题在于如何广谱俘获太阳能、减少太阳光能质损失，以及如何有效将俘获的太阳光子能量转化为热能引入到催化反应中。实现全光谱太阳光的有序转化，关键在于高效光热转化材料的研发。石墨烯具有宽光谱吸收性质和优异的光热转换性能等优点，同时，石墨烯为 sp^2 杂化碳原子形成的类六元环苯单元的无限扩展的二维纳米材料，除了拥有大的比表面积和孔隙率，石墨烯与很多有机物反应物分子之间有强烈的 $\pi - \pi$ 作用，大量的 VOCs 可通过 $\pi - \pi$ 作用吸附富集在石墨烯的表面，增加反应物分子在催化剂上的停留时间，从而提高催化活性。

目前来说石墨对于 VOCs 处理技术总体还停留在实验室阶段，还有大量的研究工作未完成（石墨烯的吸附 - 脱附平衡性、石墨烯的特异性吸附、石墨烯吸附材料的体积吸附容量等），还没有大规模的生产与应用，在今后的一段时间内将会在这些领域将有所突破。由于石墨烯中所有的原子都裸露在表面，因此石墨烯可以进行修饰各种所需要的基团，以达到吸附特异性的目的，同时在减少石墨烯吸附位点的前提下增加石墨烯吸附材料的密度也将是未来一段时间内所需解决的问题。还有就是石墨烯催化材料的催化活性、催化剂的使用寿命等，这些问题解决之后，石墨烯在 VOCs 防控治理方面将在很短的时间内实现爆发式增长，将快速占领 VOCs 防控治理市场份额。

（八）水体微污染处理材料

从现有的国内外研究得出，石墨烯对水体中的污染物（如油类、有机物、重金属离子等）均有很好的吸附分离作用，但是对于水体中的少量甚至微量的污染物的吸附能力，或者是在流动状态下的污染物的吸附能力并没有达到理想状态，因此可以考虑在石墨烯对水体中微污染物的去除中采用膜分离的方式，形成高通量、低压力、低能耗的水体净化膜材料，争取在 2025 年形成对水中有机大分子污染物有很好的去除能力，至 2035 年时能够做到对水中重金属离子的高效去除并能重复使用的分离材料。

（九）石墨烯基水、空气多功能净化技术及设备

目前石墨烯在水净化、空气净化中多以吸附或过滤材料形式存在，净化效率较低，净化对象单一。未来开发多功能集成的净化技术及设备是大势所趋。随着石墨烯净化设备的完善，未来将在环境工程应用中大放异彩。

（十）石墨烯环境监测先进技术

石墨烯具有优异导电性、超大比表面积，在各类传感器中具有巨大的应用潜力。随着石墨烯制备技术的不断完善和改进，使得批量化制备出品质均一的石墨烯成为可能，从而有助于提高石墨烯传感器的良品率及再现性。在环境领域，各类气体传感器、重金属传感器、水质传感器，目前仍然依赖国外进口。在将来随着石墨烯各项技术的发展，开发出具有自主知识产权的石墨烯基气体传感器、重金属传感器、水质传感器等创新技术成为大势所趋。未来，气体污染物监测、净化的技术与设备将会得到巨大发展。

石墨烯在节能环保领域产业技术路线图见图 3-17。

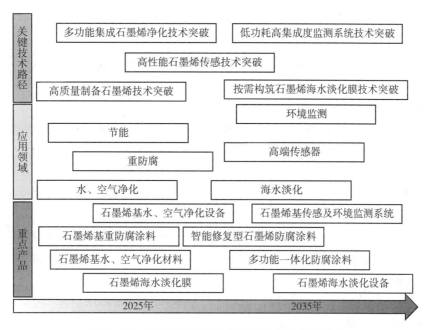

图 3-17 石墨烯在节能环保领域产业技术路线图

参考文献

［1］杨永强. 石墨烯材料及其应用研究进展概述［M］. 长春：吉林大学出版社，2021.

［2］毕恒昌. 面向油水分离应用的石墨烯及相关碳三维结构的制备与吸附特性研究［D］. 南京：东南大学，2016.

［3］Cao H Y，Bi H C，Xie X，et al. Functional tissues based on graphene oxide：facile preparation and dye adsorption properties［J］. Acta Physica Sinica，2016，65（14）：146802.

［4］Yousefi N，Lu X，Elimelech M，et al. Environmental performance of graphene-based 3D macrostructures［J］. Nature Nanotechnology，2019（14）：107-119.

［5］Bi H C，Yin K，Xie X，et al. Low temperature casting of graphene with high compressive strength［J］. Advanced Materials，2012，24（37）：5123.

［6］Chen Y，Chen L，Bai H，et al. Graphene oxide-chitosan composite hydrogels as broad-spectrum adsorbents for water purification［J］. Journal of Materials Chemistry A，2013（1）：1992-2001.

［7］Gao H，Sun Y，Zhou J，et al. Mussel-Inspired Synthesis of Polydopamine-Functionalized Graphene Hydrogel as Reusable Adsorbents for Water Purification［J］. Acs Applied Materials & Interfaces，2013，5（2）：425-432.

［8］Mou Z，Dong Y，Li S，et al. Eosin Y functionalized graphene for photocatalytic hydrogen production from water［J］. Fuel and Energy，2011，36（15）：8885-8893.

［9］Lei Y，Chen F，Luo Y，et al. Three-dimensional magnetic graphene oxide foam/Fe_3O_4

nanocomposite as an efficient absorbent for Cr（Ⅵ）removal［J］. Journal of Materials Science, 2014, 49（12）: 4236–4245.

［10］Liu P, Yan T, Zhang J, et al. Separation and recovery of heavy metal ions and salt ions from wastewater by 3D graphene-based asymmetric electrodes via capacitive deionization［J］. Journal of Materials Chemistry A, 2017（5）: 14748–14757.

［11］Zhao G, Li J, Ren X, et al. Few-Layered Graphene Oxide Nanosheets As Superior Sorbents for Heavy Metal Ion Pollution Management［J］. Environmental Science & Technology, 2011, 45（24）: 10454–10462.

［12］Surwade S P, Smirnov S N, Vlassiouk I V, et al. Water desalination using nanoporous single-layer graphene［J］. Nature Nanotechnology, 2015（10）: 459–464.

［13］SC O'Hern, Boutilier M, Idrobo J C, et al. Selective Ionic Transport through Tunable Subnanometer Pores in Single-Layer Graphene Membranes［J］. Nano Letters, 2014, 14（3）: 1234–1241.

［14］Cohen-Tanugi D, Grossman J C. Mechanical Strength of Nanoporous Graphene as a Desalination Membrane［J］. Nano Letters, 2014, 14（11）: 6171–6178.

［15］Yousefi N, Lu X, Elimelech M, et al. Environmental performance of graphene-based 3D macrostructures［J］. Nature Nanotechnology, 2019（14）: 107–119.

［16］Yun S, Lee H, Lee W E, et al. Multiscale textured, ultralight graphene monoliths for enhanced CO_2 and SO_2 adsorption capacity［J］. Fuel, 2016（174）: 36–42.

［17］Chowdhury S, Balasubramanian R. Three-Dimensional Graphene-Based Porous Adsorbents for Postcombustion CO_2 Capture［J］. Industrial & Engineering Chemistry Research, 2016, 55（29）: 7906–7916.

［18］Chowdhury S, Balasubramanian R. Holey graphene frameworks for highly selective post-combustion carbon capture［J］. Scientific Reports, 2016（6）: 21537.

［19］Abraham J, Vasu K S, Williams C D, et al. Tunable sieving of ions using graphene oxide membranes［J］. Nature Nanotechnology, 2017（12）: 546–550.

［20］CGIA. 石墨烯在节能环保行业分析报告［R］. 2020.

［21］CGIA. 石墨烯涂料市场研究报告［R］. 2020.

［22］刘忠范, 等. 中国石墨烯产业研究报告［M］. 北京: 科学出版社, 2020.

第六节　石墨烯生物医用技术

一、技术简介

石墨烯生物医用技术是指石墨烯及其衍生物在生物医学领域的应用，主要包括药物 / 基因传递、抗菌材料、生物成像、电化学生物传感器、组织器官修复治疗、肿瘤光热治疗等生物医用相关领域[1, 2]。

（一）药物 / 基因传递

药物传递系统是现代药剂学研究成果的典型代表之一，主要包括口服缓控释系统、透皮给药系统和靶向给药系统[3, 4]。基因传递即将一个基因导入细胞，然后让这些细胞产生自身所需的治疗物质，主要是蛋白质产物。基因传递的目的是基因治疗，将人的正常基因或有治疗作用的基因通过一定方式导入人体靶细胞以纠正基因缺陷或者发挥治疗作用，从而达到治疗疾病的目的。

氧化石墨烯晶格边缘及晶格内部缺陷中嫁接有种类多样的含氧基团（羟基、羧基、环氧基等），因而在水中有很好的分散性，另外，氧化石墨烯比表面积大，能够利用含氧基团通过化学键合将多种药物或生物分子结合到其结构中，所以在药物和基因传递领域具有很好的应用前景[5, 6]。此外，GO-PEI［poly（ethylene imine），聚乙烯亚胺］是非常出色的基因载体，将 PEI 接枝到氧化石墨烯上后，可有效提高基因传递效率[7]。

（二）抗菌材料

抗菌材料是指自身具有杀灭或抑制微生物功能的一类新型功能材料，可分为无机抗菌材料和有机抗菌材料两大类[8]。抗菌材料通过抑制蛋白质合成、破坏细胞等途径与微生物相互作用，达到杀死或抑制细菌生长繁殖的效果。

石墨烯具备优良的抗菌效果，属于无机抗菌材料。拥有纳米级尺寸的二维石墨烯，其边缘如同锋利的刀片，可以割破微生物细胞导致其死亡或者活性显著下降，从而有效阻止腐蚀性的菌类或者微生物在其表面黏附和增殖[9]。因此，针对医学领域的某些外科设备（例如带抗菌涂层的导管、支架等[10]）而言，可以运用石墨烯进行抗微生物表层涂层的制作。此外，石墨烯还可以彻底灭杀某些菌类（如革兰氏阴性菌大肠杆菌和革兰氏阳性菌金黄色葡萄球菌），或者显著降低菌类活性[11~13]。在具体的机械损伤修复过程中，运用石墨烯有助于全面防控细菌感染，例如，石墨烯对大肠杆菌的灭杀率超过90%[14]。石墨烯还可作为抗菌活性物质的理想载体，在开发新型抗菌材料领域具有极大的应用潜力[15]。

（三）生物成像

生物成像是了解生物体组织结构，阐明生物体各种生理功能的一种重要研究手段[16, 17]。它利用光学或电子显微镜直接获得生物细胞和组织的微观结构图像，通过分析所得图像来了解生物细胞的各种生理过程[18]。

作为一种新兴的荧光成像材料，石墨烯基材料因具有良好的分散性、生物相容性和较强的荧光成像作用，在生物活体成像领域具有广泛的应用前景[19]。石墨烯自身在近红外光激发下即可发出荧光。将一些荧光染料通过共价或非共价方式连接到石墨烯上可获得具有更优荧光性能的复合材料[20]。纳米氧化石墨烯还可用于灵敏度高且易于定量的核素成像模式和新近发展起来的光声成像模式[21]。

（四）电化学生物传感器

电化学生物传感器主要采用固体电极作为基础电极，将生物活性作为分子识别物固定在电极表面，通过分子间的特异性识别作用，使目标分子捕获到电极表面，基础电极将浓度信号转换成电势、电流、电阻或电容等可测量的电信号作为响应信号，实现对目标分析物的定性或定量分析，在医疗保健、食品工业、农业和环境监测领域具有广泛应用[22, 23]。

由于可促进电子输运，石墨烯材料对一些生物小分子表现出良好的电催化作用，故而在高性能电化学生物传感器领域也受到广泛关注[24, 25]。石墨烯作为电极表面和葡萄糖氧化酶氧化还原中心的导电元件，可以在保持葡萄糖氧化酶的生物活性的前提下，促进电子信号从酶的活性中心向电极表面传递[26]。由于氧化石墨烯表面含有多种含氧官能团，且比表面积大，可以成为酶的良好载体，基于此构建的葡萄糖氧化酶电化学生物传感器检测范围较宽。此外，石墨烯具有较宽的电势窗口，可直接检测氧化还原电位较高的核酸分子[27]。

（五）组织器官修复治疗

现代医学将细胞生物学和材料科学相结合，可以在体外或体内构建组织或器官，进行组织和器官修复、改善与功能维持[28]。将体外培养扩增的细胞与具有良好生物相容性、可降解性和可吸收的生物材料（支架）按一定的比例混合，形成细胞－材料复合物，植入机体的组织或器官病损部位，最终形成相应的组织或器官，从而达到修复创伤和重建功能的目的[29, 30]。

石墨烯具有良好的生物相容性，可促进人神经干细胞（hNSCs）的黏附并诱导其向神经元细胞分化，且能够明显提升神经突触的数量和平均长度，是一种潜在的神经接口材料，有望在神经组织工程及神经干细胞移植治疗等领域得到应用[31]。此外，由于碳原子以能量较强的 sp^2 杂化形式成键，石墨烯具有极好的力学性能，可作为二维增强相应用于组织工程生物材料的制备[32]。

（六）肿瘤光热治疗

光热治疗法是将具有较高光热转换效率的材料注射入人体内部，利用靶向性识别技术聚集在肿瘤组织附近，并在外部光源（一般是近红外光）的照射下将光能转化为热能来杀死癌细胞的一种治疗方法[33, 34]。

石墨烯基质光热疗法（Photothermal therapy，简称 PTT）被认为是一种微创、高效的癌症治疗方法[35]。PTT 可以通过一些光吸收器在辐照下将光能转化为热能。当激发分子到达基态时，它们以热的形式释放能量，导致癌细胞的热烧蚀[36]。石墨烯纳米材料具有近红外吸收特性，避免了其他生物组织的干扰，这种特性对 PTT 具有重要意义。此外，石墨烯还可以通过胎牛血清、聚乙二醇和右旋糖酐的生物功能化作用提高其生物相容性、光热效率、血液循环时间和生物利用度。

二、国内外发展现状

生物医药工程是交叉学科，综合了生物、医学、工程学三大学科，是以生物医药科学为基础，结合基因工程、细胞工程、酶工程、蛋白质工程、发酵工程等一种或多种生物工程技术手段，从生物体中提取可用于疾病预防、治疗和诊断的药物手段的总称。经过很长一段时间发展，许多生物医药都已被用于临床，在治疗肿瘤、感染、内分泌、代谢以及免疫、血液、神经系统等相关疾病的过程中，发挥着至关重要的作用。当前，生物医药产业链发展十分庞大，引领生物经济时代背景下医药行业新一波技术产业革命，成为最具发展潜力的生物细分产业之一。与石墨烯相关的生物医用产业也获得了显著发展。据统计，全球生物医药工业链处于一种集聚态发展状况，分布非常广泛，欧美、东亚等地区少数大国（美、欧、日等发达国家）引领着主要发展趋势。

从 2008 年开始，石墨烯在生物医药领域出现。石墨烯可以作为细胞生长支架，结合多糖等物质合成复合材料，具有高度细胞相容性，能够植入人体。同时，经过功能化处理后的石墨烯材料，还可以作为某些指定药物的有效载体，将用于化疗的抗癌药物运输到某些细胞中，提高药物的治疗功效。某些以石墨烯为基材的生物设备或传感器可用于细菌分析、DNA 和蛋白质检测。石墨烯量子点还能应用于生物成像等技术中，具有十分明显的优点，例如比荧光更稳定、不会出现光漂白和不易光衰等。石墨烯以其独特的性能，在纳米药物运输、生物蛋白检测、癌症治疗以及细胞生物成像等方面有着十分显著的优势，填补了部分生物医药科技产业发展的空白，推动生物医药产业的发展。石墨烯材料在生物医学产业的实际应用中，虽处于初始阶段，但却是产业化前景不可或缺的一部分，是前景最为广阔的应用领域之一。

2010 年，伊朗科学家在研究中发现，将大肠杆菌和金黄色葡萄球菌暴露在石墨烯中，石墨烯层状纳米片边缘结构的应力可直接刺穿细菌的细胞膜结构，使得其内部 RNA 泄漏，最终导致菌体死亡，就此拉开了石墨烯抗菌杀菌研究相关课题的序幕。

研究同时指出，氧化石墨烯悬浮液对大肠杆菌的抑制能力很强，最高能超过 90%，但对某些哺乳动物的真核细菌抑制能力却很小。相对于氧化石墨烯来讲，石墨烯具有更强的抗菌活性，原因是石墨烯层状结构的边缘更尖锐，更易损害细胞壁的膜结构。

研究显示，某些石墨烯基复合材料也具有十分显著的抗菌效果，比如氧化石墨/银纳米复合材料对各种病原体都显示很好的抗菌活性。2013 年，科学家通过分子模拟技术发现，石墨烯还可以抽取细胞膜中十分重要的组成部分——磷脂，从而导致细胞解体。

除了药品之外，石墨烯还可应用于一些医疗保健产品中。2016 年，中国国际石墨烯创新会议中，西班牙加泰罗尼亚纳米科学与技术研究所的史蒂芬·洛奇教授曾提到，他特别喜欢身上这件中式服装，虽然十分轻薄，却非常暖和，因为衣服内有乾坤，其中有个"小暖炉"。原来是其后背衬里有片石墨烯发热膜，这小小的发热膜就是这件中式服装的重点所在。石墨烯发热膜与传统发热理疗产品原理有很大的不同，石墨烯发热技术释放的远红外波波长与人体波长相近，可以最大程度与体内细胞的水分子产生有效"共振"，促进血液循环，进而强化各组织之间的新陈代谢，再生能力、机体的免疫能力增强，从而起到理疗保健的功效。

石墨烯生物医用传感器也是一个重要的应用领域。英国曼彻斯特大学研究人员认为，智能服装之所以"智能"，主要是其包含的三类传感器起到了很大作用，即心电/肌电生物传感器、运动传感器、温度传感器。而这些功能，石墨烯基材料都可以轻易实现。经过持续研究，科学家还发现，石墨烯及石墨烯基复合材料制备而成的传感器，在不同的生物分子检测中有着十分显著的表现。例如石墨烯传感器能检测蛋白质，灵敏度特别高；另外石墨烯/金纳米复合材料作为葡萄糖生物传感器，可用于糖尿病、高血糖等疾病的葡萄糖定量检测，得到十分广泛的认可；还有研究人员指出，利用氧化石墨烯纳米片研制的传感器，可检测活体细菌内的三磷酸腺苷。

目前，改性的石墨烯基材料已经可以与纺织物结合，制备出一种具有新特性的布料，在具备柔软、可水洗、可弯曲等通性之外，还有一种特别的特性，即超强的导电性能。利用这种石墨烯基纺织物制备而成的压力传感器，能通过文胸、鞋垫得知身体的压力变化，测量生理特征数据；还有心率传感器，可采集人体心率、血氧等数据。通过收集分析相关数据，不仅能知晓个人的健康状况，还能为大数据服务，了解消费者的行为特点和消费需求，进而制定准确的市场决策。由此可以看出，针对理疗健康研制的石墨烯基传感器，可能会承担起下一代提取人体大数据的重任。

美国博伊西州立大学的研究人员指出石墨烯的另一种生物医用功能，即其与干细胞生物的结合后，可以提供一种治疗骨关节炎的新方法，可能会为全球数百万骨关节炎患者提供有效的治疗途径。目前，虽然一些常用的治疗方法可以缓解骨关节炎，但却始终无法治愈这种疾病，全关节置换是一种常见的治疗手段，但博伊西州的一项新研究显示，应用石墨烯可能是一种更好的治疗选择。另外，由 Katie Yocham 和 Dave Estrada 领导的团队发表了一项名为"具有机械性能的石墨烯泡沫复合组织材料"的新成果。该项研究在高级工程材料期刊的封面上发表，是第一个与压缩机械相关的研究，提出了一种具有软骨组织性能的石墨烯泡沫复合材料。团队过往的研究指出，石墨烯泡沫与软骨组织工程的软骨细胞系具有相容性，这是第一项关注工程组织的黏弹性来测试生长软骨功能的研究。

表 3-11 和表 3-12 表明了全球有代表性的研究团队、企业的主要研究方向及主要产品。

表 3-11　全球代表性研究团队及其主要研究方向

团队名称	国家	研究方向
宾夕法尼亚州立大学	美国	生物装置或生物传感器（细菌分析、DNA 和蛋白质检测）
密歇根大学	美国	生物检测（氧化石墨烯器件检测癌症治疗的有效性）

续表

团队名称	国家	研究方向
加州大学圣地亚哥分校	美国	生物检测（基于石墨烯的 DNA 探针式晶体管检测特定的 DNA 变异）
伊利诺伊大学芝加哥分校	美国	生物检测（脑细胞与石墨烯界面接合辅助早期的癌症诊断）
伊利诺伊大学	美国	生物诊断（可移植的石墨烯传感器诊断眼部伤害）
博伊西州立大学	美国	石墨烯毒性（石墨烯泡沫作为生长功能性肌肉组织支架的适宜性）
莱斯大学	美国	生物成像（氟化的氧化石墨烯 MRI 造影技术）
哈佛大学和麻省理工学院	美国	基因测序（人工膜用于 DNA 测序）
曼彻斯特大学和首尔国立大学	英国 / 韩国	生物成像（无损电子显微镜成像）
剑桥大学石墨烯中心和意大利里雅斯特大学	英国 / 意大利	生物诊断（用未经处理的石墨烯材料来进行神经元突触的功能研究）
意大利罗马圣心天主教大学 / 意大利国家研究委员会	意大利	石墨烯抗菌性（抗菌"覆盖膜"）
苏黎世大学	瑞士	生物成像和诊断（利用全息电子照相显微镜图像确定治疗方法）
新加坡南洋理工大学	新加坡	抗菌材料
印度科学理工学院	印度	石墨烯抗菌性（抗菌净水薄膜）
中国科学院理化所	中国	石墨烯毒性（GO 经口服暴露后，对哺乳期仔鼠生长发育影响）
中国科学院苏州纳米技术与纳米仿生研究所	中国	纳米载药体系（抗癌药物载体）
中国国家标准与技术研究院	中国	基因测序（测定 DNA 序列）
华中师范大学	中国	生物诊断（基于石墨烯萃取法提取呼吸出的醛类分子来诊断肺癌）
东华大学	中国	药物载体、发热材料、抗菌材料、人造骨骼、荧光标记、富集萃取
同济大学	中国	药物载体、抗菌材料、细胞培养、发热材料、造影剂
江苏大学	中国	抗菌材料、DNA 基因检测、药物载体、荧光标记、富集萃取

表 3-12　全球代表性研究企业及其主要产品

企业名称	国家	主要产品
Graphene Sensors Inc.	加拿大	石墨烯生物传感器
Nanomedical Diagnostics Inc.	美国	石墨烯生物传感器
宁波三同编织有限公司	中国	石墨烯抗菌材料
佛山市高明区尚润盈科技有限公司	中国	石墨烯抗菌材料
常州碳宇纳米科技有限公司	中国	石墨烯基因转染试剂、石墨烯蛋白分离膜

当前石墨烯生物医用技术基本处于实验室研究阶段，尚未实现实际临床应用和规模化生产。根据"2015 欧盟石墨烯旗舰路线图"对石墨烯在生物医药行业应用的预测，首先实现的是生物传感器的商业化应用，3～5 年内会陆续实现 DNA 传感器－基因组学、蛋白质传感器－蛋白质组学、药物筛选设备及柔性神经修复的商业化应用，5～10 年内实现超敏感无标记传感器、石墨烯基多功能诊疗系统的商业化。图 3-18 展示了生物医药行业 2014—2024 年的应用时间表。

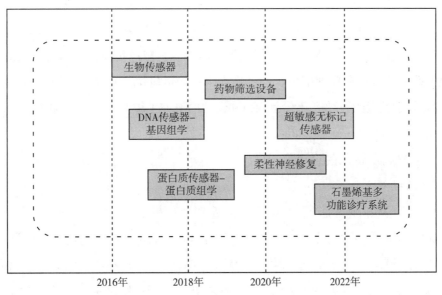

图 3-18　石墨烯在生物医药行业的应用时间节点

三、关键技术瓶颈及存在问题

（一）关键技术瓶颈

石墨烯在纳米尺度的药物输运、检测监测、疾病治疗和医学成像方向的潜在应用，突破了生物医疗领域的技术瓶颈，为医疗行业前沿技术的发展奠定了坚实基础，但研究工作尚处在早期阶段，目前仍存在一些问题亟待解决，所面临的挑战也更加艰巨。

1）在石墨烯本征优异性能的基础上，完整地研究石墨烯及其衍生材料的安全性和毒副机理，理解石墨烯材料的稳定性能及生物兼容能力。

2）石墨烯材料在实际应用过程中，存在一些亟待解决的技术问题和科学问题，例如石墨烯材料在液相溶液中分散性不够好，因而在实际应用过程中存在阻力。面对不同应用需求时，将石墨烯材料进行功能化调控是非常有必要的，发展研究各种石墨烯功能化产品去解决不同的问题需要各界人士的跨界合作，才能促进石墨烯生物医用产业的健康稳定发展。

3）调控后的功能石墨烯衍生材料具备了各种各样的性能，可用于解决不同的应用需求，可调控过程中参与反应的化学品阻碍了石墨烯的应用，尤其在生物应用过程中产生的副作用更加明显，发展绿色生产功能工艺来满足应用需求也是关键。

4）石墨烯材料和各种衍生物产品作为医药输运应用的媒介，可输运药品品类较少，相对分子较大的各种医药载运能力和潜力的研究工作非常少，怎样去开拓石墨烯在这种场景下的应用是解决现有技术瓶颈的关键。

（二）产业发展存在的问题

1. 生物安全性

石墨烯以及各种衍生产品在生产和生活中大量使用，各种各样的问题不断出现，尤其值得关注的是生物兼容性方面，部分研究者提到石墨烯以及各种衍生产品对人类健康和生态环境存在一定的危害性。理解石墨烯以及衍生产品的生物兼容性能是非常有必要的，主要可以从各种石墨烯产品对生物体的毒副作用机制方面进行努力。已经有研究经验说明，石墨烯产品的毒副作用机制跟产品材料自身的理化性质密不可分，比如形态结构、功能化调控情况等。另外，产品使用过程中所接触到的生物体细胞的类型和产品有效使用浓度都是石墨烯产品毒副作用机制研究的重要方面。

石墨烯毒性具有浓度依赖性的机制目前尚不清楚。就目前情况而言，石墨烯以及衍生产品在使用过程中会产生活性氧等物质，这对生物体而言存在安全问题，不容忽视。活性氧的产生可能在石墨烯引起的毒性中起重要作用。部分学者的研究表明，使用石墨烯产品的浓度过高的话，很有可能在应用过程中造成一定的包裹作用，进而对生物体细胞的生命过程活动造成不良影响。应用过程中，当石墨烯产品有效浓度过高时，生物细胞和产品间的作用很有可能更强。在一些报道中提到，如果氧化石墨烯含量接近 0.05 ppm 时，会导致免疫细胞反应加强、遗传基因受损和生物体细胞的死亡，氧化石墨烯产品有可能导致血液成分的变化，影响生物体生命过程。

在考虑石墨烯毒性的同时，还应考虑不同种类的石墨烯衍生物的不同物理和化学性质。例如，还原氧化石墨烯为疏水性，容易聚集在细胞的细胞膜上，也可能带来毒性。石墨烯产品使用于生物体中可能与血液成分相接触，石墨烯材料的溶血毒性，特别是氧化石墨烯潜在的致血栓性，限制了其在生物医学领域的应用。

在石墨烯产品以及衍生材料方面，国内外学者进行了大量的实验研究，也作出了一些探索性成果。可是材料制造方面方法种类较多，况且生物体构造较为复杂，造成了石墨烯产品和衍生材料的生物兼容性和安全方面研究的一些阻力，导致在这两方面的研究成果还不足以系统地阐述、解释和说明，需要继续深入研究。有学者的研究成果提到，石墨烯的细胞毒性可能受到浓度、种类、二维尺寸、三维结构以及接触途径等因素影响。可正因为材料制造方法种类较多、产品结构特点不同、理化性质各异等原因综合在一起，不能够只从单线条或单因素的角度去理解，所以理解和研究石墨烯产品和材料以及衍生物的生物兼容性和安全风险等是非常重要的研究方向。另外，在细胞等生命体的组成部分与石墨烯产品以及衍生物的作用机理方面的工作还在初步探索中，这方面的深度研发工作明显不足，尤其在生物细胞与衍生材料毒副作用机制方面，有不少不确定因素需要进一步研究。如果这些问题不能够得到良好解决，石墨烯在生物和医疗方面的应用阻力可能一直存在，解决好以上问题能为石墨烯材料和产品的实践应用提供非常好的理论指导。

2. 石墨烯在生物系统中的分散性和相容性

石墨烯具有独特稳定的理化结构，几乎不溶于任何溶剂，片层间存在较强的范德华作用力使其不能在溶剂中稳定分散，因此石墨烯易聚集成束，导致比表面积缩小，电阻增大，性能大幅降低；石墨烯与其他材料的相容性较差，容易再次层叠在一起难以打开。这些问题大大限制了对该材料的精细化研究和应用探索，也阻碍了其在生物系统中的有效应用，这是非常严重的问题，同时也是非常有价值的研究机遇和挑战。

所以，在今后的研究过程中进行石墨烯材料和衍生产品的功能调控是非常有必要的研究方向，以期改进该材料在溶液体系中的均一性和互容能力，这方面的工作对于产业化应用是非常关键的一环。

如果想要较好地利用石墨烯产品和材料的撒手锏级别性能，同时改良其产业化过程中的可塑性，需要赋予材料功能性，对材料进行功能调控。可以采用各种方法在石墨烯晶格中添加官能基团，从而赋予石墨烯本身不具有的功能性，进一步将石墨烯材料和产品应用到更多方面。调控石墨烯材料赋予其功能性，有利于石墨烯材料及其衍生物更好地应用于各种场景，也更利于解决石墨烯在产业化方面存在的技术瓶颈问题。近些年来，相关研究卓有成效，可在真正能够精准调控石墨烯的功能性和产业化应用方面依然面临挑战。在各种调控手段当中，共价键调控方式可利于石墨烯材料更好地加工，赋予了石墨烯新性能，但这种方法确实存在不足之处，在调控过程中会影响石墨烯材料本身的结构和理化性能。另外一种调控方式是非共价键调控，这种方法在工艺方面相对简单，过程中条件比较温和，可以较好地保护石墨烯材料自身的构造和性能，但该方法的不足之处是操作过程中会带入其他物质，导致产品和材料本身成分发生改变。想要开发更多的应用场景，也要将研发力量聚焦在功能调控的新方法开发工作上，可以在功能化反应方面去调控官能基团的种类和数目等，可以选择能够保护石墨烯材料自身结构的工艺过程，保证调控后材料和产品兼具石墨烯原有性质，可以调控石墨烯材料赋予其独特的功能性，使其在复合体系中表现出高效的作用力和组装能力。

总而言之，石墨烯材料及其衍生物的研究进展发展飞快，在众多方面都表现出高科学影响力和产业化价值。对于石墨烯整体研究而言，除去科研人员对石墨烯材料本征性能和结构的深入研究工作外，石墨烯功能调控方面的研究也尤为重要，今后一定会开发出更多功能性石墨烯产品，表现出更为合适的性能去应用于各种应用场景，进而为石墨烯材料以及衍生物和前沿科技的产业化和工业化进程打下坚实的理论基础。

3. 石墨烯绿色改性方法

石墨烯的制备和改性方法决定了石墨烯是否可以被广泛地工业化应用。传统石墨烯材料改性方法不仅存在爆炸的风险，反应周期长，而且污染严重。在功能调控工艺操作过程中会添加化学试剂，比较容易产生环境污染，就像解决石墨烯材料应用过程中在溶液中的团聚问题，所使用的化学还原剂具有较大毒害作用，严重限制了石墨烯材料和产品在工业化和产业化方面的发展，尤其是生物医疗领域。另外值得关注的事情是，一些功能调控方法在实操方面可行性较差、难度较大、费用较高、环境污染问题较严重，限制了石墨烯的产业化生产，故开发环保、有效、低成本、安全的原料、工艺和方法尤为重要。实现环保有效的石墨烯材料调控方法有利于石墨烯材料及衍生物的长期发展，有利于解决限制石墨烯行业发展和产业化应用的技术难题。

将环保的工艺和方法应用于石墨烯材料的调控过程中具有多方面优点，也确实能够促进产业发展和关键技术的产业化进程，可一样也会存在一些问题需要考虑和解决，其中包括功能调控过程中得到的部分产品仍然具有相当的缺陷，这也表明在调控机理方面需要深入研究。随着全球工业化的飞速发展，各个领域中的工艺和方法都将环保和安全作为重要的衡量指标，这是综合发展的趋势所在，也是先进技术的必然发展方向，所以石墨烯材料及其衍生物的制备和调控需要绿色发展。

四、石墨烯生物医用技术路线图

（一）技术路径及重点产品

石墨烯是一种具有很好的生物相容性、有效的低毒性和优异的抗菌性的新材料，所以石墨烯及其衍生物可在药物/基因传递、生物检测、生物成像、肿瘤治疗等生物医药相关的领域实现技术突破。

1. 药物/基因传递

氧化石墨烯为单原子层结构，具有很大的比表面积，可通过与药物进行化学或物理作用，使其负载在氧化石墨烯表面两侧，从而实现高效的载药作用。氧化石墨烯边缘和表面丰富的含氧官能团，使其具有良好的水溶性，会大大提高不溶性药物的亲水性。含氧基团易于修饰，可根据特定需求进行多功能、可控的表面修饰，例如，用具有肿瘤靶向和刺激反应特性的多功能分子修饰氧化石墨烯，使其具有出色的给药性能。基因传递主要是用作基因治疗，其技术路径和药物传递类似，通过对氧化石墨烯进行特定的表面修饰，生成有效且具有选择性的基因运输载体，将正常或有治疗作用的基因输送到靶细胞，进行治疗。

2. 生物检测

生物传感器将生物信号转换为电信号，用于定量或定性分析信息，可识别酶、抗体和核酸等生物受体。

（1）电化学生物传感器

石墨烯具有大比表面积，可以在其表面负载更多的生物分子。石墨烯具有很好的导电性以及小带隙，对于电子在生物分子和电极表面之间传导比较有利，所以可以作为电化学生物传感器的电极材料，检测如葡萄糖、谷氨酸、胆固醇、血红蛋白等物质。

通过调控生长条件、尺寸、层数和掺杂成分可以对石墨烯的性能进行调控。石墨烯的表面功能化可有效提高其电催化性能，官能团产生电化学活性位点能吸附和活化被分析物，加速电极与被分析物 / 电解质之间的电荷转移，有利于增强电化学生物传感的性能。

（2）光学生物传感器

石墨烯和石墨烯的衍生物可以光致发光，并且氧化石墨烯的氧化程度会影响其荧光淬灭性。将氧化石墨烯作为荧光淬灭剂时，可以用在荧光共振能量转移（Fluorescence Resonance Energy Transfer，简称 FRET）传感器中。氧化石墨烯与传统的淬灭剂相比，淬灭效率更高，所以 FRET 传感器的背景干扰小、灵敏度高，可以进行多重检测。已有研究可将氧化石墨烯作为荧光供体，制备出 FRET 传感器，可以用来检测 DNA、离子和蛋白质小分子。

3. 生物成像

（1）磁共振成像

磁共振成像（Magnetic Resonance Imaging，简称 MRI）是一种被广泛应用于临床生物医学的无创诊断手段，具有超高的空间分辨率。通过与正常组织的明显对比，可以清楚地观察病理区域（如肿瘤）的位置、大小和边界。为了获得有效的磁共振影像，应将造影剂在血液循环过程中积聚在肿瘤区域，因此，需要具有肿瘤靶向性和延长血液循环时间的载体。

将氧化石墨烯进行特定的表面修饰改性后用作造影剂，可以达到很好的造影效果。例如：先用聚 4- 苯乙烯磺酸钠来改性氧化石墨烯，再用 Fe_3O_4 进行修饰，制备所得的磁性氧化石墨烯具有很好的水溶性和体外 T2 加权 MRI 效果[21]。与 Gd-DTPA 相比，制备的 Gd-NGO 具有更高的 r1 值和体内 T1 加权 MR 图像对比度[22]。$BaGdF_5$ 和 PEG 修饰的 GO 用于成像引导光热疗法，通过 T1 加权 MR 图像，根据肿瘤组织与正常组织之间的明显对比，明确肿瘤的位置和大小，然后将注射了 GO/$BaGdF_5$/PEG 的小鼠肿瘤区域置于近红外激光照射下，产生明显的加热作用，通过 PTT 对肿瘤有明显的抑制作用[23]。

（2）近红外荧光成像

荧光成像是临床中常用于监测病理组织，跟踪治疗过程中药物的分布和代谢的一种诊疗方法。荧光成像对正常组织损伤小、反应快、成像对比度强、灵敏度高，由于活体在可见光范围内会产生荧光，所以在活体诊断中常采用近红外荧光成像（Near Infrared Spectrum Fluoro-trigger，简称 NIRFL），将具有高效成像性能的荧光剂标记在治疗平台上，引入荧光成像来引导肿瘤诊疗。

用表面修饰 / 改性氧化石墨烯高效稳定的负载荧光剂，可用于近红外荧光成像引导治疗，确保了生物成像和治疗的性能。例如，ICG 负载 HA 修饰 rGO（ICG/HArGO）用于生物成像引导肿瘤 PTT 诊疗，通过高效、灵敏、可控的 NIRFL 图像，可以清晰地观察 ICG/HArGO 的肿瘤积聚途径及其在肿瘤和正常器官中的生物分布，在诊断的基础上，适时加入近红外照射，通过 PTT 有效抑制肿瘤[24]。将 Cypate 与聚乙二醇化氧化石墨烯（GOCypate）共价接枝，所制备的 GO-Cypate 具有很好的近红外荧光成像并能增强 PTT 效应[25]。

（3）光声成像

光声成像（Photoacoustic Imaging，简称 PA）是指将靶组织暴露在激光下时，被靶组织吸收的激光会引起局部热膨胀，产生特定的声信号，所以具有较强光热转换性能的 PA 试剂，是产生 PA 信号的关键。

rGO-Au NRs 作为一种非均匀介质，能够有效地传递热能并诱导放大 PA 信号（高达 40 倍），通过体内实验，观察到高空间分辨率、低背景噪声的 PA 图像，为后续治疗期提供了重要的病理信息[26]。将小尺寸的 Au NRs 与 PEG- rGO、PLGA 和 PEG 在微乳液反应体系中接枝，通过 π-π 作用负载 DOX，在近红外辐照下，制备的 PA 试剂具有优异的光热性能并增强了药物释放，通过高质量的三维 PA 图像诊断，肿瘤的位置、大小、锐度、形态清晰可见。

（4）表面增强拉曼散射

表面增强拉曼散射（Surface Enhanced Raman Scattering，简称 SERS）生物成像法可以用于生物分子检测和疾病诊断，具有无创、超灵敏和高空间分辨率的特点。由于氧化石墨烯与金属之间的静电相互作用以及腔内等离子耦合介导强电磁场，将贵金属与氧化石墨烯结合能增强 SERS 信号。

银氧化石墨烯纳米壳有超灵敏的 SERS 信号，可以有效识别 MCF-7 细胞[28]。载药 DOX 的氧化石墨烯 / 金聚苯胺核壳纳米结构（GO-Au@PANI），可用于 SERS 成像引导下的肿瘤协同化疗 - 光热治疗，基于显著的 SERS 信号，能实时监测 pH/ 近红外敏感的 DOX 释放性能，促进肿瘤的有效治疗[29]。

（5）计算机断层扫描术

计算机断层扫描术（Computer Tomography，简称CT）的高分辨率可无创地提供病理区域信号。高原子序数金属（金、铋、钆等）具有显著的X射线衰减能力，是合适的CT试剂，能产生超高对比度的CT信号。将GO高效的光热转换能力与之结合，合成的Au@PLA-（PAH/GO）微胶囊可用于CT成像和PTT，其中GO为近红外激光下产生热的有效光学吸收剂，金为CT成像增强的增感剂，产生的高质量CT图像提供了准确的肿瘤信息，为下一步的PTT过程提供了坚实的支持[30]。

4. 肿瘤治疗

光热疗法是一种由外源性近红外激光照射控制的无创治疗方法。光敏剂首先进入病理组织（如肿瘤组织），然后暴露在近红外激光下产生大量热量，最后通过热疗杀死癌细胞。石墨烯及其衍生物特定的离域电子排列，在近红外区具有很强的吸收能力，并能有效地将光能转化为热能，是很有前景的PTT试剂。与氧化石墨烯相比，还原氧化石墨烯的光热转换效率更高，与石墨烯相比，还原氧化石墨烯具有更好的稳定性和可修饰的表面，并且rGO具有优异的载药性能，通常采用化疗与PTT相结合的手段用于肿瘤治疗。

光动力疗法（Photodynamic Therapy，简称PDT）是用特定波长的激光在指定位置引发光敏剂，利用在这一过程中产生的活性氧物种（Reactive Oxygen Species，简称ROS）来杀死癌细胞，将化疗和PDT两种手段相结合可以用作肿瘤治疗。在PDT过程中生成的ROS对药物在细胞内的运输具有促进作用，抗癌药物也能让肿瘤对PDT更加敏感。将石墨烯基材料优异的载药性能用于运输疏水性光敏剂和化疗药物，即可实现高效靶向PDT。

放射治疗（Radiation Therapy，简称RT）是在高能射线的照射下产生电离辐射，对DNA产生明显损伤，达到有效抗癌效果。放疗可以杀死术后未完全切除的肿瘤，抑制肿瘤的复发，延长患者的平均寿命，然而传统的放疗药物通常存在靶向性不强、血液循环时间短、耐辐射、副作用大等问题。可用放射性核素标记在特定载体上（如GO），氧化石墨烯支持的放射性核素通过被动或主动靶向的方式在肿瘤中表现出良好的聚集，能很好地用于肿瘤靶向放疗。由于氧化石墨烯与氧自由基会发生反应，氧化石墨烯的存在可以有效保护正常细胞免受X射线诱导的ROS的损害。还原氧化石墨烯在近红外激光作用下产生显著的升温可以协同PTT进一步增强RT效果。

5. 组织器官修复治疗

将体外培养扩增的细胞与具有良好生物相容性、可降解性和可吸收的生物材料（支架）按一定的比例混合，植入机体病损部位，可以修复组织和器官创伤，重建功能。

石墨烯具有良好的生物相容性，可促进神经干细胞（hNSCs）的黏附并诱导其向神经元细胞分化，能明显提升神经突触的数量和平均长度，是一种潜在的神经接口材料[16]，有望用于神经组织工程和干细胞移植治疗等方面。由于石墨烯具有单原子层和极好的力学性能，可作为二维增强生物材料用于组织工程。

6. DNA 测序

DNA 测序不但能深入的研究人类构成，还能对遗传疾病、癌症类型等有更多了解。石墨烯在 DNA 测序中的应用，通常是先制备出石墨烯薄膜，将薄膜放入导电液中，一端加电使 DNA 分子通过纳米孔石墨烯薄膜，从而读取 DNA 序列。这种技术被称为"纳米孔 DNA 测序"，读取快，测序成本低。

（二）应用场景

近年来，石墨烯在纳米载药、基因治疗、肿瘤治疗以及细胞成像等方面的应用，填补了部分生物医药技术的空白，为推动生物医药行业的发展起到了不可忽视的作用。石墨烯在生物医学领域的应用研究虽处于起步阶段，但却是产业化前景广阔的应用领域之一。

1. 纳米载药

石墨烯在纳米载药领域非常重要的应用优势就是石墨烯作为载体没有明显的细胞毒性，在生理环境中包括在血清中具有良好的生物安全性和生物相容性。另外，石墨烯具有单原子层结构，在两个基面都可以吸附药物的情况下，会具有比其他纳米材料更高的载药率。在载药应用中，石墨烯和药物通过物理作用结合起来，可以形成石墨烯/药物复合物。总之，基于石墨烯药物载体的安全性能高，并且在载药量方面具有优势，可以实现靶向输送和药物的可控释放等，使得石墨烯纳米载药技术有望在临床上实现应用。

2. 基因治疗

作为一种极有前景的疾病治疗手段——基因治疗，在应用中受到阻碍和限制的主要原因是基因运输载体的生物安全性和有效选择性得不到全面保障。而石墨烯独有的原子结构在基因治疗方面具有明显应用优势，使得 DNA 快速测序技术成为了可能。因为石墨烯具有单原子层结构，厚度仅是原子尺寸，比 DNA 中相邻碱基的距离还短，而各个碱基对电流的响应程度存在差异，因此能够通过监测电流信号对 DNA 链完成测序。例如，有研究将硅片上的石墨烯薄膜用聚焦粒子束技术刻蚀得到所需尺寸的纳米孔，将其插入流体槽两个独立的液体库之间，当给流体槽一定电压时，离子会受力通过打孔后的石墨烯薄膜，此时可以显示出来电子流的信号。若将长 DNA 链加入液体中，它们会在电压的作用下一个一个地穿过具有纳米孔的石墨烯薄膜。因为 DNA 分子链穿过纳米孔时会阻断离子流，产生特征性的电子信号，特定的电子信号对应不同的 DNA 分子尺寸和结构。利用不同碱基通过纳米孔石墨烯会引起不同电流信号的原理，可完成 DNA 链快速测序并进一步实现基因治疗。

3. 肿瘤治疗

近年来，石墨烯在肿瘤治疗方面的应用也得到广泛关注。有研究表明使用聚乙二醇包被纳米石墨烯片在肿瘤治疗中可以提高肿瘤细胞摄取率，将其中的石墨烯进行荧光标记，在活体内异种皮肤肿瘤移植荧光成像中可以明显发现聚乙二醇包被纳米石墨烯片表现出的肿瘤细胞摄取率较高，说明功能化的石墨烯片在生物环境中具有高溶解性和高稳定性，同时可以被应用到药物输送和承载以及体外成像方面。相较于之前所研究的碳纳米管，聚乙二醇包被的石墨烯片更是具有一些特殊的体内表征现象和应用优势，包括在肿瘤治疗过程中具有更高效率的肿瘤靶向识别以及在治疗过程中可以更大程度上降低残留。在进行肿瘤识别和摄取后利用纳米石墨烯片的高光吸收特点，在静脉注射纳米石墨烯片并在肿瘤移植部位用低强度激光进行照射，可以高效消除肿瘤细胞，达到良好的肿瘤治疗效果。

4. 生物成像

石墨烯本身固有的物理性质，特别是在光学方面具有的优异性能，使其及其衍生物不仅可以用于纳米载药和基因输送以及肿瘤的光热治疗，还在生物医学成像和诊断方面得到广泛关注。利用近红外光的目标肿瘤成像对于提高穿透深度至关重要，在肿瘤临床诊断应用中很有前景。例如现阶段在医学诊断方面应用较多的光学技术是表面等离子体共振传感器，此传感器具有很高的灵敏度和明显特异性。但是当前的检测技术在检测霍乱毒素过程中，仍然需要几小时甚至几天，相比之下，添加石墨烯可使近红外光传感器信号倍增，从而导致一个单分子超薄层即可锚定特定疾病信号，传感器可在数分钟之内准确高效检测出霍乱毒素，这使得检测效率大幅度提升。石墨烯在传感器中的类似技术也可扩展到包括癌症在内的几乎任何疾病标志物的检测。石墨烯由于其自身卓越的导电性、灵活性、生物相容性和稳定性，很有可能能够克服很多现存难题。研究人员表示，这仅仅是一个开端，接下来，将会研究不同形式的石墨烯对神经元的影响以及石墨烯材料能否改变突触和神经兴奋性。

5. 生物检测

在生物检测方面，对于石墨烯的探索和尝试也层出不穷，一些生物装置或生物传感器尝试利用石墨烯为基底，在细菌分析、DNA 和蛋白质检测方面进行研究和应用。新型石墨烯生物装置可灵敏地探测特定毒素，仅需数分钟，石墨烯的添加使得传感器信号传输效率提升了两倍，大大提高了一些毒素的检测效率。与碳纳米管相比较，石墨烯不仅可以实现大规模生产，而且有望进一步降低制备成本，在生物检测方面实现实际应用的希望更大。

6. 生物安全性

评价石墨烯及其衍生物的生物安全性的重要指标之一是研究石墨烯在细胞及动物体内是否具有毒性。大量研究表明石墨烯纳米材料是否具有细胞毒性受很多因素影响，除了与自身的物理性质和化学性质相关外，还与作用的细胞种类和在细胞内的作用浓度等密切关联。2016 年，针对人们对石墨烯在健康与安全方面的风险，韩国的一个科研团队进行了一项石墨烯吸入毒理学研究，研究人员利用雄性大鼠进行了一项为期 28 天的只用鼻吸入系统实验，结果表明大鼠在 1 天、28 天和 90 天接触石墨烯后，并未发现显著的肺部病变，由此推断石墨烯为低毒性。这为石墨烯作为一种有效的低毒性材料应用于各种领域，迈出了重要的一步。石墨烯在生物医学领域的相关研究已经取得了一些进展，现在还不够深入和系统。因此，石墨烯及其衍生物若要在将来实现广泛应用，需要在分子、细胞以及动物体内等多层次上，继续深入研究其与生物体系的相互作用机制。

以现有发展阶段和技术水平，预计在 2025 年可实现更高效的纳米载药功能、生物监测功能以及对于石墨烯的生物安全性将有更确切的答案。另外，对于生物传感器的应用会达到较为满意的成果。对于石墨烯多功能诊疗系统、石墨烯基因治疗、肿瘤治疗，科研人员也一直在尝试和努力，目前也取得了显著成果，但是仍需要在体内、体外、生物层次进行深入研究。

此外，石墨烯有望以纳米孔分离膜的形式，应用于与生物制药相关的领域，如药物提纯分离、用于血液透析的人工肾以及体外生命支持系统——人工肺。

（三）产业规模

随着人口总量的增加、居民保健意识的增强，在 2009 年全球制药业总产值达到

8660亿美元，医疗器械产业总产值也超过3000亿美元。并且，全球制药工业总产值保持高速增长。早在2019年，全球制药总产值规模就已达到11536亿美元，近年来更是受到加速的人口老龄化、慢性病和恶性肿瘤患病人数的不断增加等因素刺激，以及更先进的治疗方法问世的驱动，全球制药市场出现持续增高的趋势，2019—2021年的年复合增长率约达到5.0%。预计2022年全球制药市场规模年复合增长率约会有再度提升，将达到6%，增至15966亿美元。制药行业分析指出，欧美等发达国家和地区占全球制药市场很大份额，但增长速率将逐步趋于平缓，大约保持在1%～4%，而一些新兴市场，主要以中国、俄罗斯为代表的部分国家，在制药行业的发展速度要显著高于很多发达国家，预计年均复合增长率可高达8%～11%。全球制药市场规模以年复合增长率为5.0%预估，2025年全球制药市场规模将增至18482亿美元，保守估计2035年将至少达到3万亿美元。随着技术的飞速发展，制药产业只会出现比预期更加迅猛的发展。

分析全球生物制药市场不难发现，在2009年制药业总产值中，新兴产业生物技术药物产值大约仅为1000亿美元，传统产业化学药产值远高于新兴药产业，达7600亿美元，但是，这种传统制药行业具有高污染、高能耗的劣势。近年来，更环保、低耗能的新兴药产业市场呈现高速增长态势，年均增长可高达15%～18%。据数据统计，2010年，全球生物制药的市场规模已达到1400亿美元。目前，石墨烯在生物医药中的应用是很多学者以及科学家们积极研究的课题，并且已经取得不错的成果，但由于需要全面确定其应用的安全可靠性，还需要进行一段时间的临床试验，虽然现阶段在生物医药上还未得到全面广泛的应用，这种具有明显优势的材料一定会逐渐扩大医药应用市场，估算可达到30%～50%的年复增长率，预计到2025年，市场规模可达到14.7亿元，到2035年，市场规模可高达32亿元。

（四）石墨烯生物医用技术路线图

石墨烯生物医用产业与技术路线图见图3-19。

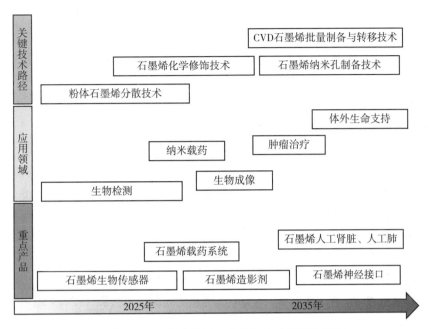

图 3-19　石墨烯生物医用产业与技术发展路线图

参考文献

［1］高扬，吴丁威，殷广达，等. 氧化石墨烯在生物医学领域的应用［J］. 材料导报 A：综述篇，2016，30（8）：144-150.

［2］Marta S，Ilona D，Anna J，et al. Graphene：One Material，Many Possibilities-Application Difficulties in Biological Systems［J］. Journal of Nanomater，2014（2014）：890246.

［3］王咏，于广华，孙玲，等. 细胞穿膜肽在药物传递系统中的应用［J］. 科技资讯，2017，15（20）：241-243.

［4］范博，金明姬，黄伟，等. 细胞穿膜肽在药物递送系统中的研究进展［J］. 药学学报，2016，51（2）：264-271.

［5］Zhang Y，Nayak T R，Hong H，et al. Graphene：a versatile nanoplatform for biomedical applications［J］. Nanoscale，2012，4（13）：3833-3842.

［6］范德增，张兴凯. 石墨烯在生物医用领域的应用进展［J］. 新材料产业，2016（10）：31-36.

［7］Liu Z，Robinson J T，Sun X，et al. PEGylated Nano-Graphene Oxide for Delivery of Water Insoluble Cancer Drugs［J］. Journal of the American Chemical Society，2008，130（33）：10876-10877.

［8］雷绍民，熊毕华，郝骞，等. 纳米 TiO_2 复合抗菌材料抗菌机理与研究进展［J］. 资源环境与工程，2006（4）：459-462.

［9］张勇力，吴月妍，陈素珍，等. 石墨烯在生物医学中的应用［J］. 大医生，2018（8）：116-117.

［10］杜夏夏，舒刚，陈宗艳. 氧化石墨烯在生物医学领域的应用［J］. 功能材料，2018（8）：11-12.

［11］刘凤珍，范增杰，王金清. 石墨烯类材料的制备及其在生物医学领域的应用［J］. 中国材料进展，2015，34（z1）：589-594.

［12］Anonymous. Graphene steps into biomedicine［J］. Nature Materials，2016，15（5）：485.

［13］Singh D P, Herrera C E, Singh B, et al. Graphene oxide：An efficient material and recent approach for biotechnological and biomedical applications［J］. Materials Science and Engineering：C，2018（86）：173-197.

［14］Zang Z, Zeng X, Wang M, et al. Tunable photoluminescence of water-soluble AgInZnS-graphene oxide（GO）nanocomposites and their application in-vivo bioimaging［J］. Sensors and Actuators B Chemical，2017，252（18）：1179-1186.

［15］刘浩怀，刘力飞，卢嘉明，等. 石墨烯及其衍生物的抗菌性研究进展［J］. 中国测试，2015，41（3）：8-13.

［16］杨语. 有机荧光纳米材料的设计制备及其应用［D］. 北京：北京科技大学，2019.

［17］何伟伟. 通过铁盐催化的 ATRP 方法制备磁性 / 近红外荧光纳米材料及其应用探究［D］. 苏州：苏州大学，2014.

［18］杨珊珊. 功能核酸纳米机器及新型红荧烯电致化学发光材料在生物传感器中的应用研究［D］. 重庆：西南大学，2020.

［19］范德增，张兴凯. 石墨烯在生物医用领域的应用进展［J］. 新材料产业，2016（10）：31-36.

［20］张帅. 石墨烯基纳米材料的合成、表征及在生物中的应用［D］. 苏州：苏州大学，2012.

［21］尤培红，王明伟，杨仕平. 纳米氧化石墨烯在肿瘤显像和治疗领域的研究进展［J］. 上海师范大学学报：自然科学版，2015，44（2）：217.

［22］苏婧. 基于金纳米颗粒和发夹型核酸探针电化学检测 DNA 甲基化酶［D］. 长沙：湖南大学，2012.

［23］晏根平. 基于低维碳纳米材料信号增强的电化学传感器研究［D］. 长沙：湖南大学，2015.

［24］马依拉，克然木，李首城，等. 石墨烯的电化学生物传感器研究进展［J］. 材料导报，2019，33（S1）：57-61.

［25］张韩洁，侯晓琳，郑梅琼，等. 基于石墨烯的电化学基因传感器［J］. 分析试验室，2019，38（4）：489-494.

［26］王博骏. 石墨烯气凝胶 / 纳米颗粒复合物的生物传感性能研究［D］. 南京：南京邮电大学，2016.

［27］范德增，张兴凯. 石墨烯在生物医用领域的应用进展［J］. 新材料产业，2016（10）：

31–35.

［28］周慧梅，朱兰，郎景和. 组织工程在妇科缺损性疾病中的应用［J］. 中华医学杂志，2007，87（1）：63–66.

［29］彭凡芬. 缺损颅骨组织工程支架生物力学分析及其体外整合实验研究［D］. 天津：天津大学，2012.

［30］商春华. 小鼠胚胎干细胞在生物材料上的三维扩增培养［D］. 广州：华南理工大学，2012.

［31］孟娜，郑元生，辛斌杰. 石墨烯纳米复合材料生物支架的研究进展［J］. 棉纺织技术，2018，46（8）：76–80.

［32］Wang Z，Zeng H，Sun L. Graphene quantum dots：versatile photoluminescence for energy，biomedical，and environmental applications［J］. Journal of Materials Chemistry C，2015，3(6)：1157–1165.

［33］周梦芸. 刺激响应型介孔二氧化硅基纳米药物递送系统的构建与性能研究［D］. 北京：北京科技大学，2021.

［34］郭冬雪. 基于介孔二氧化硅构建纳米药物递送体系及其肿瘤联合治疗中的应用［D］. 长春：东北师范大学，2019.

［35］杜鑫鑫. 近红外敏感羟基磷灰石／明胶／金纳米棒复合微球的合成及其光热效应研究［D］. 太原：太原理工大学，2018.

［36］Zhou L，Jiang H，Wei S，et al. High-efficiency loading of hypocrellin B on graphene oxide for photodynamic therapy［J］. Carbon，2012，50（15）：5594–5604.

第七节　石墨烯特种应用技术

一、技术简介

新材料和高新技术通常会在军事领域得以率先应用。石墨烯优异的电学、热学、力学、光学等特性使其在航空航天、国防军工、核能等特种领域拥有巨大的应用潜能，尤其是在隐身材料、太赫兹成像与通信、生化探测、宽光谱成像、核能、导热散热等领域已经展示了极为重要的应用价值，并由此衍生一系列特种应用技术。

利用石墨烯优异的导电、导热特性，通过与聚合物材料复合和特殊的结构设计，可开发出具有较小电磁波反射性的吸波材料。利用石墨烯极高的光响应灵敏度和响应速度，可实现对太赫兹信号的大幅度调制，并进一步开发出速率高、容量大、方向性强、安全性高及穿透性好的石墨烯太赫兹器件，在通信、雷达、安检成像等领域具有重大前景。石墨烯生化探测器灵敏度高、响应快、体积小、柔性可穿戴，可在进入毒气沾染地带时快速报警，提醒作战人员及时做好防护措施，实现特种环境下的快速生化检测。石墨烯具有紫外到太赫兹波段的全光谱响应特性，石墨烯宽光谱成像技术可实现微光、雾霾等特殊环境下的有效探测与成像，对于提升我军未来作战中的侦察能力、全天候作战能力具有重要意义。在核能领域，石墨烯可解决高温散热难题，将其应用于质子加速器主剥离膜上，能够大幅度提高剥离膜寿命和束流强度，服务于中国散裂中子源等重大科学基础设施。此外，将石墨烯与核反应堆的不锈钢管道、不锈钢包壳、蒸汽发生器镍基合金等材料相结合，可有效提高反应堆结构材料的抗辐射腐蚀性能和传热性能。利用石墨烯良好的导热特性和力学性能，将其与玻璃纤维等材料复合，可显著改善导弹等高速飞行器的散热和耐高温能力，增加其飞行距离与打击精度。

二、国内外发展现状

当前，虽然石墨烯特种应用技术尚未进入产业化阶段，但是石墨烯在电磁屏蔽材料/隐身材料、复合增强合金材料、装甲防护和防弹材料、电子封装材料等部分领域已经初步得到应用，并展现极高的军事价值。

（一）石墨烯轻质高强复合材料

飞机重量每减少1%，全球每年可节省燃油消耗数十亿美元。超轻、高刚度的石墨烯复合材料不但可以实现飞机的轻量化设计，石墨烯掺杂到碳纤维复合材料中还有利于纤维与树脂体系之间的界面结合，提高机械性能，在减轻重量的同时增强材料的安全性。航空轮胎是现代轮胎产业中的顶端产品，但国产飞机轮胎的起降承受次数（国产飞机轮胎一般为 30～50 次，进口轮胎为 150 次以上）达不到应用要求，主要原因在于胎面胶材料的抗撕裂性能、耐磨性能及压缩生热性能较差。石墨烯是已知材料中强度最高的新材料，且具有很好的导热性能，是解决大飞机轮胎用胎面胶性能的理想材料。北京石墨烯研究院通过石墨烯分散、界面设计和复合技术，开发出高拉伸强度、高撕裂强度、低压缩生热和高耐磨性等综合性能优异的航空轮胎胎面胶材料，目前已和国内下游应用企业建立"研发代工"合作关系，共同开发的某型号民用航空子午线轮胎已经通过国家民航标准的起飞—滑行—超载起飞—超载滑行等测试。阿努瓦宇航公司、安通林工程公司和空中客车公司合作开发了石墨烯基复合材料尾翼，研究发现随着石墨烯的加入，复合材料表现出更高的力学和热学性能，从而使尾边变薄，降低其重量，同时保持其安全性。

（二）石墨烯复合电磁屏蔽材料 / 隐身材料

这类材料按照制备工艺可分为两类，一类是功能化石墨烯在聚合物材料基体中分散复合而成的柔性屏蔽材料[1, 2]，另一类是聚合物衬底上转移单层石墨烯薄膜形成的电磁屏蔽材料[3]。中国科学院金属所成会明课题组[4]将泡沫镍上 CVD 法生长的石墨烯转移到聚二甲基硅氧烷衬底上，发现其电磁屏蔽效能高达 30 dB，且具有柔性轻质等特点。

鉴于石墨烯复合材料和石墨烯宏观体优异的可设计性能、卓越的雷达/红外吸波性能、极强的耐高温性能和耐蚀性能、极低的体密度和可观的减重效果，未来在以下多个方面有望获得应用：①远程轰炸机吸波涂料、吸波结构件；②第五代战斗机吸波涂料、吸波结构件、座舱红外雷达吸收透明涂层；③舰载无人战斗机吸波涂层、吸波结构；④战斗机雷达吸波海绵；⑤发动机高温吸波涂料；⑥导弹高温吸波涂料等。石墨烯将成为我国研制全频段、多方位隐身的未来战机的重要材料支撑。目前，这类隐身材料已在我国先进三代战机上开展演示验证研究，并在我国火箭军发射车辆雷达、红外隐身涂料，陆军坦克雷达、红外隐身涂料，海军舰艇雷达吸波构件上开展了应用探索，部分产品已获应用。中国航发北京航空材料研究院建成了石墨烯隐身材料研制中试生产线，突破石墨烯材料宽频段强吸收隐身材料研发技术，获得了石墨烯隐身涂料抗高低温、抗潮湿、抗失效等结构设计及制备技术，基本解决了新型石墨烯雷达隐身材料研制需求问题。

（三）石墨烯复合增强合金材料

石墨烯的轻、薄、强、韧、耐蚀等特性，使其成为先进复合材料的优选填料，也为先进武器装备的升级换代带来福音。目前我国在研发上已经形成石墨烯增强铝合金材料、石墨烯增强钛合金材料、石墨烯增强高温合金材料、石墨烯增强钢合金材料、石墨烯增强镁合金材料的家族谱系。如高强耐损伤石墨烯铝合金可用于先进飞机上下机翼壁板，可代替部分钛合金材料；石墨烯钛合金有优异的导热性能，可用于高超音速武器骨架、发动机压气机盘，这一点我国与美国不谋而合；石墨烯金属高温合金可用于各种型号发动机粉末盘，目前正在积极推动科工局预研立项支持；将石墨烯与铜导线复合而成的高电导率、高载流量的新型导线，用来取代铜线缆不但可以提升导电能力，同时可满足航空航天材料的减重需求；石墨烯增强镁合金等材料为我国航空装备确保作战能力要求和不增重前提下进一步增大航程、提高巡航能力，在实现相同任务的条件下降低起飞重量、降低采购和保障费、延长寿命等提供了保障。中国航发北京航空材料研究院研制出的石墨烯增强铝基复合材料装甲板用在武直–10机身侧面的照片引起大家关注。武直–10装甲板用石墨烯材料制成，该材料的强度是钢的100倍，可大大提高武直–10的防护能力。

（四）石墨烯装甲防护和防弹材料

石墨烯是目前已知强度最高的材料。我国在国际上首次提出了石墨烯在防弹材料中应用的概念，该系列材料是我国武装直升机防护材料的重要选择。同时，已在二炮发射车、陆军轮式车辆、新型海军舰艇、单兵、单警防护装备等领域开展了工程应用研究，正在进行产业化。我国基于石墨烯/芳纶开发的复合防弹材料，开发出了石墨烯防弹头盔和石墨烯防弹板（图3–20），目前已经完成打靶试验，能够实现在相同防弹效果下，防弹服重量降低15%～20%，未来将在特警、军队中推广应用。

（五）石墨烯热管理材料

石墨烯具有优异的散热性能，是目前已知最好的散热材料。新一代石墨烯铝基复合电子封装材料，导热性能达到230 W/（m·K），可用于先进有源相控阵雷达TR封装组件，侦查无人机高精度光学反射镜基板，火控、观瞄、测距、红外热成像、红外制导、激光制导以及高能激光武器、卫星光学遥感温控基板（图3–21）。由石墨烯的高导电性能发展出来的电加热技术，可在冬训服、作战服、便携式设备智能保暖和可穿戴保暖等方向得到应用。

图 3-20 石墨烯防弹头盔和石墨烯防弹板

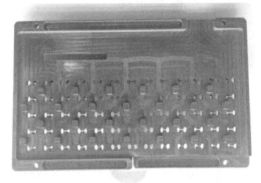

图 3-21 石墨烯电子封装用散热材料

（六）智能传感与探测技术

现代战场环境对智能传感与探测技术提出了新的要求，如更短的探测响应时间、更高的灵敏度、更强的抗干扰能力，以及更加轻便、低功能、小型化等。石墨烯光电探测器可实现从紫外到太赫兹波段的宽光谱光电响应，同时具有极高的光响应灵敏度和纳秒级别的光响应速度，可应用于微光成像、雾霾成像，以及室温红外传感、红外夜视等，以提升未来作战中的侦察能力和全天候作战能力。近年我国科学家已成功研发出从可见光 532 nm 到 10 μm 左右宽波段和超高响应度的石墨烯光电探测器，基于该技术的光谱成像仪有望满足在万分之一流明的照明度下的成像需求。

（七）石墨烯能源转化与存储技术

能源供给对军事装备至关重要。具有高导电导热性和柔性的石墨烯材料应用于柔性电池、柔性超级电容器以及光热转换器件中，有望解决可穿戴能源系统的能量转换效率、能量和功率密度以及使用安全性等问题，可以更好地满足军事领域对发展要求。研究人员采用石墨烯改性聚苯胺复合纤维作为柔性超级电容器的电极，柔性超级电容器的比容量可达 87.8 mF/cm²，能量密度可达 12.2 μW·h/cm²（电流密度为 0.22 mA/cm²）并且充放电循环达 1 万次[5]。石墨烯改性锂离子电池具有充放电快、深度放电、安全性高、自放电率低、使用寿命长等特性，适用于水中兵器、舰船、潜艇、车辆、无人机、单兵装备、电力储能电源等。石墨烯改性低温电池，在 –40℃下仍具有较好放电性，可在极寒天气下正常使用。石墨烯超级电容具有体积小、功率密度高、寿命长、安全性高等特性，适用于车辆、坦克、装甲车启动、电子设备、雷达、电磁、激光武器等瞬时大功率用电。

三、问题和挑战

石墨烯前沿技术对于加快我国国防建设，提升我国在重要战略领域的综合竞争力具有极为重要的意义，如何加快推进石墨烯在特种技术领域的应用是科技界、产业界和国家有关部门面临的重要挑战。

1）高校和科研院所参与特种技术领域研究的范围仍然相对较窄。受机制体制限制，目前参与国防军工等研究的单位多数为传统的大院大所和大型企事业单位。近年来，随着我国科技体制改革的深化和创新创业环境的优化，新型研发机构和高科技创新型企业不断涌现，如北京石墨烯研究院正式成立不到两年的时间，已经成为国际顶尖的石墨烯新材料研发机构。充分利用好这类创新主体的人才和研发优势，建立更加灵活的特种项目切入机制，不但能为我国科技创新、高精尖产业培育注入新的活力，同时也将为国防军工等特种领域实现国际引领提供强大的技术支撑。

2）缺乏畅通的军学研沟通协作机制。相比较我国石墨烯材料领域轰轰烈烈的产学研协同创新，特种领域技术与应用的结合仍然有赖于点对点的沟通协作模式，具体体现在科研人员缺乏了解特种领域技术需求的渠道，这就导致许多好的技术无法与应用结合，因此亟待建立畅通的军学研沟通协作渠道，以便充分发挥科研人员的积极性，加快推进石墨烯在特种领域的技术创新和规模化应用。

四、石墨烯特种应用技术发展路线图

到 2025 年，石墨烯在特种技术实现应用，到 2035 年实现大规模应用，主要体现在以下几个领域。

（一）石墨烯复合材料

高性能树脂基复合材料因良好的抗疲劳性、抗腐蚀、减震性，近年来用途越来越广泛，深受制造行业的青睐，被广泛应用于航空航天、汽车工业、机械电子制造业等领域。石墨烯树脂复合材料兼具复合材料的优异力学性能和石墨烯的力、热、电、磁等特性，在此结构/功能一体化复合材料基础上，未来10~20年发展用于制造飞机主承力结构件和热结构件的石墨烯树脂基复合材料，向智能化、轻量化、低成本化和多功能化发展，满足先进航天器的要求外，更好地服务并推动中国航天事业高质量发展。

（二）石墨烯超级电容器

石墨烯凭借其极高的比表面积、优异的导电性、良好的电子迁移率和特殊的二维柔性结构，在能源领域引发了极大关注。超级电容器是一种新型储能器材，具有充放电快、循环寿命长、功率密度高和使用温度范围宽等特点。以石墨烯为基础的超级电容器是一种最有希望实现高性能超级电容器的材料，具有高化学稳定性，高电流密度下可实现快速充放电和高能量密度，可以充分发挥"导电"和"储能"的双重特性。

Skeleton Technologies公司（简称ST）已经开发了一套生产"弯曲"石墨烯的独特工艺，应用于超级电容器产品SkelCap。ST称该产品可以提供两倍的能量存储容量和相比其他超级电容5倍的性能。弯曲石墨烯的高纯度也能确保高达两倍的电流耐受性和低至1/4的电阻。欧洲航天局选择该公司产品计划用于航天器，该电容器可以在小空间内实现大量的功率效应，采用这一技术可以提高航天技术安全性，同时降低成本。

（三）石墨烯太阳能电池

太阳能电池阵列作为空间能源设备关键能量来源，在航空航天领域发挥越来越重要的作用。尤其是近空间飞行器的发展，对高能量密度、高转化率和高稳定性的新型太阳能电池提出了迫切需求。石墨烯有良好的电学性能，可以作为太阳能电池中的受体材料。石墨烯可以和有机聚合物材料复合形成大的给受体界面，有利于提高电池中载流子迁移率，消除由于电荷传输路径被破坏产生的二次聚集。

（四）石墨烯传感器

石墨烯比表面积大、电子迁移率高和易掺杂特性决定作为传感器敏感材料有极大的应用潜力。基于优异的物理、化学和光特性，目前已开发石墨烯光伏型光探测传感器、石墨烯光热电型光探测传感器、石墨烯/半导体复合光探测传感器。用于检测气体成分时，石墨烯与其他不同成分气体的作用效果也不同，石墨烯极高的比表面积和低的电子噪声使得表面一旦吸附气体，气体分子将改变石墨烯电子分布进而引起其电导率的变化，可以利用这些特点来研发用于检测低轨空间环境气体成分及其变化的石墨烯气体传感器，达到检测气体的目的。

（五）深空探测用热电材料

优异的热电材料应具有高的电导率和低的热导率，而本征石墨烯电子迁移率高达 $2 \times 10^5 \, cm^2$（V·s），可以明显提高材料电导率，虽然石墨烯的导热能力极佳，但石墨烯可以通过将自身嵌入传统热电材料基体中来降低热电材料的晶格热导率，从而得到具有高能量转换效率的新型复合热电材料。

在深空探测活动中，利用热电材料直接将放射性同位素衰变热转换电的能源供应方式将是深空探测器的首选，且已被成功应用于美国国家航空航天局发射的旅行者一号和伽利略探测器等宇航器上。而通过加入石墨烯提高传统热电材料能源转换效率，将为深空探测器提供更充足的能源供给。

参考文献

［1］Hsiao S T, Ma C, Tien H W, et al. Using a non-covalent modification to prepare a high electromagnetic interference shielding performance graphene nanosheet/water-borne polyurethane composite［J］. Carbon, 2013（60）: 57-66.

［2］Zhang H B, Yan Q, Zheng W G, et al. Tough graphene-polymer microcellular foams for electromagnetic interference shielding［J］. ACS Applied Materials & Interfaces, 2011, 3（3）: 918-924.

［3］Liang J, Yan W, Yi H, et al. Electromagnetic interference shielding of graphene/epoxy composites［J］. Carbon, 2009, 47（3）: 922-925.

［4］Chen Z, Xu C, Ma C, et al. Lightweight and Flexible Graphene Foam Composites for High-Performance Electromagnetic Interference Shielding［J］. Advanced Materials, 2013, 25（9）: 1296-1300.

［5］Wu Z, Wang Y, X Liu, et al. Carbon-Nanomaterial-Based Flexible Batteries for Wearable Electronics［J］. Advanced Materials, 2019, 31（9）: 1800716.1-1800716.25.

第四章

中国石墨烯产业技术发展分析

第一节 石墨烯产业与技术发展现状分析

一、产业与技术发展历程

世界各国纷纷布局石墨烯，投入巨资加强石墨烯的研发、生产和应用，以期抢占产业制高点。然而，新材料的研发到最终走向市场，通常都面临着长周期、高投入、高风险的问题，必须要有一代人甚至几代人的坚守和积累，如硅材料历经了 20 多年，而碳纤维坚持了半个多世纪之久。石墨烯作为一种前沿新材料，从实验室走向产业化，最终转化为商品，按照经验需经过以下几个阶段：实验室研发（基础研究）—实验工厂（小试）—示范生产线（中试）—规模化生产—商品化。每个阶段必不可少，不可一蹴而就。实际上，从 2004 年第一篇有关石墨烯的热点学术论文刊登在 *Science* 期刊上，如今石墨烯只不过还是个不到 20 岁的"孩子"，一切还不能操之过急。目前石墨烯产业对标 Gartner 技术成熟度曲线，其正处于"期望顶峰"稍过一点的阶段（如图 4-1），然而，急于求成、"揠苗助长"式促生产使其有滑向"泡沫谷底期"的风险。

2010 年，诺贝尔物理学奖授予石墨烯材料研究的两位拓荒者安德烈·海姆和康斯坦丁·诺沃肖洛夫，也标志着石墨烯产业从这一年开始萌芽。在过去 10 年里，中国石墨烯产业呈现快速发展的态势。从全球视野来看，中国是推进石墨烯产业化应用最活跃的国家，也是明星级的存在。我国石墨烯产业受到了从中央到地方各级政府的高度关注，拥有全球最庞大的石墨烯基础研发和产业化队伍，多数有理工科专业的大学和科研院所都有石墨烯研究团队。在国家政策、民营企业和社会资本的共同推动下，我国石墨烯产业在规模化制备、市场规模和企业数量等方面均呈现爆发式增长

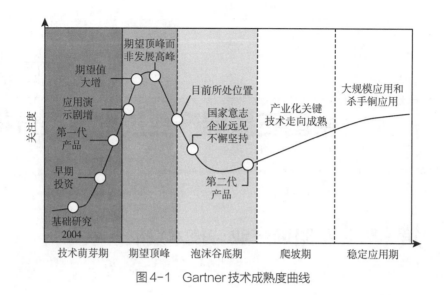

图 4-1　Gartner 技术成熟度曲线

（表 4-1）。尤其是企业数量，在 2013 年初具 2596 家，到 2020 年已超过 2 万家，并持续增加。

表 4-1　2013 年以来我国石墨烯产业的相关发展速度

		2013 年	2015 年	2017 年	2019 年	2020 年
规模化生产能力	石墨烯粉体	201 t	—	1400 t	＞5000 t	＞5000 t
	石墨烯薄膜	—	19 万 m²	350 万 m²	＞650 万 m²	＞800 万 m²
	氧化石墨烯	108 t	132 t	710 t	900 t	1000 t
市场规模（CGIA Research 统计）			6 亿元	70 亿元	—	
相关企业数量		2596 家	3843 家	6619 家	10835 家	＞2 万家

截至 2021 年 6 月底，在工商部门注册的石墨烯相关企业及单位数量已超过 3 万家，石墨烯市场规模持续增加。虽然中国石墨烯产业正在蓬勃发展，各个领域均有涉及，但真正体现石墨烯特性的应用尚不明确，创新渠道转化不畅，因此石墨烯产业整体上正处于实验室研究到产业转化的初级阶段。纵观我国石墨烯产业近 10 年的发展历程，按照 Gartner 技术成熟度曲线，可分为技术萌芽期、期望膨胀期以及调整期。

（一）技术萌芽期（2010—2012 年）

在 2010 年前，我国仅有北京大学、清华大学和中国科学院化学所等少数院校和科研院所开展有关石墨烯的基础研究，石墨烯相关的专利数量较少。随着 2010 年诺贝尔物理学奖的揭晓，石墨烯成为科学界讨论的焦点，也正是从这一年，我国大量的科研团队投入石墨烯领域的相关研究。这一阶段我国石墨烯产业的主要特点是基础研究与应用研发齐头并进，每年都有大量的新增发明人进入石墨烯相关的技术领域，以及引进众多海归人才，加强石墨烯领域的研究和探索。代表性的高校和科研院所包括：北京大学、清华大学、中国科学院化学所、浙江大学、国家纳米中心、中国科学院沈阳金属所、南京大学以及中国科学院宁波材料所和山西煤化所等。同时，以科研院所学术骨干或地方政府牵引的中小企业和石墨烯研究院相继涌现，如 2011 年常州市政府主导的江南石墨烯研究院和石墨烯科技产业园。随着石墨烯研究热潮的兴起，我国也将石墨烯产业发展列入重点支持项目，从政策层面给予前所未有的扶持力度。2012年 1 月，工业与信息化部发布了《新材料产业"十二五"发展规划》，将石墨烯列为前沿新材料之一，首次明确提出支持石墨烯新材料的发展，从此开启了中国石墨烯产业的"快跑"模式。

（二）期望膨胀期（2013—2016 年）

从 2013 年起，我国石墨烯研究百花齐放，各类石墨烯下游产品陆续面世，促使我国石墨烯行业市场急速发展。2015 年，我国石墨烯产业综合发展实力甚至赶超了一些先行国家，与美国、日本占据了全球前三位。在此阶段，国家政策不断加码石墨烯，多个重要文件提及石墨烯发展目标。特别是 2015 年 10 月国务院出台的《中国制造 2025 重点领域技术路线图》进一步明确了石墨烯在战略前沿材料中的关键地位，并设立了关于 2020 年和 2025 年的石墨烯产业规模的目标，强调战略布局。随后，国家发展和改革委员会、工业与信息化部、科学技术部三部门联合发布《关于加快石墨烯产业创新发展的若干意见》，明确提出将石墨烯产业打造成先导产业，着力构建石墨烯材料示范应用产业链，加快规模化应用进程，推动石墨烯产业做大做强。在这些政策的扶持下，我国石墨烯研究呈现爆发式的增长，石墨烯产业园和研发基地遍布全国，各种小型的初创企业也相继建立起来。目前，我国石墨烯产业已形成新能源、涂料、大健康、复合材料、节能环保和电子信息为主的六大市场化领域，其中新能源领域占绝对优势（图 4-2）。此阶段石墨烯产业虽然得到了快速发展，但是存在诸多问题，如低质重复建设、低端产品过剩、上下游脱节以及资本市场过度透支石墨烯概念等。我国石墨烯论文和专利数量居世界首位，然而转化为实际应用的成果甚少。科研成果转化渠道不畅根本原因在于科技界和产业界结合不紧密，让资本操控有机可乘，引发了很多炒作风波。2016 年年底，为了规范行业发展，国家标准化管理委员会同工业与信息化部等成立了石墨烯标准化工作推进组，全面加强石墨烯标准化顶层设计，加紧研制《石墨烯材料的名词术语与定义》《光学法测定石墨烯层数》等 7 项国家标准，利用标准引领石墨烯产业健康发展。

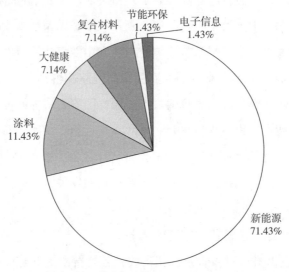

图 4-2　中国石墨烯产业领域分布情况
（数据来源：CGIA Research）

（三）调整期（2017 年至今）

针对石墨烯乱炒作的乱象，自 2017 年以来，深交所、上交所等加大对"石墨烯"题材上市公司的监管力度，如大富科技收购石墨烯标的业绩不达标被深交所问询、宝泰隆收到上交所问询函、第六元素被中国证监会浙江监管局约见等，遏制了市场炒作行为。国家工业与信息化部、科学技术部等部委也对石墨烯产业进行重新梳理。随着政府各部门和产业界对石墨烯的认识不断深入，加上有识之士的不断呼吁，以及石墨烯从实验室到市场的产业化实践，如今中国的"石墨烯热"有所降温，中国的石墨烯产业发展开始趋于理性。2020 年，随着石墨烯关键技术的不断突破和下游应用的不断成熟，预计石墨烯产业市场规模将继续扩大，产业发展也将更加理性。石墨烯的批量制备问题是其产业化发展中的关键前提，而这正是中国石墨烯产业的主要优势。北京大学和北京石墨烯研究院联合开发的超洁净石墨烯薄膜和石墨烯单晶晶圆已经成为具有自主知识产权的国际品牌。石墨烯导电浆料、石墨烯电加热产品和石墨烯涂料是中国石墨烯产业的三大明星产品，绝大多数企业从事相关产品研发和市场化工作。随着我国高质量石墨烯薄膜制备技术的不断突破，相信石墨烯在导热膜、柔性显示、传感器、电子芯片等中高端领域也将逐渐进入产业化。

通过以上三个时期的发展以及多年的自主研发，我国石墨烯的规模化生产技术、工艺装备和产品质量均取得了一定突破，尽管仍然存在诸多挑战性的问题，但中国石墨烯产业的发展速度和所取得的成绩是毋庸置疑和值得肯定的。石墨烯行业在发展初期面临诸多不确定因素，在石墨烯产业版图未完全显现之前，专注于研发创新制备技术和布局高端应用市场才是占据产业制高点的硬道。随着国家和地方政府的介入，石墨烯产业初步形成了政府、科研机构、产业和用户共同参与的政产学研协同创新机制，有力促进了我国石墨烯相关科技研发及产业化应用。随着政策、环境的不断优化、投资力度的不断加大以及中美贸易战和"一带一路"建设等国际因素的影响，中国石墨烯产业发展总体向好，将面临前所未有的发展机遇。

二、产业政策和投融资现状

为使石墨烯产业能够健康快速发展，近年来国家和各级地方政府在产业政策、资金、人才和产业配套等方面给予了大力的支持。与其他传统产业不同，石墨烯的产业目前还处于起步阶段，政府的科研基金及配套资金支持十分重要。近年来，通过产业基金等市场化手段推动石墨烯产业发展的重要性受到广泛重视，各级地方政府联合产业界、投资机构纷纷成立了多个石墨烯产业基金，成为主导石墨烯科技成果转化和产业化的重要推手。企业方面对石墨烯产业的投融资行为主要以上市公司为主体，并通过直接投资、并购等手段介入石墨烯产业。

（一）国家产业政策

自 2010 年以来，我国国家和各级地方政府相继出台了一系列石墨烯产业政策（表 4-2），对我国石墨烯产业发展起到了积极的推动作用，也对企业提供了一定的产业资金保障。在工业与信息化部、财政部 2017 年 5 月 24 日联合发布的《2017 年工业转型升级（中国制造 2025）资金工作指南的通知》工业强基工程专项中，石墨烯作为重点支持的关键基础材料，资金补助标准可达项目总投资的 20%，单个项目专项资金补助总金额可达 5000 万元。2017 年 8 月 31 日，工业与信息化部、财政部、中国银行保险监督管理委员会三部委发布的《关于开展重点新材料批次应用保险补偿机制试点工作的通知》，旨在运用市场化手段，对新材料应用示范的风险控制和分担作出制度性安排。通知要求，符合条件的投保企业，可申请中央财政保费补贴资金，补贴额度为投保年度保费的 80%。保险期限为 1 年，企业可根据需要进行续保。补贴时间按照投保期限据实核算，原则上不超过 3 年。2018 年 8 月 14 日，工业与信息化部印发的《2018 年工业转型升级资金（部门预算）项目指南》提出，打造不低于 5 个石墨烯示范应用产业链，补助比例不超过总投资的 50%，单个项目支持额度不超过 2 亿元。2019 年 9 月 18 日，工业与信息化部发布《关于组织开展 2019 年度工业强基工程重点产品、工艺"一条龙"应用计划工作的通知》，其中提出石墨烯"一条龙"应用计划申报指南，工业与信息化部将向国家开发银行、中信银行、中国工商银行、国家开发投资公司等金融机构推荐"一条龙"应用承担单位和示范项目，相关金融机构将按照监管要求和企业（项目）实际情况提供金融支持。

表 4-2   我国政府颁布的部分石墨烯产业促进政策

时　间	颁布部门	政策名称
2012.2	工业与信息化部	《新材料产业"十二五"发展规划》
2014.10	国家发展和改革委员会、财政部、工业与信息化部、科学技术部等	《关键材料升级换代工程实施方案》
2015.3	工业与信息化部	《2015 年原材料工业转型发展工作要点》
2015.6	国家发展和改革委员会、科学技术部、人力资源和社会保障部、中国科学院	《关于促进东北老工业基地创新创业发展打造竞争新优势的实施意见》
2015.9	国务院	《中国制造 2025》
2015.9	国家制造强国建设战略咨询委员会	《〈中国制造 2025〉重点领域技术路线图（2015 版）》
2015.11	国家发展和改革委员会、工业与信息化部、科学技术部	《关于加快石墨烯产业创新发展的若干意见》
2016.3	工业与信息化部、国家发展和改革委员会、科学技术部	《关于加快新材料产业创新发展的指导意见》
2016.3	国务院	《国民经济和社会发展第十三个五年规划纲要》
2016.3	工业与信息化部	《建材工业鼓励推广应用的技术和产品目录（2016—2017 年本）》
2016.5	国务院	《国家创新驱动发展战略纲要》
2016.5	国家发展和改革委员会、工业与信息化部	《制造业升级重大工程包》
2016.8	国务院	《"十三五"国家科技创新规划》
2016.10	工业与信息化部	《石化和化学工业发展规划（2016—2020 年）》

续表

时 间	颁布部门	政策名称
2016.11	国务院	《"十三五"国家战略性新兴产业发展规划》
2016.12	国家发展和改革委员会	《能源发展"十三五"规划》
2016.12	国家发展和改革委员会	《全国海水利用"十三五"规划》
2017.1	工业与信息化部、国家发展和改革委员会、科学技术部、财政部	《新材料产业发展指南》
2017.1	工业与信息化部	《产业用纺织品行业"十三五"发展指导意见》
2017.2	国家发展和改革委员会	《战略性新兴产业重点产品和服务指导目录》
2017.2	工业与信息化部、财政部	《重点新材料首批次应用示范指导目录（2017 年版）》
2017.4	科学技术部	《"十三五"材料领域科技创新专项规划》
2017.4	科学技术部	《"十三五"先进制造技术领域科技创新专项规划》
2017.5	工业与信息化部、财政部	《2017 年工业转型升级（中国制造 2025）资金工作指南》
2017.9	工业与信息化部、财政部、中国银行保险监督管理委员会	《关于开展重点新材料首批次应用保险补偿机制试点工作的通知》
2017.9	中共中央、国务院	《中共中央国务院关于开展质量提升行动的指导意见》
2017.11	国家标准化管理委员会、工业与信息化部	《国家工业基础标准体系建设指南》
2017.11	国家发展和改革委员会	《增强制造业核心竞争力三年行动计划（2018—2020 年）》
2017.12	工业与信息化部、科学技术部	《国家鼓励发展的重大环保技术装备目录（2017 年版）》
2018.3	国家质量监督检验检疫总局、工业与信息化部、国家发展和改革委员会、科学技术部、国家国防科技工业局、中国科学院、中国工程院、国家认证认可监督管理委员会、国家标准化管理委员会	《新材料标准领航行动计划（2018—2020 年）》
2018.5	工业与信息化部	《建材工业鼓励推广应用的技术和产品目录（2018—2019 年）》
2018.9	工业与信息化部	《重点新材料首批次应用示范指导目录（2018 年版）》
2018.10	工业与信息化部、科学技术部、商务部、国家市场监管总局	《原材料工业质量提升三年行动方案（2018—2020 年）》

续表

时　间	颁布部门	政策名称
2018.11	国家统计局	《战略性新兴产业分类（2018）》
2018.11	工业与信息化部、国家发展和改革委员会、财政部、国务院国有资产监督管理委员会	《促进大中小企业融通发展三年行动计划》
2018.11	工业与信息化部	《产业转移指导目录（2018年本）》
2019.12	工业与信息化部	《重点新材料首批次应用示范指导目录（2019年版）》
2020.11	国务院	《中共中央关于制定国民经济和社会发展第十四个五年规划和二〇三五年远景目标的建议》
2021.3	工业与信息化部	《2021年工业和信息化标准工作要点》

（二）地方产业政策

地方政府出台的产业资金支持政策则更加明确和具体。例如，2013年浙江省宁波市实施"石墨烯产业化应用开发"重大科技专项，三年共安排9000万元财政资金以扶持与支撑石墨烯应用技术和产品研发相关的下游的应用企业。之后宁波市在整合市级战略性新兴产业、新材料专项、人才、科技等相关资金的基础上，形成每年1亿元的石墨烯产业发展专项资金，加大对石墨烯产业研发、生产、创新平台建设的支持力度，并充分利用创业投资引导基金、天使投资引导基金，积极鼓励社会资本参与石墨烯产业项目投资。

相对其他省市，江苏省的石墨烯产业政策出台较早，扶持力度也较大。早在2014年，江苏省常州市武进区就制定了《加快先进碳材料产业发展的若干政策》，加大碳产业的扶持、培育力度。2017年4月，常州市出台《常州市关于加快石墨烯产业创新发展的实施意见》，明确提出组建石墨烯产业发展专项资金，总规模每年5亿元，重点支持石墨烯相关产业应用示范、重点企业和项目等。2017年7月，常州市武进区发布《关于进一步加快先进碳材料产业创新发展的若干意见》，提出在2017—2020年设立25亿元"碳专项资金"，其中20亿元先进碳材料产业发展基金、5亿元产业扶持基金，加快先进碳材料产业创新发展，进一步巩固武进在国内石墨烯产业政策高地的地位，推动石墨烯产业做大做强，创成国家级石墨烯创新中心。

2017年4月，深圳市出台相关政策扶持石墨烯制造业创新中心建设，安排政府资助资金总额2亿元，用于制造业创新中心的平台建设、技术研发、示范应用推广等项目，重点发展石墨烯在电子信息、新能源领域的应用技术，将石墨烯列为十大重大科技产业专项进行重点布局。

2018 年 10 月，福建省永安市出台了《关于加快永安市高端石墨和石墨烯产业集聚发展的若干意见》，2019—2023 年，永安市每年安排 2000 万元设立高端石墨和石墨烯产业发展专项资金，对落户在石墨和石墨烯产业园区内企业的扩大投资、增产增效、孵化中试、公共研发等予以奖补，促进高端石墨和石墨烯产业集聚发展。

广西壮族自治区于 2019 年发布《广西石墨烯产业协同创新发展实施方案》，由自治区工信厅在年度财政性资金中安排 5000 万元，用于推广石墨烯产品应用，引导石墨烯产业高质量发展，落实金融促进经济发展有关政策，鼓励和引导金融机构加大对石墨烯产业自主创新的信贷扶持，引导全社会加大研发资金投入，支持广西石墨烯产业协同创新发展。

福建省人民政府于 2020 年出台《关于实施工业（产业）园区标准化建设推动制造业高质量发展的指导意见》，积极推进纳米、超导、智能等共性基础材料研发和产业化，重点发展高端不锈钢冶金新材料、高性能稀土磁性材料、有机硅／氟材料、发光材料、储氢材料及石墨烯等新材料和核电、海上风电、新能源电池、氢能等清洁能源。

在出台石墨烯相关政策的基础上，部分地方政府积极推进石墨烯项目的招商，从前期的企业入驻资金扶持到后期企业落地后生产设备和场所的提供，再到企业税金减免和人才引进，都给予了大力支持。例如，常州市对引进的符合条件的创新创业领军人才，给予一次性资助 20 万—100 万元项目启动费和 50 万元安家补贴；青岛市出台石墨烯产业密切相关的税收优惠政策，其中企业所得税优惠 23 项，个人所得税 8 项，房产税和城镇土地使用税 11 项，其他税种 18 项；深圳市将石墨烯高导热材料应用研究工程实验室列入深圳市新能源产业发展专项资金 2015 年第一批扶持计划；重庆市及高新区两级政府每年将会从财政中会拿出不少于 3000 万元的资金对入驻园区的石墨烯相关材料企业给予补贴，九龙坡区设立了石墨烯产业发展专项资金，在厂房租赁、能源保障、高层次人才引进等方面给予扶持 1000 万元。

（三）科研基金支持

1. 国家支持

科研基金支持在石墨烯科技和产业起步阶段起到了重要的助推作用，这类支持主要来自科学技术部、国家自然科学基金委员会和地方科技主管部门。从国家层面上，自 2010 年以来，国家自然科学基金委、科学技术部、工业与信息化部等国家部委对石墨烯相关研究的支持金额超过了 27 亿元。国家自然科学基金石墨烯相关项目的重点支持方向包括：石墨烯复合材料、石墨烯理论计算、石墨烯传感器、石墨烯生物医药应用以及石墨烯超级电容器。除此之外，国家自然科学基金石墨烯项目支持领域还有石墨烯制备、石墨烯界面性能、石墨烯半导体特性、石墨烯力学性能、石墨烯吸附性能、石墨烯太赫兹器件等。"863" 计划、国家科技重大专项、"973" 计划也围绕"石墨烯宏量可控制备""石墨烯基电路制造设备、工艺和材料创新"等方向部署了一批重大项目，取得了一批创新成果。"十三五"以来，科学技术部在国家重点研发计划的"国家质量基础的共性技术研究与应用""量子调控与量子信息""纳米科技"和"变革性技术关键科学问题"重点专项中，围绕石墨烯相关领域重大基础前沿科学问题进行前瞻部署。其中，2016—2019 年部署与石墨烯相关的重大项目近 20 项，总经费超过 4.4 亿元。重点支持方向包括石墨烯纳米碳材料的宏量可控制备、石墨烯光电和电子器件、石墨烯储能技术、石墨烯标准检测与认证等。工业与信息化部通过工业强基专项对单层石墨烯薄膜制备及产业化进行支持，支持额度达到 2000 万元。

2. 地方政府

地方政府对石墨烯科技发展也予以高度重视。如"十二五"初期，北京市科学技术委员会就开始对石墨烯领域进行布局，重点支持方向包括高品质石墨烯薄膜制备、石墨烯玻璃、石墨烯光电器件、石墨烯射频天线、石墨烯装备等。据不完全统计，2012 年以来北京市总计立项支持石墨烯科技项目超过 50 项，总支持额度达到 2.3 亿元。江苏省常州市武进区设立每年 6000 万元、3 年不低于 2 亿元的"碳材料产业科技创新专项资金"支持注册在西太湖科技产业园、实施先进碳材料产业链内项目的企业，其中优先支持实施石墨烯产业链内项目的企业。2017 年以来，深圳提出前瞻布局石墨烯等新兴领域，重点发展石墨烯在电子信息、新能源领域的应用技术，将石墨烯列为十大重大科技产业专项进行重点布局，并成立了深圳市石墨烯制造业创新中心；截至 2019 年 4 月，该中心已完成 11 个项目的评审立项，累计总投资 2.55 亿元，其中政府资助支持 7915 万元。内蒙古自治区财政投入近 5800 万元支持相关企业和科研机构开展石墨烯规模制备、石墨烯导电剂等关键技术研发，在低成本石墨烯粉体制备技术及锂离子电池正极材料应用等方面取得了一定的进展。

（四）产业基金

产业基金作为金融服务体系中的一环，对于扶持中小企业发展意义重大。通过设立产业基金，可以促进石墨烯产业技术研发、项目孵化、产品开发、科技成果转化和产业融合。借助资本的力量，可以培育更多的石墨烯创新型企业，提高企业融资能力和生存能力，帮助企业健康成长，以最快的速度实现石墨烯产业化，推动我国石墨烯产业快速提档升级。近年来，各级地方政府联合企业和社会资本，成立了多个石墨烯相关的产业基金，具体情况如表4-3所示。

表4-3 石墨烯相关产业基金

基金名称	基金规模（亿元）	出资方	投资领域
中国石墨烯产业母基金	200	前海梧桐、天元羲王	石墨烯产业
青岛高创卓阳天使股权投资基金	1	山东省、青岛市及青岛高新区、社会资本	以石墨烯为代表的新材料及相关产业项目
常州西太湖新兴产业发展基金	50	常州西太湖科技产业园	以石墨烯为代表的先进碳材料产业，以医疗器械为代表的健康产业，互联网产业和文化创意产业，以及中以合作的产业领域等
江苏新材料产业创业投资基金	5（首期）	江苏省常州市政府、江苏省新材料产业协会、江苏金茂资本	碳纤维、纳米材料、石墨烯等
先进碳材料产业发展基金	20	江苏省常州市武进区	石墨烯基先进碳材料产业
东旭–泰州石墨烯产业发展基金	1	泰州市新能源产业园区、东旭光电科技股份有限公司	石墨烯产业
福建省石墨烯产业基金	10	福建省产业股权投资基金有限公司和基金管理机构	石墨烯产业
石墨烯产业股权投资基金	5	福建省永安市	石墨烯产业
厦门火炬石墨烯新材料基金	2	厦门火炬高新区与社会资本	石墨烯新材料相关企业和孵化器项目
七台河市新材料产业发展投资基金	4	七台河市政府、宝泰隆新材料股份公司和其他社会资本	新材料产业及高技术企业
东旭(德阳)石墨烯产业发展基金	2	德阳市旌阳区人民政府、东旭光电科技股份有限公司	石墨烯领域创新型企业
内蒙古石墨（烯）新材料产业基金	10	内蒙古自治区发展和改革委员会、投资机构等	石墨（烯）新材料产业
格瑞石墨烯创投基金	0.85	常州西太湖科技产业园管委会、江南石墨烯研究院	石墨烯创业团队

续表

基金名称	基金规模（亿元）	出资方	投资领域
北京航动石墨烯创投基金	2.2	北京市科创基金、中国航发集团、北京石墨烯技术研究院、北京燕和盛投资管理有限公司	石墨烯科技型初创企业
"邀问二期"创投基金	4	上海市宝山区政府、GE、三星、沙特基础工业等	新材料及其应用

2017 年 9 月 25 日，由国家发展和改革委员会中国投资协会新兴产业中心联合天元羲王、前海梧桐共同设立的规模达 200 亿元的石墨烯产业母基金正式启动。该基金以"资本＋产业"为核心，构建石墨烯生态圈，旨在解决石墨烯产业发展缓慢的问题，促进石墨烯产业的科研成果转化，推进下游应用开发，助力中国石墨烯产业创新发展，加快中国经济结构的转型，全面推动中国石墨烯产业确立国际领先优势。

除了国家部委层面，各地政府也较早地注重基金等金融资本的作用，陆续联合相关机构和企业建立起石墨烯产业基金，提供配套金融服务，扶持并助力石墨烯新材料企业和项目的健康发展。据不完全统计，近年来我国地方政府发起成立的石墨烯产业基金规模超过 100 亿元。其中江苏省累计石墨烯产业基金规模约 26.8 亿元，对石墨烯产业的扶持力度最大，福建省、内蒙古自治区、黑龙江省、北京市、四川省、山东省等也均具有一定的规模（图 4-3）。

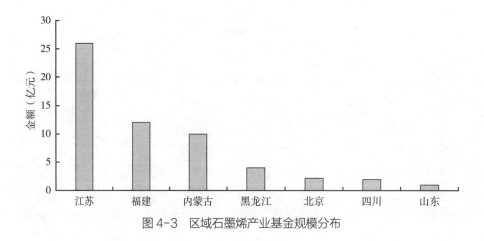

图 4-3   区域石墨烯产业基金规模分布

（五）企业投资并购

2010 年以来，石墨烯以其优异的性能和巨大的产业前景引起了资本市场的高度关注，一度成为资本市场的宠儿，不少上市公司、投资机构纷纷涉足石墨烯产业，掀起了石墨烯投资热潮。石墨烯相关上市企业投资并购事件频发。据 CGIA Research 统计，2012—2019 年，上市企业发生石墨烯相关投资并购事件共 53 项，涉及金额近 101.25 亿元。2012—2017 年，石墨烯产业投资并购金额持续增长，且 2017 年投资并购金额达到最大，达 42.9 亿元；2018 年投资并购金额降低，为 15.32 亿元。2017 年石墨烯上市公司投资并购事件达 20 余件，典型案例主要有东旭光电收购上海申龙客车有限公司、第六元素收购南通烯晟新材料科技有限公司、东旭光电收购明朔（北京）电子科技有限公司 51% 股权等。2018 年，国内石墨烯领域上市公司的投资并购事件数量相比 2017 年大幅下降，金额比较大的主要有道氏技术拟 1.8 亿元收购青岛昊鑫 45% 剩余股权，玉龙股份以股权转让和现金增资的方式投资天津玉汉尧石墨烯储能材料科技有限公司（投资后公司持有玉汉尧 33.34% 的股权）等。近年来，石墨烯行业重要投资并购事件如表 4-4。

从投资和并购所占的比例来看，2013—2016 年，投资项目所占比重较大，2017 年则以并购为主。可见在 2016 年之前，石墨烯项目以新建为主，但随着石墨烯产业发展，并购比例逐渐加大，到 2017 年并购涉及金额占据了大部分份额，说明 2017 年开始产业链进一步整合，石墨烯产业开始大规模洗牌。

表 4-4 石墨烯行业重要投资并购事件

时 间	企业简称	事 件	金额（万元）
2021.8	汉烯科技	武汉汉烯科技有限公司获得天使轮投资，投资方包括零度资本	—
2021.6	墨睿科技	石墨烯新材料企业墨睿科技完成数千万元融资，由碧桂园创投独家投资	—
2021.3	北京石墨烯技术研究院	新增股东中国中车关联企业北京中车国创股权投资基金合伙企业（有限合伙），持股 22.3%	—
2021.1	杉元科技	宁波杉元石墨烯科技有限公司完成了由前海母基金领投的 A 轮融资	3000
2020.6	富烯科技	华为旗下哈勃科技投资有限公司入股石墨烯企业——常州富烯科技股份有限公司	—
2020.3	墨睿科技	墨睿科技完成数千万元的 A 轮融资	—

续表

时　间	企业简称	事　件	金额（万元）
2018.12	方大炭素	全资子公司成都炭素合资成立四川铭源石墨烯科技有限公司，认股30%的份额	1500
2018.12	第六元素	公司全资子公司南通烯晟新材料科技建设一期年产150 t石墨烯微片、500 t氧化石墨（烯）生产项目	18500
2018.8	道氏技术	向王连臣和董安钢发行股份、向魏晨支付现金购买其合计持有的青岛昊鑫45%的股权，全资控股青岛昊鑫	18000
2018.6	玉龙股份	控股子公司天津玉汉尧增资全资子公司宁夏汉尧，仍是天津玉汉尧全资控股	30000
2018.6	第六元素	增资江苏道蓬科技，增资后占股12.20%	442.28
2018.3	玉龙股份	玉龙股份拟以股权转让和现金增资的方式投资天津玉汉尧石墨烯储能材料科技有限公司，投资后公司持有玉汉尧33.34%的股权	78966.32
2018.2	第六元素	A股增发融资，本次募集资金全部用于补充公司流动资金和公司产品的研究、开发，优化公司财务结构	9600
2017.12	宝泰隆	联合投资设立北京石墨烯研究院有限公司	4840
2017.11	第六元素	增资常州富烯科技，直接持股25%	750
2017.11	二维碳素	投资设立常州二维暖烯科技有限公司	1000
2017.9	宝泰隆	投资50 t/年物理法石墨烯项目	6620
2017.8	宝泰隆	投资成立七台河宝泰隆密林石墨选矿有限公司	5000
2017.5	东旭光电	收购明朔（北京）电子科技有限公司51%股权	8000
2017.4	宝泰隆	建设5万t/年锂电负极材料石墨化项目和2万t/年锂电负极材料中间相炭微球前躯体项目	68000
2017.4	圣泉集团	投资设立山东圣泉新能源科技有限公司	20000
2016.12	第六元素	投资成立江苏江南烯元石墨烯科技有限公司	1050
2016.12	华丽家族	收购北京墨烯控股集团股份有限公司100%股权	75000
2016.10	华西能源	收购恒力盛泰（厦门）石墨烯科技有限公司15%的股权	135000
2016.8	德尔未来	收购厦门烯成石墨烯科技有限公司	24154

续表

时　间	企业简称	事　　件	金额（万元）
2016.5	道氏技术	增资青岛昊鑫新能源科技有限公司，增资完成后拥有昊鑫新能源的 20% 股权	6000
2016.3	东旭光电	收购上海碳源汇谷部分股权并增资上海碳源汇谷，增资完成后持有碳源汇谷 50.5% 的股权	7345.45
2016.1	正泰电器	增资西班牙 GRABAT ENERGY 公司 25% 股权	3040 万欧元
2015.12	第六元素	A 股增发融资	15000

应当指出的是，在这些上市公司中，不乏部分企业只是借机炒作、抬高股价，真正投入石墨烯产业的资金并非很多。据不完全统计，截至 2021 年 8 月，在上市 A 股、新三板、港股公司中，有 80 余家涉及石墨烯业务，其中 A 股 65 家（包含科创板 4 家）、港股 3 家、新三板 12 家，但真正以石墨烯业务为主营业务的公司仅有 1 家。除了上市公司，全国各地相关机构和有实力的企业争先恐后投资石墨烯项目，各种经济类型投资相继进入石墨烯行业。

截至 2019 年年底，上市公司中以石墨烯为主营业务的主要有 5 家，分别是第六元素、二维碳素、凯纳股份、华高墨烯、爱家科技。自 2020 年年初以来，第六元素和华高墨烯先后在全国中小企业股份转让系统终止股票挂牌；爱家科技于 2020 年 10 月 29 日起强制终止挂牌；凯纳股份于 2021 年 2 月 22 日起终止其股票挂牌。截至 2021 年 7 月，以石墨烯为主营业务的企业仅剩 1 家。

考虑数据的完整性，我们分析了 2015—2018 年的 5 家主营上市公司的财报，根据上市公司财报，5 家主营石墨烯业务上市公司的年度营业收入合计见图 4-4，2014 年度营业收入合计 2440.26 万元，2015 年度营业收入合计 5262.97 万元，同比增长 115.7%；2016 年度营业收入合计 6488.01 万元，同比增长 23.3%；2017 年度营业收入合计 7250.22 万元，同比增长 11.7%；2018 年度营业收入合计 9851.28 万元，同比增长 35.9%。从整体营收数据变化趋势上来看，5 家主营石墨烯上市公司整体营收在 2015 年呈现爆发式的快速增长，2016 年和 2017 年呈稳步增长趋势，2018 年又向上迈了一大步。

虽然 5 家主营石墨烯业务上市公司的营业收入呈增长趋势，但净利润目前依然处于亏损状态，出现增收不增利现象。虽然 2018 年营业收入总额达到最大，但亏损也是最多的，净利润合计亏损达 6018.99 万元，较 2017 年亏损增加了 25.86%。其中第

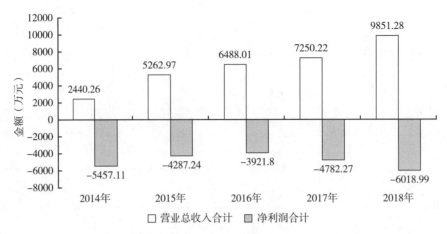

图4-4   主营石墨烯业务上市公司总营业收入、利润对比图

六元素、凯纳股份和华高墨烯2018年的亏损规模相比2016年、2017年还在扩大，二维碳素2018年亏损金额比2017年稍有增加，只有爱家科技一家公司2018年亏损相比2016年、2017年大幅减少（图4-5，图4-6）。由此可见，石墨烯企业的生存压力很大。

2019年是石墨烯企业动荡的一年。尽管营收方面较以往同期也呈现上升趋势，但是由于第六元素、华高墨烯和爱家科技均在2020年终止其股票挂牌，营收的数据并不完整。根据第六元素半年报显示，该公司半年的净利润扭亏为盈，达到了5704.30万元，其他企业利润情况较以往无明显变化。凯纳股份在坚持了一年后也于2021年宣布终止其股票挂牌，但在2020年的半年报显示公司也已经开始盈利，净利润为120.5万元。二维材料盈利情况也是持续亏损的状态。由此可见，石墨烯企业的生存

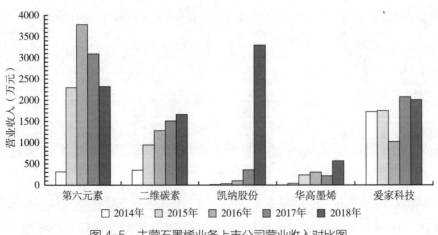

图4-5   主营石墨烯业务上市公司营业收入对比图

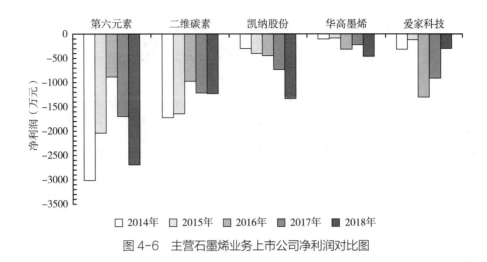

图 4-6 主营石墨烯业务上市公司净利润对比图

情况比较挣扎，但是从盈利情况来看已由发展前期的亏损状态逐步转变为盈利状态，目前仍在快速发展的阶段。

第二节　区域发展格局

　　经过十年的发展，中国的石墨烯产业已遍及全国众多省市和地区，并初步形成了"一核两带多点"的空间分布格局。"一核"是以北京为核心，环京津冀地区为主体，依托其独有的研发资源，打造国内石墨烯技术发展的重要引擎；"两带"是指东部沿海地区及内蒙古—黑龙江地区，充分利用资源、产业、人才和市场优势，促进产业聚集；"多点"是指四川、重庆、湖南、陕西、广西等地区依托其资源和人才优势，发展石墨烯产业。

一、一核

（一）区域优势和代表企业

1. 北京市

　　依托其丰富的高校和科研院所等研发资源，北京市在石墨烯高技术研发方面遥遥领先，是京津冀地区乃至全国的产业核心所在。北京拥有无与伦比的智力资源，集聚了20多个高水平石墨烯研究团队，分布在北京大学、清华大学、中国科学院化学所、国家纳米科学中心、北京航空材料研究院、北京化工大学、中国科学院半导体研究所等高校和科研院所（表4-5）。强大的研发能力和雄厚的技术积淀是北京最大的优势所在。在高品质石墨烯薄膜材料、单晶石墨烯晶圆、超级石墨烯玻璃、烯合金、烯碳光纤、石墨烯海水淡化膜等研发方面，北京居国际领先地位。

表 4-5　北京市主要石墨烯研发团队

序号	研发机构	团队	主要研发方向
1	中国科学院化学研究所	刘云圻团队	石墨烯薄膜生长及掺杂
2	北京大学	刘忠范团队	石墨烯薄膜生长及装备、超级石墨烯玻璃、超级石墨烯纤维、石墨烯LED、烯碳光纤
3		彭海琳团队	石墨烯薄膜生长及装备、批量转移技术、石墨烯器件片上集成技术
4		张锦团队	烯碳纤维、石墨烯复合纤维、微波法制备石墨烯
5	清华大学	魏飞团队	三维介孔石墨烯粉体宏量制备、石墨烯导电添加剂和超级电容器

<table>
<tr><td>续表</td></tr>
</table>

序号	研发机构	团队	主要研发方向
6	清华大学	曲良体团队	功能化石墨烯粉体材料与组装、石墨烯新能源器件
7		朱宏伟团队	石墨烯材料制备及其在光电转换、柔性器件、吸附过滤等领域的应用
8	国家纳米科学中心	智林杰团队	石墨烯透明导电膜、石墨烯储能技术
9	北京航空材料研究院	王旭东团队	石墨烯粉体、石墨烯金属复合材料
10	北京化工大学	张立群团队	石墨烯复合橡胶材料和轮胎
11		于中振团队	石墨烯高分子复合导热材料
12	中国石油大学（北京）	李永峰团队	材料化工、石墨烯的制备与应用
13	中国科学院半导体研究所	李晋闽团队	石墨烯 LED 照明器件
14	北京石墨烯研究院	孙禄钊团队	石墨烯薄膜制备
15		林立团队	石墨烯薄膜转移技术
16		尹建波团队	石墨烯太赫兹器件、石墨烯微纳光电器件
17	北京航空航天大学	沈志刚团队	石墨烯材料规模制备、石墨烯负极材料

2017 年 4 月 11 日，在北京市经济和信息化局的推动下，北京石墨烯产业创新中心正式成立，致力于整合资源优势，构建多层次人才激励机制，建立"众智型"石墨烯研发模式和"共享型"产业化平台和基地。北京石墨烯产业创新中心的总体目标是打造"全球一流的石墨烯复合技术研究及产业孵化中心"。北京市拥有一批知名石墨烯企业，在海淀、房山、丰台等区均有石墨烯产业布局，并拥有完整的企业孵化服务体系，帮助成果转化和产业落地。

北京石墨烯研究院（BGI）：北京市政府最早批准建设的新型研发机构之一，由北京大学牵头建设，于 2016 年 10 月 25 日注册成立，2018 年 10 月 25 日正式揭牌运行；2017 年 12 月 26 日注册成立北京石墨烯研究院有限公司，注册资本 3.226 亿元。目前拥有研发大楼两栋，总面积 2 万 m^2，研发人员超过 240 人。BGI 现有 4 个核心技术研究部、1 个装备研发中心、1 个质量检测中心以及 1 个石墨烯薄膜生产示范中心。BGI 推出"研发代工"新型产学研协同创新模式，积极推动与产业界的实质性合作，已与相关企业和科研院所建立 8 个研发代工中心、4 个联合实验室和 5 个协同创新中心。

目前已走出北京，布局全国，在山东济宁建设 BGI 石墨烯粉体材料生产基地，在福建永安建设 BGI 福建产学研协同创新中心，在宁夏石嘴山设立北京石墨烯研究院宁夏分院，在江苏无锡建设 BGI 长三角研究中心，在吉林长春建设 BGI 长春产学研协同创新中心等。此外，还与中国计量科学研究院全方位合作，推进石墨烯相关标准建设及产品质量检测工作。BGI 的核心优势是其强大的研发团队、雄厚的研究基础以及创新性的运行机制。其中具有国际领先水平的研发成果有：超洁净石墨烯薄膜、4 in 单晶石墨烯晶圆、超级石墨烯玻璃、烯碳光纤、烯铝集流体、石墨烯基 LED 发光器件等，有关高品质石墨烯薄膜材料制备已经形成批量生产能力和装备自主研发能力。尽管历史很短，BGI 已成为国际知名的石墨烯综合研发机构和具有强大生命力的产学研协同创新平台。

北京石墨烯技术研究院（BIGT）：2017 年 3 月 20 日，中国航发集团北京航空材料研究院在北京市政府支持下成立 BIGT。依托其强大的航空航天和国防军工牵引背景，BIGT 在石墨烯的工程应用方面作出一系列引领性成果。已建成中国首条石墨烯应用技术中试基地，包括从石墨烯材料制备、工程应用到性能检测的全套实验设施，占地面积 8800 m^2。核心技术有：石墨烯铝合金、石墨烯钛合金、石墨烯橡胶复合材料等。BIGT 与中航工业、核工业集团等企业合作开发了 12 类 60 多种石墨烯新材料，多项石墨烯成果已在军工尖端装备上获得应用。其中石墨烯电子封装材料作为"中国制造 2025"典型产品进入工业与信息化部新材料首批重点应用示范项目，石墨烯铝合金导线项目在"第二届中国军民两用技术创新应用大赛"中荣获金奖。BIGT 在国际上率先实现石墨烯与金属的复合，制备出石墨烯增强或改性金属基复合材料，制备出石墨烯铝合金电缆。目前已完成 12 项科技成果转化，合同总额达 7.5 亿元人民币。

东旭光电科技股份有限公司：早在 2014 年，东旭光电就全面启动石墨烯战略布局与国际合作，是国内最早进军石墨烯领域的上市公司之一。依靠"内生 + 外延"的战略发展模式，实现了石墨烯业务及技术创新、项目孵化、产业落地、投融资、并购等环节的无缝对接，构建国际领先的石墨烯"产投研一体化"格局。东旭光电在石墨烯基锂离子电池、石墨烯电热技术、石墨烯节能照明、石墨烯重防腐涂料等领域实现产业化应用落地。根据东旭光电 2019 年中报，石墨烯应用产品已获得 6252.25 万元的营业收入。与此同时，东旭光电石墨烯投融资平台以东旭华清为依托，通过石墨烯产业基金加速全球范围内优质石墨烯技术和标的的并购整合。东旭光电还与英国曼彻斯特大学开展深度合作，成为继华为和中航发北京航空材料研究院之后第三个与曼彻斯特大学成为全球战略合作伙伴的中国高科技企业。

北京北方国能科技有限公司：公司成立于 2014 年，由清华大学魏飞团队提供技术支撑，主要从事石墨烯杂化物等新材料批量制备与生产的高新技术企业。经过清华大学十几年的研发、小试生产，主要工艺技术已定型并达到国内国际领先水平。公司在怀柔雁栖经济开发区中的国家级产业基地——北京纳米科技产业园内已建成占地 1.25 万 m^2 的石墨烯杂化物生产基地。

绿能嘉业新能源有限公司：公司创立于 2014 年，注册资本 6377.551 万元，是专注于石墨烯材料研究与应用，集研发、生产、销售于一体的国家高新技术企业，主要产品为石墨烯电暖画、地热膜。其中石墨烯电暖器产品用于国家"煤改电"项目，已经完成北京顺义区和延庆区、陕西省宝鸡市、甘肃省武威市、河北省沧州市等区域的"煤改电"项目。公司已在全国 36 个省市，与 100 多家合作伙伴建立经营合作网络，并已开拓欧洲等海外市场。2017 年挂牌北京股市交易所新四板科创板。2018 年、2019 年累计实现营收超过 1 亿元，年均增长超过 40%。

北京创新爱尚家科技股份有限公司：公司成立于 2013 年 3 月 14 日，注册资本 1696.77 万元。2016 年登陆新三板，自有品牌爱家。主要产品为石墨烯纤维产品，助力传统服装品牌转型升级。爱家科技拥有自主知识产权的 AIHF 纤维核心技术，AIHF 纤维复合了三维石墨烯复合纤维、导电纤维、骨架纤维等特种纤维，可达到 10 s 速热，温度稳定度 ±1℃。目前爱家科技拥有 48 项核心专利，已与七匹狼、波司登等近百服装品牌联合打造集"科技、健康、智能、大数据应用"为一体的石墨烯登山服、羽绒服、马甲、商务男裤等产品。同时还为 2022 北京冬奥会提供服装、场地等保暖保障技术研发与配套产品。公司在 2018 年的营业收入达 2007.91 万元。

2. 天津市

作为中国北方最大的沿海开放城市，天津市在京津冀协同发展中的定位是着力提高先进制造业水平，成为科技成果转化和产业化基地，支撑和引领全国制造业发展。天津市的理工科院校的研究团队也十分重视石墨烯的发展，如天津大学杨全红团队和南开大学陈永胜团队，主要研究方向分别为石墨烯粉体材料组装、石墨烯锂电池和超级电容器以及石墨烯粉体材料制备、石墨烯新能源技术。2017 年 8 月 28 日，天津滨海高新区与英国国家石墨烯研究院（NGI）签署合作协议，共同推进 5 年总预算为 1000 万英镑的研发计划。天津石墨烯产业主要依托东丽石墨烯产业化基地、天津滨海高新区石墨烯工程技术中心、宝坻天津北方石墨烯产业研究院等构建石墨烯产业链，形成产业集聚区。

天津玉汉尧石墨烯储能材料有限公司：公司成立于2017年3月7日，注册资本3665万元，坐落于天津东丽经济技术开发区。目前主要产品是石墨烯改性三元材料和导电浆料。前期技术主要依托于中国航发集团北京航空材料研究院的石墨烯储能技术。公司通过自主研发，对石墨烯纳米片和磷酸铁锂、三元材料等进行有效复合，攻克了石墨烯难分散的技术难题，实现了石墨烯与正极材料的良好包覆。在天津投资约1.8亿人民币建设年产3000 t动力电池及高端3C电子用锂离子电池正极材料示范生产线及研发中心。2018年4月份完成石墨烯导电浆料年产3000 t的生产线，同年8月建成年产5000 t三元材料生产线，同年年底建成年产15000 t三元正极材料生产线。

天津普兰纳米科技有限公司：公司由南开大学陈永胜教授创建，成立于2009年6月22日，注册资本为895.85万元，已积累50余项纳米材料及应用发明专利。依托南开大学雄厚的研发实力，研制成功了高性能石墨烯超级电容器极片、石墨烯改性高性能钛酸锂负极材料，并建成超级电容器和钛酸锂电池生产线，稳定量产0.1-4200F超级电容器、16V500F/28V500F/48V165F等超级电容器模组以及4-200Ah钛酸锂电池单体及模组等系列产品。公司拥有月产百公斤级石墨烯粉体材料生产线。该公司自主研发的钛酸锂负极材料采用独特的石墨烯包覆技术，利用石墨烯的高导电性、高比表面积、优良的机械性能和电化学稳定性优点，解决了传统钛酸锂电子电导率低、克容量和能量密度小、电池充放电过程中特别是高温工况下胀气严重等问题。

3. 河北省

作为京津冀协同发展的重要组成部分，河北省的定位是建设重点产业技术研发基地，其充沛的载体供给以及资源储备，对生产制造业及北京外迁的一般制造业企业来说，都是企业选址和未来发展中不可或缺的要素。目前河北省的石墨烯相关企业主要集中在石墨烯粉体生产领域。唐山市高新技术开发区自2013年以来以科技创新为驱动，加快石墨烯产业的科学布局，目前初步形成了14家石墨烯相关企业共同发展的产业集群，拥有河北省石墨烯产业院士工作站、石墨烯材料工程技术研究中心等研发机构，并与一批国内外石墨烯高精尖技术的汇集单位建立了合作关系。

新奥石墨烯技术有限公司：公司成立于2017年，注册资本1.5亿元，总部位于河北廊坊，是新奥集团旗下的直属公司。现有员工138人，其中行业领军人才3人、

"万人计划" 1 人、博士 15 人。公司通过构建 "技术—材料—应用产品" 的石墨烯产业链，推进石墨烯及下游产业布局和规模扩张。该公司致力于开发基于石墨烯及其应用技术的新材料，为客户提供低成本高性能材料和应用解决方案，已实现高品质石墨烯材料的规模化、清洁化生产，形成了石墨烯、碳纳米管等一系列纳米碳材料产品。下游应用产品聚焦于导热／导电功能复合材料、储能、电热等领域。该公司是国家标准化管理委员会批准的石墨烯国家高新技术产业标准化试点企业（石墨烯领域唯一获批的国家级企业试点单位）。

唐山建华实业集团：成立于 2013 年 8 月 21 日，注册资本 2000 万元，原主营业务为建筑检测。从 2010 年起，集团与北京交通大学何大伟团队合作，开展了石墨烯批量制备技术等课题攻关，并与中国工程院、中国航天科技集团、北京有色金属研究总院、澳大利亚莫纳什大学等机构建立了合作关系。集团还建立了河北省石墨烯产业院士工作站、石墨烯材料工程技术研究中心等研发机构。2014 年 12 月，建华集团在北京交通大学国家 "973" 石墨烯科研项目成果的基础上，在高新区建成年产 100 t 石墨烯生产线。集团还投资建设了唐山石墨烯科技企业孵化器，成立了石墨烯专业众创空间 "石墨烯家"，专门扶持石墨烯中、小、微企业。陆续开发出石墨烯润滑油、石墨烯防腐涂料、石墨烯空气治理材料、石墨烯金属陶瓷涂料等 20 多项石墨烯产品。

（二）区域产业特点和问题分析

京津冀地区的石墨烯产业正在逐渐形成协同发展和错位发展态势。北京市着重于高端引领和技术创新平台建设，天津市重点定位石墨烯工程化平台建设，而河北省则致力于产业基地建设。

北京市石墨烯产业主要从以下三方面推进：①研发平台建设，重点推动建设北京石墨烯研究院和北京石墨烯技术研究院；②抓好石墨烯产业的源头工作，即高品质石墨烯材料是未来石墨烯产业的基石和核心竞争力，北京石墨烯研究院在这方面已取得国际公认的一系列重要突破；③面向未来的高端石墨烯应用技术研发，包括石墨烯光通信技术、石墨烯 LED 器件、石墨烯可穿戴器件以及石墨烯传感器等。

天津市的石墨烯产业主要围绕当地新能源汽车产业发展工程化应用。天津市已基本形成整车开发、动力电池、控制系统、试验检测和推广应用等较为完善的新能源汽车产业体系。因此，天津成立的石墨烯工程技术中心主要聚焦于石墨烯技术在电动汽车的电池及新材料领域的工程化应用。

　　河北省的石墨烯产业主要围绕着石墨烯粉体及其应用相关产品展开，企业以生产型为主。在京津冀协同创新发展规划中，河北主要任务是承接和疏解北京非首都功能，调整产业结构和空间结构，推动三地产业、交通、生态环保的一体化。为了实现产业升级，许多传统的生产型企业纷纷进入石墨烯行业，同时也有一些北京的石墨烯企业在河北设立生产基地。

　　截至 2021 年 7 月的统计数据显示，京津冀地区在工商部门注册涉及石墨烯相关业务的单位数量为 2195 家，其中北京市 427 家、天津市 754 家、河北省 1014 家。目前京津冀地区石墨烯产业主要营收来自北京。据统计，2018 年京津冀地区的石墨烯产业规模为 2.6 亿元。但伴随着石墨烯领域的一些上市公司在 2019 年营业收入的整体萎缩，京津冀地区 2019 年的石墨烯产业规模呈下降趋势，大约为 1.5 亿元。京津冀地区涉及石墨烯业务的上市公司共 2 家：东旭光电、新奥股份（见表 4-6）。

表 4-6　京津冀地区石墨烯相关上市公司概况

序号	证券名称	类别	地域	上市时间	领　域
1	东旭光电	A 股	北京	1996 年 9 月	新能源、节能环保
2	新奥股份	A 股	河北	1994 年 1 月	新能源、化工领域

　　以北京为核心的京津冀地区具有地域、科研等方面明显的优势，尤其在基础研究和应用研发方面实力雄厚，已拥有一系列国际先进甚至领先水平的石墨烯相关研究成果。然而，石墨烯产业在发展过程中面临着明显的问题和挑战，主要包括：

　　1）科研成果与下游产业应用脱节。成果大部分以学术论文和发明专利发表，尚未形成真正的产业化。由于很多基础研究成果还缺少进一步的实用化研发和中试阶段，尚未达到产业化成熟阶段，因此存在巨大风险，导致下游企业兴趣不足。此外，很多成果拥有者直接成立公司，力求成果转化，形成大量的初创型小微企业，由于经验不足，缺乏市场牵引，成功率并不高，而且还严重影响进一步的研发创新。

　　2）产业同质化问题严重。如果能够从更高的层面进行规划布局，借助京津冀地区的石墨烯产业错位发展特色和优势，将会促进石墨烯产业健康、有序和快速发展。

　　3）社会资本参与度较低。石墨烯产业的健康发展需要投融资方式支持，即政府发起的石墨烯产业基金需要社会资本进行配资，但京津冀地区社会资本的活跃度相比珠三角区域较低，导致该地区石墨烯产业基金融资难度较大。

二、两带

（一）区域优势和代表企业

1. 东部沿海地区

该地区包括江苏、上海、浙江、广东、山东、福建等地。这条产业带汇聚了目前我国石墨烯产业发展最早且最为活跃、下游应用市场开拓最为迅速的石墨烯企业，已经形成石墨烯制备装备制造、石墨烯材料生产、下游应用以及科技服务等产业链上中下游协同发展的产业格局。其中，江苏、上海、浙江构成的中国第一大经济区，即长江三角洲，是中国最具发展潜力的经济板块。由于优越的地理位置、便利的交通、雄厚的经济实力和有力的政策扶持，长三角地区的石墨烯产业是中国石墨烯产业发展最早的区域，据不完全统计，相关企业数量累计已超过 7000 家。

（1）江苏省

该省的常州市和无锡市先后发布了一系列政策引导产业发展，成为石墨烯产业聚集地。2011 年，常州石墨烯小镇成立江南石墨烯研究院，继而开始了石墨烯产业的发展，目前已建成集研究院—众创空间—孵化器—加速器—科技园于一体的较为完善的创新创业生态体系，是国家石墨烯新材料高新技术产业化基地，并计划构筑"一轴一港两廊五区"的总体布局框架。园区已推动建成具有全国影响力的石墨烯粉体和薄膜材料规模化生产企业，并推动了石墨烯在热管理、储能、涂料、复合材料、电磁屏蔽材料、智能穿戴材料和传感器等产品应用研发和生产制造企业的建设和发展。其中石墨烯散热产品已得到市场认可，具有较高的知名度。

无锡是江苏省另一个石墨烯产业聚集区，于 2013 年 8 月成立无锡石墨烯产业发展示范区，打造众创空间—孵化器—加速器—产业园的创新创业发展链条。该园区主要围绕培育和发展超电储能、导电薄膜、导热发热材料、复合材料、电子元器件等五大应用领域的产业化项目。迄今，示范区内已引进培育了格菲电子薄膜、烯晶碳能等各类团队和企业共 50 多家，其中产业化企业 15 家。无锡已建成无锡石墨烯产业发展示范区和经国家质检总局认证的国家级石墨烯产品质量监督检验中心，成为国家火炬石墨烯新材料特色产业基地。此外，无锡具有较好的国际化研发合作基础，已与英国格拉斯哥大学合作成立了石墨烯离岸孵化器。据不完全统计，江苏省涉及石墨烯相关业务的企业数量已超过 2500 家，代表性企业包括：

常州二维碳素科技股份有限公司：成立于 2011 年 12 月，是一家专业从事大面积石墨烯薄膜及石墨烯触控模组研发生产的高科技上市企业。尤其在静态薄膜生长技术上有一定特色，主要应用在传感器领域。目前，其载具最大尺寸为 10 in，最大转移尺寸为 A4 大小，单台产能为每年 4 万 m^2，年总产能为 20 万 m^2。

常州第六元素材料股份有限公司：成立于 2011 年 11 月，由瞿研博士团队创立。目前是国内产能规模最大的石墨烯粉体生产企业之一，于 2013 年 11 月建成国内首条自动控制的年产 10 t 氧化石墨烯粉体规模化生产线，年产 100 t 石墨烯项目已获准备案。已成功研发并生产出六大系列石墨烯粉体产品，包括氧化石墨烯、储能型石墨烯、防腐型石墨烯、导电型石墨烯、导热型石墨烯和增强型石墨烯，广泛应用于涂料、塑料、树脂、碳纤维等复合材料领域。

烯晶碳能电子科技无锡有限公司：2010 年 7 月在无锡注册成立。公司自主研发的超级电容器，已受到国内外多个汽车巨头企业的认可并纳入供货体系，成功入选中国汽车工业协会、中国汽车动力电池产业创新联盟联合公示的"汽车动力蓄电池和氢燃料电池行业白名单（第一批）"。

常州恒利宝纳米新材料科技有限公司：2016 年 4 月成立，注册资本 1076.47 万元，坐落于常州市武进区西太湖石墨烯产业园内，是一家致力于石墨烯功能化高分子材料研发、工业化生产及应用的高新技术企业，是国内外第一家实现石墨烯原位聚合尼龙6 切片工业化生产的企业。同时，该公司是中国石墨烯改性纤维及应用产业开发联盟的常务理事单位、江苏省新材料产业协会理事单位。

无锡盈芯半导体科技有限公司：公司掌握多种二维材料大单晶 CVD 生长工艺、可控掺杂工艺、与二维材料工艺兼容的高 k 栅介质原子层沉积技术、高性能场效应晶体管微纳制备工艺、与 CMOS 工艺匹配的大面积射频晶体管制备技术、高灵敏二维材料光电传感器、化学传感器、生物传感器等核心原理与技术等。自主研发并制造了分子束外延系统（MBE），其核心部件均为自主设计、加工和制造，并建有一条完整的材料生长、异质结构建、微纳电子器件加工和性能测试平台。

无锡格菲电子薄膜科技有限公司：由海归博士团队创办的高科技企业，依托于江苏数字信息研究院，致力于石墨烯薄膜及器件研发和生产并配备了各类高端研发仪器与设备，与国内多所高校和多家下游企业建立了项目合作关系。

（2）浙江省

宁波作为浙江省石墨烯产业的主要聚集地，很早就对石墨烯产业比较重视，并于 2014 年投入 9000 万元财政资金支持石墨烯产业化应用重大科技专项。由中国科学院宁波材料所牵头成立的石墨烯制造业创新中心是具有独立企业法人资格的石墨烯产业技术创新平台，重点面向电动汽车、海洋工程、功能复合材料、柔性电子、电子信息等领域。针对石墨烯及其改性材料的重大需求，计划 5 年投入 10 亿元，突破关键技术，打通石墨烯基础研究与产业需求之间缺失的关键创新环节，并关注下游技术，促进传统产业的转型升级和先导产业的培养发展。目前已初步形成一些有石墨烯材料生产能力和上下游贯通的石墨烯企业，产品种类包括石墨烯粉体材料、石墨烯导电浆料，以及石墨烯重防腐涂料、石墨烯纤维材料和电热织物等。其中，石墨烯重防腐涂料已在沿海地区推广应用，有关石墨烯电热板和电采暖系列产品，已在民用住房内安装使用。据不完全统计，浙江省涉及石墨烯相关业务的单位数量已超过 2700 家，代表性企业包括：

宁波墨西科技有限公司：由中国科学院宁波材料所刘兆平团队于 2012 年 4 月成立，坐落于宁波市慈东滨海区，注册资金 2.4 亿元，是北京墨烯控股集团有限公司旗下子公司。该公司专注于石墨烯材料的生产、销售和应用技术研发，旨在成为全球领先的石墨烯材料供应商和应用技术解决方案提供者。通过引进中国科学院宁波材料所的石墨烯产业化技术，于 2013 年底建成首期年产 300 t 石墨烯粉体生产线。

杭州高烯科技有限公司：于 2016 年创建，由浙江大学高超团队提供技术支撑，注册资本 3000 万元，拥有研发中心和生产基地。公司致力于单层石墨烯及其宏观组装材料的研发、生产及技术服务，已开发出单层氧化石墨烯、石墨烯多功能复合纤维、石墨烯电热布、石墨烯电池材料、石墨烯超级电容器、石墨烯液晶技术等石墨烯相关技术和产品。该公司研发的石墨烯复合纤维织物已通过国家纺织服装产品质量监督检验中心（浙江）检测。

（3）上海市

作为全国经济、金融、贸易、航运和科技创新中心，上海在人才、资金、技术方面具有显著的优势。上海市成立了上海石墨烯产业技术功能性平台，通过联合上海交通大学和中国科学院微系统所等高校院所以及利物盛、烯望新材料等企业，重点加强石墨烯产业上下游的合作，助力石墨烯产业化进程。产业发展重点集中在石墨烯复合材料、新能源电池材料等领域。同时，上海市与宝山区市区联合成立了石墨烯研发与转化功能型平台，以石墨烯应用需求为牵引，着力构建石墨烯应用技术创新、中试及产业化的核心服务能力。通过"基地＋基金＋人才"模式，促进实验室成果的产业化，解决产业面临的共性技术问题，培育打造石墨烯产业集群。主要研究领域涉及石墨烯薄膜材料、石墨烯量子点材料、多孔石墨烯材料、石墨烯金属复合材料以及石墨烯加热技术等方面。据不完全统计，上海市涉及石墨烯相关业务的企业数量约为1000家，主要集中于原材料生产和设备制造上。

上海烯望材料科技有限公司：依托中国科学院上海微系统所丁古巧石墨烯研发团队，拥有20名研发人员，主要由研究员、博士和硕士组成。产品包括：高质量石墨烯粉体材料、石墨烯浆料和石墨烯量子点。自主开发了石墨烯基超级电容器和新能源电池，并积极推进特种涂料和复合材料等应用产品研发工作。

上海利物盛企业集团有限公司：作为张江高新区宝山城市工业园民营企业集团，从2010年开始聚焦石墨烯材料的低成本、高品质、规模化生产，致力于从传统制造业向高科技企业转型。目前已实现年产30 t石墨烯粉体规模化生产，全力推进石墨烯新材料技术和产品的产业化。

（4）广东省

依托良好的经济发展基础和创新创业政策，广东省集聚了大批优秀人才和团队，为区域工业技术升级输送源源不断的能量。广东省是我国石墨烯产业发展极为活跃、下游应用市场开拓较为迅速的地区。从石墨烯整体产业链来看，广东省主要布局在石墨烯粉体材料规模化生产和应用产品设计研发上。广东省历来注重产学研结合，高校与企业合作研究通道顺畅。在企业创新能力方面，约175家企业拥有石墨烯相关的自主知识产权，是继江苏省之后拥有石墨烯自主知识产权企业最多的地区。2019年4月，广东省成立石墨烯创新中心，着力建设服务于石墨烯产业技术创新的研发设计中心、测试评价中心和行业服务基地，打造粤港澳大湾区石墨烯行业发展新高地。

广州和深圳两市对石墨烯等新兴产业的发展给予了强大的政策支持，形成了较为完整的石墨烯产业链，涉及石墨烯业务的企业占广东省的80%以上。2016年12月，广州市依托"国家石墨烯产品质量监督检验中心（广东）"，是华南地区首家国家级石墨烯产品质检机构，有针对性地研发石墨烯产品检验检测新技术，检测内容涵盖各种石墨烯材料，为广东省以及全国石墨烯产业的发展与转型升级发挥技术支撑和引领作用。

深圳市作为广东省石墨烯产业重点发展基地，2012—2018年，累计投资近亿元用于石墨烯的基础研究和应用基础研究。2015年11月，深圳市先进石墨烯应用技术研究院成立，旨在解决石墨烯材料的产业化应用问题，对推动深圳石墨烯产业发展具有重要意义。2018年，深圳市成立广东省石墨烯创新中心，努力打造石墨烯制造—计量检测—装备制造—终端应用全产业链。经初步统计，截至2018年，深圳市已培育和引进20多个具有国际影响力的石墨烯研发团队，建设了10多家石墨烯相关科研创新载体，培育了30多家石墨烯相关企业。

据不完全统计，广东省涉及石墨烯相关业务的企业数量已超过4900家，涉及石墨烯概念的上市企业共15家。

烯旺新材料科技股份有限公司：于2015年创办，专注于石墨烯发热技术研发及产品应用，产品覆盖保暖理疗、智能服饰、智能家纺、家庭供暖和石墨烯粉末涂料等多个领域，拥有自主知识产权专利近300项。

鸿纳（东莞）新材料科技有限公司：创建于2012年5月，注册资本2087万元，是一家专业从事纳米材料研发及生产的高新技术企业。公司通过机械剥离法制备少层石墨烯粉体及浆料产品，制备成本低，是锂离子电池石墨烯导电浆料稳定的生产企业一。

广东墨睿科技有限公司（东莞市道睿石墨烯研究院）：成立于2015年10月，是一家专门从事石墨烯等先进材料应用开发的高科技新材料公司，拥有一支国家千人计划专家组成的石墨烯领域国际一流的科研团队，掌握多种石墨烯制备技术及多项国际国内专利，是国内唯一能生产超精细石墨烯纳米带的科技企业。

深圳市本征方程石墨烯技术股份有限公司：2015年8月成立，是由深圳市动力创新科技企业、格林美股份有限公司、万利加集团旗下企业深圳市安利豪实业有限公司共同发起成立的一家高新技术企业。公司拥有独创的液相法制备高质量单层石墨烯技术，并申请了中国、美国、欧洲、日本等发明专利40多项。产品已投放市场，广泛应用于导电浆料、锂离子电池、铝空气电池、海洋船舶防污等领域。

（5）福建省

该省石墨烯产业链较完整，从资源开采、材料制备、下游应用到终端产品均有布局，在石墨烯生产设备、石墨烯材料制备、电池电极材料、防腐涂料和环保材料等领域共有40多家企业，位于福州、厦门、泉州和三明永安等地，并初步形成了以厦门火炬高新区、泉州晋江和三明永安为产业集聚区的"两核三区"产业发展格局。福州研发服务核心区依托福州大学等高校科研院所及相关应用企业，打造石墨烯检测、研发技术服务平台，在福州高新区承接石墨烯科技成果转化落地。厦门创新孵化核心区依托厦门大学等高校科研院所及相关应用企业，设立开放实验室，构筑集研发、中试、产业化、成果评价、产品检测认证等于一体的综合性创新孵化平台。厦门火炬高新区石墨烯产业聚集区以现有在国内具有竞争优势的一批石墨烯骨干企业为主体，重点发展石墨烯导热、散热、防腐和微电子新材料产业，努力形成以石墨烯研发、设备、应用为一体的产业发展格局。该区集聚了 30 多家石墨烯新材料企业，为石墨烯初创企业提供材料检测等诸多便利。泉州晋江石墨烯产业聚集区以福建海峡石墨烯产业技术研究院、三创园、晋江龙湖石墨烯产业园为依托，结合晋江传统产业基础，加强石墨烯下游领域应用，布局前瞻石墨烯半导体材料，加快科技成果转化。三明永安高端石墨及石墨烯产业聚集区依托丰富的石墨资源，以清华大学、厦门大学、中国航发等产学研用平台为支撑，重点发展石墨负极材料等高端石墨和石墨烯制备，在锂电、储能、橡胶改性等下游领域拓展应用，已有十余家石墨和石墨烯应用企业入驻，逐步形成产业集聚。

据报道，2017 年福建省高端石墨和石墨烯产业实现产值约 20 亿元，下游应用相关产业近 100 亿元。经过近几年的培育和快速发展，福建省涌现一批杰出的代表性石墨烯企业。

厦门凯纳石墨烯技术有限公司：成立于 2010 年 5 月，集石墨烯研发、生产、销售和应用开发于一体，于 2016 年 2 月登陆新三板。该公司坚守机械剥离法制备石墨烯原材料，主要产品包括石墨烯粉体、石墨烯复合导电剂、石墨烯基高导热碳塑合金等。已建成年产 200 t 石墨烯粉体和 5000 t 石墨烯复合导电剂生产线。2018 年，石墨烯主营业务产值达到 4062.44 万元。

厦门烯成石墨烯科技有限公司：由厦门大学蔡伟伟教授于 2012 年 9 月创立，注册资金 2000 万元，是国内较早从事石墨烯制备设备及石墨烯产品应用开发的高科技企业。产品包括石墨烯化学气相沉积系统、等离子体刻蚀系统、磁控溅射机以及石墨烯材料。2016 年 4 月，该公司由上市公司德尔未来估值 3 亿元全资控股。

厦门泰启力飞科技有限公司：成立于 2012 年，在永安设有全资子公司，致力于石墨烯高导热复合材料及其应用产品的生产研发。永安泰启力飞自主研发生产线与工艺流程，现已具备月产 300 t 原材料，日产 1 万套散热型材的生产能力。同时，永安泰启力飞还作为示范基地，为石墨烯高导热复合材料的下游应用企业提供培训和工艺孵化服务。

（6）山东省

为抢占未来新材料产业竞争制高点的关键所在，山东省对石墨烯新材料产业给予了高度重视，正超前布局石墨烯产业发展。其中，青岛和济宁两市是山东省具有代表性的石墨烯产业聚集地。青岛是国内最早关注和发展石墨烯产业的城市之一，拥有一定的先发优势和产业基础。该市的石墨烯产业以国家火炬青岛石墨烯及先进碳材料特色产业基地为依托，成立了青岛市石墨烯科技创新中心，致力于完善上下游产业链，建设研发、检测及孵化载体，提供公共配套服务。为发挥其资源、产业和海洋特色优势，青岛市在高新区重点发展在储能技术、防腐涂料、海水淡化、橡胶复合材料等领域的石墨烯应用技术产品。截至 2018 年年底，青岛高新区已累计引进 52 家石墨烯相关企业，并成功引进了一系列国内外石墨烯领域的优秀人才和创业团队。青岛高新区内石墨烯相关企业在 2018 年已实现产值近 1 亿元。

济宁市是石墨烯新材料领域的后起之秀，近年来高度重视石墨烯产业布局，出台了一系列扶持政策。济宁国家高新区新材料产业园作为山东省发展高端新材料产业的省级开发区，重点发展煤基新材料、石墨烯新材料、生物基新材料和高端精细化学品四大产业集群。2019 年，高新区与北京石墨烯研究院签订战略合作协议，共同推进石墨烯高新技术在园区内产业落地，重点打造国际领先的石墨烯粉体材料和氧化石墨烯材料生产基地，推动石墨烯新材料与当地优势产业的有机融合。

根据工商注册信息，据不完全统计，截至 2021 年 7 月，山东省涉及石墨烯相关业务的企业数量已经超过 2900 家。

山东利特纳米技术有限公司：成立于 2011 年，"千人计划"专家侯士峰博士创建，是国内最早从事石墨烯材料及其应用产品研发、生产和推广的高新技术企业，并获得 IGCC "石墨烯材料"产品认证证书。目前拥有年产 40 t 氧化石墨烯生产线并实现正常对外供货，近期完成 150 t 年产能扩容。业务范围包括：氧化石墨烯材料、石墨烯防腐涂料、石墨烯高分子复合材料以及石墨烯健康家居产品。

青岛华高墨烯科技股份有限公司：成立于 2012 年，是专业从事高品质石墨烯研发、生产、销售以及下游产品开发应用的高新技术企业，于 2016 年在新三板挂牌上市。公司拥有 29 项专利技术和 12 种自主研发石墨烯产品，与森麒麟合作开发的石墨烯导静电轮胎已上市，研发的石墨烯导电浆料已被下游客户应用。

青岛赛瑞达电子科技有限公司：是集开发、生产、销售为一体的半导体工艺装备生产厂家，主要从事石墨烯产业化关键装备研发业务。同时负责"青岛国际石墨烯科技创新园"孵化器的运营管理工作。石墨烯生长和转移装备有：卷对卷动态化学气相沉积系统、双腔式真空沉积系统、卷对卷石墨烯转移系统等。旗下公司 2018 年实现产值 2000 余万元。

济南圣泉集团股份有限公司：现拥有员工近 4000 名，专注于各类植物秸秆的研究开发与综合利用，涉足高性能树脂及复合新材料、大健康、生物质、生物医药、新能源等五大产业。旗下拥有六家高新技术企业，获得"国家技术创新示范企业""国家知识产权示范企业""中国民营企业制造业 500 强"等荣誉。在石墨烯领域以"生物质石墨烯"品牌闻名，积极推进石墨烯新材料在纺织纤维产业的应用产品研发工作，近年来也在开展石墨烯改性超级电容器和电池业务。

青岛昊鑫新能源科技有限公司：公司由杰出的海外青年学者于 2012 年创立，投资 1.2 亿元，坐落于青岛平度高新技术产业园，占地面积 4 万 m^2。公司目前以锂电池导电材料为主，年销售额在 3 亿元以上。公司专注于二次电池用碳材料的研发、生产和销售。

山东欧铂新材料有限公司：公司成立于 2014 年 9 月，是山东海科化工集团旗下的高新技术企业，位于东营港经济技术开发区。2017 年，公司成立了全国首家石墨烯标准研制与检测基地，并发布石墨烯行业第一项团体标准。2018 年，中国石墨烯产业技术创新战略联盟与公司共同成立"全球石墨烯研发合作平台"。

2. 黑龙江—内蒙古地区

该地区石墨烯产业具有资源优势，拥有国内一半以上的石墨资源储量。因此，聚集了一批从事从石墨矿资源开发，到石墨烯材料制备和产业应用的石墨烯企业。

（1）黑龙江省

煤炭、石油、石墨等不可再生矿产资源占据该省规模工业的重要比重，随着石墨烯这一"新材料之王"出现，黑龙江省储量丰富的石墨矿产资源有了新的产业出路。为抢占石墨烯产业创新链及价值链高端，黑龙江省结合实际，培育一批石墨烯创新团队和优势企业，实现战略新兴产业重点领域突破，黑龙江省七台河市依托高品质石墨资源，坚持高起点进入、高标准建设，与周边地区错位发展，规划建设石墨烯产业园区。截至 2018 年年底，哈尔滨石墨烯及石墨新材料高端产品研发中心和鹤岗、鸡西两个石墨（烯）生产加工基地建设初具规模，极力推进石墨烯技术研发和生产应用，目前已初步形成了亿元的产业规模。哈尔滨工业大学、哈尔滨工程大学等高校积极孵化培育石墨烯在新能源领域应用等项目，促进石墨烯前沿技术研发和成果转化。同时，为加强石墨烯在军工领域以及军民融合领域的应用发展，石墨烯军工应用委员会在哈尔滨成立。

宝泰隆新材料股份有限公司：成立于 2003 年 6 月，2011 年 3 月 9 日在上海证券交易所成功挂牌上市。公司是集新能源、纳米新材料、煤基石油化工、发电、供热、煤炭开采和洗选加工于一体的大型股份制企业，从 2015 年开始布局石墨烯产业，经过几年发展，在 2017 年已基本覆盖了从石墨烯原材料制备、产品开发到下游应用的全产业链。宝泰隆石墨烯单层快速剥离、连续式规模化还原等多项关键技术居行业前列，并于 2016 年年底，建成并投产 150 t 石墨烯生产线。随着石墨烯制备技术不断成熟，进一步加快了产业化进程，在散热材料、超级电容器、锂电、结构材料等领域也不断推进。2018 年 10 月 25 日，宝泰隆、七台河市政府和北京石墨烯研究院签署三方战略合作协议，全面开展石墨烯新材料领域的合作研发和产业化推进工作，并借助于"研发代工"这一全新的产学研合作模式，在北京石墨烯研究院成立宝泰隆石墨烯研发中心，进一步强化石墨烯应用核心技术的研发。

哈尔滨万鑫石墨谷科技有限公司：成立于 2015 年 1 月，由中国宝安集团及其旗下深圳市贝特瑞股份有限公司共同投资成立，主要从事石墨烯、碳纳米管及石墨新材料的开发和产业化。公司依托深圳贝特瑞的产业引领和哈尔滨工业大学的技术支撑，致力于从集团旗下鸡西石墨矿资源开采出发，推进天然石墨原料深加工以及石墨烯粉体材料生产和应用。目前，万鑫石墨谷应用于动力电池的石墨烯复合导电液已经成功实现量产，通过了国内外客户初步认证，开始批量销售，成为国际上首家量产成功石墨烯复合导电浆料产品的企业。2015 年 12 月 11 日，公司与北京大学刘忠范研究团队签署合作协议，共建北大 – 宝安烯碳科技联合实验室，共同推进石墨烯新材料技术产业转化工作。2018 年，公司与北京石墨烯研究院签署全面战略合作协议，以"研发代工"模式深化双方在石墨烯领域的实质性合作。

黑龙江省华升石墨股份有限公司：坐落于黑龙江省鹤岗市南山工业园区，是从事高端石墨产品、石墨烯新材料、石墨烯应用产品的研发、生产、销售三位一体的国家高新技术企业。公司已通过 ISO9001 质量管理体系认证、ISO14001 环境管理体系认证、HSAS18001 职业健康安全管理体系认证。

（2）内蒙古自治区

与黑龙江类似，内蒙古自治区拥有得天独厚的石墨资源，现探明天然石墨资源储量 2 亿多吨，位居全国第一位，是发展石墨烯产业的天然优势。同时，自治区电力装机居全国首位，输配电价可直接进行电力市场交易，发展石墨烯产业具有较强的成本竞争优势。2013 年 6 月，内蒙古石墨烯材料研究院成立，技术依托力量主要是清华大学和国家纳米科学中心。研究院通过"研发 + 中试 + 产业孵化"的发展思路，在青山区装备制造园区内建立了石墨烯产业化项目孵化基地，围绕石墨烯及其复合材料的应用建设了一条年产100 kg石墨烯粉体的示范线。该示范线可生产石墨烯粉体、石墨烯浆料、氧化石墨烯粉体和氧化石墨烯浆料等多种石墨烯衍生产品，主要用于下游应用开发和芳纶中试项目使用。2016年8月，内蒙古矿业集团联合成立了自治区石墨产业发展联盟，面向国家和自治区重点发展领域，组织产学研用联合攻关，加快推进自治区石墨产业转型升级和科技创新，将资源优势变为产业优势和经济优势，为石墨及石墨烯产业从研发、生产、加工到交易的一体化全产业链发展奠定基础。2019年7月16日，习近平总书记视察内蒙古时要求围绕石墨烯、稀土、氢能等五大重点方向加大前沿技术攻关力度，力争取得重大突破。内蒙古地区把石墨烯产业作为战略性新兴产业之一着力发展，涉及石墨烯相关业务的企业381家，从石墨的开采和利用逐渐发展石墨烯相关业务。

内蒙古瑞盛新能源有限公司（内蒙古瑞盛天然石墨应用技术研究院）：成立于2010年，是一家集石墨产品研发、生产、销售为一体的综合性新能源新材料高新技术公司，注册资本金3.36亿元。技术支撑为清华大学深圳研究生院康飞宇研究团队。公司利用兴和县石墨矿资源，产业覆盖石墨采—选—深加工—石墨烯研发等全产业链，产品涉及7大类20多个品种，主要包括高纯石墨、中碳石墨、锂离子电池负极材料等，在石墨烯、柔性石墨等领域具有20多项核心技术。2018年完成年产200 t的生产线建设，突破石墨烯导电剂浆料及其在锂离子电池中的应用技术。2019年开始建设石墨烯散热膜应用技术生产线。

内蒙古碳烯石墨新材料有限公司（内蒙古石墨烯应用研究院）：成立于呼和浩特市，隶属金彩矿业集团，拥有阿拉善左旗查汗木胡鲁石墨矿和乌拉特中旗高勒图石墨矿，技术依托北京化工大学材料学院、中国科学院上海微系统所、上海烯望材料有限公司。在石墨烯制备技术方面，可在常温条件下制备3~5层石墨烯，制备出的石墨烯导电液已经成功用于石墨烯增强磷酸铁锂电池中。

包头市石墨烯材料研究院：由宁波杉杉股份有限公司与包头市政府共建，通过与中国科学院宁波材料所合作，采用独特的定向排列技术开发出石墨烯导热硅胶垫，可广泛应用于外挂式通信基站、大功率逆变器和动力电池组等领域。目前通过与东南大学、上海交通大学、内蒙古大学等单位的产学研合作，正在开展石墨烯制备、石墨烯防腐涂料、石墨烯复合硅碳负极材料等产业化技术研发。

（二）区域产业特点和问题分析

1. 东部沿海地区

这条产业链涵盖了我国长三角地区、珠三角地区以及山东和福建等地。江浙沪地区是我国石墨烯产业发展较早的地区，同时产业链也较为完善。广东省以深圳和广州市为主体的石墨烯产业链下游应用市场发展较快，尤其是在石墨烯的生产、设备制造方面具有较大的优势。此外，山东省也是国内石墨烯产业极具发展势头的地区之一。

（1）江苏省

从引进领军人才入手，江苏省积极扶持创办石墨烯高科技企业，带动新兴石墨烯产业快速发展，是中国石墨烯产业的先行者。同时引导金融资源集成支持，构建产业创新发展的优良生态。经过多年来的不懈努力和坚持，江苏省已成为长三角地区石墨烯产业发展的主力军。业务领域涵盖了石墨烯装备制造、原材料制备、产品下游应用等石墨烯产业的各个方面。在总体定位上，江苏以国家重点领域和石墨烯行业的发展需求为导向，实现突破制约产业链各环节发展的技术和机制障碍，开展石墨烯前瞻性技术研发，抢占全球未来制造业的制高点。然而，江苏省石墨烯产业的发展与当地优势产业结合不够。绝大多数企业是石墨烯初创小微企业，更多关注的是石墨烯原材料生产及独特产品研发，基本上孤立于当地产业之外。其次，江苏省将近60%企业研发产品属于低品质石墨烯原材料和简单作为添加剂应用的低附加值技术，低水平重复竞争现象也比较严重，缺少真正的具有自主知识产权的主打技术产品，关键技术和核心技术有待突破。此外，由于对石墨烯产业发展的长期性和艰巨性认识不足，江苏省部分企业盲目扩大产能，导致出现产能过剩问题。

（2）浙江省

从总体上看，浙江省的石墨烯产业布局较为全面，涉及原材料生产、节能环保、新能源汽车、服装业等诸多领域，已逐渐形成自己的特色。然而，同样存在低水平重复和同质化竞争问题，与当地优势产业的积极融合也有很大的提升空间。此外，浙江省石墨烯产业仍处于发展初期阶段，政府缺乏对石墨烯产业的整体布局和具体规划，绝大部分石墨烯业务活动是自下而上的个人兴趣和市场行为，缺少对石墨烯核心技术的关注。

（3）上海市

从长三角区域整体看，上海市更偏重于高端石墨烯技术和高附加值产品研发，着力突破高端制造业和关键核心技术，强调发展具有自主知识产权的"上海制造"。相对而言，上海市的石墨烯企业数量较少、规模小，现有企业主要集中于原材料生产和设备制造上，在石墨烯新材料领域的投入较少，区域内尚未总体布局整合石墨烯产业，缺少政府层面的整体规划布局。中国科学院上海微系统所拥有雄厚的石墨烯研发实力，但其成立的上海烯望材料科技有限公司尚未完全发挥其科研技术优势，需进一步加强基础研究成果向应用产品的转化工作。此外，上海的石墨烯研发活动并不突出，更未形成鲜明的区域特色，尚未充分展现出其强大的人才优势和基础研发优势。

（4）广东省

巨大的应用需求和市场牵引快速推动了该地区石墨烯产业的发展，广东省特别重视市场和技术的结合，企业和政府以示范性项目为抓手，在重点领域快速推动技术产业化落地。广东省政府制定详细的石墨烯产业规划，融合区域产业发展特色和工业基础，有序推动石墨烯产业健康发展。同时，区域间的合作与协调发展在政府的宏观调控下相互借力，在更多新兴领域挖掘石墨烯撒手锏级的应用产品。深圳市活跃的资本市场和整合机制助推新产品研发进入市场投放，具有目标市场明确，市场投放周期短等优点。而引进人才政策吸引了各行各业的优秀人才集聚于此，多元化的设计与创新，会进一步提高该区域的竞争优势。

经过多年的努力和发展，以深圳和广州为代表的珠三角地区已形成一批石墨烯优势研发平台和创新企业主体，在新能源、电加热、红外理疗等领域崭露头角，初步获得市场认可。主要特色体现在石墨烯材料在大健康、新能源以及电加热领域的示范应用上，应用类企业众多且竞争激烈，而设备研制、检测认证类企业相对较少。其中，大部分石墨烯企业属于初创型中小型企业和小微企业，既需要积累核心技术，更需要开拓市场通道，企业的可持续发展完全依赖于石墨烯业务本身，生存压力巨大。一直以来，珠三角地区始终强调终端应用牵引，却忽略未来产业健康发展的基础—原材料制备和规模化生产，而应用领域的核心技术还有待深入的研发积淀和不懈的坚持，需要巨大的成本和时间投入。值得注意的是，以深圳市为龙头的珠三角石墨烯行业拥有极为活跃的企业、众多的平台和研发团队，但是基本上处于"个人英雄主义"状态，尚未形成真正的合力来共同推进区域产业特色的形成和产业健康发展。

（5）福建省

该省是全国较早出台省级石墨烯专项发展规划的省份，决心举全省之力推动石墨烯产业发展，把石墨烯打造成福建省经济发展先导产业。政府着力打造石墨烯技术创新先导区、国际合作引领区、产业应用示范区，促进创新链和产业链的对接，推动石墨烯产业快速发展。福建省石墨烯产业会融合传统产业来借力发展，很多企业会围绕并依托福建省成熟的下游产业发展，如纺织鞋服、LED、锂电、涂料等产业。然而，福建省的石墨烯产业尚处于培育和发展初级阶段，创新平台数量不多，尤缺少骨干团队、龙头企业和领军人物，资源要素有待整合，创新平台建设和综合性服务保障机制亟须完善。福建省的科技人才主要集中在厦门大学和中国科学院福建物构所，但从事石墨烯新材料研发的团队较少，需从政策层面加强引进和培育石墨烯研发人才，加强人才队伍建设和产学研的深度融合。如何发挥自身优势，融合区域产业优势，打造区域产业特色，是福建省石墨烯产业面临的挑战。

（6）山东省

青岛高新区是山东省石墨烯产业布局的领头羊，致力于打造"政、产、学、研、金、用"一体化组织合作链条，确立了"政府引导、体制保障、企业主体、产研融合、共促发展"的石墨烯发展模式。积极推动与高校科研院所共建石墨烯协同创新平台，为石墨烯高新技术的产业转化落地和规模化生产提供技术支撑。山东省还创建了石墨烯材料创新中心、山东省石墨烯产业知识产权保护战略联盟以及石墨烯天使投资基金等，以此促进石墨烯产业的快速、健康、可持续发展。

尽管山东省发展石墨烯产业具有雄心壮志，但由于技术和高端人才的缺乏，使石墨烯产业发展面临诸多挑战。目前石墨烯企业基本上属于初创期的小微企业，从事单纯的石墨烯业务，如何与优质的传统行业龙头企业有机融合，需要深入探索与实践。此外，现有石墨烯企业研发能力不足，缺乏创新性，行业同质化竞争严重，目前还都基本集中在锂电导电添加剂和防腐涂料等低端石墨烯产品的研发上，缺乏亮点和特色，需要寻找石墨烯新材料的撒手锏级应用，当然这也是中国石墨烯产业发展的共性挑战。

2. 黑龙江—内蒙古地区

该地区最大的优势是石墨资源丰富，但与东部沿海地区相比，人才匮乏且人才外流现象愈演愈烈，科技研发实力很弱。长期以来，石墨产业处在原料加工阶段，缺少高附加值、深加工石墨制品。近年来，依托其丰富的石墨资源，该地区着力打造高端石墨产业，大力发展石墨烯的生产制造和应用产品开发，逐步形成了以石墨烯粉体制备、石墨烯导电浆料和石墨烯电加热产品为主要特色的石墨烯产业。但是，必须指出的是，目前我国天然石墨产品的深加工技术仍比较落后，很多产品处于产业链的中低端，因此重视石墨深加工产业，发展高附加值石墨烯新材料及其产品应成为本地区发展石墨烯产业的重要战略。由于缺少技术研发力量，石墨烯产业发展面临更加严重的同质化现象和低水平重复问题，导致石墨烯原材料产能严重过剩。因此，加强人才引进政策和产学研协同创新机制探索是本地区未来石墨烯产业发展的关键所在。

三、多点

（一）区域优势和代表企业

石墨烯产业在全国范围内呈现出蓬勃发展态势，以川渝、广西、陕西、安徽等为代表的中西部地区也在积极加快石墨烯产业推进的步伐，从资源保障、政策促进等方面加快石墨烯产业发展，逐渐形成了各自的优势方向和产业特色，与京津冀、东南部沿海地区、东北地区共同构成了我国石墨烯产业"一核两带多点"的区域发展格局。

1. 四川省

该省拥有丰富的石墨矿产资源，集中在攀枝花和巴中南江两地，石墨烯研发起步也较早，但多数以高等院校和科研院所为主。四川省先进碳材料应用开发创新中心是该地区石墨烯产业的重要平台载体。通过依托成都市科技创新资源优势，该平台集聚了一批科研机构和优秀石墨烯企业参与，重点开展锂离子电池石墨负极材料、石墨烯复合材料、石墨烯电子器件、石墨烯涂料、石墨烯储能材料、石墨烯电子信息器件等应用研发、公共检测及技术交易服务。据不完全统计，目前四川省石墨烯相关企业共有 922 家。

德阳烯碳科技有限公司：成立于 2014 年 4 月，注册资本 1.6 亿元，依托中国科学院金属研究所为技术支撑，拥有全球领先的石墨烯粉体制备技术，年产 30 t 高导电型石墨烯粉体材料已经实现稳定量产，产品导电率处于行业领先水平。通过与多家科研院校及企业合作，该公司相继开发出石墨烯防腐涂料、石墨烯导热硅胶垫、石墨烯导电油墨、石墨烯散热涂料、石墨烯发热膜、石墨烯导热复合材料等应用产品。

大英聚能科技发展有限公司：于 2006 年 12 月成立，位于四川省遂宁市，现有资产 8000 万元，是国家高新技术企业。通过与科研单位的协作，该公司成功开发了高表面功能化活性炭材料的生产技术，并已获得国家发明专利。针对高性能超级电容器及电池需求，开发了专用石墨烯材料。公司总投资 3000 万元，建设产能达年产 500 t 的高表面功能化活性炭材料生产线。

2. 重庆市

早在 2013 年，重庆市就将石墨烯定位为十大战略新兴产业之一，同年重庆石墨烯产业园落户重庆高新区。依托重庆石墨烯产业园，逐步形成了从石墨烯原材料研发到元器件批量化制备再到终端应用的产业链布局。基于其在汽车、电子信息等方面的产业优势，石墨烯应用研发主要集中在智能终端项目、显示触控屏、锂电池电极材料、晶体管等领域。作为重庆市石墨烯产业集聚地，重庆石墨烯产业园于 2013 年成立，现已成为石墨烯技术策源地、专业人才聚集地、科技成果转化基地和石墨烯企业孵化地。重庆石墨烯产业园已建成石墨烯标准厂房 30 万 m^2，围绕石墨烯显示触控屏、石墨烯晶体管、石墨烯电子仪器等产业方向，打造以应用企业为主体、产学研紧密结合的石墨烯产业集群。园区计划培育 20 家规模以上的石墨烯应用研发企业，引进和发展 100 家下游应用生产企业，力争形成年产值 200 亿元的全国石墨烯自主创新基地。经多年来的不断发展，重庆市现有 650 多家从事石墨烯相关业务的企业。

重庆墨希科技有限公司：由上海南江集团与中国科学院重庆绿色智能技术研究院共同出资成立，成立于 2013 年，首期投资 2.67 亿元，致力于石墨烯薄膜材料规模化生产及应用产品开发。2013 年 12 月，该公司建成完全自主知识产权的全球首条大面积单层石墨烯薄膜生产线；2016 年 12 月成为华丽家族股份有限公司旗下科技板块的高科技公司；2017 年 6 月，第三代石墨烯薄膜生产线正式投产，目前产能已经达到年产 100 万片。该公司已在石墨烯透明导电薄膜、石墨烯触控屏、石墨烯智能手机、石墨烯电子书等方面实现商品化，其中石墨烯透明导电薄膜、石墨烯商务安全手机和石墨烯电子书被认定为重庆市高新技术产品。

重庆石墨烯研究院有限公司：成立于 2016 年 6 月 12 日，以服务重庆市石墨烯产业集群发展为目标，兼具科研院所与科研化企业双重特征，定位为科技创新孵化器，兼具众创空间功能，注册资本 1.34 亿元。目前已经与 60 多家从事石墨烯科技创新的科研院所、企业建立了合作关系，围绕石墨烯在新能源、传感器、复合材料、生物医疗等领域的应用进行研发产业布局，已孵化出 9 个石墨烯材料应用公司。

3. 广西壮族自治区

该自治区高度重视石墨烯产业发展，先后出台一系列政策，明确提出将石墨烯产业作为广西重点培育和发展的战略性新兴产业。2016 年 12 月 7 日，由广西大学可再生能源材料协同创新中心起草的五项石墨烯系列地方标准在全国率先发布，涵盖了石墨烯三维构造粉体材料名词、术语、生产装备、生产技术和检测方法。广西壮族自治区最大的工业城市柳州市重点建设石墨烯小镇。2017 年，烯旺新材料科技股份有限公司在广西相继投资建设了 3 个石墨烯项目，以此助推广西大健康产业和现代特色农业发展。此外，依托南宁市高新区生态产业园，广西引进石墨烯相关企业，构建集产品研发、推广应用、技术服务于一体的石墨烯产业集群，重点支持石墨烯材料在电子信息、生物医药、新能源汽车等领域的应用技术和产品研发。

广西清鹿新材料科技有限责任公司：成立于 2017 年 10 月，位于柳州市鹿寨县，主要生产经营范围为特种石墨、石墨烯、活性炭等新型纳米碳材料及其复合材料、润滑油、润滑脂及润滑添加剂，包括研发、生产、销售，及相关的技术转让、技术服务以及技术代理。

4. 湖南省

该省具备较好的石墨资源条件，隐晶质（土状）石墨矿占全国 70% 以上。湖南在石墨烯复合材料研发方面具备较好的基础，省内多所高校在石墨烯材料合成技术、复合材料等领域都开展了系列研究工作。位于长沙市芙蓉区的隆平高科技园是湖南省石墨烯研究和应用开发最活跃的产业集聚区，已成功引进 4 家专业研发石墨烯产品的企业。2016 年，湖南省在郴州市高新技术产业园区建立了湖南省石墨烯产业基地，市级财政每年投入 1000 多万元，拥有全国首个国家石墨产品质量监督检验中心，支持企业为主体的石墨产业技术研发和成果转化。目前，湖南省石墨烯相关企业数量有530 多家左右。

湖南医家智烯新材料科技股份有限公司：成立于 2016 年 5 月，注册资本 1000 万元，总部位于湖南长沙高新区，是从事石墨烯发热应用研究、石墨烯电热膜研发、生产、销售及应用技术服务的高新技术企业。公司拥有多项发明专利以及 5 个自主品牌，研发制备的石墨烯高导电复合膜、低温远红外电热膜材料处于国内领先水平。到目前为止，公司参编了 3 项国内石墨烯行业标准的制定。建设有省内首家石墨烯专业研究机构长沙市湘江石墨烯应用研究院，与东南大学等多所国内知名高校及科研院所建立了产学研合作关系，并正在筹建石墨烯基于静电防护电磁屏蔽应用的院士专家工作站及下游应用产品开发实验室。

中蓝科技控股集团（湖南）股份有限公司：成立于 2015 年 3 月，注册资本 1 亿元，公司位于长沙市，目前实现了石墨烯浆料及粉体绿色智能环保低成本连续生产，生产的石墨烯导电浆料应用于锂离子电池，并通过了相关机构的检测；同时正在不断加大在石墨烯应用领域的研发力度，在 CVD 石墨烯薄膜、石墨烯金属复合材料、吸波隐身涂料、消声材料、石墨烯催化剂等方面取得了技术突破，与相关领域的核心单位签署了战略合作协议。

5. 陕西省

依托于省内众多的高校和科研院所在石墨烯科研领域具有较强的智力储备和科技创新能力，陕西省具有较为突出的科技创新资源和人才、技术优势。早在 2007 年，西北大学就组织成立了西北大学石墨烯制备技术与产业化应用课题组，积累了石墨烯及其锂电复合电极材料的多种制备技术与产业化应用研究经验和成果。由西安交通大学、西北工业大学、西安电子科技大学、西北大学联合成立的陕西省石墨烯联合实验室是陕西省推进石墨烯科研和产业化的重要载体，近年来在石墨烯新材料规模化制备技术以及应用等方面开展了大量研究工作。同时，陕西省拥有一批石墨烯相关省级创新平台，包括陕西省碳/碳复合材料工程技术研究中心、陕西省先进功能材料重点实验室、陕西省能源新材料与器件重点实验室。目前，陕西省石墨烯企业数量已接近 1500 家，主要集中在石墨烯热管理、石墨烯粉体、石墨烯防腐涂料等产业方向。

陕西墨氏石墨烯科技有限公司：成立于 2017 年 4 月 18 日，注册资本 5000 万元，经营范围包括石墨烯技术开发、技术服务、技术转让、技术推广及相关产品设计，致力于自主研发及多渠道推广石墨烯取暖产品。

陕西金瑞烯科技发展有限公司：成立于 2016 年 11 月，注册资本 2000 万元，专注于石墨烯产品的开发，现有石墨烯产品包括石墨烯纤维、石墨烯羽绒服、石墨烯内绒牛皮靴、石墨烯家纺床品等。

6. 安徽省

通过结合合肥高校和研究所的研发资源，以需求为牵引，依托当地企业，安徽省着力推进石墨烯高端原材料制备、石墨烯柔性显示、石墨烯柔性触控以及石墨烯远红外发热等产品的应用示范。2017 年，安徽省发展和改革委员会批准成立了首个以石墨烯复合功能薄膜新材料为研究对象的省级石墨烯复合功能薄膜新材料工程实验室，致力于提高石墨烯复合功能薄膜材料的制造水平，并逐步发展成为支撑安徽石墨烯产业的省级重大研发平台。安徽省从事与石墨烯产品制备相关行业研发和生产的企业有800 家左右，主要集中在合肥、马鞍山两地，多专注于石墨烯导热和散热功能的应用开发。

合肥微晶材料科技有限公司：由中国科学技术大学博士团队于 2013 年 1 月创立，是专业从事石墨烯和纳米银线等新材料应用开发的高新技术企业，核心产品包括石墨烯粉体、石墨烯纳米银线复合柔性透明导电膜、石墨烯远红外柔性发热模组及石墨烯原材料等。公司与多家国内大型液晶显示屏企业达成战略合作，推进石墨烯纳米银线复合柔性透明导电膜产品的产业化应用。

安徽山川新材料科技有限公司：成立于 2016 年 9 月，注册资金 1200 万元，位于安徽省宿州市高新科技园，专业从事于石墨烯及相关领域的新材料、新能源、新型环保产品的研发、生产、销售及新技术成果转化。

（二）区域产业特点和问题分析

1. 四川省

四川大学、电子科技大学和西南交通大学是该省石墨烯基础研究和技术研发的主力军，不仅在石墨烯高分子复合材料、石墨烯储能器件、特殊功能石墨烯复合材料等方面有很好的研究积累，而且在产业化推进方面也已形成较好的基础。总体上，四川省石墨烯产业总体上发展势头较好，具备了进一步快速发展的基础和条件，但目前石墨烯产业相对较为分散，多数企业仍处于研发阶段，石墨烯原材料制备和规模化生产能力有待提高，下游应用产业链条尚未真正形成，更没有形成产业集聚发展格局。同时，四川省石墨烯产业缺少具有自主知识产权的石墨烯核心技术以及引领性的研发团队，面临着技术成熟度不高、技术创新能力不足等现实问题，缺少龙头企业，尚未形成鲜明的特色和标签性产品。

2. 重庆市

该市的石墨烯产业发展很早，在发展高端石墨烯技术产品方面走在了全国的前列。重庆市把石墨烯新材料作为重庆十大战略新兴产业，结合重庆电子器件制造集群化优势，重点布局石墨烯在电子信息产品终端的应用，让石墨烯产品制造的上中下游形成产业链集群发展。这些发展战略把握了石墨烯产业的关键所在，值得高度肯定。重庆市积极探索产学研协同创新机制，鼓励研发团队成立企业，明确各方的股权划分，但由于政府、企业、科研院所研发团队的角色定位和任务划分存在模糊地带，目前还难以形成良性互动。当然，由于石墨烯产业尚处于发展初级阶段，高端技术产品需要大规模的资金投入和不懈的坚持，在这方面重庆市已面临巨大挑战。就现状而言，政府、企业和社会资本对石墨烯产业发展的长期性和艰巨性认识不足，有时甚至表现得过度功利性，导致企业在继续发展的关键阶段资金短缺，可持续发展能力受限。此外，由于下游应用市场尚未成熟，产品缺少市场竞争力，导致出现石墨烯薄膜产能严重过剩等问题。

3. 广西壮族自治区

在全国石墨烯产业大盘中，广西石墨烯产业还处于弱势地位，尚未形成特色和影响力，因此需要结合地方产业特色和优势。除了诸多共性问题外，人才队伍缺乏、创新能力不足是该区域有待解决的问题。

4. 湖南省

该省新材料总量规模位居中部六省第一位，先进储能材料品种最齐全、产业规模和市场占有率全国第一，硬质合金产量全国第一、世界第二。然而目前湖南省从事石墨烯科研和产业化的团队较少，尚未形成成熟的区域性石墨烯产业链，缺少规模化的石墨烯产业创新平台或有效载体。湖南传统优势产业和战略性新兴产业诸多领域具备与石墨烯融合发展的空间，但是石墨烯产品在新能源电池、先进装备制造和电子信息等本地企业中的研发和应用较为缓慢，制约了石墨烯相关产业聚集体的形成。此外，针对本省丰富的石墨矿资源优势和区域产业特点，还需进一步规划以确立湖南石墨烯产业重点布局方向。

5. 陕西省

依托于省内众多的高校和科研院所，陕西省在石墨烯科研领域具有较强的智力储备和科技创新能力，但陕西省的石墨烯企业较少，而且产品都是偏向于散热功能等低端应用，当地政府部门和产业界需要重点思考如何做好基础研究与高端产业化应用。陕西省拥有储量巨大的石墨矿产资源，如何有效开发和深加工助力石墨烯产业的发展也是需要解决的问题。受经济基础所限，在政府资金投入有限的情况下如何加快资源融通、资金引入，以及为科研人员建立有效的成果转化激励机制等方面均是陕西在石墨烯领域面临的挑战。

6. 安徽省

在新材料产业化领域拥有丰富的实践经验，拥有数百家新材料企业，相关产业发展规划清晰。同时，安徽积极依托本省汽车、家电、电子等优势产业，但不同城市间的新材料产业发展水平相对不平衡，需结合不同省市的优势为石墨烯的产业化的高端应用寻找出口。安徽省从事环保、纺织、电缆、新能源行业的企业在石墨烯相关专利申请方面占据全省77%，而高校和科研院所的申请数仅占12%，如何与外省市科研单位和大型企业加强协作，推进基础关键技术研发和产业引导是安徽省发展石墨烯产业面临的挑战性工作。

第三节　国内外石墨烯产业与技术发展比较

目前全球已有 80 多个国家和地区布局石墨烯产业。虽然我国石墨烯研究相比英国、美国等发达国家起步稍晚，但近年来石墨烯论文发表和专利数量都已进入全球第一梯队，并快速跃居全球首位。石墨烯产业化进程也极为迅速，在国家政策、企业与社会资本的共同推动下，产业规模迅速扩大，企业数量快速增长，产业链条不断完善，区域特色逐步显现。

石墨烯产业是以新材料为核心的高科技产业，有其固有的、独特的产业发展规律。石墨烯材料制备技术的突破需要深厚的研究积淀，石墨烯的基础性能研究需要扎实的理论支撑，石墨烯的应用探索需要大胆的创新精神以及与现有产业方向的深度融合，石墨烯产业的壮大更是需要政产学研各方面的通力协作。

虽然我国在石墨烯论文数量、专利数量、企业数量和产业规模上处于绝对领先地位，但这并不意味着中国在未来的石墨烯产业竞争中能够脱颖而出。核心技术的掌握、产业特点的把握、产业方向的布局、产业模式的确立、资源的有效配置才是决定石墨烯未来产业竞争的核心要素。相比较欧洲、美国、日韩等国家和地区，我国在石墨烯领域相关的概念和标准、产业主体、研究应用方向、产业发展模式存在显著差异。这种差异对产业竞争力的打造有着至关重要的影响。

一、概念与标准差异

2017 年 9 月，由国际标准化组织纳米技术委员会（ISO/TC 229）发布的石墨烯领域第一个达成国际广泛共识的基础术语标准 ISO/TS 80004-13：2017 *Graphene and related two dimensional（2D）materials* 正式发布，首次明确定义了石墨烯、石墨烯层、二维材料等概念。其中，石墨烯是碳原子单层，而双层 / 三层 / 少层石墨烯是含有若干个石墨烯层的二维材料。严格意义上讲，只有单层石墨片才称之为石墨烯材料。国际上，包括美国在内的发达国家普遍认为石墨烯是单层石墨，其优异特性主要体现在单层结构上，随着层数的增加，诸多优越性能都会降低或消失。我国产业界对石墨烯的界定不是十分明确，通常将 10 层以下的少层石墨片统称为石墨烯材料，包括"单层石墨烯""双层石墨烯""少层石墨烯""多层石墨烯"等。由于缺乏统一的认识和检测标准，很多企业打着石墨烯的旗号从事其他产品的开发和市场推广，如有些地区和企业将石墨矿、石墨粉和相关产品也纳入石墨烯产业范畴，导致行业鱼目混珠现象十分突出，也导致了公众对石墨烯产业的概念混淆，甚至形成了一些负面认识，非常不利于产业的健康发展。

二、产业主体差异

石墨烯产业作为技术、资金密集型的高科技产业，不但需要长期持续的研发投入，更需要与主导产业的紧密结合。科研投入和产业政策的支持必不可少，同时龙头企业的大力参与也极为重要。纵观美国、欧洲、韩国等国家和地区，龙头企业在石墨烯产业发展过程中均发挥了重要作用。美国拥有 IBM、英特尔、波音等众多行业巨头，这些企业依托自身在半导体、航空航天等领域巨大的影响力，针对性地布局石墨烯在晶体管、芯片、航空材料等方面的应用研究；同时，其良好的创业环境也催生了众多小型石墨烯企业，石墨烯产业布局呈多元化，形成了从制备及应用研究到石墨烯产品生产，直至石墨烯产品下游应用的产业链条。欧洲拥有诺基亚、Aixtron 等大型企业以及众多小型专业化石墨烯企业，对石墨烯技术的开发各有侧重。韩国石墨烯产业发展主要围绕三星集团开展，重点围绕电子器件、光电显示、新能源等领域开展石墨烯全产业链的布局，以确保韩国石墨烯产业在全球的竞争优势。

而我国石墨烯产业则以中小微企业为主体，90% 以上为中小型初创企业，年销售额大多不超过百万量级。我国石墨烯企业数量虽多，但竞争力普遍不强，缺乏龙头企业引领，在上市 A 股、新三板、港股公司中，有 80 余家涉及石墨烯业务，虽数量可观，但真正以石墨烯为主业的公司不到 10%，且石墨烯业务多数处于亏损状态。除了上市公司，其他大公司的参与度也不高，龙头企业的牵引对于石墨烯技术应用推广和产业拓展极为重要。目前只有华为等极少数大公司在零星布局石墨烯应用技术，介入形式主要以与科研机构合作为主。

三、研究及应用方向差异

我国与美国、欧洲等国家和地区在石墨烯研究和应用方向上有明显差异。如美国研究应用的重点主要集中在更小、更快的下一代电子器件，如石墨烯晶体管、石墨烯太赫兹器件和新型量子器件，以及石墨烯基航空结构材料、石墨烯超级电容器等方向，专利布局的重点主要集中在集成电路、晶体管、传感器、信息存储、增强复合材料等领域。欧盟石墨烯旗舰计划所布局的 13 个领域，除了石墨烯制备和能源、复合材料外，基本以通信、电子信息、医疗健康、仪器设备、可穿戴设备等领域为主，与美国的研究方向大体一致。日本、韩国则主要集中在 CVD 石墨烯制备及其在触摸屏、柔性显示等方面的应用（表 4-7）。

表 4-7　主要发达国家石墨烯研究应用重点方向

国别	石墨烯研究应用重点方向
美国	更小、更快的下一代电子器件，如石墨烯晶体管、石墨烯太赫兹器件和新型量子器件，以及石墨烯基航空结构材料、石墨烯超级电容器等方向
欧洲	注重新兴领域的提前布局，涉及材料的制备、光电器件、传感器、医疗器件、柔性电子产品、储能器件、复合材料等
日本	集中在 CVD 石墨烯批量合成技术、硅基石墨烯材料/器件、石墨烯透明电极等
韩国	集中于 CVD 石墨烯薄膜的规模化制备及其在半导体、触摸屏、柔性显示、可穿戴设备等领域的应用开发

我国石墨烯产业的研究及应用方向则主要集中在石墨烯材料制备、热管理、防腐涂料、储能、大健康、复合材料等领域，总体上技术含量和产品附加值不高，对于未来高精尖产业的拉动能力有限。石墨烯材料制备方面，除了北京石墨烯研究院、重庆墨希科技有限公司等少数单位在高品质石墨烯薄膜制备技术上具备一定的优势，多数企业均以石墨烯粉体和氧化石墨烯制备为主。应用方面，从事石墨烯电加热产品、防腐涂料、导电添加剂这几类产品开发的企业占据了国内石墨烯企业的绝大部分。此外，还有少数企业在开展触摸屏、石墨烯导电膜、石墨烯传感器等电子器件开发，但由于缺乏应用端的牵引，市场化推进都处于比较艰难的状态。

四、产业发展模式差异

美国、欧洲等国家或地区作为典型的市场经济国家，在推动石墨烯产业的发展过程中，较好地处理了政府与市场的关系，一方面充分发挥私营非营利中介组织的作用，给予地方和企业充分的自由竞争空间；另一方面政府这只"看得见的手"也扮演着重要角色，从基础研究到应用研究再到商业化整个过程始终发挥着引导、支撑和支持的作用。如美国在推动新技术应用推广和新兴产业发展方面，已经形成了一套较为完善的产业组织体系，研究机构、孵化器和大学技术转让办公室、非营利机构和企业等各个主体分工明确且协同有序。同时，政府充分发挥引导、支撑和支持作用，对石墨烯的研究扶持坚持集中、持续性的直接投入，尤其对基础性、战略性、前沿性的研究更是如此。

　　我国石墨烯产业"企业 + 研发机构 + 孵化器 / 创新中心"的发展模式尚在摸索起步阶段。目前来看，各地推进石墨烯产业发展的思路大同小异，比较常见的是政策引导加产业园模式，基本属于自发性的群众运动模式。虽然政府和企业都有意愿发展壮大石墨烯产业，但是由于对前端的技术培育和后端的产业牵引重视不够，具体表现在研发投入力度小、支持部门分散、持续性不强，缺乏龙头企业带动，导致了企业核心竞争力不足，石墨烯产品低端化、同质化现象严重。

第四节 产业与技术发展趋势

一、绿色低成本规模化生产技术有望突破

石墨烯粉体制备将进一步突破连续合成、快速连续纯化等技术难题，开发低成本干燥工艺以及低温碳化技术，开发氧化剂、插层剂、还原剂回收技术，开发新型绿色还原剂或其他工艺，实现石墨烯粉体成本和污染降低；突破液相剥离法、机械剥离法规模化石墨烯制备技术；进一步实现快速连续纯化、剥离、分离等技术难题，开发高效低成本纯化、剥离、分离技术与工艺。

在石墨烯薄膜产业化制备进程中，一方面，在金属衬底上晶圆级单晶石墨烯制备技术的基础上，开发洁净、无损转移技术，实现晶圆级单晶石墨烯可控制备；另一方面，通过不断优化在绝缘衬底上制备石墨烯的品质，实现在晶圆级绝缘衬底上直接制备高品质石墨烯。同时，进一步完善石墨烯制备设备是降低能源消耗、提高石墨烯产量、提高石墨烯薄膜均匀。在未来装备中，通过多腔体结构设计，使这三个工艺环节分开进行，在保证石墨烯品质的同时，进一步促进石墨烯薄膜的生产效率的提高。

二、石墨烯下游应用规模持续扩大，前沿应用技术不断突破

石墨烯在热管理、防腐涂料、大健康和储能领域将进一步扩大应用市场规模，市场占有率不断提高，在石墨烯在电子信息、传感器、生物医药、海水淡化领域的技术瓶颈取得突破，尤其在特种领域实现应用并产生市场价值。在航空航天领域，飞机主承力结构件和热结构件的石墨烯树脂基复合材料向智能化、轻量化、低成本化和多功能化发展；石墨烯在轿车轮胎及载重轮胎等领域实现规模化应用；石墨烯海水淡化及生物医药技术取得进步并逐步进入市场。在电子信息领域，石墨烯薄膜实现在柔性电子等领域得到规模化应用，有望取代 ITO 用于石墨烯柔性电子设备；石墨烯散热膜实现在手机、笔记本电脑和新能源汽车等领域的规模化应用。

三、资本投资趋于理性

石墨烯自面世以来，一直引起资本市场的高度关注，不少上市公司、投资机构

纷纷涉足石墨烯概念股，有些涨幅甚至超过 2 倍以上，掀起了石墨烯投资热潮。但其中大部分公司只是借机炒作、抬高股价，真正投入石墨烯产业的资金并不多。总体看来，石墨烯产业整体仍处于产业化突破前期，距离成熟还有相当长的一段时间。另外，石墨烯下游应用进展缓慢，下游产品尚处于市场推广过程中，至今尚未出现突破性、颠覆性的撒手锏级应用，集成电路、晶体管等高端应用领域短期内难以突破，石墨烯产业正在回归理性。从资本市场角度来看，由于石墨烯商业价值短期内难以体现，市场期望值逐渐降低，预计石墨烯今后的投资将变得更加冷静和谨慎。

四、"石墨烯 +"战略步伐加快

新材料石墨烯应用于传统行业中，一方面技术相对较为成熟，对现有生产工艺改变不大，市场易于接受；另一方面应用前景广泛，市场需求量大。为此，工业与信息化部组织实施了"石墨烯 +"行动，利用石墨烯独特的优异性能，助力传统产业改造升级，以问题为导向，采用"一条龙"模式，以终端应用为龙头，着力构建上下游贯通的石墨烯产业链，推动首批次示范应用，对列入工业强基工程示范应用重点方向的石墨烯改性橡胶、石墨烯改性触点材料、石墨烯改性电极材料及超级电容器等予以重点推进，不断增品种、提品质、降成本、创品牌、增效益，上述政策和措施的出台将会加快推动更多传统企业介入石墨烯产业，为"石墨烯 +"战略形成有益带动。

五、产业资源向优势地区集聚

京津冀、长三角、东南沿海地区作为目前国内石墨烯产业发展较快的地区，高校及科研院所众多，企业分布密集，产业氛围良好，并且拥有资金、研发、市场等优势，已经初步形成了技术、应用与产业相互促进的良好态势，石墨烯产业发展的要素必将进一步向这些区域聚集，呈现"强者愈强"的发展态势。

六、区域分工格局更加明晰

目前国内石墨烯产业分布已经呈现相对集中的发展态势，未来随着石墨烯产业化规模的不断壮大，下游应用领域的不断拓展，不同区域的石墨烯产业发展将呈现更加突出的"特色化、差异化"特征，使得区域分工进一步明确。如北京将依托独特的研发资源，抢占全国石墨烯研发高地；长三角地区基于坚实的产业基础，逐步加快在复合材料、储能材料、新一代显示器件等方面的产业化推进步伐；福建、广东等东南沿海地区则依托广阔的市场空间和灵活的体制机制，在储能、热管理、大健康等领域逐步显现出优势；东北、内蒙古等地区依托其丰富的资源优势，在原料制备方面加强攻关。这些重点区域将充分发挥其先发优势，使其产业地位更加稳固。

第五节 产业与技术发展存在的问题

一、缺乏顶层布局与规划

石墨烯作为新兴产业，发展时间短、理论体系不成熟、企业创新能力弱，要抢占行业制高点，必须从国家层面去加强布局、引导和资源整合。目前虽然国家对石墨烯产业的发展高度重视，出台了一系列的政策文件、给予一定的资金加以支持和引导，但是在关键技术研发、成果转化、产业布局、上下游衔接、配套措施等方面缺乏统筹协调。由于各地资源禀赋不同、研发基础差异较大、产业特点也不尽相同，在石墨烯产业支持政策上绝不能搞一刀切，而是要根据实际情况进行顶层设计。此外，各地政府在政策引导下积极布局石墨烯产业，但是由于对石墨烯产业的认识不够，缺乏明确的产业推进思路，未能根据当地资源禀赋、研发基础和产业特点进行针对性的布局，甚至出现建设的产业园区简单重复等问题，造成了大量的资源浪费。

二、产业应用关注短平快

目前，国内从事石墨烯生产和应用开发的企业多为小微企业，很多上市公司只是通过参股或控股参与石墨烯产业，并未作为主营业务有实质性投入。小企业虽然经营灵活，但综合实力弱，大部分都没有自己的研发团队，只能采取合作或委托研发的模式，关注的也是一些投入小、产出快的领域，比如电加热、大健康、复合材料等，企业研发能力和核心竞争力非常有限，很难实现可持续发展。发达国家涉足石墨烯的是三星、IBM、巴斯夫等行业巨头，研发投入巨大，关注的都是相对来讲比较高端、前沿的领域，如可穿戴技术、芯片、光电器件、生物医药高端领域，这也是造成国内外石墨烯行业差异巨大的原因之一。

三、产品缺乏统一评价标准

我国石墨烯材料的标准尚未完善，特别是具体产品的标准制定还亟待推动。由于行业标准的缺失，部分单位存在偷换概念、过度炒作的现象。部分石墨烯产品仅为"类石墨烯"并不具备石墨烯优异的独特性能，导致市场产品鱼龙混杂，劣币驱逐良币现象时有发生，引发公众对行业的持续误解，阻碍了整个行业的健康发展。在标准制定流程中，也存在许多问题。国际标准方面，ISO和IEC会出现意见不能互相采纳的情况，例如在石墨烯的基本术语上产生较大分歧，导致国际石墨烯行业内基础术语定义的混乱。国家标准方面，首先，由于石墨烯市场不够明朗以及石墨烯声誉受到投机分子的不良影响，导致石墨烯国家标准很难被立项。其次，立项答辩中，鲜有石墨烯相关专家参加，也较少有人能从石墨烯产业界角度去评判项目的必要性，导致产业界认为很重要、很急需的标准没能立项成功。这种标准体系不完善、新标准立项比较困难的矛盾局面，导致我国石墨烯国家标准制定落后于产业发展进程，很难通过具有一定公信力的国家标准来引领行业健康发展。行业标准方面，我国石墨烯行标归口尚未明确，目前无石墨烯的行业标准。团体标准、地方标准遍地开花，但标准质量较差，出现了重复建设、技术指标自相矛盾的现象，这样的标准体系也难达到指导和引领行业发展的目的。

四、科技与经济"两张皮"阻碍创新驱动发展

科技与经济"两张皮"现象十分严重，科技与经济两大板块之间各行其是，没有形成很好的协同创新机制。我们的基础研究队伍和产业界并未形成良好互动，造成严重资源浪费。一方面，科技成果转化率较低，高校和科研院所产生了科研论文和专利，缺乏研发需求指导，与产业脱节严重，只能停留在纸面上、论文里，导致科技资源浪费；另一方面，企业研发自主创新能力和内在动力不足，企业需要科技创新突破技术瓶颈，解决"卡脖子"问题。大部分企业自身又缺少技术研发能力导致多数企业只能参与中低端产业的国际竞争。美、日和欧盟等石墨烯产业相关技术研发部门已经形成以企业为主，韩国也已形成产学研相结合的局面，在我国石墨烯的研发主体仍以高校与科研院所为主，企业研发能力整体偏低。

五、大规模应用市场尚未打开

石墨烯产业在我国具有广阔的前景，我国石墨烯产量亦逐年增加，目前已在个别领域如锂电导电剂、防腐涂料、油墨等有显著突破，但下游应用市场仍待进一步开发。目前我国石墨烯企业的主要产品大多针对石墨烯的中低端应用领域，且产品差异化不大，石墨烯的下游应用尚未完全突破，导致稳定且连续的石墨烯产业链尚未形成。而且下游应用企业要应用石墨烯替代那些已经达到极佳性价比的传统材料，不仅需要支出研发、改变生产工艺和生产线、培训员工、市场推广等方面费用，还要承担石墨烯应用效果不确定带来的风险，市场认可度不高。更为重要的是，石墨烯撒手锏级应用仍然有待突破，石墨烯大规模的应用市场仍然尚未打开。

第五章

发展与展望

第一节　重点发展方向

一、高品质规模化制备技术及装备

制备决定未来，石墨烯材料的可控与规模化制备是其真正走向应用和产业崛起的前提，也制约石墨烯新材料产业发展的"卡脖子"问题。因此，亟须发展石墨烯薄膜材料、石墨烯纤维材料的制备方法，自主开发石墨烯材料制备装备，全面提升石墨烯材料批量制备能力。

加快突破石墨烯材料规模化制备共性关键技术。实现石墨烯薄膜高质量、低成本、规模化、绿色、可控制备，进一步研发大尺寸单晶石墨烯薄膜制备技术。发展高迁移率、少褶皱、高洁净度、高电导率、高透光率、掺杂可控的石墨烯薄膜制备方法，同时突破大尺寸石墨烯薄膜高效无损转移技术，提高石墨烯薄膜规模化制备及转移的工艺稳定性、性能一致性。发展通用石墨烯薄膜批量生长和转移装备、石墨烯单晶晶圆批量生长和转移装备，发展完备的生长和转移工艺，实现高品质石墨烯薄膜的规模化制备。

突破石墨烯复合纤维制备技术及装备。实现均匀分散、高速纺丝、可加弹、可染整、高性能、低成本制备，克服传统功能纤维添加剂对力学性能及其他性能有损失的关键技术瓶颈，赋予石墨烯复合纤维高性能化及多功能化，发展石墨烯复合纤维复合工艺和装备，实现高性能石墨烯复合纤维的连续、可控制备。

二、石墨烯电子信息技术

石墨烯透明导电薄膜的透明性及导电性都优于 ITO 材料，且具有 ITO 在柔性领域所不具备的特性，因此石墨烯被认为是柔性显示屏中可完美取代ITO的材料。加快研发石墨烯柔性显示器件，重点推进高电导率、高透光度、大面积触控屏，大尺寸移动智能终端用导电薄膜的研发和产业化。发展快速、低成本、大面积生长大尺寸单晶石墨烯制备及转移技术，实现石墨烯透明导电薄膜对ITO材料的替代。

突破石墨烯光通信技术，探索石墨烯光通信器件与无源光学器件、高频信号放大电路及其他信息处理模块的集成方案，以实现更高带宽、更高集成、更多嵌入式功能、更高互联密度、更低功耗的碳基光通信芯片，为下一代高带宽光通信技术提供新的技术路线。

同时，研发用于健康医疗、可穿戴电子设备等领域的石墨烯传感器，以及用于物流、移动通信、支付及RFID电子标签等领域的石墨烯射频产品。前瞻布局石墨烯基下一代微电子器件、芯片，促进微电子与集成电路的发展。

三、石墨烯热管理技术

加快设计和研发超薄石墨烯导热膜生产工艺和生产设备，通过优化材料和生产工艺提升石墨烯导热膜的热扩散系数和热导率。实现石墨烯导热膜在智能手机、平板电脑、大功率计算机散热等领域的规模化应用，满足高功率电子产品、能源系统对于高效热管理的市场需求。

发展低功耗、高效率、安全稳定电热转化技术，开发基于石墨烯薄膜、石墨烯玻璃纤维的发热器件和可穿戴产品，实现石墨烯发热膜在机翼除冰、工业采暖、智能家居等场景的应用。

四、石墨烯复合增强技术

利用石墨烯的优良特性，对传统塑料、建筑材料、润滑剂、电磁屏蔽材料、电线电缆等材料进行改性，提升材料性能，拓展产品应用功能。重点布局石墨烯橡胶复合材料在航空轮胎上的应用、石墨烯树脂复合材料在轻质高强复合材料方面的应用，发展小尺寸石墨烯粉体规模化制备及改性技术，突破石墨烯在基体中的低成本、环保、高效分散复合工艺，开发石墨烯复合材料批量化制备工艺及装备并实现规模化生产，满足在航空航天、国防军工以及诸多民生领域的应用需求。

五、石墨烯能源存储及转化技术

加快石墨烯在超级电容、锂离子电池以及柔性电池等能源存储与转化领域的研发、应用和产业化。研制能量密度较现有超级电容器有显著提升，且兼具高功率密度和超长循环寿命的新一代石墨烯基超级电容器，并实现在轨道交通、电动公交、超高功率武器装备与工程机械等领域的应用；建立具有高容量、长寿命石墨烯复合电极材料体系，实现规模生产，突破具有高比能、高功率与长寿命的石墨烯基锂离子电池新体系，并实现在新能源汽车、大规模储能、3C 电子产品与可穿戴电子设备等领域的应用；利用石墨烯高强度与柔性结构特征，发展具备可弯折与可拉伸性能的石墨烯基柔性电池技术，建立有别于传统电池的全流程工艺路线，并设计开发面向不同应用场景的柔性电池产品，实现在可穿戴电子设备中的应用。

第二节　发展任务

一、加快关键技术研发

加强石墨烯前瞻性基础研究，组织重大科技项目，针对石墨烯材料规模化制备等共性关键技术展开攻关，实现对石墨烯层数、尺寸及表面官能团等关键参数的有效控制，形成一批具有标志性的石墨烯材料创新成果，抢占未来石墨烯产业竞争制高点。针对石墨烯材料的撒手锏级应用，对可穿戴和物联网器件、高性能电子和光电子器件、新一代复合材料等进行布局。这些未来型的应用产品才能够真正体现石墨烯的优异特性，真正形成撒手锏级的竞争力。从基础研究出发，加大关键技术的研发力度，是避免产生新的"卡脖子"问题、引领全球石墨烯高科技产业竞争的关键路径。

二、推动产学研协同创新

石墨烯是全新的产业，其快速发展不应走老路，产业界应大力支持基础科学问题研究，并从应用层面为学术界进行石墨烯研发反馈，搭建产学研合作平台，为产业发展提供原动力。具体可采用创新产学研金介用协同联动新模式，通过企业、高校及科研机构、金融机构、科技中介机构等相互配合，集中各自优势资源，形成集生产、研究、开发、应用、推广和管理一体化的高效系统。在运行过程中发挥金融的核心纽带作用，围绕企业技术需求，依托高校院所特色优势，由龙头企业牵头，充分调动社会资本、中介机构参与，联合组建一批企业主导的产业技术创新战略联盟，着力推动全方位、多层次、可持续的合作，提高石墨烯产业链从实验成果到实际应用的整体效率，降低转化成本。

三、整合上中下游产业链

强化产业融合发展，继续深化石墨烯对传统产业转型升级的推动作用。从产业发展角度上，上下游必须结合起来。把上游材料企业、下游应用企业以及相关的研究机构结合起来，这样上下游具有统一的应用目标，可以缩短转化周期，加快走向应用层面。通过建设公共服务平台方面，围绕石墨烯产业发展特点，依托产业链上下游骨干企业、科研院所等，优化配置资金、技术、装备等资源，建设一批石墨烯产业科技服务、检验检测、质量认证、人才培训、创新孵化等公共服务平台。围绕新一代信息技术、新能源汽车、5G、高端装备等新兴产业领域发展需求，坚持市场需求牵引，开展石墨烯前沿性和战略性方向、核心技术、专利和产品的布局，培育未来市场。

四、建立石墨烯标准体系

把规范石墨烯行业标准放在保障产业健康发展的首位，以标准指导引领行业发展，形成公正、客观的认证和监督体系，提升行业整体竞争力。加快石墨烯材料和产品的国家标准、行业标准和团体标准建设，完善石墨烯标准体系，鼓励有条件的企业和研究机构参与制定工作，尤其对下游应用较为成熟的复合材料、涂料、锂电池等应用领域，尽快完善相关产品定义、检测和使用标准；加快研究制定石墨烯行业准入标准，从产业布局、生产工艺与装备、清洁生产、质量管理等方面加以规范，使石墨烯的应用及其产品有标准可依，有规范可循；加强国际交流合作，积极参与国际标准制定，确保石墨烯标准体系与国际接轨。此外，注重实施知识产权竞争战略，以专利引领产业特色发展，避免行业内过度竞争和低水平重复投入。

第三节　政策建议

石墨烯新材料产业是一个重大的历史机遇，更是一个巨大的挑战。它挑战着我们的原始创新能力，挑战着我们的政产学研用协同创新能力，挑战着我们的耐心和可持续发展能力，挑战着中华民族在下一个百年高科技产业领域的全球引领能力。我们应抓住机遇，科学地应对挑战。

石墨烯新材料产业尚处于发展的初级阶段，绝非产业攻坚阶段，需要打"持久战"，需要"政产学研用"各个层级的耐心和坚持。就现状而言，石墨烯原材料制备技术尚未真正过关，其规模化生产技术更是一块硬骨头，这是未来石墨烯产业的基石。另一方面，石墨烯的真正的撒手铜级应用还在探索之中，现阶段，绝大多数的应用技术产品，石墨烯仅仅是"味精"而已，并没有真正发挥出其本征的、独特的性能。这就需要不断地探索，需要大胆地创新，需要强大的基础研究实力，更需要产业需求强有力的牵引。

一、加强顶层设计，培育中国石墨烯产业核心竞争力

石墨烯新材料的特点决定了发展石墨烯产业的长期性和艰巨性，因此需要做好战略性、全局性的规划设计。从时间维度上，制定石墨烯产业发展路线图，通过五年规划、十年规划、二十年规划，稳步推进石墨烯产业可持续发展；从空间维度上，科学合理地规划全国石墨烯产业布局，避免低水平重复建设和恶性竞争。这些都是其他国家或地区无可比拟的中国石墨烯产业的核心竞争力。

加强石墨烯产业顶层设计，需要理性审视和评估我国石墨烯产业的发展现状和存在的问题。深入研究美国、欧洲、日本、韩国等国家和地区的石墨烯发展战略、重点方向、研发布局等，真正把握住石墨烯产业发展的主流脉络。尤其需要强调的是，要充分依靠专家，兼听科技界、产业界、地方政府等各方面的意见，力避偏听偏信和"拍脑门"现象。在此基础上，制定相应的发展战略、规划和路线图，对各阶段的发展目标、产业布局、重点企业培育、关键技术突破、下游应用行业、政策等进行统一部署，合理规划产能和发展路径，推进石墨烯差异化、特色化、集群化发展，避免低水平同质化重复建设。尤其不能只关注短期利益，要分阶段长远布局，确保未来核心竞争力。同时，将石墨烯重点研究方向与制造业强国战略相统一，围绕新一代信息技

术、航空航天装备、节能新能源汽车、生物医药等重点领域的发展需求，从国家层面进行前沿性和战略性方向、核心技术、专利和产品的布局，充分体现国家意志。

二、聚焦"卡脖子"技术，探索撒手锏级应用

制备决定未来。石墨烯原材料是未来石墨烯产业的基石，也是石墨烯产业发展的"牛鼻子"。石墨烯原材料之于未来石墨烯产业的重要性，就像碳纤维材料之于当今碳纤维产业的重要性，也是目前制约石墨烯产业健康发展的"卡脖子"问题。就石墨烯原材料生产的产能来说，中国已经高居全球榜首，并且已经有产能过剩的风险。但是，质量关根本未过，很难展示石墨烯材料的理想特性。由于工艺稳定性很差，不同批次性能无法区分，不同厂家更没有可比性，因而造成当前石墨烯产业的诸多乱象乃至信任危机。因此，必须整合资源，加大投入力度，久久为功，突破石墨烯原材料生产的核心技术和"卡脖子"问题，为未来中国石墨烯产业奠定坚实的基础，为参与石墨烯产业的全球竞争打造核心竞争力。

与此同时，布局未来，探索石墨烯材料的撒手锏级应用，这是未来石墨烯产业的另一个核心竞争力。相比于欧美国家，我国在石墨烯高端信息领域，例如石墨烯射频器件、石墨烯光电器件、石墨烯集成电路芯片、石墨烯光电集成芯片等领域的研究和投入较少，而欧美国家则更关注石墨烯在高端信息领域的研发，且由于欧美的电子信息产业发达，石墨烯技术一旦成熟，很快就可以在这些领域得到应用；中国电子信息产业基础比较薄弱，石墨烯在这些领域的应用则需要更长的周期，因此，更应该鼓励和加大力度投入石墨烯在电子信息领域等撒手锏级的应用方向。

三、释放政策红利，培育创新生态

石墨烯产业是处在发展初级阶段的高科技产业，需要及时有效的政策引导，极大限度地释放政策红利，打造创新型的文化环境和高科技研发生态。石墨烯产业的可持续发展需要雄厚的资金支撑，要充分发挥政策和资金的引导作用，鼓励社会资本参与，共同设立产业基金，建立完善的投资和培育机制，实现人才、资金等资源向优质企业和科研单位汇聚。在这方面，通过软性的和硬性的政策引导，吸引更多的具有资源优势和成熟市场通道的大企业参与至关重要。

高科技产业发展的核心要素是具有创新能力、掌握核心技术的专业人才。如何最大限度地调动科研人员的主观能动性，最大限度地释放创造力，决定着未来石墨烯产

业的核心竞争力。由于现行人才和科技成果评价机制方面的原因，科研人员缺少推进成果转化的动力和勇气。国家已陆续出台新的人才和科技评价政策，相信"破四唯"改革会给石墨烯产业带来新的发展动力。建议加大力度支持产学研协同创新机制探索。目前各省市地区已进行了大量的探索实践，需要交流和总结经验，尽快建立适合我国国情的产学研协同创新体系。

四、建立国家级石墨烯产业创新中心，打造中国石墨烯产业旗舰

经过十年的发展，中国的石墨烯产业已遍及全国众多省市和地区，初步形成了"一核两带多点"的空间分布格局。不同于产业模式较为成熟的集成电路产业和需求牵引极为明确的动力电池产业，石墨烯尚处于产业发展的初级阶段，需要探索适合其自身发展特点的产业推进模式。目前，组建国家级的石墨烯产业创新中心的时机已经成熟，建设统领全国、服务全国的石墨烯产业国家队势在必行。该创新中心应集成代表中国石墨烯基础研究、高技术研发以及产业化应用最高水准的骨干企业和研究团队，同时吸纳社会资本和具有产业引领能力的大型央企、国企和私企参与，共同打造中国石墨烯产业的旗舰。